THE DOG SHOGUN
The Personality and Policies of Tokugawa Tsunayoshi

ベアトリス・M・ボダルト=ベイリー〔著〕
早川朝子〔訳〕

綱吉は名君か暴君か

柏書房

犬将軍——綱吉は暴君か名君か　目次

日本語版序文　1
謝辞　3

第一章　プロローグ　5

「三王」の物語　7
元禄時代　10
ハデスの審判　11
盲点　14

第二章　親から譲り受けたもの　22

初代将軍家康　22
第二代将軍秀忠と息子たち　26
第三代将軍家光の息子たち　30
過去のトラウマ　32
社会化と個人化　35

第三章　養育係が男性でなくてはならなかった時　44

八百屋の娘　48
遺体が語ること　49
知性と堅固な意志　51
ハンガーストライキ　53
母子の絆　57
子供の養育パターン　59
生まれながらの悪魔　61
忠孝のモデル　65

第四章　館林城主　72

家族の結束　74
世話役　75
「ぎんみ過候」調査　78
儀式の重要性　80
鷹狩というスポーツ　86
文化生産の領域を破壊する　88

第五章　儒教政体　97
家康と儒教　97
宗門改め　102
徳川義直の藩政　107
水戸の徳川光圀　110
幕府の政策に反して　111
池田光政　113
政治イデオロギーを異にする　122
第六章　偉大で優れた君主　133
綱重は自殺したのか？　135
状況証拠　137
綱吉の将軍継承　139
「ひどい虐殺」　141
夜の養子縁組　144
第七章　将軍一年目　151
政権内部の大きな変化　151

新風を吹き込む　154
越後騒動　156
酒井忠清と越後騒動　160

第八章　堀田正俊の台頭と没落　170
堀田正俊の役割　172
堀田正俊の『颺言録』　175
太陽と月の光　179
暗殺　182
不完全な器　187

第九章　将軍の新しい家臣たち　193
天和の治　194
牧野成貞　195
側用人役　196
柳沢吉保の政治生命　204
吉里の誕生——将軍の息子?　207
側用人に昇り詰める　209
政治腐敗を非難される　213

将軍の訪問　215
柳沢儒学学校　218
法廷　221
牧野成貞のあとを受けて　222
朝廷　223
不満の表れ　226
将軍権力の限界　229

第十章　生類憐みの令　240
戊年に誕生した将軍　241
武士の生き方　244
犬の生活　247
パラダイムの変化　249
捨て子　252
悪霊祓い師　255
旅人と受刑者　261

第十一章　犬公方　269
処罰が犯罪に見合うようにするために　271

鷹狩は「上のお数寄なもの」 275
犬 278
権力争いとしての法の施行 284
人々は苦しめられていた？ 288
犬の収容施設 292

第十二章　四十七人の義士 300

終わることのない物語 300
歴史研究と記念 302
歴史上の出来事 304
反応 306
浅野長矩 308
吉良上野介義央 311
論争 314
評定 319
荻生徂徠の助言 322
隠された心情 326
朽ち果てることのない赤穂義士の人気 329

第十三章　財政問題　342

幕府の財政基盤　343
第三代将軍家光による浪費とその結末　346
赤字へと移行　350
明暦の大火　351
幕府のバランスシート　352
時計の針を元に戻す　355
幕府直轄領の管理　356
荻原重秀の台頭　359
元禄検地　360

第十四章　貨幣生産　370

幕府の説明　371
家宣の下での貨幣改鋳　374
パラダイムの変化　376
紙屑が貨幣の代わり——藩札　377
政策の代償　378
将軍の勘定書　380

大名手伝普請　383

第十五章　車の両輪　389
宗教と政治　390
費用を負担する　391
大名の支援　392
仏教宗派　394
綱吉の儒教　400
人見友元　401
朱舜水の儒教　405
朱舜水と人見友元　406
儒学者　411
忠孝礼　413
湯島聖堂　416

第十六章　荻生徂徠の「徒弟期間」　429
農民道入をめぐる裁定　430
第五代将軍が奨励した儒教と徂徠　434
将軍の講釈と無学な学者　437

批判することの危険 438
滅じられた文化財の価値 440
将軍の漢詩会 440
賢帝 442
徂徠による中国の学問 445
徂徠の政治思想 449
変化の必要性 449
仁政 451
言葉の裏の意味 453
身分の低い者 457
独裁政権 460
徂徠と太宰春台 462
第十七章 晩年 472
崩壊する天地 472
幕府の反応 474
天罰 479
後継者の指名 483
死の喪失 485

富士山の噴火　487
御宝物の正宗の太刀　492
関東郡代伊奈忠順　496
将軍の死　502

第十八章　遺産　515

元禄時代　515
武断主義から文治主義へ　518
強硬派と穏健派　520
男女と陰陽　521
ユーピテルの頭からミネルヴァが生まれる　524
マックス・ウェーバーによる政治的・財政的収用　526
「恐れられるよりも慕われる方がよいか、それとも逆か」　531
「筆削」と『徳川実紀』　534
松平定信が歴史を操る　536
邪悪な綱吉の治世　539

索引　558

日本語版序文

現在（日本を）統治している国君綱吉は……英邁な君主である。彼は父祖伝来の美徳を受け継ぎ、法に厳格であるという以外の点では憐み深い君主である。幼少時より儒教の教えを受けてきた彼は、臣民と国土の気風に相応しい方法で国の舵取りをしている。

元禄年間に来日したドイツ人エンゲルベルト・ケンペルは、一七一二年に出版された『廻国奇観』（*Amoenitates exoticae*）に、江戸幕府第五代将軍徳川綱吉についてこのように記している。ケンペルが見た綱吉の政治は、日本の歴史史料や記録の評価と大いに異なる。例えば『徳川実紀』は、綱吉の政治を「決して仰慕し給ふべき事にはあらず」とまで言っている。特に、綱吉の生類憐みの令によって天下が苦しんだと、歴史史料や教科書には繰り返し書かれてきた。学術論文で、綱吉は奇妙な精神病を患っていたと分析されたこともあった（第十章参照）。

ケンペルは、生類憐みの令の趣旨をよく理解していたが、これが国民を苦しめた印象は持たなかった。井原西鶴も、経済的にゆとりある庶民の生活を細部にわたって描写しているが、生類憐みの令により人々が苦しんだという話は出てこない。

西鶴が活躍し、綱吉が政権を担った元禄期は、江戸時代で一番繁栄した時代だった。今日、最も鑑賞されている日本の伝統文化と芸術――俳諧、歌舞伎、浄瑠璃、浮世絵、琳派の屏風、本阿弥光悦による陶芸など――は、この時代に生まれた。自然科学、古典研究、印刷・出版業なども発達した。昭和の高度経済成長期は、元禄の世の繁栄に喩えられて「昭和元禄」との表現が使われた。綱吉の政治に対する悪評と、元禄期の繁栄――この対立は、どこから生まれたのだろうか？

よく見ると、元禄期の繁栄を描写した史料は、主に庶民によって書かれたものである。一方、同時代で綱吉の治世による苦しみの嘆きを描写したのは武士の史料である。ケンペルは、綱吉の「国の舵取り」を素晴らしいと評価したが、武士は将軍の独裁により自分たちの伝統的権威への脅威と見なした。

徳川綱吉（一六四六―一七〇九）は、フランス国王ルイ十四世（一六三八―一七一五）とほぼ同時代に生きた。国王の権威を強化したルイを、人々は地球で最も重要な太陽に喩え、太陽王（Roi-Soleil）と呼んだ。ヨーロッパでは、三十年戦争（一六一八―四八）の長い動乱や破壊を引き起こした諸侯の支配よりも、独裁者による平和統治が歓迎され、ルイ十四世は「絶対主義の時代」（Age of Absolutism）のヒーローになった。綱吉も将軍の権力や責任を太陽の光に喩えたが（第八章参照）、徳川時代の平和に慣れた武士はこれを歓迎しなかった。

十七～十八世紀になると、ロシア皇帝ピョートル一世、プロイセンのフリードリヒ二世らの独裁者が次々と登場した。社会学者マックス・ウェーバーは、彼らの中央集権設立の過程に、普遍的な政策パターンを発見した。このパターンの最も特徴的な点は、綱吉政権にも顕著に見られた専門知識を持つ下級役人の登場である。これによって支配者は伝統的な権力者の権威を奪うと同時に、国の行政を官僚化していった。分権的支配から独裁者下の官僚制的支配への移行は、近代国家の誕生に不可欠な過程である、とウェーバーは言う（第十八章参照）。換言すれば、悪政と批判された綱吉の政治は、日本の近代化を準備する大切な過程であったのである。

江戸時代、人口のおよそ七％を占めた武士の観点からすると、綱吉の政治は多くの歴史教科書に書かれるような悪政であったに違いない。本書によって綱吉の政権が、より広い視野で評価されるようになることにいささかでも貢献ができれば、幸いである。

謝辞

私の綱吉政権についての研究の始まりは、三十年以上前にオーストラリア国立大学に提出した博士論文「柳澤吉保の政治的役割」の執筆でした。それ以来、長期間にわたっていただいた多くの方々の支援に、心から感謝いたします。詳しくは私の *The Dog Shogun: The Personality and Policies of Tokugawa Tsunayoshi* の "Acknowledgments" に記載していますが、改めて日本でいただいた支援への感謝を述べたく思います。

博士論文執筆中のオーストラリア国立大学で、そしてその後の日本で指導をしてくださった辻達也先生と坂野潤治先生に、深く感謝いたします。九十年代には、国際交流基金のおかげで東京大学社会科学研究所に一年間在籍することができました。また、京都の国際日本文化研究センターにも一年間在籍し充実した研究ができました。これらは、ケンペルの記録の研究や翻訳のためのものでしたが、綱吉政権の研究にあたっても意義のあるものでした。ここに繰り返しお礼申し上げます。

一九九四年には、『ケンペルと徳川綱吉』（中公新書）を執筆し、日本における従来の評価とは異なる、私独自の綱吉政権の評価と解釈を初めて本にまとめることができました。同書の中公新書からの出版をご推薦くださった芳賀徹先生に、謝意を表します。その後、神木哲男先生のおかげで十八ヶ月間、神戸大学経済学部で教鞭をとることができました。神木先生をはじめ、経済学部の多くの先生方の支援により、綱吉の経済政策についてより深く研究することができたことに、感謝しております。その間、芳賀徹先生の推薦で大妻女子大学比較文化学部の準備室に加わり、学部設立の一九九九年から教鞭をとることになりました。大妻女子大学は国立国会図書館や国立公文書館などへ通うのに便利な立地にあり、比較文化学部の先生方や、他大学の先生方の指導をいただきながら綱吉政権の研究を進めることができました。このような恵まれた環境の中で、二〇〇六年には本書の原書を出版することができました。芳賀徹先生と、私を採用してくださった大妻女子大学学長の故中川秀恭先生をはじめ、ご指導いただいた多くの方々に心から感謝いたします。

最後に、本書の骨の折れる翻訳作業に尽力くださった早川朝子氏、柏書房編集部の小代渉氏、校正を担当してくださった佐藤麻里氏にお礼申し上げます。

平成二十七年一月四日

Beatrice M. Bodart-Bailey

第一章　プロローグ

天は当初より、江戸幕府第五代将軍徳川綱吉の治世に不快感を示しているかのようであった。綱吉の就任を祝う式典が延宝八年（一六八〇）閏八月に執り行われた時、激しい暴風雨と地震により江戸城の屋根と壁は破損し、津波が押し寄せた沿岸地域は壊滅的な被害に見舞われた。町では火災が発生し、煙が立ち昇ると共に、得体の知れない物体が空を飛んでいるのが観察された。暴風と洪水により各地で収穫が台無しとなり、米の値段が急上昇すると共に、日本中が飢饉に苦しめられることとなった。[1] 地震と暴風雨が治まったあとのすっきりとした穏やかな日には、山王神社の大きな石門の横木が不可解にも崩れ落ち、石が血を流した。しかしある人たちは、石が出血したのではなく、崩れ落ちた瓦礫に押しつぶされた蝙蝠の血が地面を赤く染め上げたのだと言った。[2]

およそ三十年後の宝永六年（一七〇九）一月十日の綱吉の死をもって、その治世に終わりが告げられた時、それに対する評価は分かれた。綱吉が死去したその日から降り始めた土砂降りの雨により、長く続いた旱魃は解消されたが、降り続く雨、みぞれ、雪のために、綱吉の葬儀は延期された。その月の二十二日に、綱吉の葬列はようやく上野の寛永寺に向けて江戸城を出発したが、礼服には泥が跳ね上がり、ぬかるんだ道を進むのは大変な危険を伴った。大名たちは、将軍の死に際しても苦痛を味わうかのようであった。[3]

葬列に従った幕臣の内、深い悲しみに打ちひしがれた者たちは、頭を剃り僧服を身につけていた。俗世の生活に別れを告げたことの表れである。[4] 側用人柳沢吉保の屋敷では、京都の公家正親町大納言実豊の娘で側室の町子が、晩年の将軍を、聖王として崇められる古代中国の文王に譬えようとしていた。綱吉はその三十年間の治世において、ただの一度も過ちを犯さなかったと、町子は断言する。綱吉は民への気づかいを常に怠ることなく、統治の道を完成させるべく、夜遅くまで書物の上に屈み込むようにして座していたという。[5]

しかしながらその他の人々は、全く異なった見方をしていた。将軍の死を知った近衛基熙は、日記に次のように書いている。「そもそもこの将軍の政務三十年の間、歳々に吉事なし、諸民の愁憂は日々に増益し、近年においては、その譲りを待つのみ、西丸においては大旱の雲霓なり、しかるに諸国の人民この凶事を聞く、内心に悦びを含むものか、謂うなかれ、謂うなかれ」。[6]

基熙は、綱吉の甥でのちに養子となった次期将軍家宣の義父であった。四十七歳になっていた家宣は、国の統治を受け継ぐ時を今か今かとひたすら待ち続けていたに違いなく、基熙の心中も、義理の息子が将軍になるや否や、自らが受ける利益への期待に満ち溢れていたことであろう。基熙は、綱吉の将軍就任と共に、昇進への期待を打ち砕かれた有力者の一人であった。先例に従えば天和二年（一六八二）に基熙が関白に勅任するはずであったが、綱吉の意向により実現せず、京都にいる基熙ならびにその一族の落胆の大きさは計り知れず、また面子を失うこととなった。基熙がついにその熱望していた地位に就いた時は、それから八年が経過していた。[7]

基熙が大々的に展開した、第五代将軍による三十年間の治世に対する批判は、その後何度も、何十年、何世紀にもわたって同じように繰り返されてきた。オランダ側の史料である『オランダ商館日記』にも、「悲嘆にくれるのではなく、将軍の死は喜びをもって迎えられている。多くの風刺文書が出回り、将軍の強欲さを表したものが特に多かった」[8]と記されている。

「三王」の物語

そのような風刺文書のエッセンスは『三王外記』に記されている。それは、短命に終わった第六代将軍家宣の治世、さらにはもっと短かった第七代将軍、家宣の幼少の息子家継の治世が終わって間もなく、江戸中に出回った匿名の文書であった。第五代から第七代将軍の治世をパロディー化したものであり、中でも、最も創造力豊かに嘲笑と嘲りを込めて描き出されたのが、第五代将軍綱吉の治世であった。そこで綱吉は、怒りの発作に任せて側近を斬り捨てるような、残忍で腐敗した君主の典型として描かれている。そのような攻撃的な行動から綱吉の気をそらすため、側用人の牧野成貞は、儒学者や仏教僧、さらには能役者を呼び寄せるよう勧めたのであり、能は日夜上演された。綱吉の命令の中で最も悪名高かったのは、犬の保護に関するものであった。武士はそれまで、目障りな庶民を斬り捨てることに慣れ切っていたが、もはや犬さえも傷つけることが許されなくなったのである。犬を傷つけた者は生命を奪われた。『三王外記』は、そのような将軍の命令を、思慮分別を欠いたものであったと非難している。綱吉の一人息子が幼くして亡くなったあと、ある僧侶が、迷信を信じやすい母親に、綱吉は戌年生まれなので、世継ぎに恵まれないのは、前世において犬にさんざん乱暴したことが原因だ。犬を保護することが唯一、待望の息子の誕生を保証する、と説いたというのである。母親との結びつきが異常なほど強かった綱吉は、その助言を聞き入れ、犬のために人間が殺されることとなった。それゆえに綱吉は「犬公方」と称されるようになり、この呼称は今日でも依然としてよく知られている。[9]

『三王外記』の著者は太宰春台（一六八〇～一七四七）ではないかという憶測が広まっていたが、政府を批判すれば重罰に処せられるような社会において、突飛で、明らかに真実ではない記述を含んだ文書に自らの名前を付すことは、春台にとって賢明なことではなかったであろう。同時代の近松門左衛門（一六五三～一七二四）が、綱吉の治世を風刺した人形浄瑠璃の作品『相模入道千匹犬』の筋書きを、検閲を免れるために鎌倉時代に置き換えたように、『三王外記』においても場面が古代中国に設定された。中国古代の三賢帝を手本にしようとした綱吉を嘲笑ったその文書は、重々しいタイトルが付けられ、漢文で書かれている。[10]

『三王外記』は、その格調高い文体、ならびにそれとは対照的な奇抜な記述内容ともども、当時のユーモアの感覚に訴えるものがあった。その人気は急速に高まり、続いてほかにも数多くの似たような架空の作り話が出回り始めた。それらを通して、綱吉とその側衆の生活や政治に関する悪いイメージが、扇情的に植えつけられていったのである。十九世紀になると、肥前平戸藩主松浦静山（一七六〇～一八四一）は『甲子夜話』の中で、当初は誰もがこれらの作品の内容は偽作であることを知っていたが、年を追うごとに人々はこれらを真実と思い始めたと嘆いている。静山は太宰春台を、このような間違った見識を広めたとして非難し、綱吉の治世の真実を学ぶには『松蔭日記』にあたるよう、読者に助言している。[11]

『三王外記』は事実と架空の話を巧みに混ぜ合わせ、多くの場合、どこまでが事実でどこからが架空の話なのか、見極めを難しくしている。綱吉が犬を保護するために制定した数々の法令や、犬を殺したがゆえに下された数々の死刑宣告についてはよく記録されている。しかし、のちの章で詳細に検討するように、将軍が戌年生まれであったがゆえに犬の保護を定めたという同書の見解は、信頼のおける史料からは一切導き出すことができない。このことは、早くも一九二〇年代に宮崎英華が指摘しているが、ほとんどの歴史家はこの事実に全く注意を払ってこなかった。歴史家は一般に、『三王外記』に記された出来事の多くが架空の話であることに気づいている。例えば、綱吉が正室に殺害されたというのも、ほかの史料が詳細に、将軍が当時流行っていた麻疹に罹患したことや、健康を害していたことを教えてくれるので、架空のものと認識している。しかし、信頼のおける史料に見られる曖昧で解釈の難しい記述について、『三王外記』が意表を突くような詳細な内容を伝えてくれるような場合、歴史家の多くは、これを引用することで自らの作品をこれまで以上に面白くできるという誘惑に負けてしまったのである。こうして『三王外記』は、一般に信頼のおける史料の記述内容に、元々の文章に含まれる以上の意味付けをするのに利用されるようになったのであり、純粋な一次史料の検討を通しての修正が施されることなく、引用されているのである。幕府の公式記録である『徳川実紀』は、信頼できる一次史料が集められた、その時代の基本的な文献とされているが、そこにおいてさえ、時折『三王外記』からの引用が、説明や注意書きを付すことなく行われている。[12] 奇妙にも、当初は悪ふざけのつもりで書かれた短い著述が、綱吉の三十年に及ぶ治世の印象を決定づけることとなったのである。『三王外記』は流布しただけでなく、その時代を誹謗する数多くの似たような文書をも発生させた。あらゆる政治批判を封じ込めてきた幕府が、なぜこのようなことを容認したのかという問題は、これまで十分に扱われてこなかった。

元禄時代

歴史家がどれほど細心の注意を払って、同時代に書かれた信頼のおける文書にあたったとしても、結局のところ、この時代のイメージは曖昧なものにとどまってしまう。武士側の史料では大抵この時代は受難の時代と説明されるが、大衆向けの活気に満ち溢れた井原西鶴（一六四二〜九三）の小説からは、空前の富と生活水準の向上が伝わってくる。綱吉の三十年間の治世の中核を成す元禄時代（一六八八〜一七〇四）は、前例のないほどの文化的繁栄と贅沢な生活を経験した時代と見なされている。そのような繁栄を日本が再び経験するのは、「昭和元禄」とも言われるようになる、戦後の高度経済成長期のことである。[13]

虐げられ苦労させられている一般民衆というイメージは、日本を訪れていた外国人による詳細な観察記録とも矛盾する。オランダ東インド会社より、長崎のオランダ商館付きの医師として雇われたドイツ人学者エンゲルベルト・ケンペルは、綱吉の将軍就任から十年ほど経った頃に二度、長崎から江戸へ向けて旅をしており、その間に生活事情を調査することができた。ケンペルは、ほとんどの期間出島に閉じ込められ、そこに暮らすほかの同僚と同様に、日本人の手により牢獄のような状況に置かれたことに対して憤慨していた。このような不満を抱いていたにもかかわらず、日本社会に対する評価は肯定的であった。動物の殺傷を禁じた生類憐みの令の評判の悪さを十分に知りながらも、ケンペルは社会がうまく機能している様子を観察したのであり、そこに、日本側の記録で滔々と語られているような苦難は一切ない。それどころか、ケンペルは綱吉を賢明で憐み深い君主と称賛している。ケンペルによる大部な記録は、十九世紀半ばに開国するまでの間、日本を知るために参照すべき基本的な文献としてヨーロッパ中に広まっていた。そして綱吉のために、自国民からは拒絶された賢明な君主としての名声を、皮肉にもヨーロッパにおいて確かなものとしたのである。[14]

ハデスの審判

さて、長い間歴史家たちは、今は亡き英雄たちに対して、称賛に値するか非難すべきかを判定するハデス（冥界）の審判者のような存在として通ってきた。……過去の激情と現代の先入観とが組み合わさると、人間としての本質が白黒写真のようになってしまう。

マルク・ブロック『歴史のための弁明』

綱吉は歴史家から厳しい評価を受けてきたが、いつの時代にも、何がこの時代の政治の担い手たちを動かしたのかを調査することで、異なったイメージを描き出そうと試みる歴史家が存在した。しかしながら、このような歴史家による解釈が与える影響は、相対的に大きいものではなかった。

綱吉に対する批判的見解は、例外なく側用人柳沢吉保（一六五八〜一七一四）に対する批判を含んでいる。吉保は媚びへつらう寵臣として描かれることが多く、将軍に悪行を仕向けつつ、彼自身も政治権力を意のままに巧みに動かしたというのである。早くも十九世紀末には坂田諸遠が、このような批判に関わる入手可能な史料すべてを、三十年ほどにわたって徹底的に検証している。その結果、批判は正当でなく、むしろ吉保は、その時代の最も賢明な役人の一人であったという結論に達している。この坂田の業績は、細部にまで配慮の行き届いた正確なものであるにもかかわらず、出版されないままになっている[15]。

二十世紀が近づくにつれて、日本の歴史家は徳川時代をより包括的に見ようとするようになり、政権が強かった時期と弱かった時期とが交互に訪れたという理論が展開された。この理論に従った分析では、綱吉の治世初期の改革は当時の大老堀田正俊によるものとされ、強い政府と見なされたのに対して、のちの柳沢吉保の下に展開した政治は弱いと見なされた[16]。池田晃淵『徳川幕府時代史』、徳富猪一郎『近世日本国民史』、三上参次『江戸時代史』など、二十世紀前半に書かれた標準的な歴史書はいずれも、基本的にはこのような見方に沿うものであった[17]。いずれにおいても一次史料からの引用が長々となされ、中でも徳富の業績は数巻から成り、圧倒されるほどのものであったが、その傾向が特に顕著であった。しかし、その史料を書いた人の意図や、その内容を特徴づけることとなった諸事情については、全く考察されていない。それゆえに徳富は『三王外記』を、大胆で遠慮のない記述でもってありのままの真実を伝える文書として、彼の議論に合致する場合は長々と引用しているのである。綱吉の死についての記述のように、作り話であることがあまりにも明らかな場合には、徳富は信頼のおける史料に立ち返り、このような噂が人々の間で流れることは理解できると述べつつ、『三王外記』からの引用を修正している[18]。綱吉は悪い君主という先入観の元に、「史料」からの引用をこのような形で選択的に行う限り、憐れな国民を抑圧する悪徳な暴君としてのイメージは容易に裏づけられよう。

前述の歴史家たちはあくまでも「史料」に忠実であろうとした。それに比べると、名の通った雑誌に掲載された諸成果の方がはるかに自由であった。明治三十六年（一九〇三）、由緒ある『国家医学会雑誌』に掲載された論文「徳川綱吉の精神状態に就いて」の中で入沢達吉は、綱吉が罹患した病を仰々しくもドイツ語を用いてZoophilomanie（躁病・病的な動物愛）などと表現している。[19] 昭和四十五年（一九七〇）になっても、学術誌『日本歴史』に掲載された記事に、綱吉の支配下では、犬に関わることで一日に三百人もの人が処刑されたこともあると記されている。[20]

宮崎英華が、個人的な迷信に基づき犬を保護したという、綱吉についての根拠のない学説を論破しようとしたのとほぼ同じ時期に、栗田元次は一連の論考を通して、綱吉の治世は江戸時代における最も重要な時期の一つであったと論じている。栗田は、武断主義から文治主義への転換を追い、綱吉の統治がその過程で重要な役割を果たしたと指摘する。[21] 坂田の労作についても、その抄録が、林和が柳沢吉保の研究を一冊の本にまとめた中で公表されたが、そこでは、長い文章が一語一句そのままに、出典が明らかにされないまま引用されている。[22] さんざん悪者扱いされてきた将軍の側用人については、辻善之助によっても再評価され、そこでは特に吉保の宗教的・哲学的理想や活動が注目されている。[23] 善之助の息子辻達也は、綱吉の政策には、第八代将軍吉宗による享保の改革の素地が認められることを指摘し、その統治に新たな重要性を付与した。[24] Cambridge History of Japan への寄稿により、辻達也の業績の一部は日本語の読めない人々にも公表された。英語では、ドナルド・H・シャイヴリーとハロルト・ボリトの仕事を挙げておきたい。[25]

綱吉の治世について、最も詳細に研究しているのは塚本学である。一九七〇年代から論文を発表し始め、のちには本を出版しているが、そこで主として扱われているのは、あの悪名高い生類憐みの令である。平成十年（一九九八）には、綱吉の人格と治世についてのモノグラフを出版している。本書の脚注からも明らかなように、筆者自身、塚本の研究成果を存分に利用させてもらっている。

このように、綱吉のイメージはここ何年かの間にかなり違ったものとなった。しかしながら、日本の学校で使用されている歴史の教科書では、依然として、将軍が戌年生まれだったことから犬を愛し、それゆえに犬を保護したとの見解が維持されている。(26) 近年の出版物の多くは相変わらず、綱吉の統治は腐敗していたと、公然と非難している。塚本学ですら、史料に見られる数々の綱吉批判は中傷に過ぎないと退けつつも、自著の最後を、綱吉の政治については評価しないという、矛盾するようなコメントで締めくくっている。(27)

綱吉に対する批判として繰り返し浮上するのは、綱吉の母親との結びつきの強さである。母親が綱吉に対して、ひいては国の政治に対して過度な影響力を行使したというのである。庶民の生まれである母親と綱吉との強い絆は数々の記録文書からうかがうことができる。母親が綱吉に及ぼした影響とは、単に、彼の堕落した性質を構成する欠点の一つであると、一般には見なされている。それに対して筆者が主張したいのは、母親からの影響は、実際にはもっと複雑な問題を呈するものであり、綱吉の統治を評価する上での一つの「盲点」となっているということである。

盲点

「個人は種と文化とを二つながら担うのだ。遺伝的特質と同様、文化的実践は個人から個人へと伝達される」と、人類学者B・F・スキナーは記している。(28) その一方でE・H・エリクソンは、研究者はこのことを、特に母親からの遺産ということに関して、常に心に留めてはいなかったと指摘する。エリクソンはこれを「盲点」と名付け、「歴史家や哲学者は、世の中に『女性原理』が働いていることは認めるが、人間が女性から生まれ、彼女たちによって育てられている事実は認めていない」と主張する。[29]

このような議論は、綱吉の人格と政策を分析する上で重要となる。綱吉とよそ者である母親との間には、並はずれて強い結びつきが存在した。母親は、文化的慣習において、綱吉が生まれ落ちた階層とは大幅に異なるところの一員として、人格形成期を過ごしている。社会的身分の低い者を母親に持つ日本の支配者はほかにもいた。女性はただ単に胎児を育てるための子宮を提供するだけと見なされた社会にあって、このことは許容し得ることであり、若い武士と母親との接触は徹底的に避けられた。綱吉の場合は異なり、不思議な運命の気まぐれが、母親との間に深い精神的絆を築くことを可能にしたのであり、こうして綱吉は、母親の遺伝的形質だけでなく、文化的に条件づけられた彼女の出身階層の価値観をもある程度受け継いだのである。綱吉が、武士の環境が生み出す価値観に対して反発したのは、母からの遺伝や母子のつながりを通して密かに受け継いだ、母親の世界観によるものであると筆者は考える。それはすでに、綱吉が国の支配者となる前の藩政にも反映されていた。綱吉が初期に打ち出した数々の政策は、当時にあっては十分に非正統的であり、それが原因で、綱吉が兄の死を受けて将軍職を継承した際に、反対の声が上がったのである。

綱吉の母桂昌院は伝統的に、無学で騙されやすく迷信を信じやすい女性として描かれてきたが、このようなイメージの根拠となるものは何もない。むしろ、数少ない信頼できる史料に表れるのは、息子とその統治に大きな期待を寄せる意志の堅固な女性である。おそらくそのような期待が、早い段階で息子に伝わり、時の経過と共に、綱吉自らが模範とした賢い王のイメージを生じさせたのであろう。慈悲深い専制君主の理想的なあり方は、綱吉が若い頃に学んだ儒学の古典に見出され、そこでは支配者が、よく訓練され従順な役人に手伝ってもらいながら、農村の人々を統治していた。この中国古代のユートピア社会においては、封建的な領主と武士が哀れな庶民を好き勝手に服従させるといった、日本で起きていたようなことは存在しなかった。

綱吉の母親に対する強い結びつきと尊敬の念が、彼女の出身階層への敬意と思いやりを生み出さないはずはなかった。しかしながらこのような心情は、統治のイデオロギーと方針に激烈な変化を引き起こすこととなった。武士にはそれまで、庶民の権利を縮小し、彼らに対して恣意的に権力を行使することが許されていたのであり、もはや戦（いくさ）はなく、生産と交易によって日常生活が成り立っていたような時でさえも、そのようであった。

綱吉は、自らの政治イデオロギーの正当性を、急速に変化する日本の社会環境だけでなく、大陸での出来事の中にも見出していた。彼が成長していた頃、中国では不満を持った民衆が明王朝の滅亡に大いに寄与し、人口の大半が陥った苦境を無視するような統治の危険性を示していたのであった。日本への避難を求めた中国の儒学者たちは、慈悲深い統治の理想を大衆に向けて、納得のいくよう説いていた。

一般の人々をもっと尊重し、彼らにさらに多くの権利を付与するという政治イデオロギーは、必然的に、支配階層である武士の特権や自由を制限し、地位を相対的に低下させることとなった。武士の反発は避けがたく、その結果引き起こされた、将軍と伝統的な権力保持者との間の権力争いも同様であった。筆者が主張しておきたいのは、犬の保護を含む綱吉の政策はすべて、自らの政治的理想を容赦なく追及する将軍と、同じく自らの伝統的権利を猛烈に守ろうとする武士層との間の争いの結果であると同時に、絶えずそれにより生み出されてきたということである。

綱吉の政策が武士にとっては苦痛を与えるものであったことを考慮するならば、史料を読む際には、その性格や書かれた目的についての慎重な考察がなされなくてはならない。このことは十分に厳格な姿勢でもって常に行われてきたとは言えず、そのことに筆者は、綱吉の人格と統治を分析する上で、さらに別の盲点があることを認めている。史料の大半は武士が武士のために書いたもので占められていて、それらは武士の考え方を擁護し反映するものであり、全体主義的な政府の政治的都合により、選択的に保管され編纂されてきたのである。[30] 例えば「天下」という表現が史料に表れる時、「日本の人口すべて」を意味すると考えられてきたが、実際には多くの場合、「関わりのあるすべての人」、すなわち武士である人々を意味したのである。武士の記録に引用された「人気のある風刺文」は、武士層の間で人気があったのであり、それ以外の人々の間では必ずしもそうではなかった。武士である筆記者により、「国全体」を苦境に陥れたとして批判された数々の政策は、人口のはるかに多くの部分を占めた庶民にとっては、しばしば有益だったのである。

農村社会の状況を研究の基盤に据えた場合、この時代のイメージは根本的に変わってしまうのであり、このことは大石慎三郎の著作から明らかである。初期の仕事においては、大石もほかの歴史家と一緒になって、綱吉の治世を徹底的に非難していた。しかし大石は、綱吉の治世における農村社会の経済発展を詳細に研究してからは、考えを完全に変化させ、綱吉を徳川時代における最も賢明な支配者の一人として称えるようになったのである。[31] ところが大石ですら、生類憐みの令を正当に評価することはできなかった。これについては、彼の専門領域を超えていることもあり、別の歴史家が提示する根拠や判断を無批判に受け入れている。

本書を通して筆者が示したいのは、ひとたびこれらの「盲点」を考慮に入れたならば、綱吉の政策が、気違いじみた人の考え方を描き出すものであるというより、その卓越した政治手腕の証となるということである。というのも綱吉は、武力や金銭を用いることなく、武士としての振る舞い方に新たな規範を植えつけることに成功したからである。綱吉の下で起きた政治の変化をマックス・ウェーバーの支配理論を考慮に入れつつ検討するならば、日本が近代国家へと発展する中で、その治世の果たした重要な役割が明白となる。綱吉による統治を、邪悪で腐敗していたというよりは、極めて有能で進歩的であったと捉えることで、荻生徂徠の著作を新たな視点で読むことが可能となり、また彼の政治思想が、この将軍の影響を多分に受けていることに気づかされるのである。未来の将軍となるべき者がいかにして、八百屋の娘の影響下に入り、武士層にとっては損害となるようなイデオロギーを採り入れることとなったのかを理解するため、まずは綱吉が、異例にも父親と母親双方の性質を受け継いでいることの検討から始めたい。

(1) 黒板勝美・国史大系編修会編『徳川実紀』第五篇(吉川弘文館、一九七六年)延宝八年閏八月六日条(三七六頁)、同年同月十四日条(三七七頁)。中島陽一郎『飢饉日本史』(雄山閣出版、一九九六年)四頁。遠藤元男『近世生活史年表』(雄山閣出版、一九八二年)一一〇頁。

(2) 戸田茂睡『御当代記』(塚本学編、東洋文庫六四三、平凡社、一九九八年)一一頁。山王神社とは今日の日枝神社（千代田区永田町）のことである。

（3）新井白石『新井白石日記』下巻（東京大学史料編纂所編、岩波書店、一九五三年）七九頁。護持院隆光『隆光僧正日記』第三巻（永島福太郎・林亮勝編、続群書類従完成会、一九七〇年）二五六〜二五七頁。

（4）『文露叢』（『内閣文庫所蔵史籍叢刊』第四十八巻、汲古書院、一九八五年）宝永六年一月十八日条。

（5）正親町町子『松蔭日記』（甲斐叢書刊行会編『甲斐叢書』第三巻、第一書房、一九七四年）二八五頁。

（6）引用の読み下しは、遠藤前掲書（注1）一五三頁。原本は近衛基熙『基熙公記』（陽明文庫）。

（7）瀬川淑子『皇女品宮の日常生活』（岩波書店　二〇〇一年）九八、一〇一頁。基熙が最終的に関白に就任したのは元禄三年（一六九〇）であった（同書、一一三頁）。

（8）*The Dejima Daiaries: Marginalia 1700–1740*, edited by Paul van der Velde and Rudolf Bachofner, Tokyo: The Japan-Netherlands Institute, 1992, p. 109; *The Dejima Dagregisters*, ms. Algemeen Rijksarchief, The Hague, 15 April 1709, fol. 172.

（9）『三王外記』の著者として東武野史が挙がっている。名前に使われた漢字から、「東の武士による有名な記述」と訳されるが、これは明らかにペンネームである。この作品は一八八〇年に甫喜山景雄により出版された。この版には、元の作品にはおそらく登場しなかった歴史上の人物の名前が現れる。頁番号は表側だけに付されており、裏側にはない。この作品は「さんおうがいき」とも表記されるが、ここでは『国書総目録』第三巻（岩波書店、一九六五年）に倣っている。

（10）「三王」とは、儒学で模範的な君主とされている堯・舜・禹を指している。

（11）松浦静山『甲子夜話』第一巻（東洋文庫三〇六、平凡社、一九七七年）三二七頁。

（12）中瀬勝太郎『江戸時代の賄賂秘史』（築地書館、一九八九年）一〇、一四頁では、荻生徂徠の『政談』の次に『三王外記』が引用されている。この問題については九章、十八章でも考察する。『三王外記』は、John Whitney Hall (ed.), *Cambridge History of Japan*, vol. 4: Early Modern Japan, Cambridge: Cambridge University Press, 1991, p.

431でも取り上げられているが、ここでは、この作品は「もっとも、信頼できるものではない」という但し書きが添えられている。

（13）脇田修『元禄の社会』（塙書房、一九八〇年）六五頁。

（14）ケンペルの記録文書の英訳は *Kaempfer's Japan: Tokugawa Culture Observed*, edited, translated, and annotated by B. M. Bodart-Bailey, Honolulu: University of Hawai'i Press, 1999を参照。「鎖国」という言葉がどのようにして日本語に採り入れられたのかについては、鎖国についてのケンペルの記録の日本語訳とともに一九頁を参照。この時代の日本がいかに閉鎖的であったのかについてはRonald P. Toby, *State and Diplomacy in Early Modern Japan*, Princeton: Princeton University Press, 1984を参照。

（15）坂田諸遠「甲斐少将吉保朝臣実記」（自筆本は柳沢文庫、写本は東京大学史料編纂所所蔵）。手書きは一八九七年に完成された。

（16）池田晃淵「徳川氏施政の張弛を評す」（『史学雑誌』第四編第四〇号、一八九三年）。この論文は、辻達也『享保改革の研究』（創文社、一九六三年）三～四頁においても検討されている。

（17）池田晃淵『徳川幕府時代史』（早稲田大学出版部、一九〇四年）、徳富猪一郎『近世日本国民史』第十一～十九巻（民友社、一九三五～三六年）、三上参次『江戸時代史』（冨山房、一九四四年）。

（18）徳富猪一郎『近世日本国民史』第十七巻（元禄時代、上巻、政治篇、民友社、一九三六年）七八～七九、五一二頁。

（19）入沢達吉「徳川綱吉の精神状態に就いて」（『国家医学会雑誌』一八九号、一九〇三年）一～一二頁。

（20）進士慶幹「お犬さま」（『日本歴史』二六〇号、一九七〇年）一七二～一七三頁。

（21）栗田元次「犬公方論」（『中央論壇』第一巻第三号、第一巻第五号、一九二〇年）、栗田元次「柳沢吉保論」（『中央論壇』第二巻第五号、一九二一年）。『三王外記』に関しては例えば、栗田元次『江戸時代史』第一巻（近藤出版社、一九七六年）四三六～四三七、四三九頁を参照。栗田の研究については第九章でさらに論じる。

(22) 林和『柳沢吉保』（実業之日本社、一九二一年）。

(23) 辻善之助「柳沢吉保の一面」（『史林』第一〇巻第三号、一九二五年）。のちに辻善之助『日本文化史』春秋社、一九五三年）に再録。

(24) 辻達也『享保改革の研究』（創文社、一九六三年）三九～八〇頁。

(25) Tsuji Tatsuya, "Politics in the Eighteenth Century", translated by Harold Bolitho, in: John Whitney Hall (ed.), *The Cambridge History of Japan*, vol. 4: Early Modern Japan, Cambridge: Cambridge University Press, 1991; Donald H. Shively, "Tokugawa Tsunayoshi", in: Albert M. Craig and Donald H. Shively (eds.), *Personality in Japanese History*, Berkeley: University of California Press, 1970; Harold Bolitho, "The Dog Shogun", in: Wang Gungwu (ed.), *Self and Biography*, Sydney: Sydney University Press, 1975.

(26) 家永三郎ほか編『新日本歴史Ｂ』（三省堂、二〇〇一年再版）一四〇頁。

(27) 塚本学『徳川綱吉』（人物叢書、吉川弘文館、一九九八年）二八九～二九七頁。

(28) Ｂ・Ｆ・スキナー、波多野進・加藤秀俊訳『自由への挑戦』（番町書房、一九七二年）二五三頁。

(29) Ｅ・Ｈ・エリクソン、仁科弥生訳『幼児期と社会』第二巻（みすず書房、一九八〇年）一八二頁。

(30) この問題についての詳細な検討は第十八章を参照。

(31) 大石慎三郎『日本経済史論』（御茶ノ水書房、一九六七年）七六～七七、八六頁。同『元禄時代』（岩波新書七五五、岩波書店、一九七〇年）一三九～一四〇、一六一、一八六～一八七頁。

第二章　親から譲り受けたもの

綱吉は正保三年（一六四六）に生まれた。曾祖父家康が、自身ならびにその末裔に対して、将軍の称号の授与を天皇に義務づけ、徳川の覇権を確立した時から、四十年ほどが経過していた。

初代将軍家康

徳川家康（一五四二〜一六一六）は、日本国内の統一を成し遂げた偉大な人物の一人として歴史に名を残している。一世紀半にわたって散発的・局地的に絶えず戦乱が発生したが、その状況に終止符を打った三人の武将の内の最後に登場し、それから二世紀半ほど壊れることのなかった平和の先導役を務めた。後世を生きる私たちにとって、家康は、断絶することなく十五代に及んだ徳川将軍の初代であるが、同時代の人々の目に、徳川家の支配の行く末は、それほど確かなものとは映らなかった。

「前例があることから、陛下が……命の危険に怯えるのはもっともなことだ。このような帝国は武力によってのみ獲得され暴政によってのみ維持される」と、ロドリゴ・デ・ビベロ・イ・ベラスコ（一五六四〜一六三六）は、駿府に隠居した家康を訪ねた際に心の中でつぶやいた。[1] のちにメキシコ総督となるロドリゴは、赴任に向けた航海の途上で船が難破し日本に漂着したのだが、家康の居城の防備が堅固であることに驚嘆した。防備の堅固さにおいて勝っていたのは、息子の秀忠が政治を行っていた江戸城のみであった。ロドリゴの試算によると、江戸では二万人ほどが、堀で囲まれた外郭と内部の居城との間の警護などの任務に就いていたが、駿府の家康のもとには、それよりも多くの兵士が駐屯していたと記している。[2]

その生涯を通して、家康には、支配者に降りかかる危険を目の当たりにする機会が存分にあった。戦国時代に弱小領主の息子に生まれた家康は、臣従する大名家で人質として青年期を過ごした。天皇は、その血統が途切れることなく、依然として京の都に居住していたが、政治の実権は数多くの戦国大名の間で分裂していた。大名家はそれぞれが、影響力の及ぶ範囲を拡張するか、あるいは単に生き残ろうとしていた。領主と家臣の結びつきは封建的な特徴を有していたが、忠誠を尽くすことに対する見返りよりも、戦略的な利害が優先されることがあまりにも多かった。この忠誠心の欠如が明らかに目立ったため、イエズス会士アレッサンドロ・ヴァリニャーノ（一五三九～一六〇六）はそれを、日本人の二大欠点の内の一つとして、性的乱交に次ぐ二番目に位置づけた。[3]

小規模な戦乱が相次ぐ混乱した状況の中で、家康はやがて権力基盤の確立に成功し、織田信長（一五三四～八二）の陣営に加わった。信長は当時、国の支配権をめぐる争いにおいて最も成果を上げていた。信長は天下統一に成功したが、この有能な軍事戦略家は、長期に及ぶ支配権の土台を築こうとしていたその時に、上洛中の宿所であった京都の本能寺で、不満を持った家臣により暗殺されてしまう。信長に仕えていた武将の中で最も抜け目ない者の一人、豊臣秀吉（一五三六～九八）は、これを主君のかたき討ちだけでなく、織田一門の権力を剝奪する機会と捉えた。家康は自らの忠誠心を、最も成功していた陣営へと移したが、その際に、広大な領地を服従の代償として要求することを怠らなかった。その領地に、今日の東京が位置している大平野が含まれたが、当時は小さな城の建つ、じめじめした僻地であった。

秀吉は、敵対勢力を武力で打ち負かし、中央の支配権に組み込んでいくという、織田信長のやり方を受け継いだ。中央の覇権を確立したあとは、国外の敵と剣を交えるため、朝鮮に出兵した。同時に、長期政権樹立に向けた社会的基盤を築いた。秀吉の政策の内、最も重要なのは、農民を土地に縛りつけることとなった検地、ならびに彼らから武器を取り上げた刀狩であった。

家康は事実上、主君への忠誠を尽くすため、最初の二人の息子を犠牲にした。長男信康（一五五九～七九）は、織田信長の娘徳姫と婚約させられていたが、徳姫が夫を反逆罪で告発した際に、家康はそれを受け入れ息子に切腹を命じたのであった。信長の暗殺後は秀吉が、家康の忠誠心を確かなものとするため、次男との養子縁組を要求し、家康は渋々それに応じた。両者の同盟の印として、次男には秀康という名前が与えられたが、実父と養父の名前の組み合わせは後者が先になった[4]。秀吉の晩年に、ついに息子が生まれた時、秀康は再び、今度は下総の結城家へ養子に出された。この秀康の孫が、八十年ほどのち、綱吉の下した厳罰とある種の正義を最初に体験する一人となる。綱吉にとって「身分の高低」は一切関係なく、血縁関係が考慮されることもなかった。

秀吉は、異父妹の朝日姫を家康の妻に差し出すことで、同盟をさらに強固なものにしようとした。朝日姫は四十歳代の既婚者であったが、この贈り物を断ることのできなかった家康は、今後ほかに息子が生まれることがあっても、のちに秀忠（一五七九～一六三二）となる三男が跡を継ぐという条件付きで同意した。[5]

秀吉の長男は幼少期に亡くなったが、二年後の文禄二年（一五九三）、秀吉お気に入りの側室淀君（一五六七～一六一五）が次男秀頼を産んだ。淀君の母親は皮肉にも織田信長の妹であった。淀君の父親であった浅井長政（一五四五～七三）が信長に攻められて命を絶った際に、母親は三人の幼い娘と共に炎上する城から逃れていた。しかし、二番目の夫が今度は豊臣秀吉による包囲攻撃を受けた際に、母親は夫と共に死ぬ決意をし、娘たちを勝利者である秀吉の保護下に送り届けたのであった。

秀頼が生まれた時、秀吉は五十七歳であった。秀吉は自らの敵を、真に敵対する者だけでなく仮想の敵をも含めて、無慈悲に抹殺していった。そこには自身の異父弟と、秀頼が生まれる前まで後継者と定めていた甥も含まれた。[6]息子が権力を掌握するのに十分な年齢になる前に、自らが亡くなることを恐れた秀吉は、豊臣の支配権の存続を確実にするため、可能な限りのあらゆる対策を事前に講じた。その内の一つは、五大老を任命し、秀頼を守り補佐すると誓わせたことであり、家康をその代表格に据えた。[7]もう一つは、淀君の妹を家康の息子秀忠と結婚させたことである。その妹は、一般に諡号の崇源院（一五七三～一六二六）で知られていて、この時すでに二度も結婚させられた経歴を持ち、十六歳の花婿より六歳年上であった。そして秀吉の死を前にして、秀忠と淀君の妹との間に生まれた娘を、秀頼に嫁がせるという約束が交わされた。従兄妹同士の結婚である。[8]

家康はこの婚姻の取り決めを履行し、六歳の孫娘千姫――のちに号の天樹院（一五九七～一六六六）として知られるようになる――を秀頼に輿入れさせた。[9]しかしながら、より重要な事柄となると、家康は秀吉の望み通り忠実に動こうとはしなかった。秀吉の後継者を補佐するよりはむしろ、自らの権力基盤の確立に奔走したのであり、やがて秀吉に忠実な大名との武力衝突に発展した。結果として、慶長二十年（一六一五）の夏、家康の包囲攻撃を受けて大坂城が炎に包まれる中で、秀頼とその母淀君は自害して果てたのであった。この出来事は、七十五年ほどのちの綱吉の治世に、ドイツ人医師エンゲルベルト・ケンペルが日本を訪れた時ですら忘れられておらず、徳川の支配権下に塗りつぶされてもいなかった。ケンペルは、家康が政権を「奪い取った」と聞かされ、これを記録している。[10]

家康は、徳川の覇権を脅かす危険な勢力のほとんどを排除できたことに満足し、大坂の包囲攻撃から一年後に死去した。家康は生前、三人の若い息子たちそれぞれを領主に、戦略上重要な三つの広大な藩を確立した。それは「御三家」と称され、宗家に後嗣が絶えた際には後継者を差し出すことが認められた。さらに家康は後継について、ほかにもっと見込みのありそうな息子がいたとしても、長子相続の原則を徹底して遵守することを明確にした。家康による無自覚的なこの行為が、綱吉の類稀な人格と治世とを形成することとなる一連の出来事を生じさせたのである。

第二代将軍秀忠と息子たち

「さて、この若君の良い点として知られていることに、彼が一人より多くの女性を利用しないことがある。彼の前任者はいずれも、最低でも四十を超える女性を抱えていた」と、スペイン人のセバスティアン・ビスカイノは第二代将軍秀忠について記している。秀忠については、意志の堅固な妻のおかげで、ほかの女性を選ぶ余地がほとんどなかったとしばしば推測されている。[11]

女性は、軍事的・政治的野心を満たすために用いられる人質であった。彼女らの運命は過酷であったが、時に鍛えられ、強い性格の持ち主となって、男性の支配する世界に歯向かうこともあった。家康の陰謀に対抗し、息子の支配者としての権利を十七年ほどにわたって主張し続けた淀君は、その一例である。淀君の妹で秀忠の妻となった崇源院も、同じように決然とした女性であったことは明らかである。側室を認めず、一人を除いて秀忠の子供たち全員を自身で産んだ崇源院は、徳川家の将軍の妻となった女性たちの中では異例であった。秀忠の犯した、知られている限り唯一の過ちによって誕生した保科正之（一六一一～七二）は、養子に出され、崇源院の死後にようやく父親に会い、息子として認知された。[12]崇源院は秀忠との間に、五人の娘と二人の息子を産んだ。のちに家光となる上の息子は慶長九年（一六〇四）生まれで、下の息子忠長が生まれたのはその二年後であった。家光は病弱な子供であり、内気で吃音があった。弟の忠長は健康で、母親の愛情によく応え、また利発であったため、両親は忠長を将軍の後継者とするべく教育を始めた。[13]

二人の兄弟をめぐる張り合いは、様々な物語となって記録されている。最もよく知られているのは、のちに有名になる家光の乳母春日局が、行脚に見せかけて江戸を出発し、駿府に隠居していた家康を訪れ、弟を後継者に擁立する計画があることを密かに告げたというものである。[14]それに対して『徳川実紀』では、江戸を訪れた家康が二人の男の子にまんじゅうを与えたが、その時の渡し方の違いにより、兄の家光が支配者、弟はその家臣となるべきことが明らかになったと簡略に記されている。[15]家康が元和二年（一六一六）に死去する以前に、家光が跡を継ぎ第三代将軍となることが決まっていたが、その兄は様々の折に弟より劣っていることに気づかされた。忠長は、聡明さだけでなく、武芸においても家光に勝っていたようである。十二歳の時には、城の敷地内にいた鴨を撃ち殺すことができた。それを母親はたいそう喜び、仕留めた鴨を料理させた。しかし父親は異議を唱え、未来の将軍である兄の居住する城内で弟が鴨を撃つというのは、家光に対する無礼な行為だと指摘した[16]。大人になってからも家光は、忠長の才能に苦しめられ続けた。寛永三年(一六二六)、家光は相当数の家臣を伴って京都に向かったが、その際に東海道沿いの大名に、旅を容易にするための必要な準備をするよう命じた。忠長は巧妙にも、旅の主たる妨げとなっていた大井川の幅広い川床に、浮き橋を設計して架けた。しかし大井川を、箱根峠と共に、江戸の居城を守るための障壁と見ていた家光は、このことにひどく腹を立てたという[17]。

忠長は家臣の役割に甘んじなくてはならなかったが、両親は、将軍の最も有力な協力者となることを確実にした。母親が死去した寛永三年までに忠長は、幕府の全領地の七分の一ほどにあたる五十五万石を領有し、高い官位である大納言に昇格していた。忠長への最後の加増が行われたのは、秀忠が将軍職を家光に譲った一年後の寛永元年であり、そこには家康がかつて隠居していた駿府が含まれた。それ以降、忠長は「駿河大納言」として知られるようになった。忠長の藩が、戦略上重要な東海道沿いに位置したことから、江戸に向かう途上の大名たちが、彼に敬意を表するために訪れるところとなり、彼らは数日間滞在するよう招き入れられた。さらには、忠長の重臣の中に、伏見や甲斐など、同様に重要な場所に位置した城や藩を授けられた者がいた[18]。

忠長が保科正之に会い、その異母弟を息子と認知するよう秀忠を説得しようとした際にも、彼の及ぼした影響力が示された。忠長は、正之が田舎で育ったことに配慮し、家臣をすべて下がらせた。その若者が、適切な儀礼的振る舞いを身につけていない場合、困惑しないようにするためであった。そこまで慎重にならなくてもよいことに気づいた時、忠長はようやく家臣を呼び寄せ、客人に敬意をもって別れを告げさせた。会見の際に忠長は異母弟に贈り物を授け、そこには初代将軍家康の遺品である、徳川の家紋が入った小袖も含まれた。この話からは繊細な心を持った忠長の姿が伝わるが、ある種の権威を身にまとった忠長は、タブーを破り、異母弟に先祖伝来の大切な家財を授けることで、家族に迎え入れる意向を表明したのであった。[19]

忠長の運命は、寛永八年（一六三一）に秀忠が深刻な病に陥ったのを機に突然変化した。精神錯乱の疑いがあるとして甲府に蟄居させられたのである。[20] 忠長が、家臣たちの警告を受け入れず、自藩にいた聖なる動物である猿を千匹以上打ち殺したというのが、その理由とされた。領民の農作物を、猿が大量に食い荒らす可能性を考慮するならば、むしろこれは賢明な行為とも考えられる。また怒りに任せて、家臣や従者を容赦なく手討ちにしたという報告もある。これがどこまで真実なのかは判断が難しい。歴史家の徳富猪一郎が指摘しているように、これらの行為を伝える史料の日付が、すでに忠長が蟄居させられていた時期になっていることからも、真実ではないであろうと推測される。[21] さらに忠長は、規模が大きく戦略上重要となる藩の支配を任されるほど、十分に信頼されていたのであり、それが突然、父親の死期が近づいた途端に精神異常をきたし、国の運営に携わることができなくなったとは信じ難い。むしろ家光が、自らを将軍に擁立し、その権利を擁護してくれた父親が亡くなってしまった場合、より有能な弟の計略により自らの地位が脅かされることを恐れたようである。叔父の水戸頼房に宛てた書状の中で家光は、忠長は兄弟として「役に立たない」と率直に述べている。[22]

忠長は失意の中、江戸で死の床にあった父親を見舞うため、蟄居させられていた城を出る許可を求めたが、認められなかった。[23] 秀忠の死後間もなく、忠長はすべての領国を没収され、高崎城に幽閉された。そこでついに死を選び自害したのである。[24] 忠長の家臣とその家族は、主君の乱行を止められなかったことを咎められ、所領の没収や流刑に処せられた。幾人かは三十年ほどのちにようやく赦免されている。[25]

第三代将軍家光の息子たち

忠長の家臣たちの罪が赦されるよりもかなり前のことになるが、忠長の悲劇的な死から十年が経過したばかりの正保三年（一六四六）一月八日に、綱吉が家光の四男として誕生した。短い子供時代、快活で早熟な子供であった綱吉は継承順位において、不名誉な叔父がそうであったように、病弱な兄に次ぐ二番目であった。病弱な兄はのちに家綱と呼ばれるが、当時は父家光と同じ幼名で竹千代と呼ばれていた。

家光の三男亀松は幼少の頃に亡くなり、のちに綱重と呼ばれる次男は誕生と同時に養子に出された。家光が四十歳の時に誕生した綱重は、家光が四十二歳の時に二歳となることから、不吉な運命を背負っていた。「四」と「死」は同じ読みであり、四十二と二を足し合わせると四十四となることから、息子が父親を殺害するかもしれない不吉な組み合わせであると考えられていた。その同じ時期に妊娠が判明した側室の一人も、必然的に、将軍の姉である天樹院（千姫）の保護下に置かれ、生まれた子供は誕生と同時に天樹院の養子となった。[26] 天樹院は、最初の夫であった秀頼の死後、姫路城主本多忠刻に輿入れさせられたが、忠刻と息子の早世に遭い、江戸に戻って来ていた。

出生した時から、綱重は将軍ではなく天樹院の息子と見なされた。したがって、お七夜の祝いでの大名たちからの贈り物は、将軍の息子に相応しいものではなく、せいぜい将軍の親族に贈られる程度のものであった[27]。一方、天樹院は綱重の母親として贈り物を受けた[28]。髪置きなど子供の通過儀礼も、綱重の場合は天樹院により執り行われたが、綱吉は、未来の将軍である長兄によって執り行われるという栄誉に与ることができた[29]。また、綱吉の出生後間もなく、綱吉と兄の亀松のために、新たな建物の建築が江戸城の三の丸に計画されたが、綱重のための建物については全く言及されていない[30]。慶安元年（一六四八）初めの亀松の死からしばらくして、ようやく綱重と綱吉は、家臣や所領に関することで多少なりとも同等に扱われるようになった[31]。慶安四年の家光の死の直前に、綱重と綱吉が共に領国十五万石ずつの加増を受けた時のことを、綱吉の治世を記録した『憲廟実録』は次のように解説している。以前、綱重と綱吉は異なった扱いを受けていたが、おそらく、綱重が「御胎内ヨリ」家光の姉の養子であったためであろう、と[32]。

同等な扱いを受けるようになった一方、綱重の名前が常に最初にくるようになった。このことは、綱吉が家光の次男として再認識され、継承順位三番目に後退したことを示している。何が家光の気を変えたのであろうか。

理由として一つ考えられるのは、縁起の悪い期間が過ぎたことである。父親が四十二歳の時に生まれた息子を恐れる理由がなくなったため、再養子縁組をして家族に受け入れたのであろう。しかし、家光が別の面で、徳川の主導権に対するより一層の脅威を感じ始めていたことを、史料は示している。

過去のトラウマ

宝永六年（一七〇九）に完成された年代記『武野燭談』[33]は、『徳川実紀』の編纂者が綱吉の生涯を記述する際に長々と引用するに値すると思うような、重要で信頼のおける情報を提供している。それによると、家光は早い段階で、綱吉が兄たちよりもすぐれた才能を持ち、ませた考え方をすることに気づいており、たびたび綱吉の守り役たちに次のように告げたという。「この児夙慧なる事他児にこえて。生先たのもしくおぼゆ。されどもし人となるに従ひ。才気にまかせて。心の儘の挙動せば。思ひの外の患禍を引出さむも測りがたし」と。

家光の説明によると、そのような「思ひの外の患禍」は、綱吉が横柄な人間になり、兄たちに対して相応の敬意を払うことを怠るような場合に起こり得るのであり、これを防ぐには、彼に謙虚さを教えなくてはならなかった。[34]

『徳川実紀』は続けて、『武野燭談』から別のエピソードを引用する。ここでは、家光が綱吉の母桂昌院に向けて語っている。それによると、家光自身は、戦乱の時期に生まれたため、子供の頃から文芸ではなく武芸の訓練を受けた。若くして国の統治を継承しなくてはならなかったことからも、書物を読む時間はなく、誠に残念なことに、今日においても文芸に費やす時間を見出せずにいるという。そののちに「この児聡慧衆に超たり。これを教むには。第一文学をもて先務とし」と続けている。[35]

文芸に勤しむ時間がなかったという家光の弁解は、あまり信用できるものではない。なぜなら、家光が、特に一年において比較的涼しい月に、ほとんどの時間を狩猟に費やしたことが記録されているからである。ある時には四日間も、壮観な「犬追物」見物に没頭した。騎手が放たれた犬を取り囲み、射止めて弓術を競い合うという、鎌倉・室町時代に盛んだったこの競技を、大名島津光久が将軍の好みに応じて復活させたのであった[36]。

家光が書物を通して学ぶことよりも武術の競技を好んだことは珍しいことではなく、当時の武士層が文芸を過小評価していたことを反映するものである。中江藤樹（一六〇八～四八）のような儒学者は、「武」と「文」とは切り離すことはできないと断言し、武士階級の間にも支持者を獲得しようとしたが、実際の状況は違っていることを認めざるを得なかった。藤樹は「世俗のとりさたに学問は物よみ坊主衆、あるひは出家などのわざにして、士のしわざにあらず、がくもんすきたる人はぬるくて武用の役に立がたしなど云て、士のうちにがくもんする人あれば、却てそしり候ぬ」と記している[37]。

したがって藤樹は、若い頃、学問していることを同僚の武士たちに見つからないよう気をつけ、学ぶのは夜の遅い時間だけに限った[38]。次世代の学者たちにとっても状況は良くならなかった。のちに有名になる新井白石（一六五七～一七二五）は十七歳の時、おそらく友人の机の上にあった藤樹の研究を目にした際に初めて儒学に魅せられ、中国古典を読めるようにと文芸に勤しむことを決意したのであった。白石は用心深く、学問をしていることが父親やその友人たちにわからないよう気をつけた[39]。

藤樹は、武士層が学問を軽視するのは林家のせいだと、別のところで書いている。林家とは幕府お抱えの儒学者たちであり、彼らは剃髪し、僧服を着て、僧侶のように振る舞っていた。林家の祖である林羅山（一五八三～一六五七）は、のちの章でより詳細な検討をするように、職にありつくのが難しい状況においてこの終身在職の地位を受け入れようとするならば、そうするよりほかに選択肢はほとんどなかったのである。むしろ羅山の置かれた状況は、武士層の学問というものの捉え方を反映しているに過ぎないのである。

塚本学のように、『武野燭談』は信頼できないとする者もいるであろう。[40]しかし、綱吉に伝統的な武士の教育が施されなかったことは、その生涯と治世から直ちに正しいことが裏づけられる。そのような通常の教育を受けさせないという決定を下すことができたのは、綱吉の父親だけである。前述の引用は家光が当時語った言葉ではないかもしれないが、家光ないしはその相談役の心情を反映していたに違いない。

綱吉が将軍に就任したあと、同時代の戸田茂睡は綱吉について、この地位の役割を果たすための能力に欠けていると批判している。[41]綱吉は聡明さにおいて決してそれ以前の歴代将軍に劣ってはいなかった。反対に、綱吉に批判的な人々からさえも、非常に聡明だと言われていた。しかし、前述したように、学問とは「本好きの僧侶」のすることであり、武士には相応しくないと見なされていた。家光はなぜ、当時の武士層には到底受け入れられないような教育を、息子に施すよう命じたのであろうか。

この問いに答えるための手がかりは、『武野燭談』で語られている別の出来事から得られる。ここでまた、家光は綱吉の聡明さについて論評し、次いで「徳松（綱吉）は知りたる事をも、知らざる体に振舞ふべし。利発過ぎなば、竹千代に憎まれんぞ」と語っている。家光は、くれぐれも綱吉の賢さを褒めることがないよう、その世話役たちに指示し続けていた。[42]

徳富猪一郎が示しているように、家光は、自らの人生と重なり合うことに気づかずにはいられなかった。[43]ここにまた病弱な長男がいて、家光自身がそうであったように、竹千代と呼ばれていた。そして公式には継承順位二番目の、利口で活発な弟が競争相手であった。家光は自らの経験を通して、弟はあまりにも賢いと憎まれること、そして兄に対して相応な敬意が払われない場合、「思ひの外の患禍」が起きるかもしれないことを学んでいた。綱吉を文人として教育するよう命じれば、弟忠長のように、武士仲間から尊敬を集めることはできなくなる。このようにして家光は、歴史が繰り返されるのを防ごうとしたのであった。

綱重が再び家光の次男として受け入れられたことも、同じように見なくてはならない。綱重が、寡黙な兄を脅かすような存在になるとは思えなかったからである。増上寺の将軍家霊廟の改葬が行われた際に綱重の遺骨が調査されたが、綱重の姿勢は猫背で良い姿勢とは言えなかったという[44]。綱重は、ひ弱な兄に挑戦しようなどという精神を持ち合わせていなかった。このことから家光は、綱吉が主導権を簒奪しようとした場合に、それを防ぐのに綱重の存在が役に立つと考えたに違いない。ひとたび綱重が、家光の正統な息子として再び受け入れられるや否や、綱吉は二人の兄に敬意を持って従わなくてはならなくなり、また継承順位第三位に後退させられたのである。

社会化と個人化

早い時期に日本を訪れた外国人たちは、日本の子供たちについて、西洋のように学ぶことを強制されないが、その代わりすでに幼少の段階で、手柄を立てて家族に大変な栄誉をもたらした子供たちの話を聞かされることで、他者に勝りたいと思う気持ちを植えつけられていると述べている。西洋で一般的な鞭打ちや荒っぽい言葉によるよりも、このようなやり方でもって多くのことが達成されていると、ある者は書いている[45]。現代の心理学では、子供の早期教育におけるこの段階を「社会化」と呼び、「子供がその文化の支配的な信念や価値、動機、行動様式を獲得し、次第に特定の文化、民族、宗教的集団に所属する他の人びとと同じようになってゆく過程」と説明する。この過程において子供は、人が所有すべき理想的特性とは何であり、また同時に人が抑制すべき特性とは何であるかを学習する[46]。社会化の内容が文化によって異なることは認識されているが、社会化の仕組みはすべての文化に共通だという立場を心理学者は維持している[47]。

この過程において、「同一視」の概念が重要な役割を果たす。子供は、大人、中でも両親の方が力強く影響力があり、自分よりも多くの特権を有することに気づき、これらの特権や影響力を獲得するために、彼らと同じようになろうと頑張るのである。心理学者の考える同一視モデルの魅力は、「モデルの子供への愛情のこもった世話の量と、モデルが好ましい属性とくに子供や他のおとなを支配する力をもっている程度」によって決まる。子供が高く評価する技能において熟達していることと、他人から敬われ受け入れられていることが、模範として選ぶ人を決定する際に重要と見なされる[48]。

これらの理論を第三代将軍家光の行動に当てはめた場合、そこに見出されるのは、病弱で繊細にもかかわらず、軍事的なスポーツを娯楽として最も好む子供である。島津光久が莫大な費用をかけて犬追物を復活させ、江戸郊外で四日間に及ぶ大規模なものを催したのも、そのような伝統的な武士の競技を家光が大いに楽しむのを知ってのことであった。家光は、自身を養育してくれた家康を誰よりも尊敬し、その栄光を盛んに追い求めたが、その家康に自らを同一視しようとした結果、自身の身体条件にも、また自身が生きた時代にも相応しくないような行動様式を掲げることとなったのである。

第四代将軍家綱もまた病弱な体質であった。そして国を統治するには、軍事的解決ではなく、複雑な官僚機構がますます求められるようになっていた。家綱についても同様に、その時代や身体条件に相応しくないにもかかわらず、剣術や乗馬などの軍事的な娯楽を楽しんだ様子が認められる。家綱が十歳になって間もない頃から、城内の馬小屋を訪れたという記録が表れるようになり、時にはほぼ毎日馬小屋へ足を運び、馬と共に過ごしていた。[49] のちに、父親のイメージに自らを合わせた十六歳の将軍家綱は、十歳の綱吉とその兄綱重それぞれに馬を贈り、乗馬の練習に精を出すよう激励している。[50] 綱吉については、時折馬に乗ったという記録はあるが、筆を使って馬の肖像を描くことの方を明らかに好み、作品も幾例か残っている。綱吉は十三歳の時に初めて剣術の稽古を受け、それは続けられたが、同じ年に剣術の稽古を始めた病弱で猫背の兄綱重の場合と比べると、回数ははるかに少なかった。[51] 家綱と綱重の両者には上級武士の価値体系がしっかりと受け継がれ、強力で武力を重視する父親が模範となり、それと同一視しようと努めたのであった。

綱吉の場合は違っていた。兄弟の中で最も強靭で健康であり、小さな子供の頃でさえ、肉体的にも精神的にも並はずれた活力を見せていて、体全体が武芸に秀でるのに適していたが、綱吉には、父親やその周囲にいた人々にとって大切であった軍事的価値観が伝わらなかったのである。将軍として、綱吉は前任者たちの価値観を批判したであろう。それは「残刻を認て武とし、意気を以て義とし、世人不仁の所為おゝくして、人道の本然にそむく」ものであった。[52]

『武野燭談』を信用するならば、家光は綱吉に対して、父親の技能や価値観を身につけて父親と同一視することができないような教育を、故意に施したことになる。しかし、『武野燭談』の信頼性を疑い、綱吉の教育に関する挿話を、のちの出来事を正当化するための作り話と考える場合でも、綱吉と叔父の忠長との類似性は明らかであり、否定することはできないであろう。肉体的にも精神的にも快活であった二人は、いずれも竹千代と呼ばれていたそれぞれの兄の継承権を脅かす存在であった。家光の忠長に対する非情な扱いは、弟との張り合いにより家光が負った強い心理的苦痛の表れである。上の息子が内気で病弱、下の息子が元気で我の強いのを見た家光は、そのような苦痛に再び襲われたのであり、このことが、下の息子に対する態度に影響を及ぼしたことはほぼ間違いない。その上、忠長が悲劇的な死を遂げたのは、綱吉が生まれるわずか十三年前のことであり、忠長の家臣たちの処罰は依然として解けていなかった。このことから、家光の側近たちも、似たような状況に気づかずにはいられなかったであろう。また、かつて忠長の家臣だった者の内、赦免されたのちに今度は若い綱吉に仕えることになった者が何人かいたという事実も、綱吉を不運な叔父と同一視する傾向をますます強めたに違いない。柳沢吉保の父親も、そのような家臣の一人であった。家光は『武野燭談』にあるような言葉で、自らの不安を表現してはいないかもしれないが、歴史が繰り返されることの怖さを多くの人が感じていたと思われる。この不安を解消するには、下の息子を、武士階級と同一視するのではなく、「物よみ坊主衆」になることを自らの使命と見なすよう教育するよりほかになかったのである。

家光は、綱吉が五歳の時に他界した。人格の形成に最も重要とされるその最初の五年間に、綱吉はおそらく、父親に養育されたり褒められたりしたことがなかったと思われる。それどころか、叔父の影がちらつく中で、その早熟な様子に疑念の目が向けられた綱吉には、武士階級としての技能や価値観が伝授されず、また権勢を振るう父親と同じになるよう励ましが与えられることもなかった。

綱吉は、先駆者たちと同じ価値体系を身につけるよう奨励されなかったため、のちにその価値体系の理想とするところを批判したことや、死の苦痛に喘ぎながら、父親が最も大切にした競技を禁止したことは、驚くに値しない。父親から認められなかった分、母親からの愛情、激励、期待が何にも増して重要であったと考えられる。母親の期待と理想が、綱吉の政治哲学や統治の方針に大きく影響することとなったであろう。したがって、母親の遺産を検証することが必要となる。

（1）Rodrigo de Vivero, *Du Japon et du bon gouvernement de l' Espagne et des Indes*, translated and edited by Juliette Monbeig, Paris: S.E.V.P.E.N., 1972, p.184. 著者自身によるフランス語からの翻訳。

（2）同右およびMichael Cooper（trans. and ed.）, *They Came to Japan*, Berkeley: University of California Press, 1965, p.140.

（3）同右、四六頁。

（4）林屋辰三郎『天下一統』（『日本の歴史』第十二巻、中公文庫、一九七四年）三二三頁。

（5）A.L.Sadler, *The Maker of Modern Japan: The Life of Tokugawa Ieyasu*, London: George Allen and Unwin, 1937, p.140. Conrad Totman, *Tokugawa Ieyasu: Shogun*, Torrance: Heian International, 1983, pp.48-49. 徳富猪一郎『近世日本国民史』第十三巻（家康時代、下巻、家康時代概観、民友社、一九三五年）五二四頁。

（6）林屋前掲書（注4）四八八頁。

（7）徳富猪一郎『近世日本国民史』第十一巻（家康時代、上巻、関原役、民友社、一九三五年）一六～一七頁。

（8）同右、一一～一二頁。

（9）林屋前掲書（注4）五〇九頁。

（10）Engelbert Kaempfer, *Kaempfer's Japan: Tokugawa Culture Observed*, edited, translated and annotated by

B.M.Bodart-Bailey, Honolulu: University of Hawai'i Press, 1999, S.49.　後の方でケンペルは、秀吉の「後継者として正統ではない家康」（一八二頁）について言及している。

（11）Cooper 前掲書（注2）一二〇頁。

（12）辻達也『江戸開府』（『日本の歴史』第十三巻、中公文庫、一九九〇年）一四五頁。

（13）稲垣史生『武家の夫人たち』（人物往来社、一九六七年）四五頁に引用された大久保彦左衛門『三河物語』。黒板勝美・国史大系編修会編『徳川実紀』第三篇（吉川弘文館、一九七六年）六九九頁に引用された『武野燭談』。忠長の方が利口な子供であったという事実は、刊行されていて今日入手可能な『武野燭談』のいずれの版においても述べられていない。『徳川実紀』では忠長の名前が「国松」ではなく「国千代」となっている。

（14）例えば、広論社出版局編『春日局と徳川家』（広論社、一九八九年）二二一～三七頁、王丸勇『病跡学から見た松平忠直・徳川家光・徳川綱吉』（歴史図書社、一九七〇年）七八～七九頁に引用された『春日局東照大権現祝詞』を参照。

（15）『徳川実紀』第三篇（注13）六九九頁。

（16）黒板勝美・国史大系編修会編『徳川実紀』第二篇（吉川弘文館、一九七六年）元和四年十月九日条（一五五～一五六頁）。

（17）『徳川実紀』第二篇（注16）寛永三年七月二十一日条（三七四頁）。渡辺和敏『近世交通制度の研究』（吉川弘文館、一九九一年）一七〇頁。

（18）徳富猪一郎『近世日本国民史』第十五巻（徳川幕府上期、統制篇、民友社、一九三五年）三五五頁。林亮勝『徳川氏と江戸幕府』（人間社、二〇〇三年）一一九～一二〇頁に引用された『古老雑談』。中村彰彦『保科正之』（中公新書一二二七、一九九五年）一二頁。

（19）林前掲書（注18）一一八～一一九、一二一頁。林はこの話を、保科正之の一代を記した『千とせのまつ』に含まれていることから、忠長を褒め称えるために書かれたのではないとして、信頼できると考えている。

(20) 藤野保『恩栄録廃絶録』(近藤出版社、一九七〇年)六六頁。『国史大事典』第十巻(吉川弘文館、一九八九年)二九一~二九二頁。

(21) 徳富前掲書(注18)三五六~三五七頁。

(22) 山本博文『遊びをする将軍　踊る大名』(教育出版、二〇〇二年)一一二~一一三頁。

(23) 忠長が、仲介を頼んだ僧侶天海と崇伝との間で交わした書簡が徳富前掲書(注18)に引用されている。

(24) 藤野前掲書(注20)二五一頁。山本前掲書(注22)では、忠長は家光の派遣した密使により自害を命じられたと述べられている(一一一頁)が、証拠となる史料が示されていない。また、出島のオランダ人は、家光が密使に忠長を暗殺するよう命令したと聞いたという(東京大学史料編纂所編『日本関係海外史料　オランダ商館長日記』原文編之一、東京大学出版会、一九七四年、八六~八八頁)。

(25) 塚本学「解説」(戸田茂睡『御当代記』、塚本学編、東洋文庫六四三、平凡社、一九九八年)四六五頁。

(26)『徳川実紀』第三篇(注13)正保元年五月二十四日条(三五七頁)、正保二年五月三日条(三九二頁)。

(27)『徳川実紀』第三篇(注13)正保元年六月一日条(三五八頁)の綱重の場合と、正保二年三月五日条(三八五頁)の亀松の場合、正保三年一月十四日条(四二八頁)の綱吉の場合とを比較されたい。塚本学『徳川綱吉』(人物叢書、吉川弘文館、一九九八年)一〇~一一頁。

(28)『徳川実紀』第三篇(注13)正保元年六月一日条(三五八頁)。

(29)『徳川実紀』第三篇(注13)正保三年一月十一日条(四二七頁)に綱重の場合、正保四年十一月二十七日条(五〇八頁)に綱吉の場合が記されている。

(30)『徳川実紀』第三篇(注13)正保三年一月十三日条(四二八頁)。

(31)『徳川実紀』第三篇(注13)慶安元年三月二十五日条(五二五頁)および同年十二月十一日条(五七二頁)など。

(32)『憲廟実録(常憲院贈大相国公実記)』(『内閣文庫所蔵史籍叢刊』第十七巻、汲古書院、一九八二年)五三四頁。「憲廟」は綱吉の諡号「常憲院」に因んでいる。

（33）『武野燭談』（村上直編注、人物往来社、一九六七年）八、一三頁。成立年については同書の「序」を参照。
（34）黒板勝美・国史大系編修会編『徳川実紀』第六篇（吉川弘文館、一九七六年）七二七頁。
（35）同右。
（36）『徳川実紀』第三篇（注13）正徳四年十一月十三日条（五〇四～五〇六頁）。
（37）中江藤樹『翁問答』（『日本思想大系』第二十九巻、一九七四年）五七～五八、八五頁。熊沢蕃山も同様のことを述べている。渡辺浩『近世日本社会と宋学』（東京大学出版会、一九八七年）一二頁。
（38）川田剛『藤樹先生年譜』（『日本思想大系』第二十九巻、一九七四年）二八七頁。渡辺前掲書（注37）一二頁にも引用されている。
（39）新井白石『折たく柴の記』（『日本古典文学大系』第九十五巻、岩波書店、一九六七年）一八七～一八八頁。
（40）塚本前掲書（注27）一二～一三頁。これら本文中に引用された二つの箇所は、管見の限り、『国史叢書』第三十六巻（矢野太郎編、国史研究会、一九一七年）、『日本名著大系』第一巻（三島才二編、聚芳閣、一九二五年）、『江戸史料叢書』（村上直編、人物往来社、一九六七年）など、今日参照可能な『武野燭談』のいずれの刊行本においても見出すことができない。このことは、編纂者たちのもとには写本があり、のちの刊行本で本文中の引用箇所を省くなど、自由に変更を加えていたことを意味するのかもしれない。『翁草』に収録された『武野燭談』など、のちの刊行本においては内容の選別がなされたようで、綱吉に批判的な記述が加えられた一方で、家光の評判を貶めるようなものは削除されている。例えば『日本随筆大成』一八九頁の翁草の版では、犬のことを「お犬様」と呼ばなくてはならなかったとの情報が加えられている。注13も参照。
（41）「御器量なし」。
（42）『武野燭談』（注33）八七頁。
（43）徳富猪一郎『近世日本国民史』第十七巻（元禄時代、上巻、政治篇、民友社、一九三六年）三〇頁。
（44）鈴木尚『骨は語る　徳川将軍・大名の人びと』（東京大学出版会、一九八五年）二七～三三頁。

(45) Bernhardus Varenius, *Beschreibung des Japanischen Reiches*, Amsterdam 1649. Translated by Ernst Christian Volkmann, Darmstadt: Wissenschaftliche Buchgesellschaft, 1974, p.106. ヴァレニウスは、過去に日本を訪れたことのある西洋人の書いた報告書や手紙を参照し、日本についての数々の記述をまとめ上げた。

(46) J・ケイガン、三宅和夫監訳『子どもの人格発達』(川島書店、一九七九年) 四四~四五頁。

(47) 同右、四五頁。

(48) 同右、六四、六六頁。

(49) 黒板勝美・国史大系編修会編『徳川実紀』第四篇 (吉川弘文館、一九七六年)。

(50)『徳川実紀』第四篇 (注49) 明暦二年十二月二十五日条 (二〇四頁)。

(51) 塚本前掲書 (注27) 三六頁。

(52)『憲廟実録』(国会図書館古典籍資料室所蔵)。

第三章　養育係が男性でなくてはならなかった時

一位尼君ニ事ヘマシ〱テ至孝ナリ、毎日問安ノ御使ヲ進ゼラレ、又　成ラセ玉ヒテ　御自身ニ起居ヲ候ヒ玉フコトシバ〱ナリ、器物絵帛ノ類様様ノ物色ヲ承ケ、意ヲ察シテ進ジ玉ヒ、或ハ　尼君ヲ本丸ニテ享シ玉フトキ、御膳ヲ　御自身ニ献ジ玉フハ常ナリ、御茶ノ通ヒナドモ　御自身ナリキ、[1]

このように将軍から礼遇された母親は、京都の八百屋の娘に生まれた一介の庶民であった。徳川の社会では、武士、農民、職人、商人の四つの公的な身分に分かれていた。[2]この制度では、支配者である武士と被支配者である残りの三身分との境目がくっきり分かれていて、例えば武士だけに刀二本の携行が許されるなど、多くの法令が両者の違いをますます際立たせていた。[3]しかし女性たちは、このように徹底的に階層分化された社会において、驚くほど自由に動くことができた。法令の多くは女性に適用されなかったからである。[4]さらに重要なことに、低い身分の女性が高位の武士層に属する男性の子供を産むということが、普通に行われていた。

高貴な家柄に正式な妻ないし配偶者として迎えられる者は、それ以上に格上でないにしても、同等に高位であることが多く、家同士の結びつきを強化するために選ばれるのが一般的であった。しかし、このような政略結婚は子孫を遺さずに終わることがしばしばあり、主人の子供は、奥に住まうほかの多くの女性の中の一人ないし数人から生まれていた。このような女性は、側室として正式に迎えられることもあったが、主人の子供を孕んだ女性が単なる使用人という場合も珍しくはなかった。他の女性たちが、妬みから、そのような子供の誕生を妨げたり、幼子を殺そうとしたりした話はたくさんある。その理由は、低い身分の女性から生まれた子供であっても、西洋のように「庶子」と見なされることがなく、むしろ父親の正統な子孫として、家長の地位を継ぐことができたからである。[5]

下層の女性から生まれた子供に高貴な身分への仲間入りが認められたのは、血筋は父から息子へ継承されるとの確信がその背後にあったからであり、女性は、そのような継承を可能にする子宮の持ち主に過ぎなかった。[6]十七世紀に長崎にいたオランダ商人たちは、母親との血のつながりがあまりにも軽視されていることに驚いた。商人たちは、プロテスタントである限り日本への入国が認められていた。プロテスタントは、極度に恐れられていたカトリックとは信仰形態が異なり、また対立関係にあったからである。カトリックの国とのつながりがないことを確認するため、日本側からオランダ王家について問われた際に、王太子の母方の血統がカトリックであるフランス王家につながるという事実は重要でないため、日本語に訳す必要はないとされた。オランダ側の記録には、「通訳はこのことを伝える必要はないと考えた。日本では軽視されている女性に関わることだからである」と記されている。[7]

母親から受け継がれる遺伝的要素は大幅に過小評価されていたが、母親が子供に及ぼす感情面での影響についてはよく知られていた。低い身分の女性を将来の後継者の母親として受け入れつつ、純粋に男性が支配権を行使する武士社会の要請に応えるには、母親と子供とを早い段階で強制的に引き離す必要があった。この方法によってのみ、女性が、支配的地位に就くべく運命づけられた男児との間に、感情的な絆を確立して権力の破壊者となるのを防ぐことができたのである。したがって、社会の上層にあった子供たちは、生まれて間もなく母親から引き離されるのが一般的であった。十八世紀初頭に出た百科事典にははっきりと、母親は自身の子供を養育してはならないと書かれている(8)。

早い時期に日本にいたヨーロッパ人は、武士の家に生まれた幼い子供たちが、人生初期の段階での鍛錬のため、手荒な扱いを受けているのに驚いている。ある報告によると、子供たちは、乳を飲まなくなるや否や、野外へ狩猟に連れ出され、逞しくなるよう育てられた。女性に優しく躾けられること以上に、子供を軟弱にするものはないと信じられていたため、母親や乳母からは遠く離された(9)。日本の史料からは、鎌倉時代以降、子供の養育を担う乳母でさえしばしば男性であったことがうかがえる。「乳母」が「乳母夫」ないしは「乳母男」と表記されていた場合、乳母（女性）の一族の中の男性であることを意味すると以前は考えられたが、近年の研究により、男性自身が、幼い子供の面倒を見るため、主人の側近から選ばれた世話係であったことがわかってきた(10)。

このような伝統から考えると、第三代将軍家光が、のちに春日局と呼ばれるようになる乳母と、深く結びつくことが許されたのは驚くべきことである(11)。家光を将軍の後継者とすることが家康により確定されたあとに初めて、三人の有力な大名が任命され、家光の教育にあたることとなった(12)。この時すでに家光は十一歳であった。乳母と未来の将軍との間に築かれた絆はあまりにも強く、家光が将軍となるや、その乳母は相当な政治的権威を帯びることとなった。ついには御所に参内し、後水尾天皇より「局」の称号を賜った。武家の乳母としては前例のない栄誉であると同時に、多くの批判を浴びる要因となった[13]。家光と乳母との異常なほどの結びつきと、のちに乳母が振るった権勢とは、武士社会の制度と権力構造における逸脱現象であった。乳母が子供との間に、健康管理をする以上の接触が認められたという事実は、その男児は早い段階で躾が放棄されたことを意味した。のちに家光が、彼を将軍職にあまり相応しくない者にして、代わりに弟を選ぶ方が、納得がいき道理に適った選択となるよう、両親が意図的にこのような放棄を行ったと見なしたのだとしたら、綱吉が母親との間に築くことが認められた強い絆は、新たな重要性を帯びることになる。

『武野燭談』によると、家光は、綱吉の教育に関する運命的な指示を出す際、息子の母である桂昌院を頼り、学者として教育することの責任を彼女に委ねたのである。この特別な教育の指揮を執るために男性が任命されたという記録はない。代わりにこの任務を任されたのは母親であり、再びこの、京都出身で下層の八百屋の娘である女性との間に、強い感情的な結びつきが芽生えることとなったのである。家光は、おそらく潜在意識下で、両親が自身を軍事的覇者として認められ難くするために用いたと信じていた策略を、再現したのであろうか。この問いに明確に答えてくれるような史料は存在しない。しかし確かなのは、綱吉は母親と例外的に深く結びつくことができたということであり、そしてこの結びつきが、綱吉を、同時代人の目から見て将軍として相応しくない者にしただけでなく、批判に晒されたその政策の数々を形づくることとなったのである。

八百屋の娘

綱吉の母親である桂昌院（一六二七～一七〇五）は、以前の名前であった「玉」とも称されるが、公式には京都の下級武士本庄宗利の娘であった。宗利は北小路家の分家に属し、関白二条光平の家臣であったが、桂昌院にとっては養父である。本当の父親は、京都の藪田町堀川通にいた仁左衛門という八百屋であった。父親の死後、母親は本庄家に召し抱えられ、その時に幼い桂昌院とその姉を連れていた。母親が本庄家の当主の息子を産んだ時、二人の女児はその家の養子に迎えられた。のちに桂昌院は、公家の六条有純の娘お梅の小姓となり、彼女に仕えるため、将軍のいる江戸城に入った。そこで桂昌院は、家光の乳母春日局に選び抜かれて家光に御目通りをし、ついには家光の息子を産んだのであった。[14]

これは享保十年（一七二五）に完成した『柳営婦女伝双』で述べられていることであり、一般に信頼できるとされている。[15]他方、徳川家の系譜によると、桂昌院は、家光の正室の小姓として江戸城に入っている。家光の正室は、京都の公家鷹司信房の娘で「孝子」ないしは「中の丸」と呼ばれている。[16]孝子は元和元年（一六一五）に江戸城西の丸に入っているが、桂昌院が彼女の小姓になったのは寛永年間（一六二四～四四）と記録されている。

歴史家の間では、『玉輿記』にも記されている前者の説が好まれている。六条家と二条家の深いつながりから、桂昌院が小姓に選ばれることは大いにあり得たからである。[17]お梅は、「お万」とも呼ばれているが、寛永十六年（一六三九）に、伊勢の尼寺慶光院の院主としての承認を受けるため、将軍の元を訪れた。[18]家光は、それまでに面会した厚化粧の女性たちには全く関心を示してこなかったが、お梅の飾り気のない美しさに深い感銘を受け、彼女に江戸へ留まるよう命じたのであった。その結果、お梅は還俗し、将軍の最初の側室となった。お梅が江戸に行った寛永十六年、桂昌院は十二歳であった。しかし、桂昌院が江戸へ送られたのはこれよりあとともも考えられる。すなわち、お梅が還俗したのを受けて、六条家は、故郷である京都出身の娘を小姓として付き添わせたいと考えたのであろう。

桂昌院が、家光の息子の内、一人の母親なのか、あるいは二人なのかについて、見解は一致していない。このことは、家光の女性たちについての情報は、ほとんど記録するに値しないと思われていたことを示している。家光の三男亀松は正保二年（一六四五）に生まれ、二年後に亡くなっている。『徳川実紀』では、亀松の母親は成瀬家の「まさ」という名前の女性とされているが、この女性についての詳細は不明である。それ以外では、亀松の母親は桂昌院であったと言われている。[19]

赤貧から大金持ちになったということで、桂昌院の素性をめぐる様々な話が出回っていたが、それは驚くべきことではない。落首では西陣織屋の娘と詠まれたが、他方、彼女を朝鮮の出身とするものさえあった。[20]ここで桂昌院が育った細かな家庭環境に囚われる必要はない。重要なのは、桂昌院が庶民の娘に生まれたということであり、それゆえに彼女は、遺伝的性質においても、人格形成期の経験においても、将軍家とはかけ離れていたということである。桂昌院が低い身分の出身であることは、遺体の調査からも証明されている。

遺体が語ること

宝永二年（一七〇五）に七十八歳で死去した桂昌院は、増上寺の徳川家霊廟に埋葬された。第二次世

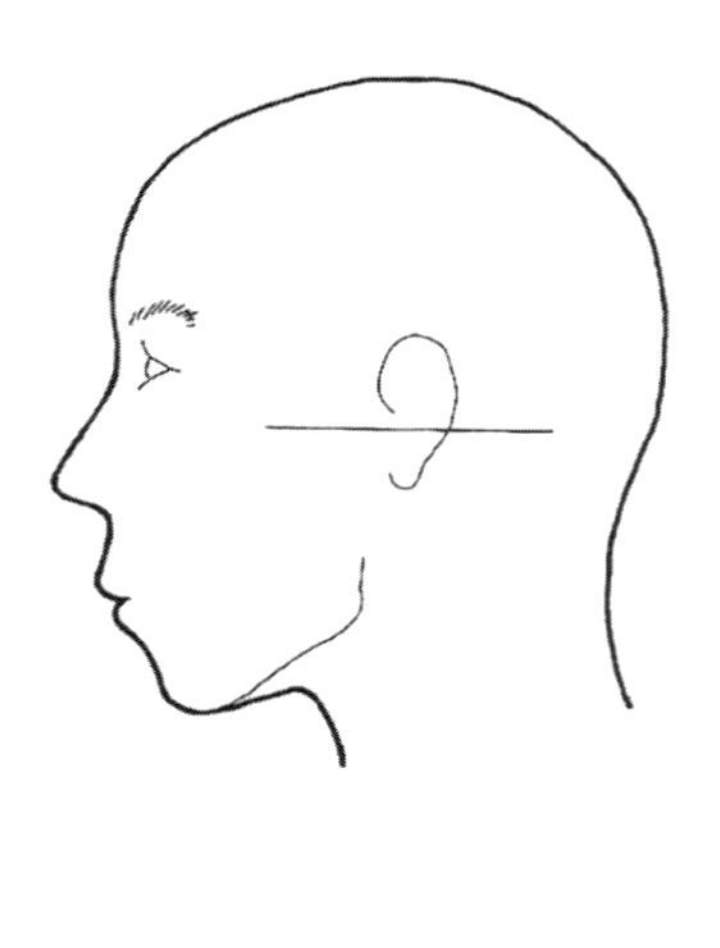

鈴木尚により復元された桂昌院の横顔と胸像。七十代の桂昌院の容貌がうかがえる。胸像の写真は護国寺（東京）所蔵。

界大戦中に、その壮大な霊廟の中の、華やかに飾り立てられた建物の大部分が破壊された。戦後は市街の発展のため、墓所が移転することとなった。埋葬されていた将軍家の人々の遺体はこの時に火葬された。しかしその前に、鈴木尚の率いる考古学チームが、遺体を調査して測定値を詳細に記録した。

これらの研究調査によると、桂昌院は身長が一四六・八センチで、江戸城の奥に住まうほかの女性たちよりは幾分高かったことになる。彼女の頭は、今日の日本人と比べても、江戸時代の日本人と比べても、大きかった。顔は丸く、幅は当時の庶民の平均とほぼ同じであった。しかし、奥の女性たちと比べた場合、彼女の顔は並はずれて幅広かった。彼女自身の美しさは、顔の下半分が、庶民の平均よりかなり狭かったことにある。眼窩は、城にいた女性たちよりはかなり低い位置にあったが、当時の庶民の平均であった。鼻の付け根の広さもまた、将軍の奥の女性たちの型にははまらず、庶民の特徴を示していた。ただ鼻の付け根が、普通の庶民より高めであったことが、彼女の横顔を独特なものにした。結局のところ、鈴木の研究は、江戸城の奥に住まう女性たちと庶民の女性たちとの間には重大な遺伝的差異が存在したこと、そして桂昌院は後者に属したことを明らかにしたのである。[21]

知性と堅固な意志

桂昌院のある種型にはまらない美しさだけでもって、奥に住まう四千人近い女性たちの中から、家光の目に留まることとなったとは考えにくい。[22]彼女には、その美しさに見合うだけの知性と堅固な意志が備わっていたに違いない。

若い女性が、故郷の京都を離れて二週間ほど旅をし、二度と戻らないであろう遠い場所へ、自分が全く知らない生活をするために赴くには、相当な自信、勇気、自立心を要した。[23]住と食、そして上等な衣服を確保できるであろうし、利口であれば、家族の何人かに昇進の機会を提供することにもなるであろう。しかし、住み慣れた環境を離れ、友人や家族とおそらく永遠に別れ、そして結婚して家の女主人となり子供を儲けることもおそらくないという現実に直面しなくてはならなかった。ただ、彼女が将軍の側室になる可能性は、桂昌院が始めようとしていた生活は魅力に満ち、大成功を約束するものであった。ただ、彼女が将軍の側室になる可能性は、バレエ学校でパ・ドゥ・ドゥを練習する何千人の若い女性たちが、世界的に有名は舞台でソリストとして踊れるようになる見込みと同じくらい、薄いものであった。そして成功するために求められる献身的な訓練と堅固な意志は、奥の女性たちにとって、——今日の用語で言うならば——求めに応じていつでも上演できるような手の込んだショーを制作するチームのようなものである。女主人の女中たちは、洗練されたメーキャップアーティストであり、よく訓練された美容師でなくてはならなかった。また模様や色、織物、生地の耐久性といったことについての専門知識を有し、芸人や物書きとしても熟練していなくてはならなかった。そして最も重要なこととして、大規模な儀式において、すべての催し物を指揮する大家である必要があった。

白粉を塗った顔に眉を描くには、効果や正しい素材、道具を含む正しい技術の選択が求められただけでなく、種々の規定された様式を学ぶことも必要であり、それらは一つ一つ細かい点で、微妙だが重要な違いがあった。[24] 宝石、扇子、日傘、袋、足袋といった身体の装飾品や小道具は数多くあり、それらについてもすべて専門的な知識が求められたのである。[25] そして、女中がこのようなことの世話をしなくていいような地位に昇進した場合、それらが他者によって正しく選択され扱われていることがわかるほどの、高度な専門知識を有している必要があった。

女主人の女中たちは、訓練の行き届いた制作チームであっただけでなく、アクターでもあった。手の込んだ儀式の細かい点を覚えると同時に、澄んだ美しさ、立居振る舞い、動きの優雅さでもって、観衆を魅了することが求められた。[26] 女性の地位が低かったこともあり、複雑で競争の激しい大奥の世界に入ることは、桂昌院自身の選択ではなかったのではないかとも考える人もいるだろう。しかし、うまく務まるかどうかは、その人自身が醸し出す身のこなしや自信、心の安らぎにかかっていたのであり、その気のない人が、同郷の女主人の女官という重要な地位の候補にはなり得なかったであろう。

結局のところ、桂昌院は、非常に美しく若い女性であったというだけではなく、相当な勇気と野心と共に、その野心を満たすための知性をも兼ね備えていたに違いない。そして振る舞い方や知識、技能を巧みに身につけることで、同じように将軍の目に留まることを目指していた、四千人近い奥の女性たちの上に立つことができたのである。

桂昌院の野心は、自身の生活の安泰を確かなものにし、また将軍の子供を産むことにより、側室のヒエラルキーにおいても卓越した地位を確保したところでは終わらなかった。桂昌院は息子のことでも野心的であった。将軍としての権力を行使することに満足せず、彼がそれを最も良いやり方で行えるよう尽力した。戸田茂睡によって記録された次のエピソードが示すのは、愚かで迷信を信じやすい女性という、一般的に描き出される桂昌院の姿以外の何ものでもない。

ハンガーストライキ

綱吉は、将軍になると同時に、古くからの家臣の多くを幼少の息子徳松の側近に任命した。そして徳松が天和三年（一六八三）に早世すると、徳松付きの家臣たちの任を解くよう命じた。このことは、国中を流浪する浪人と同じように、主家を失うことを意味した。これを不当とみた桂昌院は、自らの正しさを示そうとハンガーストライキに打って出て、お茶すら飲むことを拒んだ。健康状態を尋ねるための使者が綱吉より送られ、また脈を測るために医者が呼ばれたが、健康の問題ではなかった。最終的に、綱吉を補佐する最高職にあった二人、大老堀田正俊と側用人牧野成貞が、事情を尋ねるために派遣された。桂昌院が彼らに語ったのは、綱吉の将軍就任と共に、人々は平和な時代を存分に享受し、良いことだけが聞こえてくるようになると期待したが、そうはならず、彼女が耳にしていたのは、人々が厳しい法の下に、苦痛を蒙り不満をもらしているということであった。そして、徳松の家臣たちを解雇し、そのようにして何の罪も犯していない者を処罰するような綱吉の統治は、憐みを欠いていると言った。続いて『論語』の一節を引いて、政治で導き、刑罰で統制していくなら、人民は法網をすり抜けて恥ずかしいとも思わないが、道徳で導き、礼で統制していくなら、道徳的な羞恥心を持ち、さらに正しくなると指摘した。[27] 桂昌院は、このような形での統治が続いた場合に、間もなく反乱が起きることを恐れ、加えて、日光の家康の墓で起きている奇妙な出来事は、権現様も心を痛めていることを示しているとも語った。最後に、適切な役人を欠いた統治は、例外なく滅びる運命にあると主張した。堀田正俊と牧野成貞だけが綱吉の側近であった。しかし彼らは、綱吉に媚びるあまり、口を堅く閉ざし、賢明さではなく愚かさをはびこらせ、貪欲さから臆病者になってしまった。そうである限り、彼らは、信頼のおける家臣として国を動かすのに相応しくなく、支配者にとって破滅の元であった。桂昌院は「民の母」として、反乱に見舞われた国や、厳格な法による悪しき統治を見るために生きたくはなかったのである。しかし、刀や縄で命を絶つのは、後世の嘲笑に自身を晒すことになるので、食べないことでゆっくりと人生を終わらせようとしていた。

戸田茂睡によると、二人の側近はたいそう恥じ入るあまり、畳の上に頭を低くしてひれ伏し、このような非難に返す言葉もなかったため、断じて頭を上げようとはしなかった。結果として、徳松付きの家臣たちは幕臣に迎えられた。[28]

戸田茂睡の著作を編集・注解した塚本学は、『論語』からの引用は、茂睡が綱吉の統治に対する自身の不満をぶちまけるために付け加えたものと考えている。[29] この説明は、桂昌院がほとんど教育を受けていない知性に乏しい女性だと仮定する場合にのみ、説得力を持つ。しかしこのようなことは、この先の話やほかの証拠から裏づけることはできない。

徳松の家臣の中には桂昌院の継兄弟もいて、彼女はその身内のために地位を保証するよう、個人的に懇願することもできた。しかし、ここで私たちが目にするのは、政治的意識が高く、息子のことに野心的な女性である。息子が彼女の期待通りに生きるよう、快適な生活を犠牲にする用意はあったが、死ぬつもりはおそらくなかったであろう。息子の評判と統治を深く気づかう桂昌院が、当時としては唯一権威のある政治の書物、すなわち儒教の四書五経にもある程度興味を持っていたことは間違いない。荻生徂徠が初めて江戸城に召されてから一ヵ月ほどのちに、桂昌院はこの儒学者に彼女の面前で講義するよう求め、褒美をとらせたという事実からも、このことは裏づけられる。さらに荻生一族の記録には、桂昌院が講義を聴くために、徂徠が雇われていた柳沢邸を綱吉が訪れる際に同行していたとも記されている[30]。桂昌院に徂徠が注目したことを光栄に思わなかったならば、このことが一族の記録に記されるようなことはなかったであろう。加えて、至るところで示される桂昌院の知性のレベルの高さから、これらの書物の内容を十分に理解できたものと思われる。

桂昌院は、政治の事柄に干渉したとして批判されてきた。しかし、彼女が抗議の意志を示すのにハンガーストライキに訴えなくてはならなかったという事実は、綱吉の世界観への彼女の影響力を否定するものではないが、日々の政治の事柄への関与が認められていたという批判は当たらないことを示している。さらに桂昌院は、背後で密かに人を操るよりはむしろ、問題の局面を果敢にも攻撃するのであり、その際に、至らない点の多い二人の最も強力な側近と対決するのである。

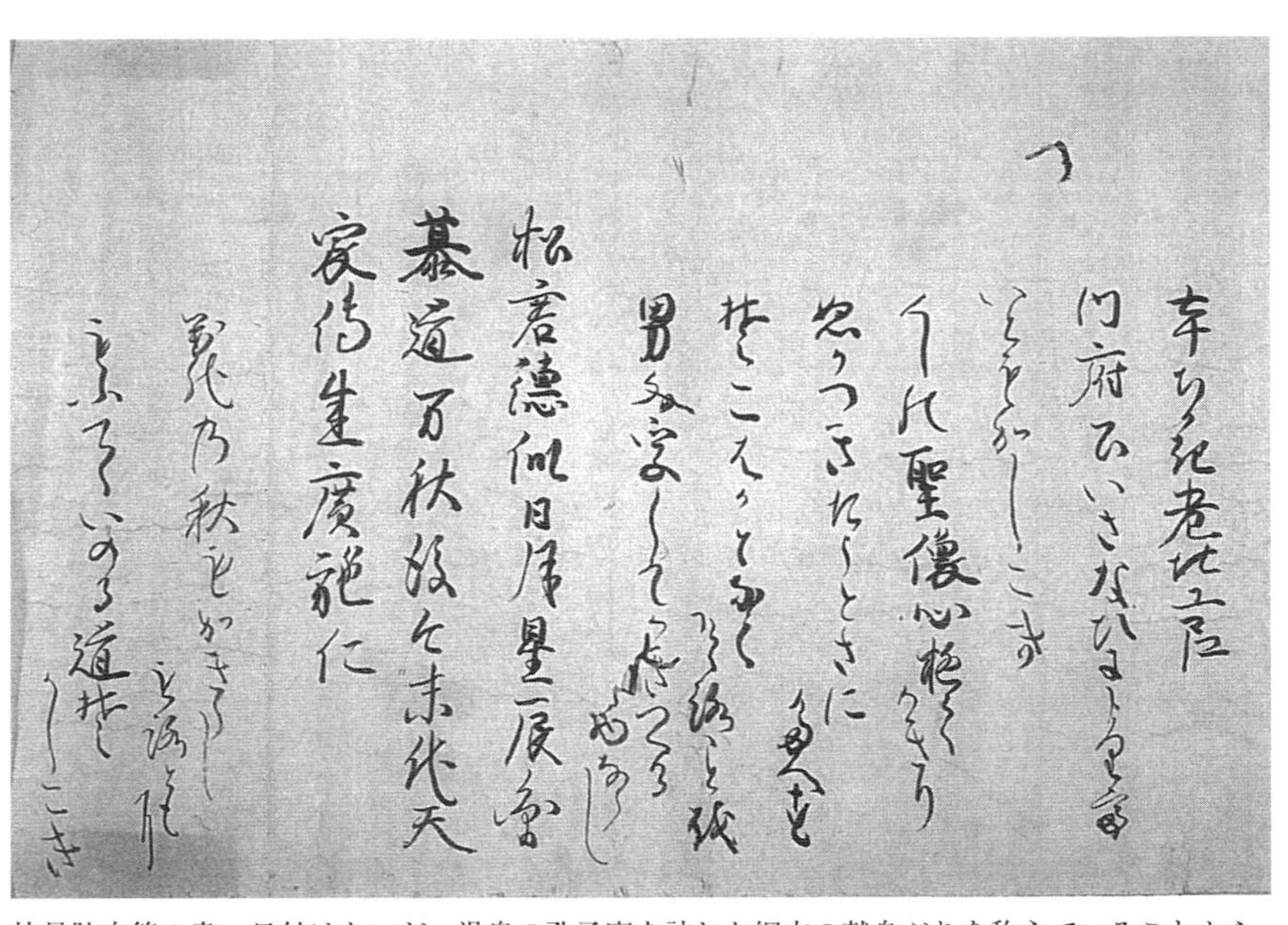

桂昌院自筆の書。日付はないが、湯島の孔子廟を訪れた綱吉の献身ぶりを称えていることから、元禄四年よりもあとに書かれたに違いない。久能山東照宮博物館（静岡）所蔵。

別の史料が伝えるもう一つのエピソードからも、桂昌院の同じような率直さが窺われる。元禄七年（一六九四）の夏、桂昌院が増上寺を訪れた時のことである。[31]その折に寺の住職から、綱吉のように多くの時間とエネルギーを儒学の講義に費やすのは、将軍として相応しいことではないと言われた。それに対して桂昌院は、はっきりと、同意できないと答えた。国の支配者として、例えどれほどの時間をかけて奮闘することになろうとも、儒教の「治国」を学ぶ義務があり、このことを正しく理解する者は、ほんのわずかな間でも学問を休止するよう勧めることなどできないはずだと主張した。これらの言葉を聞いた住職は、恥ずかしさのあまり顔が真っ赤になったと記録されている。[32]

桂昌院は子供時代を通してほとんど教育

を受けてこなかったと思われるが、のちに彼女は、読むだけでなく、漢文で書くことも学ぼうとした形跡が認められる。漢文での筆記は、ある程度教育を受けた男性が学ぶのが一般的であった。ある一枚の桂昌院自筆の書は、湯島の孔子廟を参詣し頭を下げた綱吉の献身ぶりを称える内容であるが、そこには男文字を使いたいという強い気持ちが表れていて、三行だけそのようなことが試みられている。仁政を敷こうとする将軍について述べた箇所では、儒教の用語を使いこなせるよう努力する姿勢が認められる。この書の締めくくりには和歌が綴られている。

桂昌院が、日本の支配者のただ一人の親として、その課業を担おうと決意したのであれば、そのように堅く決意した女性による育児が綱吉の人格と統治全体に及ぼした影響について検討することが必要となろう。

母子の絆

綱吉と桂昌院との強い結びつきは、歴史家たちから大いに批判されてきた。孝心は儒教の徳目として称えられていたにもかかわらず、このことが、綱吉のいわゆる悪政を基礎づけることとなった一因と見なされた。過去を客観的な視点で見るよう訓練された現代の歴史家でさえ、綱吉の場合には狂的な兆候が見られたという見解を述べたくなるのである[33]。

確立していた男性中心の階層秩序から逸脱し、女性の関心事を政策に入り込ませることは「悪」であった。しかし、綱吉が成人してからも母親と結びついていたことは、狂的というよりは、人生の早い段階で母と息子が強い絆でつながれたことを示している。また、綱吉の養育に桂昌院が重要な役割を担うことが認められていたという話に、信憑性を持たせるものでもある。

さらには、桂昌院の異母兄本庄道芳を、二歳であった綱吉の三人の重臣の一人に任じたことも、彼女が息子に及ぼす影響を制限しようとしなかったことを示すものである。[34] 道芳は、早くも慶安元年（一六四八）に従四位下の官位を賜り、前摂政に同行して京都から日光の霊廟まで旅をしている。帰路の途中で江戸に留まり、将軍の家臣となって米千俵の俸給が与えられた。[35] 同じ年に牧野成儀（あるいは儀成）と室賀正俊は、綱吉が江戸城三の丸の屋敷に移った際に、最初の御付きの家臣となった。[36] 五ヵ月ほどのち、桂昌院の異母兄である道芳が、正俊と「同じ仕事をするように」と命じられた。道芳は、綱吉の初期の家臣の中でただ一人番方出身ではなかった。[37] 加えて、京都から来たばかりであり、幕府のしきたりには不慣れであったであろう。

桂昌院にとっては、彼女が息子を産んだことで報酬や役職が与えられることは、十分に予測できたことであった。しかし、将軍の息子や後継者に母親の影響が及ばないようにすることで幕府の階層秩序を維持していたことを考慮するならば、身内を役職に就ける場合、そのような家族のつながりが子供の養育に影響しないようなところになるはずである。桂昌院の異母兄を、幼い綱吉の家中において主導的な役職に就けたことは、桂昌院にそのような権限を与えていたに等しく、道芳の地位の上昇は、偏に桂昌院の恩義を受けてのことであった。このような人事は間違いなく、自身の子供を育てたいという桂昌院の強い意志と野心を反映するものであるが、同時に綱吉の場合は、将軍家における伝統的な武士の教育が優先されなかったことを示している。

女性が、その子孫に全く影響を及ぼさない場合に限って女性の流動性を認めるような社会制度にあっては、母子の絆を深めることに対してとかく批判的になる。しかし、近年の研究によると、母子の絆を深めることは、子供の健全で自己依存的な人格形成に重要な役割を果たし、母子相互作用の質が、認知的発展の度合いを左右することがわかっている。母子相互作用が妨げられた場合には知能障害が生じるが、他方、相互作用が高度なレベルで積極的になされた場合には、精神面においても実際の行動においても最良の発達を見せるのである。[38]子供にとって、母親からの愛情や敬慕は、自身の力強さ、偉大さ、完璧さを映す鏡となる。このようなことの反映が、依然としてもろい自己に、その自己価値と重要性に確固たる信頼を確立することを可能し、自信に満ちた人格形成の基盤を据えるのである。[39]子供が追い求める愛と受け入れられているという安心感を、綱吉は母親から受けたのであり、のちの人生で彼が母親から支持され彼女の希望に沿うよう心掛けたことは、驚くことではない。

さらにはまた、別の心理学的な力が働いたことにより、母と息子は江戸城内の一般的な環境から距離を置き、関係を強化することとなった。母親との緊密な交流を通して綱吉は、彼女の出身階層における、ピエール・ブルデューが言うところの「ハビトゥス」、すなわち「習慣と知覚を生み出す一連の気質」を身につけた。「習慣を植えつける長いプロセスは幼年期の早い段階で始まるが、その結果」の大部分は、子供の養育パターンによって決まってくる。[40]

子供の養育パターン

「社会化」と「同一視」が個人の人格形成に果たす役割については、すでに論じた。子供がある種の才能や特権を持った個々人を認識し選択できるようになる前に、主たる保育者――多くの場合は母親

――のハビトゥスを子供に教え込むというプロセスはすでに始まっている。生まれたばかりの乳児が最も基本的な物理的・感情的欲求を満たそうとする際に、母親の本能的反応が、これらの欲求をのちの人生においていかにして満たしていくのか、そのパターンを乳児の下意識の頭脳に埋め込むのである。この本能的反応はまた、その保育者自身の子供時代の経験により形成されていて、その根源は結局のところ、ある集団に属する人々が生き残り、自らの権利を主張するために奮闘するような状況に見出される。したがって、子供の養育方法は、例えば個人が頻繁に物理的な危険に直面するような社会であれば、自発性、自己依存、闘争心を高めようとするものとなるが、それに対して、多くの人口を伴い身の安全がある程度確保された、高度に組織化された社会にあっては、円滑な機能を確実にするため、集団の結束、協調性、既存の規則への服従を強調するようなものとなる。これらの価値観は、子供に言葉で伝えられるよりもかなり前に、母親ないしは主たる保育者から幼児に伝達され、ある一定の活動を奨励したり制限したりするのである。幼児に対する行動が本能的で個人の経験に基づいている以上、子供の養育方法は環境の変化に即座に対応することはなく、はるかにゆっくりと変わっていく[41]。

桂昌院は京都のある通りの、身分の低い八百屋の娘として成長した。おそらく、自分で自分の面倒が見られるようになるまで母親におんぶされたであろうし、母親のすぐそばで人生が始まったに違いない。彼女が自分の足で立てるようになると、母親が忙し過ぎて子供のことをあまりかまってあげられないという環境の中で、運動活性や認知能力、そして何よりも、自分の声を相手に届かせる能力と、攻撃的かつ頑強に目標へ向かう能力とが育まれたのである。

混乱した状況の中で、八百屋の子供は自らの権利をはっきり主張することを学ばなくてはならなかったが、それは、武士層が目にしていた厳格な階層秩序とは大きく異なるものであった。武士層は依然として戦術を重んじ磨いていたが、上層の特権的な環境では、戦わなくてはならないほどの身の危険が及ぶことはほとんどなかった。自己主張の強さや攻撃性は、武士としての自分の立場を良くするよりもむしろ危険に晒すこととなった。そのような振る舞いが、既存の秩序に脅威を与えることになったからである。家光と弟の忠長との対立が示すように、進取の才や能力より、階層上の地位と、その地位に相応しい多くの決まりごとに従うことの方が重要であった。いわゆる『忠臣蔵』の話に表れているように、十七世紀末の日本における名誉とは、もはや戦場で喪失したり獲得したりするものではなく、複雑な儀式を正しく執り行うことによって与えることのできるものであった。したがって、子育てにおいて育成されるべきは、大胆さや進取的精神ではなく、既存の秩序に辛抱強く、無条件に服従することであった。

綱吉と母親とが大人になってからも強い絆で結ばれていたことは、桂昌院が自身の子供の養育に積極的に関与することが認められていた証拠である。母親と子供が、物理的にも情緒的にも親密に触れ合う中で、徳川社会の最下層に特有の文化的行動の特性が、ゆくゆくは国を支配することになる子供へと密かに受け継がれたのである。しかし、綱吉が自身の置かれた環境から距離を置くようになったのは、彼が経験した養育のあり方だけでなく、遺伝的にも兄たちとは異なるものを受け継いでいたからであった。

生まれながらの悪魔

悪魔だ。生まれながらの悪魔だ。あの性向ではどんなに養育しても身につかぬ。

W・シェイクスピア「あらし」第四幕第一場

一般に歴史家は、シェイクスピアとは異なり、「氏か育ちか（nature or nurture）の議論」として知られていることにほとんど関心を示さない。行動科学の研究者たちの間では、どちらがより大きな影響を及ぼすかについては見解が分かれているが、次の点では一致している。すなわち、遺伝的に継承された生得的性質（nature）は、養育（nurture）ないしは母親、または主たる保育者から受ける感情的影響から区別されなくてはならず、それがまた行動の形成において重要な役割を果たすということである。[42]綱吉の例が示すように、属する階層や地位から逸脱するような行動が批判の的となっている場合、そのような研究は無視できない。

綱吉においては大きく異なる二つの遺伝的特質が結びついていて、その身体的特色と行動に影響を与えていた。母親から受け継いだ遺伝情報は事実上、父親の家光や、異母兄の家綱と綱重に表れていた身体的障害を多少なりとも除去したのである。彼らは皆、頻繁に病に苦しんだが、綱吉の場合、そのようなことはなかった。綱吉が身体の強健さにおいて勝っていたことは、寿命を比較した場合にも反映される。家光は四十九歳、家綱は三十九歳で死去したが、綱吉は、当時としては長く六十三歳まで生きた。家光伝染性の病で死去していることから、もし感染を免れていればもっと生きられたとも考えられる。家光も息子の家綱も無口で、いずれも若い頃は自身のことをうまく伝えることができなかった。綱吉の兄綱重はかなりの猫背で姿勢がとても悪く、下顎の発達が不十分であったために上の歯が出っ張っていた。[43]綱吉においては異なる遺伝材料が同時に流れ込んだのであり、それによりエネルギッシュで、また史料が伝えるように、普通より賢い子供が産み出された。綱吉を子供として観察した家光は、そのエネルギッシュな行動に心穏やかならぬものを感じていた。特に将軍になることが決まっていた兄と比較した場合にそうであったが、そのエネルギッシュな行動が、のちに幕府の政治を特徴づけることとなったのである。のちに詳細に検討するように、家綱も綱吉も、彼らに仕える大名たちに満足していなかった。しかし、平穏無事を好んだ家綱が「左様せい様」と呼ばれるようになったのに対して、綱吉は精力的に権力構造の変革に乗り出した。(44)

賢さの度合いを測るのは今日でも困難であり、歴史上の人物について推測するのは、なおのこと難しい。しかし、綱吉については批判的な記述の目立つ『徳川実紀』からでさえ、その賢さは、当時の人々にとって普通ではなかったことがうかがえる。(45)綱吉は、体よりも頭を使うことが求められるような事柄において、同時代人に対する居心地の悪い優位性を味わうこととなった。日本を訪れていたケンペルも、綱吉は「頭の良い」支配者と聞いていた。(46)

寛永寺の綱吉の墓は開けられたことがなく、骨格の調査もなされていない。しかし、鈴木の入手した頭蓋骨のデータから、桂昌院が、武士階級の一般的な傾向とは異なる変種をもたらしたことは間違いなく、それらが綱吉の身体的外観にも表れていたと思われる。大和長谷寺には、僧侶隆慶（一六四九～一七一九）の所有した、生前に描かれたと思われる綱吉の肖像画が保管されているが、そこに見られるのは、比較的幅の広い顔で下顎の骨ががっしりした男性である。(47)

綱吉は、その精力的な振る舞いや頭の切れの良さにおいて、同じ環境にあった人々とは明らかに違っていたが、庶民の血が流れているという身体的特徴においても同様であった。綱吉とほかの人々との違いは、将軍となる前の綱吉と束の間の対面をした異国人にもはっきりとわかるほどであった。長崎のオランダ商館長アルベルト・ブレフィンクは綱吉について、周りにいる者たちとは異なり「威厳のある」顔をしていると語っていた[48]。

遺伝子と環境の相互作用は特に大きな影響をもたらすことが、研究者たちによって明らかになっている。ここで彼らが言及しているのは、子供が個々の遺伝的性質に応じて、その置かれた環境の中で自身の適所を探すという行動における active covariance である。これはまた、周囲の者が子供の扱い方をその行動に合わせて修正する際の reactive covariance によって強化される。このように遺伝的性質は、その性質に相応しい環境と結びついた時、人の性格を決定づけるのに大変な影響力を持つのである[49]。

綱吉の幼児期における教育に関しては、母親の属する文化の価値観を受け継いでいたがゆえに、上流の武家社会の規範を超えたところでの身体・精神活動の発達が認められていたように見受けられる。そのため家光は、活発で元気のよい綱吉に、武家の教育で通常行われているような鍛錬方法を適用しないよう命じている。綱吉の性向を、上級武士の息子を教育する際の慣習的な決まりや制約によって抑制するのではなく、綱吉には事実上、監視がそれほど厳格でない環境の中で自身の適所を創出することが認められていた。将軍の後継者に相応しい教育は、規範から逸脱するような行動を制限するであろうが、子供にその性向に従うことを認めるならば、そのような逸脱は促進されるであろう。伝統的な武家の教育を免除された綱吉は、他者に適用される決まりが、必ずしも自分自身には適用されないことを早い時期に学んだ。綱吉が大老堀田正俊に、自身は「普通ではない状況」下で将軍となったのであり、徳川家の慣例を守ることの必要性を感じていないと述べたのも、このようなことが根底にあったからであろう[50]。

忠孝のモデル

綱吉は、母親との深いつながりを私的な領域に押しとどめておくこともできたが、そのようにはしなかった。母親との強い結びつきを特異なことと見なさず、公然と、他者には欠けている美徳に変えたのであった。将軍就任二年目に全国に掲げられたいわゆる「天和の忠孝札」では、献身的な孝行を規範とし、人々にその実践を促した[51]。綱吉は、低い身分の出身である母親への敬意を恥じることなく公然と示し、さらには従一位という最高の官位に叙すという前例のない行動に出て脚光を浴びさせた[52]。

綱吉の母親に対する敬慕の念からは、必然的に徳川社会の下層の人々や彼らが耐えなくてはならない苦難を思いやる気持ちが生まれた。塀に囲まれた武家屋敷での生活では、この下層の世界についての知識を直接得ることはできなかったが、母親の話を聞くことで綱吉の好奇心はある程度満たされたであろう。おそらく綱吉は、人通りの多い町の路上で育つことがどのようなものであったのかについて、詳細かつ同情に満ちた報告を受けたことであろう。そこでは貧しさゆえに親が幼い子供たち、特に娘たちを捨てたり殺したりすることもあった。高圧的で暴利を貪る武士の役人たち、衰弱し重い荷物が運べなくなると撲殺される馬の悲哀、武家で飼われていた犬が捨てられて残飯を漁り歩く危険な状況といった直接の体験談を、綱吉は聞くことができたに違いない。

綱吉に儒教の古典を学ばせるという家光の命令は、皮肉にも、母親からもたらされる社会の底辺での生活についての知識を重んじさせることとなった。というのも、綱吉が見習おうとした理想的な儒教の君主である堯と舜が支配したのは、下層民の管轄が下級役人の自由裁量に委ねられるような、階層的に秩序づけられた封建的な武士の社会ではなかった。儒教の古典に登場する堯と舜は、専制的なやり方で被支配者の最下層にも自らが責任を持つ絶対的な君主であった。

綱吉の性格が、当の時代や彼の属した階級の規範に合致しないものとなるための条件は、幼少期に、異例にも母親、それも庶民の出身である母親からの影響が制限されなかったことにより整えられた。父親が早くに亡くなったことで、儒教の説く倫理規範である忠孝が母親だけに向けられることとなった。しかし、家光の突然の早すぎる死は綱吉にとって、幼少期に正式に家臣と所領を持つ領主となること、また将軍の弟

歿後百年を記念して享和四年（一八〇四）に描かれた桂昌院の肖像画。長谷寺（奈良）所蔵。

として大人から形式的な敬意を表されることを意味した。綱吉はこの初期の試練にうまく対処したのであり、このことにより、何かと議論になるその統治政策の土台が築かれたのである。

（1）『憲廟実録（常憲院贈大相国公実記）』（『内閣文庫所蔵史籍叢刊』第十七巻、汲古書院、一九八二年）五二七頁。卜部典子『人物事典　江戸城大奥の女たち』（新人物往来社、一九八八年）一〇四頁にも引用されている。

（2）賤民（非人や穢多）は四つの身分の外に置かれた。

（3）ケンペルの記録には、「最近再び出された布告によると、武士だけに両刀を帯びることが許可され、庶民は除外された」とある。Engelbert Kaempfer, *Kaempfer's Japan: Tokugawa Culture Observed*, edited, translated and annotated by B.M. Bodart-Bailey, Honolulu: University of Hawaiʻi Press, 1999, p.241. 布告を再度出す必要があったということは、時にこの命令は無視されたことを示している。

（4）ケンペルの説明によると、駕籠の轅の反りの高さが、乗る人の社会的地位に応じて法により定められていた。男性の場合は厳格に守るよう指示されたが、女性にはこの法が適用されなかった。*Kaempfer's Japan: Tokugawa Culture Observed*（注3）二四六頁。

（5）細川忠興がある書状の中で述べていることによると、秀忠の娘で後水尾天皇の中宮となった和子（東福門院）の子供たちでさえ、将軍の孫が皇位を継承するという事態を防ぐために殺害されたのであった。最終的に和子の娘が明正天皇として即位した。泉秀樹「忠臣蔵の真実」（『共済だより』第七巻第五号、一九九九年）一三頁。

（6）稲垣史生『武家の夫人たち』（人物往来社、一九六七年）五八～五九頁。

（7）*The Dejima Daregisters*, Volume 11（1641-1650）, edited and translated by Cynthia Viallé and Leonard Blussé, Intercontinenta No.23, Leiden, 2001, p.273, entry 20.1.1647. この事実は日本側に伝えない方が、平和を維持するためにも賢明と通訳が考えたとも解釈できるが、このような決断は、そのための口実をすでに日本社会が用意してくれていたからこそ、罪悪感もなく下すことができたのである。

（8）寺島良安『和漢三才図絵』第二巻（平凡社、一九八五年）一二四頁。

（9）Bernhardus Varenius, *Beschreibung des Japanischen Reiches*, Amsterdam 1649. Translated by Ernst Christian Volkmann, Darmstadt: Wissenschaftliche Buchgesellschaft, 1974, p.107.

（10）秋山喜代子「乳父について」（『史学雑誌』第九七編第七号）四二～四八頁。

（11）家光が織田信長の妹の孫であり、春日局が、信長を討った明智光秀の忠臣斎藤利三の娘であったことを考慮すると、春日局が家光の乳母に選ばれたのはますます妙なことであった。
(12) 藤井穣治『徳川家光』(吉川弘文館、一九九七年) 一五~一六頁。
(13) 辻達也『江戸開府』(『日本の歴史』第十三巻、中公文庫、一九九〇年) 三八三、四三三~四三四頁。
(14) 国書刊行会編『柳営婦女伝双』(名著刊行会、一九六五年) 一五三~一五四頁。荻生徂徠『親類書由緒書』(今中寛司『徂徠学の基礎的研究』(吉川弘文館、一九六六年) 六五頁に引用) においては、桂昌院の父親が京都の八百屋であったことは裏づけられるが、名前が「仁右衛門」となっている。
(15)『柳営婦女伝双』(注14) 三頁。
(16)『徳川諸家系譜』第二巻 (続群書類従完成会、一九七四年) 七七、七五頁。
(17) 真野恵澂『将軍の女』(中日新聞本社、一九八一年) 九六頁。女性史研究会編『日本史女性一〇〇選』(秋田書店、一九七三年) 二一九頁。
(18)『徳川諸家系譜』(注16) 七八頁。黒板勝美・国史大系編修会編『徳川実紀』第三篇 (吉川弘文館、一九七六年) 寛永十六年三月七日条 (一三〇頁)。『柳営婦女伝双』(注14) の中の『玉輿記』(三八~三九頁)。「玉輿」とは、下層の女性が婚姻を通して高貴な身分を手に入れることを意味する。
(19)『徳川実記』第三篇 (注18) 正保二年二月二十九日条 (三八五頁)。藤井前掲書 (注12) 二三〇頁。
(20) 塚本学『徳川綱吉』(人物叢書、吉川弘文館、一九九八年) 七頁。女性史研究会前掲書 (注17) 二一九頁。
(21) 鈴木尚『骨は語る　徳川将軍・大名家の人びと』(東京大学出版会、一九八五年) 一二七~一三〇頁。鈴木尚、矢島恭介、山辺知行編『増上寺徳川将軍墓とその遺品・遺体』(東京大学出版会、一九六七年) 一九四~二〇〇、二六〇~二六二頁。
(22) 家光の死後、奥に仕える女性三千七百人以上が解雇されている。黒板勝美・国史大系編修会編『徳川実紀』第四篇 (吉川弘文館、一九七六年) 慶安四年四月二十四日条 (四頁)。
(23) 大奥の実態が知られたのは明治時代になってからというほどに、そこでの生活はベールに包まれていた。永島今四郎・太田贇雄編『定本江戸城大奥』（新人物往来社、一九九五年再版）「刊行にあたって」一頁。

（24）同右、九二〜九四頁。

（25）例えば、同右、九五〜一〇〇頁を参照。

（26）季節ごとの儀式の概観は『定本江戸城大奥』（注23）二三〜七〇頁を参照。

（27）『論語』「為政第二」。「子曰、道之以政、齊之以刑、民免而無恥、道之以徳、齊之以禮、有恥且格」。

（28）戸田茂睡『御当代記』（塚本学編、東洋文庫六四三、平凡社、一九九八年）六二〜六四頁。

（29）同右、六七頁。

（30）荻生『親類書由緒書』（注14）。

（31）黒板勝美・国史大系編修会編『徳川実紀』第六篇（吉川弘文館、一九七六年）には、元禄七年八月二十五日（二〇八頁）と記されている。

（32）『武野燭談』（村上直編注、人物往来社、一九六七年）一〇三〜一〇四頁。栗田が『続明良洪範』を引用して述べているように、祐天上人は当時まだ増上寺の住職ではなかった（栗田元次『江戸時代史』第一巻（近藤出版社、一九七六年、四三八頁）。祐天の経歴については本書第十章を参照。

（33）卜部前掲書（注1）一〇四頁。

（34）『憲廟実録』（注1）慶安元年八月十五日条（五三二頁）。

（35）『徳川実記』第三篇（注18）慶安元年八月十五日条（五六一頁）。『憲廟実録』（注1）では俸給の与えられた日が慶安元年九月十日（五三二頁）となっている。

（36）深井雅海『徳川将軍政治権力の研究』（吉川弘文館、一九九一年）一五五、一六三頁。

（37）同右、一六四頁。綱吉の初期の家臣の問題については、第四章でさらに詳細に検討している。

（38）Gunther Esser et al., "Bedeutung und Determinanten der frühen Mutter-Kind-Beziehung", *Zeitschrift für Psychosomatische Medizin und Psychoanalyse*, 39:3, 1993, pp.246-264.

(39) Ernest S. Wolf, "Psychoanalytic Selfobject, Psychology and Psychohistory", In Mel Albin ed., *New Directions in Psychohistory*, Toronto: Lexington Books, 1980, p.42.

(40) Randal Johnson, "Editor's Introduction" in P. Bourdieu, *The Field of Cultural Production*, New York: Columbia University Press, 1993, p.5.

(41) このことはE・H・エリクソン、仁科弥生訳『幼児期と社会』(みすず書房、一九八〇年)において詳細な検討がなされている。

(42) この議論については数多くの研究で扱われている。Richard J. Rose, "Gens and Human Behavior", *Annual Review of Psychology*, vol.46, 1995, pp.625-654; Robert Plomin et al., "Nature and Nurture: Genetic Contributions to Measures of the Family Environment", *Developmental Psychology*, 30:1, 1994, pp.32-43; Michael E. Lamb, "Heredity, Environment, and the Question・Why?'", *Behavioral and Brain Sciences*, 17:4, 1994, p.751などを参照。

(43) 鈴木尚『骨は語る徳川将軍・大名の人びと』(東京大学出版会、一九八五年)二七~三三頁。

(44) 辻達也は反対に、家綱は支配者として一般に言われているほど受身ではなかったと主張する。辻達也『江戸幕府政治史研究』(続群書類従完成会、一九九六年)二一二~二一八頁。

(45) 第十八章の五四一~五五二頁参照。

(46) ケンペル前掲書(注3)四九頁。

(47) 総本山長谷寺編『長谷寺名宝展——興教大師八百五十年御遠忌記念』(産経新聞社　一九九二年)一〇六、一五八頁。綱吉の肖像画は本のカバーと口絵に見られる。

(48) Eva S. Kraft (ed.), *Andreas Cleyer: Tagebuch des Kontors zu Nagasaki auf der Insel Deshima*, Bonn: Bonner Zeitschrift für Japanologie, 1985, p. 29.

(49) Charles Locurto and Mark Freeman, "Radical Behaviorism and the Problem of Non-shared Development", *Behavior and Philosophy* 22:1 (Spring/Summer 1994), p. 8.

(50) 第八章を参照。
(51) 第十五章を参照。
(52) 第九章を参照。

第四章　館林城主

慶安四年（一六五一）になると同時に、第三代将軍家光は頻繁に病に見舞われるようになった。四月に死を迎えるまで三週間もないという時期に、家光は綱吉と綱重を大名として、それぞれ十五万石の領地に封じたが、病が重く、その祝賀に参加することはできなかった。[1] おそらく死期が近いことを感じた家光は、下の息子たちにも何かを遺したいと思うようになったのであろう。

綱重は天樹院（千姫）の息子として、早い時期から江戸城の外に居住したが、五歳になった綱吉も城を出て、三の丸から城壁の外へと居を移した。七月に彼の屋敷建設を監督する奉行が正式に任命され、九月までに立柱式が執り行われた。年末までに屋敷が完成し、幼い綱吉はしかるべき儀式を経て移り住んだ。[2] 二人の兄弟には、それぞれの屋敷に配置されることになっていた八十名ほどの側近に加えて、さらに諸番士の子弟百五十名が家臣として与えられた。[3] 若い将軍家綱も二人にそれぞれ家財道具や羅紗、弓五十挺と鉄砲二百挺を含む武具を与えた。[4] また同年、二人の兄弟には下屋敷が下され、綱吉の下屋敷は小石川に位置した。[5] のちに綱吉は、屋敷と庭を拡張するために新たな土地を要求する。彼の正室や側室たちが居住したのもここであり、綱吉は二つの屋敷の間を頻繁に行き来することとなった。今日この場所は小石川植物園となっている。小石川と上野の神社の境内の間が根津谷であり、そこに兄綱重の下屋敷があった。宝永元年（一七〇四）に綱吉が、のちに家宣となる綱重の息子を後継者と定めた翌年、現在の社殿を奉建し、千駄木の旧社地より遷座した。今日では境内にある見事なつつじ苑が毎年多くの来観者を集めている。

承応二年（一六五三）の夏、綱吉は七歳で元服した。幼名の徳松は、将軍家綱の名前から「綱」の文字を戴き綱吉と改められた。松平右馬頭の称号も授けられ、従三位中将にも叙任された。[6] 兄の綱重は二歳上であったが、同じ時に元服した。綱吉と同じように松平左馬頭となり、綱重と改められた名前も、将軍家綱から「綱」を賜っている。[7]

これらの称号や位は、十七年ほどのちに綱吉が将軍となるまで変わらなかった。領地だけは寛文元年（一六六一）に十万石の加増を受けて二十五万石となり、また館林城を与えられた。綱重も同様の加増と甲府城を受けた。[8]

二年後、家綱は綱吉に、京都の公家鷹司教平の娘で関白鷹司房輔の妹である信子との結婚を命じ、翌年の夏に婚礼が執り行われた。[9] 信子が霊元天皇の中宮房子の姉であったことから、綱吉は天皇の義兄ということにもなった。[10] 高貴な家柄の女性と正式に結婚したことにより、綱吉は身分の低い側室との間に自由に子供を儲けることが可能となった。兄の綱重はこの慣習を守らなかったため、のちに家宣となる息子が寛文二年に生まれた時、その子供は家臣に預けられ、その家臣の姓を名乗った。家宣が綱重の息子と認められるのは八年後、綱重の正室が死去したあとであった。[11]

綱吉は、男色の嗜好もあってか、この慣習から逸脱することはなかった。母親の侍女であったと言われているお伝という女性が、娘の鶴姫を産んだのは延宝五年（一六七七）のことである。[12]二年後にお伝は、今度は徳松と名付けられる息子を誕生させた。[13]

家族の結束

綱吉の生涯におけるこの時期について、再構成を可能にするような史料はほとんど残っていない。ある程度の情報をもたらしてくれるはずの『神田記』は、部分的に焼失してしまい、承応元年十一月から延宝三年の初めまでが空白となっている。[14]また記録が残っていたとしても、ほとんどが儀式に関わるもので、綱吉の若き日々を具体的に描き出すことは難しい。それでも、兄綱重の邸宅の記録である『桜田記』を含む様々な史料の断片をつなぎ合わせると、三兄弟の間、さらには徳川氏全体に家族の結束のようなものを見ることができる。例えば、二人の弟たちは定例の儀式の際に将軍家綱に拝謁しなくてはならなかったが、綱重が病のために登城しなかった時、綱吉が帰りに綱重を訪ねることもあった。時に彼は、兄家綱からの伝達事項を伝えるよう頼まれている。贈り物に関しては、儀礼上のしきたりによる形式的な品に加えて、十一歳の将軍から六歳の弟に絵草紙が贈られるなど、子供心が垣間見られることもあった。[15]

綱吉は、綱重と夏の炎天下に隅田川へ遊びに行くなど、外出を楽しんだり、一緒に贈り物をしたりした。[16]綱重邸からの贈り物が一時途絶えたことが綱吉側の記録に残っているが、おそらく心配してのことであろう。[17]綱吉は叔父として、綱重の息子の訪問を受け、父綱重が病気の時には、のちに家宣となるその息子のお供をすることもあった。[18]綱重の養母で、かつて豊臣秀頼に嫁いでいた伯母の天樹院との間にも、相互訪問や贈り物の交換が行われ、寛文六年に彼女が死去するまで続けられた。尾張、紀伊、水戸の御三家からも使者の訪問があり、贈り物が届けられた。中でも、姉の千代姫が藩主光友の正室となっていた尾張家との交流が頻繁であった。明暦三年（一六五七）の大火で綱吉邸と綱重邸が焼失した際には、二人は紀伊家の親戚のもとに身を寄せている。[19]

家光が早くに亡くなったため、綱吉と兄たちは幼い頃から注目を浴びることとなった。理論上、十歳の家綱が将軍として、それぞれ五歳と七歳で一人前の大名となった二人の弟と共に幕府の頂点に君臨したのである。塚本学が指摘しているように、将軍の弟としての地位の高さゆえに、重鎮の老臣でさえ年齢に関係なく、幼い綱吉の前にひれ伏し、慣習的な敬意を払わなくてはならなかった。[20]しかし、幕府の体制下で、いかに綱吉の地位が高くとも、五歳の彼が江戸城を出て以降、誰がその家計を運営し、幕府に対してその利害を代弁したのかが問われなくてはならない。

世話役

家光は生前、異母弟の保科正之を若い家綱の後見人に任じた。[21]将軍の叔父ならびに会津藩主という高い地位に加えて、哲学的で学識への関心が高かった正之は適任と思われ、歴史家たちは、無私無欲で任務を成し遂げる正之の姿を描き出してきた。正之が、高い地位を利用して利益を得たり、家綱の権威を強奪したりしなかったことは確かである。しかし、家綱のために、将軍の権威を保持することには失敗した。家光亡きあとの幕府の政治には、将軍の権威の低下がはっきりと表れた。徳川の歴史において初めて、支配者自らが選んだ人材によってではなく、あくまでも自身の階層に忠実であろうとする譜代大名によって政治が動かされた。十歳の家綱が将軍に就任したことは、彼らにとって、役人としての権威を確立することだけでなく、将軍が成人してからもその好ましい現状を確実に維持することにおいても、絶好の機会となった。死の床での後継者確保の養子縁組が認められ、殉死が禁じられるなど、家の存続を保証する法令が制定された。所領の没収や移封といった罰則の件数は著しく減少し、大規模な建築計画のために幕府が大名に手伝普請などの役を負担させることもほぼなくなった。江戸城の大部分と多くの大名屋敷を焼失させた明暦の大火の際には、幕府は大名屋敷再建のための資金を提供したが、将軍の権威を象徴する江戸城天守閣は再建されなかった[22]。

大名の中でも、若い将軍に代わってとりわけ権勢を振るったのは酒井忠清（一六二四～八一）である。忠清は家光の死から半年後に、親族の酒井忠勝（一五八七～一六六二）から御内書の奉者を引き継ぎ、将軍が家臣――主として大名――に対して発給する文書を管理した[23]。これは、将軍が成人していた場合には政策を正しく実行できる信頼性が求められる一方、将軍が未成年の時には代わりに権力を振るうことになった。わずか二年後に、忠清は老中に昇進した[24]。忠清が最終的に大老に昇り詰め、徳川の官僚機構の頂点に君臨するにはさらに十三年を要したが、綱吉邸の記録が取られ始めた時から、忠清が幕府に代わって将軍の弟たちに命令を下していたことが窺える[25]。

儀礼上のしきたりにより、将軍の弟としていかに高い地位にあろうと、五歳だった綱吉は、彼の利害を守るために任じられた者たちに依存したのであり、彼らは幕府の体制下では比較的低い地位にあった。

家老としてまず挙げられるのは牧野成儀（一六〇六～六〇）である。成儀はかつて御書院の番頭であり[26]、おそらく第二代将軍秀忠に仕えていたことから従五位下の官位を受けたが、所領はわずか五百石であった。二歳の綱吉の家に仕えることとなって初めて、所領が十倍の五千石に加増された[27]。

次いで挙げられる室賀正俊（一六〇九～八〇）も小十人頭であり、綱吉の家臣に任じられたのを機に俸禄が三千石に増えた[28]。

綱吉の三大家老の三人目は、桂昌院の異母兄本庄道芳（一六〇四～六八）である[29]。俸禄はわずか米千俵であった[30]。道芳が京都より到着したのは、綱吉の家臣団に任命された年であり、それまで幕府のために働いた経験は全くなかった。幕府の体制下において比較的低い地位にあった彼ら三名の家臣が、例えば酒井忠清のような黒幕と向き合い、未成年の綱吉に代わってその利害を主張することができたとは考えにくい。さらに深井雅海の研究によると、綱吉が寛文元年に館林城主となる前に家臣に任じられた者たちは、依然として幕臣と見なされていた。のちに家臣団に加わった者のみが、御三家の家臣に匹敵し得るような地位にあった[31]。綱吉は理論上大名であったが、事実上その家は、その他の大名家よりもはるかに厳格な幕府の管轄下に置かれていた。

延宝八年に将軍となった綱吉がまず行ったことの一つは、権勢を振るっていた「下馬将軍」酒井忠清を引退させることであった。忠清の屋敷が、下馬札のある江戸城大手門に位置していたことから、このように呼ばれるようになったのであり、まるで忠清が本物の支配者であるかのようであった。公式には地位が高いはずの将軍の弟たちに対して、忠清は自らの意向を押しつけてきた。綱吉の忠清に対する憎悪はおそらく、早い時期から芽生えていたと思われる。しかし、このような綱吉の個人的な心情を史料から読み取ることはできない。天候が悪いにもかかわらず老中たちから登城を求められたことへの不満が、時折見られる程度である[32]。

綱吉が実際にどの程度その行動に制約を受けていたのかについても、史料からはわからない。しかし、綱吉が祖先の霊を敬い忠実であろうとしたという記録は豊富にある。それにもかかわらず、祖父家康の霊廟のある日光への参詣は一度だけ、ということ自体が興味深い。綱吉が館林城を一度だけ訪れたというのも、この日光への短い旅の時であった。[33] 忠長とその本拠地駿河のことが依然として重臣たちの頭から離れず、この時を除いて綱吉には江戸を出る許可が下りなかったということなのであろうか。

将軍としての綱吉の評判は、その権威的な振る舞いや家臣に対する厳罰ゆえに良くないものとなった。おそらく綱吉は、自身の比較的身分の低い家老たちが、幕府の上級役人たちの権威を前に、彼のために行ったことに満足できなかったのであり、このことが動機となって、若い内から指導者としての戦略を考案し発展させることとなったのであろう。確かに綱吉には、将軍に任じられる前から、同時代の人々の目に「ぎんみ過候」[34] と映るような傾向が見られた。

「ぎんみ過候」調査

東京新宿区の全勝寺には玉心院という名の女性の墓石があり、その傍らの巨碑には「為股肱之妻、雖蒙上君之寵顧」と刻まれている。

玉心院とは、綱吉の側用人牧野成貞（一六三四～一七一二）の妻あるいは娘の院号と言われており、墓碑銘を解釈すると、彼女は将軍の側室であったことになる。[35] 真偽は定かでないが、この文言は成貞が自分の妻あるいは娘を綱吉に妾として差し出したという憶測を生み、綱吉の死後に出回った誹謗文書に書かれるようになった。このような誹謗文書は、綱吉が身分の高い家臣の多くを退け、武士の中でも比較的下級の者を最も信頼したのはなぜなのかを説明しようとして書かれたものである。[36] しかし実際には、牧野成貞がその地位に就くことができたのは、成貞の兄がある調査の犠牲になったからであった。綱吉の実施した数々の調査は、将軍としての評判を悪いものとした。

牧野成儀は、第三代将軍家光より綱吉の家老の一人に任じられていたが、万治三年（一六六〇）に死去し、慣例に従って、長男の成長がその跡を継いだ。しかし十一年後に成長は職を解かれ領地を没収されている。綱吉が将軍となった際に重臣の多くがその領地を失ったが、それと似たような理由であった。第一に、領地の経営に失敗し、百姓たちを苦境に追い込んだからである。次いで、必要に応じて人足や馬を提供しなかったこと、親族との不和、全般的に態度が良くないことが理由として挙げられた。[37] 弟の成貞は逆に、「名利を求めたり人を恨んだりすることがなく、また不公正でも利己的でもない」と評判がよく、綱吉に満足してもらえるよう仕えることができた。[38]

綱吉の周囲で成長した牧野成長については、免職された際に幕府の側から懸念が表明されることはなかったが、何年かのちに綱吉が別の家老を免職した際には反対の声が上がった。その家老は秀忠、家光の下で見事な働きをしたあと、七年ほど前に幕府より綱吉の家臣に任じられたばかりであった。

大久保和泉守正朝（生歿年不明）は、元和五年（一六一九）に初めて第二代将軍秀忠に謁見し、その家臣団の中で警備役を務め、また家光が寛永九年（一六三二）に日光にある家康の霊廟を訪れた際には、その供をした。[39] そして、おそらく五十代後半であった寛文元年に、家老として綱吉の側近に任じられた。三年後の綱吉の結婚に際しては、京都への使者として派遣される栄誉にも与ることができた。しかし、それから十四年後の延宝六年（一六七六）九月に、綱吉は正朝を品行不良と思慮分別のなさを理由に罷免したのであった。綱吉の補佐役に抜擢され長く仕えてきた家老の免職は、幕府にとって受け入れ難いものであり、十月に公式に認められるまでの間、老中と何度か会談が行われた。[40]

荻生徂徠の父親で医師の荻生方庵も、この折に、大久保正朝と親密だったがために追放された。綱吉邸の記録によると、処罰された者の友人が、医師という密接な立場で自身に仕えることを、綱吉は快く思わなかったのである。[41] この用心深い行動には、記録から読み取れる以上に、報復や逆襲が頻繁に起きていた時代の精神がよく表れている。[42] しかし、この出来事からは、綱吉の権限には制約があり、自身の屋敷内での問題を意のままに処理することができなかったことや、これらの制約を綱吉が認めたがらなかったことも見て取れる。

しかし、それよりも前に、さらに不吉な予感を抱かせるような、既存の習慣に対する抵抗が見られた。綱吉がその権限を行使して、先の家老牧野成儀の長男を罷免しようと決めたその年に、大胆にも、伝統的な武士のスポーツである鷹狩を取りやめているのである。それ以降に綱吉が、最初の獲物を将軍に献上するというしきたりに従ったという記録はない。

儀式の重要性

幕府の秩序においては、決められた通りの儀礼的振る舞いが重要であった。幕府の活動を記録した『徳川実紀』の大半は、執り行われた儀式の一覧と詳細によって占められている。公式の儀礼の場において誰がどの役割を演じたのか、どのような贈り物が交換されたのか、どのような食物が振る舞われたのかを記録するのに注意が払われている。『徳川実紀』の稿本である『柳営日次記』を含む『江戸幕府日記』

には、そのような儀式の様子がさらに詳細に記されている。綱吉が将軍となる前の家の記録である『神田記』や、兄綱重の『桜田記』も同様である。誰がどのように正装していたか、そして誰が家のどのあたりで誰によって迎えられたかといったことも詳細に記されていて、これらも明らかに重要と見なされていた。訪問や贈り物は儀式に関わることであった。お礼を申し伝えるための使者が派遣されなくてはならず、その使者の訪問に対しても謝意が伝えられなくてはならなかった。人生は、終わることのない儀式の連続によって成り立っていた。これらの儀式が正しく執り行われることは名誉に関わる問題であり、そのために図表つきのマニュアルが作成され、個人の記録が残された。例えば、江戸城での菓子の戴き方といったことが、学ぶべき重要な事柄であった[43]。徳川時代の最も有名な話の一つである四十七士討ち入りの物語が、覚えるのが難しい儀式での振る舞い方に対して十分な説明がなされなかったという、大名の欲求不満に始まるのは、決して偶然ではない。しかしこれらの儀式は、幕府の支配体制において重要な役割を果たしたのであり、役に立たないとか中身がないなどと言うことはできないのである。

徳川家がその覇権を確立したのは戦場においてであったが、それを二世紀半ほどの間維持できたのは法の力によってであった。フランスの哲学者ミシェル・フーコーが論じているように、戦争というものは、それ自体の内包する矛盾の中で疲弊してしまうのではなく、また「暴力を放棄し国内法に屈することによって」終わるのでもない。「それどころか、法とは予め計算された無慈悲さを楽しむものである。法によって流血が約束され、法によって支配の教唆や注意深く再演された暴力の巷が可能となる」とフーコーは説明する[44]。精巧に作り上げられた数々の儀式を幕府は擁護したが、それらはまさしく「注意深く再演された暴力の巷」なのであり、それらを通して、階層的な服従の秩序における各人の位置が絶えず確認されたのであった。

「人類はその暴力の一つ一つを規則体系の中に据え付ける」のであり、フーコーはさらに続けて次のように主張する。「歴史の成功者とはこれらの規則を乗っ取る能力のある者たちである。そのようにして、これらの規則を利用していた者たちに取って代わり、変装してこれらを曲解し、意味を逆転させ、当初これらを課した者たちに対して向けられたものとするのである。彼らはこの複雑なメカニズムに自身をはめ込み、支配者が、気がつくと、自らの定めた規則によって支配されている、というような機能を持たせようとする」[45]。

フーコーの言葉は全世界に通用する。フーコーが主として念頭においていたヨーロッパだけでなく、日本での政治的展開もそれによって説明できるからである。すでに豊臣秀吉が朝廷の規則を「乗っ取り」、関白に「変装」し、自分に服属した田舎の武家に対して、立派に見えるよう天皇から官位を授けてもらい、高い地位に就けようとした。このようにして秀吉は、本来は京都の公家を彼のような成り上がり者から区別するためにあった制度を「曲解」し、その意味を逆転させたのであった。この過程を経て秀吉は、彼に従った者たちの地位を高めただけでなく、彼らの振る舞いも、自らが最高位を強奪し確立した階層秩序の規則と一体化させた。家康もまた自ら、「これらの規則を乗っ取る能力のある」ことを示した。家康は、武家に官位を授け公家の仲間入りをさせるという慣行を維持し、加えて彼らに、公家と同じような姓を名乗ることも認めた。こうすることで、たとえほとんどが架空であったとしても、由緒ある家系であるかのように見せることができたのである[46]。家康も皇族につながる清和源氏の血統を主張し、自身を「この複雑なメカニズムに」はめ込んだのであった。またこのようにして、国を支配することの正統性を幾分帯びることができた[47]。結果として京都の公家は、「支配者」として、精巧に練り上げられた官位制度を基に朝廷の規則を確立したのであったが、気がつくと、「自らが定めた規則によって支配されて」いたのである。

これらの出来事を目の当たりにした公家の近衛前久（一五三六～一六一二）は、慶長七年（一六〇二）に息子へ宛てた手紙の中で、家康が当初より、由緒を欠いていたがために様々な困難に直面し、三河守の称号を得るのにさえ苦労したと説明している。そして「近代ハ雖無由緒候、以権門采公家ニ成申候」と嘆いている[48]。

「規則を乗っ取った」家康の不法性は広く認識されていた。九十年ほど経ったあとも、日本を訪れたエンゲルベルト・ケンペルは、家康について簒奪者との説明を受けているほどである[49]。またそうであったがゆえに、服従を再度制定し永続させるような法令や儀式が何よりも重要であった。豊臣秀頼を敗北に追い込んだ大坂城での最後の戦いに向けて準備をしていた時でさえ、家康の相談役・筆記役を務めた僧侶の崇伝（一五六九～一六三三）を筆頭に、武家と公家それぞれの行いを規定する法の制定に向けた草案作りが進められていた。いわゆる武家諸法度と禁中並公家諸法度が公布されたのは、大坂城落城からわずか二ヵ月後の元和元年（一六一五）七月のことであった[50]。

フーコーによると、「支配関係は……その歴史を通して、すなわち、細心の注意を払った手順の中で権利や義務を課す儀式の中で固定される」のであり、これらは「物事だけでなく体の中にまで記憶を刻む」のであった[51]。家康は間違いなくこのことを知っていた。関ヶ原で決定的な勝利を収めて間もなく、家康は、細川幽斎（一五三四～一六一〇）のような、足利将軍時代の儀式について高度な専門知識を持つ人材を探し始めた。そして信頼を置く家臣永井直勝（一五六三～一六二五）に、室町幕府の下で行われていた儀式を研究し、徳川家のものを構想するよう命じた。直勝は、将軍足利義昭に仕えていた曾我尚祐にも協力を求め、これを成し遂げた。のちに尚祐は、第二代将軍秀忠に登用される。幽斎も尚祐も幕府の儀式についての本を何冊か書いている。慶長八年（一六〇三）に家康、その二年後に秀忠の将軍宣下が適切な厳粛さと華やかさをもって執り行われたが、それらを確実にしたのも彼らであった。(52)

家康は儀式に関する事柄を重要と見なし、死を迎える前の数ヵ月間ですらその細部を詰めるのに忙殺されていた。早くも慶長十四年（一六〇九）に家康は、精巧に作り上げられた新年の儀式への出席を大名たちに命じていて、続く何年間かは様々な変更点が告示されている。生涯最後となった新年の儀式の前夜に、家康は依然として、この折に大名たちが守るべき服装規定を気にかけていて、個人的に指南書を出している。(53)家康の後継者たちもこの点では同様に高い関心を示した。幕府の儀式は繰り返し入念に練り上げられ、洗練されたものとなっていった。そして参勤交代の制度が整えられ布告されたように、新たな儀式が新たな法として制定された。(54)

家康が死去すると、精巧に作り上げられた一連の死の儀式が加わった。家康が支配者としての儀礼的敬意を求めたのだとしたら、大権現となった彼はそれ以上のものを必要としたのであった。自らを神格化するための計画を家康自身が立てたとも考えられ、また後継者たちが政治的理由から、それをさらに推し進めた可能性もある。(55)しかし、カッシーラーによると、死者が引き続き権威を発揮し保護してくれると信じられているように、死の現実を否定することはすべての宗教に必須の要素なのであった。(56)徳川時代の日本では、権力者家康の霊だけでなく、女性を含むほかの先祖崇拝も子孫に求められた。(57)徳川家において敬意を表すべき人物が必然的に増える中で、守るべき儀式の数も増加していく。
この儀式が、綱吉の人生や家庭生活のリズムを刻んでいた。[58]『徳川実紀』によると、綱吉は宗教的儀式や朝廷からの使者を迎える際に、控えるべきことや禁じられていることの数々を注意深く守った。[59] しかし、オランダ側の記録が示すように、人物がそれほど重要でないとなると、綱吉は明らかに、それほどの注意を払わなかった。
長崎のオランダ商館長は毎年江戸へ赴き、大名たちと同じように、将軍に謁見して敬意を表し、贈物を献上しなくてはならなかった。歴代商館長の内の二人は、江戸城で謁見のため待っていたところ、綱吉から突然ぶしつけな質問を受けたという経験をしていた。一人はダニエル・シックスで寛文九年、もう一人はアルベルト・ブレフィンクで、綱吉が将軍となる前の延宝八年初めに、それぞれそのような出来事を記録している。ブレフィンクによると、不意に大きな叫び声がして、小納戸たちが部屋から逃げ出したという。それから何の通告もなく綱吉が現れ、異国人たちの前に座し、彼らを熱心に観察しながら名前と年齢を尋ねると、登場した時と同じように儀式ばることなく去って行った。[60]
日本側の記録には、そのような法外な振る舞いを記録する習慣がなかったため、綱吉がそのような行いを、ほかの儀式においても、また将軍となってからも貫いたのかについては、判断する術がない。同様に寛文十一年には、二十五歳の綱吉が、鷹狩や最初に仕留めた獲物を将軍に献上するという神聖化された伝統を大胆にも取りやめたことも、記録からは読み取れない。根崎光男が指摘しているように、この年以降、綱吉が鷹狩をしたり、最初の獲物を将軍に献上したりしたという記録は全く存在しないのである。[61]

鷹狩というスポーツ

西洋と同じように、日本でも鷹狩は「国王のスポーツ」であり、支配者の特権であった。五世紀以降の墓からは鷹狩の道具が発見され、『日本書紀』には仁徳天皇（三一三？〜三九九）がこのスポーツを楽しんだと記されている。鷹狩を通して支配者は、その土地にいるすべての動物の占有権を主張した。また、動物を支配者の名において残忍にも殺害し、その獲物を従順に支配者の足元に据えた者たちに対して、権威を誇示する場でもあった。[62] しかし慶長十七年（一六一二）に家康は、京都の公家に鷹狩を禁じ、代わりにそれぞれの家の伝統的な学問に目を向けるよう命じている。ほとんどが芸術的・哲学的なものであった。[63] 以後、鷹を飼育し繁殖させ、それを狩猟に用いるための許可を与えることが、徳川将軍家の特権となった。[64] 将軍が天皇に最初に捕えた獲物——鶴、鴨、その他の鳥——を献上するという儀式は、朝廷の権威の名残を思わせるほかの一連の儀式と共に残された。しかし、将軍から鷹狩の権利を付与された者たちは、今や仕留めた最初の鳥獣を将軍に献上することが義務づけられた。

最初の狩りや収穫は伝統的に神々に捧げられてきたことから、この一連の動きは象徴的で意義深い。これらの恵みを受けることを通して将軍は、大名に対するその絶対的な支配権を儀礼的に確認すると解釈できる。[65] この伝統は、のちに論じるように、たいへん重要であり、綱吉ですら、天皇への服従の儀式の執り行いを拒絶することはできなかった。綱吉は将軍となったあとも、鷹狩そのものが大々的に廃止されていたにもかかわらず、天皇へ鳥を献上する習慣は維持している。

鷹狩は、将軍や大名の生活において重要な役割を果たした。特に家光は鷹狩に熱中し、品川、高田、麻布、目黒などの江戸郊外で狩猟を行った。[66] 鷹を飼育し訓練し餌を与える役割は、幕府より任命された専門家の一団が担うべき領域となった。羽の生えたての鷹に獲物の追い方を教えたり、ご褒美に与える餌用に犬や鳥を殺したりする彼らの任務は戦の準備のようであり、彼ら自身が乱闘に巻き込まれることも稀ではなかった。

「攻撃性と残虐さは、原始的な人間に内在する本質的な要素であり、それらは、社会が『文明化』され、野蛮な暴力行使に対して眉をひそめるようになるにつれて、より高度な目的や原因によって正当化される行為として合理づけられる」と、コンラート・ローレンツは論じている。[67] ヨーロッパの歴としたキリスト教貴族が血を流すスポーツを歓迎した理由は、このことから説明できるかもしれない。チューダー朝イングランドには「鷹狩や狩猟を愛さない者は紳士とはいえない」という風評まであった。[68] 人間の野蛮な本能が、キリスト教ヨーロッパにおいて貴族という仮面で覆われたように、仏教の徳川時代日本においても同様であった。獲物を殺すことにより、特権階層であった武士は少なくとも、もはや戦われなくなった戦の残虐性に代わるものを得ることができた。チューダー朝イングランドについては、キリスト教の信仰と無分別な快楽的殺害との間の矛盾を、聖職者たちが彼らのパトロンである貴族に対して恐る恐る指摘したという記録がわずかながら存在する。[69] 徳川時代の日本においては、武士の一員であった若い綱吉が、儀式化され彼の名前で執り行われていた、これらの非仏教的な慣習をやめるよう主張した。

十歳の家綱が将軍職を継いだ時、家綱も弟たちも、肉体的に負担のかかる鷹狩をするには幼すぎた。しかし、将軍家が鷹狩で捕えた鳥を朝廷に献上するという慣習は続いた。将軍と弟たちとの間で儀礼的に行われていた鷹の贈呈も、同様に続けられた。承応元年に六歳の綱吉と八歳の綱重それぞれに、将軍である十一歳の兄から鷹が贈られている。[70]それ以降も鶴、雁、鴨、雲雀、その他の鳥が綱吉の名において定期的に将軍に献上されている。さらに明暦二年（一六五六）から寛文三年（一六六三）まで毎年、羽の生えたての鷹が綱吉の名前で将軍に献上された。寛文元年に将軍が、十代になっていた弟たちの領地の加増を決めた時、それぞれの領地に鷹場を設置する許可も与えている。追加の鷹場を設けることが、寛文三年には綱重に、寛文四年には綱吉に認められている。[71]綱吉が自身で狩りをするには幼すぎた時に、鳥の献上が純粋に儀礼的になされていたことを考えると、たとえ『徳川実紀』に、寛文十一年までは、綱吉と兄綱重が鷹狩の暇を許され返礼に鳥を献上したという記録があるにしても、[72]綱吉が実際に鷹狩を行ったのかという疑問が残る。家綱が就任した頃には鷹狩が制度化・儀式化され、その儀式性を維持するのに、実際に体を動かして鷹狩を行うということがもはや必要と思われないほどになっていた。結果として言えるのは、その中身を伴わない儀式の存続を決めた、幕政の中枢にいた人々の関心は、儀式そのものにあったということである。家綱の治世を通して、幕府の儀式は減るよりもむしろ増えていることに研究者たちは気づいている。将軍の権限が役人たちによって行使されるようになった時期であり、彼らの利害関心は、フランスの社会学者ピエール・ブルデューが“the field of cultural production”（文化生産場）と名付けたところのものを維持することにあった。

文化生産の領域を破壊する

「新たな支配へと絶えず扇動する」ことを許す「約束の血統」としての法や儀式については、すでに論じた。しかし、このプロセスにはさらに別の側面が存在する。法や儀式は、共同体の中のある特定のメンバーを区別し持ち上げることもあり、それらを存続させることが、「支配者」だけでなく、このプロセスで利することになる「被支配者」にとっても好ましいものとなる。[73] 本書の場合で言えば、将軍が鷹狩を制限することにより、ある特定の選ばれた人々、すなわち将軍が鷹狩を許可した人々が区別され栄誉に与ることとなった。鷹狩が禁じられるということは、受益者からそのスポーツを楽しむ上での技量だけでなく、許可されることによって得られる栄誉や社会的上昇をも奪うこととなった。先駆者たちによって確立された儀式を、綱吉が早い段階でそのまま受け継ぐことを拒絶したことの意味を同時代の人々がどのように理解したのかを説明するのに役立つのは、マックス・ウェーバーの著作で用いられた諸概念を元に組み立てられた、ブルデューの「文化生産場」の理論に表れる諸側面である。

ウェーバーが別々に論じている“ständische Plivilegien”（地位の特権）、“Ideelle Güter”（無形資本）の独占、新たに生み出された“Kulturgüter（文化資本）[74]”の概念を、ブルデューは組み合わせ発展させた。そのようにして商品——主として絵画、彫刻、文学作品などの芸術品——が、生産されるのに要した材料費や人件費をはるかに上回る価値を獲得していく過程が説明される。ウェーバーの言う“Umwelt”（社会環境）がブルデューの「場」になるのであり、そこでその「場」を共有する芸術家たち、「行為者」が地位を占める。それはまたウェーバーの言う、ある一定の社会環境において“ständische Ehre”（地位の名誉）を追求することと似ている。[75]

ブルデューの場合、競合し合う様々な芸術家により「文化資本」が生産されたが、本書の場合は、将軍ないしその代理者の生産である。さらにここで「社会資本」と呼びたいのは、ブルデューの言う「芸術資本」ではなく、ウェーバーの“standische Ehre”のような「象徴的な無形資本」である。しかし、これらの商品がある目的のために「生産されて」いること、それらの価値は一つの社会集団の物の見方や価値観に左右されること、そしてそれらの価値を保つことが「場」を共有するすべての人々の関心事であるという考え方は、綱吉の行動の与えた衝撃を説明するのに役立つ。

家康は、家臣たちの行動を規制する一連の法と、家臣たちの参加を義務づける儀式とを確立したことで、大量の“Kulturgüter”を生産した。将軍に御目見するための許可、行列の際に将軍の刀を担ぐ、将軍に代わって長い法事に列席する、上述の鷹狩の許可と最初の獲物を献上する義務など様々であった。これらの資本は将軍にとって費用のかかるものではなかったが、それらのもたらす特別な栄誉のために、家臣たちはそれらを大切にし、手に入れるために競い合った。これらの資本が約束されるということは、大名たちにとって、徳川の覇権に服したことに対して受ける補償の一部であった。彼らは、より大きな政治的単位に服従するために、独立した領主の地位を捨てていたからである。大名の有形資本や財政的な重要性が減ると同時に、儀式など彼らの高い地位を示す象徴的な無形資本の重要性が高まった。特に明暦の大火の甚大な財政損失によって頂点に立つ大名でさえ借金生活に落ちぶれた時には、大名の高い地位を確証する象徴的な資本は大切さを増した。綱吉がこれらの象徴的な資本の価値体系に打撃を与えたのは、このような環境においてであった。綱吉は鷹狩の許可を栄誉と見なさず、伝統的な儀式に参加することを拒否し、この象徴的な資本の価値体制に打撃を与えた。熱心な仏教徒であった母親の価値観に賛同し、父親の世界を公然と拒絶したのであった。

同時代の人々にとって、これは鷹狩が楽しめないというだけの問題でないことは明らかである。綱吉は、時の権力者たちには共有されないような価値観の下に、先駆者たちが確立した特権を尊重せず、また家臣に対して権威的な態度をとった。このことは、綱吉が病弱な兄たちより長生きをし、いつか将軍候補となる可能性がある場合の悪い前兆となって表れた。

綱吉を母親の影響下に置くことで、既存の秩序を脅かすことのないようにしたのか、あるいは単に教育を軽視したがゆえにこのようなことが起きたのか、いずれにしても、綱吉の養育のためになされたことは悲惨な結果となった。綱吉のエネルギーを武芸ではなく儒学書に向かわせるという策略も、同様にありがたくない結果を招くこととなった。

（1）『憲廟実録（常憲院贈大相国公実記）』（『内閣文庫所蔵史籍叢刊』第十七巻、汲古書院、一九八二年）五三四頁。黒板勝美・国史大系編修会編『徳川実紀』第三篇（吉川弘文館、一九七六年）慶安四年四月三日条（六八九頁）。

（2）黒板勝美・国史大系編修会編『徳川実紀』第四篇（吉川弘文館、一九七六年）慶安四年七月十八日条（一七頁）、同年九月十二日条（二九頁）、同年十二月十三日条（三五頁）。

（3）『徳川実紀』第四篇（注2）慶安四年九月二十九日条（三〇頁）。

（4）『徳川実紀』第四篇（注2）慶安四年十二月八日条（三四頁）。

（5）塚本学『徳川綱吉』（人物叢書、吉川弘文館、一九九八年）一九頁。

（6）『憲廟実録』（注1）五三五頁。

（7）『徳川実紀』第四篇（注2）承応二年八月十九日条（八十九頁）。

（8）『徳川実紀』第四篇（注2）寛文元年閏八月九日条（三九六頁）。『憲廟実録』（注1）五三五頁。

（9）それぞれ『徳川実紀』第四篇（注2）寛文三年十月一五日条（五三六頁）、寛文四年九月十九日条（五一二頁）。『憲廟実録』（注1）五三六頁。塚本前掲書（注5）三七～三八頁。

（10）淡野史良「徳川将軍家と朝廷・五代徳川綱吉」（『歴史読本』第四四巻第七号、一九九九年）九五頁。
（11）黒板勝美・国史大系編修会編『徳川実紀』第七篇（吉川弘文館、一九七六年）一～二頁。
（12）『憲廟実録』（注1）五三七頁。塚本前掲書（注5）四一頁。
（13）『憲廟実録』（注1）五三七頁。黒板勝美・国史大系編修会編『徳川実紀』第五篇（吉川弘文館、一九七六年）延宝七年五月六日条（三一一頁）。
（14）『神田記』（人見求編『人見私記』、国立公文書館内閣文庫所蔵）、延宝三年一月より前の日付のない記述。『神田記』は『人見私記』全十四冊の中の『三田録 五』に収められているが、人見求の集めた一連の手稿史料も合わせて『人見私記』と呼ばれている。それゆえになかなか見つけることができなかった。史料の所在について御助言くださった塚本学教授に感謝申し上げたい。なお『桜田記』も『人見私記』に含まれる。
（15）『神田記』（注14）承応二年十月二十六日条、延宝五年一月一日条、延宝四年五月五日条など。
（16）塚本前掲書（注5）二九九頁。『徳川実紀』第四篇（注2）明暦三年七月十二日条（二三四頁）。
（17）『神田記』（注14）延宝四年五月三日条。
（18）例えば『神田記』（注14）延宝四年二月八日条、同年四月二十六日条など。
（19）『徳川実紀』第四篇（注2）明暦三年一月二十五日条（二一二頁）。塚本前掲書（注5）二九九頁。
（20）塚本前掲書（注5）一六頁。
（21）『徳川実紀』第三篇（注1）慶安三年四月二十日条（六九三頁）。
（22）政策の転換についてはHarold Bolitho, *Treasures among Men*, New Haven: Yale University Press, 1974, pp.164–169の記述がわかりやすい。財政に関する考察はB.M. Bodart-Bailey, "The Economic Plight of the Fifth Tokugawa Shogun", *Kobe University Economic Review* 44, 1998, pp.50–51を参照。
（23）『徳川実紀』第四篇（注2）慶安四年十一月二十二日条（三三三頁）。福田千鶴『酒井忠清』（吉川弘文館、二〇〇〇年）四一頁。

(24)『徳川実紀』第四篇(注2)承応二年閏六月五日条(八一頁)。
(25)例えば『神田記』(注14)慶安五年十月二十二日条。
(26)幕府の常備軍は大番、書院番、新番、小十人番、小姓番の五番方から成り、それぞれ番頭の指揮下におかれた。「小十人組」(『世界大百科事典』CD-ROM、日立デジタル平凡社)。
(27)『徳川実紀』第三篇(注1)慶安元年三月十四日条(五二四頁)。『寛政重修諸家譜』第六巻(続群書類従完成会、一九六四年)二七六頁では「儀成」となっている。
(28)『徳川実紀』第三篇(注1)慶安元年三月十四日条(五二四頁)。『寛政重修諸家譜』第四巻(続群書類従完成会、一九六四年)二七二頁。
(29)『憲廟実録』(注1)慶安元年八月十五日条(五三二頁)。
(30)『徳川実紀』第三篇(注1)、慶安元年八月十五日条(五六一頁)。『憲廟実録』(注1)では俸禄の日付が慶安元年九月十日(五三二頁)となっている。『徳川実紀』によると、道芳は従四位の官位となっているが、『寛政重修諸家譜』第二十一巻(続群書類従完成会、一九六六年)一〇四頁によると従五位であった。
(31)深井雅海『徳川将軍政治権力の研究』(吉川弘文館、一九九一年)一六〇~一六一頁。
(32)『神田記』(注14)延宝四年四月二十四日条。
(33)『憲廟実録』(注1)五三六頁。『徳川実紀』第四篇(注2)寛文三年五月十五日条(四六五頁)。塚本前掲書(注5)三六~三七頁。綱吉が将軍となってからも、資金不足により参詣のための行列を組織することができなかった。第十四章参照。
(34)正宗敦夫編『増訂 蕃山全集』第六巻(名著出版、一九七九年)一六六頁。
(35)森田義一『柳沢吉保』(人物往来社、一九七五年)一四二~一四三頁。
(36)東武野史『三王外記』(一八八〇年)三頁。
(37)『寛政重修諸家譜』第六巻(注27)二七六頁。

（38）*Kaempfer's Japan: Tokugawa Culture Observed*, edited, translated, and annotated by B. M. Bodart-Bailey, Honolulu: University of Hawai'i Press, 1999, p.357.

（39）黒板勝美・国史大系編修会編『徳川実紀』第二篇（吉川弘文館、一九七六年）寛永九年二月二十八日条（五三九頁）、同年四月十日条（五四六頁）。

（40）『神田記』（注14）延宝六年九月十九日条、同年十月六日条、同年十月十三日条、同年十月十九日条。『寛政重修諸家譜』第十一巻（続群書類従完成会、一九六五年）三七一頁。塚本前掲書（注5）五一頁。

（41）『神田記』（注14）延宝七年九月二十日条。

（42）主要な論点についての議論はB. M. Bodart-Bailey, "Urbanisation and the Nature of the Tokugawa Hegemony", in: Nicolas Fiévé and Paul Waley eds, *Japanese Capitals in Historical Perspective: Place Power and Memory in Kyoto, Edo and Tokyo*, London: Routledge Cruzon, 2003を参照。

（43）例えば小野清『史料徳川幕府の制度』（高柳金芳校注、新人物往来社、一九七六年）四〇六～四〇九頁を参照。

（44）Michel Foucault, *Aesthetics, Method and Epistemology*, Edited by James D. Faubion, Translated by Robert Hurley and others, Essential Works of Foucault 1954-1984, vol. 2, New York: New Press, 1998, p.378.

（45）同右。

（46）山口和夫「近世初期武家官位の展開と特質について」（橋本正宣編『近世武家官位の研究』続群書類従完成会、一九九九年）一三四～一三五頁。辻達也『江戸開府』（『日本の歴史』第十三巻、中公公論社、一九九〇年）二九～三一頁も参照。

（47）徳富猪一郎『近世日本国民史』第十三巻（家康時代、下巻、家康時代概観、民友社、一九三五年）一〇八～一〇九頁。家康の正統性をめぐる問題についてはHerman Ooms, *Tokugawa Ideology: Early Constructs, 1570-1680*, Princeton: Princeton University Press, 1985, p.167を参照。

（48）山口前掲論文（注46）一三五頁。

（49）ケンペルは家康による権威簒奪について何度も述べている。例えば*Kaempfer's Japan*（注38）四九、一八二頁。
（50）朝尾直弘「武家諸法度」（『世界大百科事典』）。Ooms前掲書（注47）五三頁。
（51）Foucault前掲書（注44）三七七頁。
（52）徳富前掲書（注47）一〇九～一一一頁。深井前掲書（注31）二頁。上島有「書札礼」（『世界大百科事典』一四、平凡社）。
（53）深井前掲書（注31）三頁。
（54）秀忠・家光の治世の事例については山口前掲論文（注46）一二七～一三四頁を参照。
（55）Ooms前掲書（注47）五八～六一頁。
（56）Ernst Cassirer, *An Essay on Man*, New Haven: Yale University Press, 1992, pp.84-85.
（57）例えば、綱吉は延宝三年九月十五日に、秀忠の妻で祖母の崇源院の五回忌の法要に出席している。
（58）予定されていた恒例の儀式については、小野前掲書（注43）二八一～四三〇頁を参照。
（59）黒板勝美・国史大系編修会編『徳川実紀』第六篇（吉川弘文館、一九七六年）七三〇頁。
（60）シックスについてはEngelbert Kaempfer, Ms. Sloane 3061, British Library, London, fol.97。ブレフィンクについてはEva S. Kraft ed., *Andreas Cleyer: Tagebuch des Kontors zu Nagasaki auf der Insel Deshima*, Bonn: Bonner Zeitschrift zu Japanologie, 1985, p.29。
（61）根崎光男『将軍の鷹狩り』（同成社、一九九九年）六九頁。
（62）大友一雄『日本近世国家の権威と儀礼』（吉川弘文館、一九九九年）二一六頁。
（63）根崎前掲書（注61）一九頁。遠藤元男『近世生活史年表』（雄山閣出版、一九八二年）三一頁。
（64）第一代から第四代将軍の治世における鷹場の下賜状況については、根崎前掲書（注61）一七五頁を参照。
（65）大友前掲書（注62）三八頁。
（66）根崎前掲書（注61）五八頁。

(67) Konrad Lorenz, *Über tierisches und menschliches Verhalten, Gesammelte Abhandlungen*, Munich: Piper, 1984, vol.2, pp.188–189.

(68) キース・トマス著、山内昶訳『人間と自然界』（法政大学出版局、一九八九年）二一三頁に引用されている。

(69) 同右、二四一頁。

(70)『徳川実紀』第四篇（注2）承応元（慶安五）年九月五日条（五九頁）。

(71) 根崎前掲書（注61）一七五頁。

(72) 同右、六八～六九頁。

(73) ミルチア・エリアーデ著、鶴岡賀雄訳『世界宗教史Ⅲ　ムハンマドから宗教改革の時代まで』（筑摩書房、一九九一年）一八六頁。ここでは、敬虔な信徒をほかの人々から区別したユダヤ教の儀礼的清浄さの原則に言及しつつ論じられている。

(74) Kulturgüter は“culture goods”と英訳されてきたが、“cultural goods”としてもよいであろう。ウェーバーの原稿は未完成で、Kulturgüter の概念が出てきたすぐ後に突如として終わっている。Max Weber, *Wirtschaft und Gesellschaft*, Tübingen.: J.C.B.Mohr, 1976, p.530. Ideelle Güter について、同書五三七頁参照。

(75) 同右、五三七頁。Max Weber, *Economy and Society*, Edited by Guenther Roth and Claus Wittich, Berkeley, University of California Press, 1978, p.935. ブルデュー著、田原音和監訳『社外学の社会学』（藤原書店、一九九一年）一四三―一五三頁。

第五章　儒教政体

「またく馬上をもて天下を得給ひしかどももとより生知神聖の御性質なれば。馬上をもて治むべからざるの道理をとくより御会得ましく〳〵て。常に聖賢の道を御尊信ありて。おほよそ天下国家を治め。人の人たる道を行はんとならば。此外に道あるべからずと英断ありて。御治世の始よりしば〳〵文道の御世話共ありけるゆへ」[1]。この『徳川実紀』第一篇の記述は、これまでに何度となく引用されてきたが、徳川政権が当初より儒教を積極的に採り入れたことを意味すると解釈されるのが一般的であった。それではなぜ、綱吉による儒教の奨励が異常と見なされ、多くの批判に晒されてきたのであろうかという疑問が生じるが、これについては通常、物好きで偽善的な将軍が気狂いと言わんばかりの熱意を注いだためと説明されてきた。このような説明は、以下で詳細に論じるように、いささか不確実な史料解釈に基づくものである。

家康と儒教

家康が心得ていた、馬上から国を支配することはできないというのは、よく知られた中国の格言である。『徳川実紀』の編纂者たちは、歴史的事実を伝えることよりも、イデオロギー的に影響力のあるイメージ作りに専念したのであった。中国古典によると、この格言は、ある学者がチンギス・カンに忠告し語ったものであったが、この学者もまた、漢王朝の創始者高祖帝（在位前二〇二～前一九五）に忠告したある役人の言葉を引用していた。[2]『徳川実紀』では、このことに自分自身で気づいた家康が、この二人の偉大な支配者よりも勝れた者として描かれている。

徳川時代初期の日本においては、儒教がこれまで考えられてきたほどの役割を果たしていないことが、過去二十年間に出された詳細な研究により明らかになった。日本語の研究としては渡辺浩、堀勇雄によるもの、英語はヘルマン・オームスによるものが第一に挙げられる。儒学は、仏教から分離し対立する以前は、仏教寺院において組織的に採り入れられ、盛んに研究された。むしろ儒学研究はこの時期の方が、徳川時代初期より広まっていたとも言える。ドイツの学者エンゲルベルト・ケンペルは、徳川時代以前の儒学研究を、ヨーロッパの修道院で行われていたギリシアやローマの哲学書研究に例えている。[3]

十六世紀末ごろには、僧侶たちの中に、寺院を離れて仏教を放棄し、自らを独立した儒学者と称する者が出始めていた。仏教の現状に対する不満と、秀吉の朝鮮出兵後に朝鮮儒者と出会ったことが、彼らをそのような行動に駆り立てたのであった。中でも最も有名なのが、徳川時代の儒学の祖とも言われている藤原惺窩（一五六一～一六一九）であった。惺窩は早くも文禄二年（一五九三）に家康の前に呼ばれ、のちの林羅山と同じように、自身の王朝を築くためにかつての君主を倒した中国の皇帝について尋ねられた。[4]さらに惺窩は、のちにも家康に謁見しており、伝統的な儒学者の衣服である深衣道服を身につけることにこだわった。家康は惺窩の門弟林羅山を登用したが、彼は仏教僧のように頭を剃り、法衣を着用し、道春という法名を受け入れることに同意した。のち寛永六年（一六二九）には、高位の僧侶に用いられる法印が羅山とその弟に叙されている。[5] 家康の息子義直のように、儒教に好意的な同時代人は、このことを残念に思い、僧侶の恰好をした羅山のような学者をとても儒学者と呼ぶことはできないと嘆いた。[6]

儒者たちは仏教からの独立を求めて戦っていたが、家康はそれを認めようとしなかった。家康が儒学の古典に関心を持ったのは、自身の政権を確立するという行為を正当化するためである。羅山の中国古典の専門知識は、中国の軍事書や医学書の翻訳・解説、あるいはまた事務や管理業務に都合よく活用された。[7] 学問の奨励は重要と見なされ、早くも慶長六年（一六〇一）に家康は伏見に学校を創設した。しかしそれは寺の学校で、儒学の古典が僧侶の主導の下に研究されていた。[8] 藤原惺窩を講師に招き、京都に儒学学校を開設するという、羅山が慶長十九年に出した要請は実現しなかった。[9] 幕府が足利学校の分校というべき伏見円光寺学校の重要性を認識し、最終的にその修繕・改築を決めたのは寛政五年（一七九三）になってからであった。[10] 家康は書籍の収集、筆写、印刷、流通を奨励したが、儒教に関するものはわずかであった。家康がその政権の基盤に据えたとされる哲学体系、朱子学を扱ったものは一つもなかった。[11] 家康は惺窩や羅山との会見を幾度となく林家で行ったが、仏教僧と会見することの方がはるかに多かった。[12] 堀勇雄が指摘しているように、家康は仏教の信者であり、仏教の教えを優れたものとして敬おうとしない儒教を、全く尊重していなかったのである。[13]

家康が儒教を奨励しようとしたならば、日本の歴史以外に、中国や韓国の事例からも、手本となるようなモデルが得られたはずである。しかし家康は、儒学学校を創設したり科挙を導入したりすることは一切なく、行政上の重要な役割を儒学者に託すこともしなかった。外交書簡や、武家諸法度・禁中並公家諸法度・寺院諸法度のような法令の草案作りを委ねられたのは、僧侶の崇伝と天海（一五三六〜一六四三）であった。[14] 羅山に関しては、十九世紀初頭に儒学者原念斎がまとめた『先哲叢談』によると、「大府須ふる所の文書、其の手を経ざる者なし」なのであった。[15] ファイリングをするだけの事務員が言いそうな台詞でもある。

「孔子亦曰、身体髪膚、受二于父母一、不三敢毀傷一、孝之始也。全二基身一、乃是敬レ神也（孔子がまた言うには、身体、髪、皮膚は父母から受けたものであり、これを損ねないことは孝の始まりである。その身を立てるために神を敬いなさい）」と崇伝は主張した。[16] 家康に登用された僧侶たちは、儒教の古典に精通していた。国政術について、適切な知識を得るのに役立つ唯一の原典として、それらは尊重されたのであった。忠孝や服従の概念が、社会構造を強化し国の威信を正当化するのに必要な場合、崇伝は中国古典のどの箇所を引用すべきかを知っていた。初期に出された幕府の政令が、儒教ないしは律法尊重主義的な要素を感じさせるのは、影響力のある儒者が幕府に登用されていたからではなく、有力な仏教僧たちが中国の伝統的な学問の成果に通じていて、政治的に都合の良い部分を取捨選択的に利用したからである。すでに武田信玄（一五二一〜七三）は、自身の命により一層の権威づけをするため、儒教の古典を家法に引用していた。[17]

徳川の歴代将軍は誰一人として、仏教に従属する儒教という現状を変えるべきとは思わなかった。それどころか幕府は、意識的に仏教を「国家宗教」に選んだのであり、そうしないのは愚かなことと考えていた。仏教は、武士階級ならびに国内の大多数の人々にとって、唯一の土着の宗教であっただけでなく、朝廷制にとっての神道のように、徳川の覇権を、イデオロギー的にも実際に運営していく上でも支えることのできる唯一の体系であった。過去の支配者を「権現」として敬うこと、ならびにすべての人々を宗門改めの制によっていずれかの仏教寺院の檀家とすることとなった二つの政策が、このことを最もよく表している。

儒教に先祖崇拝の儀式は存分にあった。しかし、政治的現実においても個人的な感情からも、徳川の覇権においては、仏教に代わって役立つものではなかった。儒教はそもそも知的エリートの領域に属するものであった。武士層も庶民も、儒教の考え方や風習についての知識や、それに対する愛着を持っていなかった。せいぜい『易経』を託宣のような形で用いる程度だったのである。儒教を通して先祖崇拝を広めるには、大規模な教育活動が伴わなくてはならなかった。それに対して仏教は、それ自体が、現代的な用語で言うならば、大手専門広報機関として、事務所のネットワークを全国的に展開しており、また高い成功率を誇るものだったのである。ベテランの政治家であった家康が、新たな儀式の確立を、支えとなる基盤を全く持たない個人に委ねるよりも、経験豊かな天台宗の僧侶天海に託した方が得策であることを見逃すはずはなかった。天海は、まずは家康を駿府の久能山に埋葬し、のちに日光に霊廟、さらには上野に寛永寺を中心とする、菩提寺となる大寺院の建設を主導した。研究者の試算によると、日光に家康の霊廟を建設するためだけに、家光は国庫の七分の一を消費したという。のちに林羅山は江戸に学校を創設するための小さな区画地を与えられるが、建設のための資金は支給されなかった。このことと比較しても、幕府が何を積極的に支援していたかは明らかである[18]。

宗門改め

徳川政権が仏教寺院の全国的なネットワークを利用すると同時に、儒教を独立した修養法として全面的に否定したことは、寛文四年から諸藩を含めた全国に強制された宗門改めの制によく表れている。この法令の主たる目的はキリスト教など幕府の禁じる宗教の排除であったが、仏教を憎む儒者にも寺請証明を義務づけた。幕府は仏教寺院に寺請証文を作成する役儀などを負わせる代わりに、檀家から上納金を取り立てる特権を保証し、その前提として檀家の葬儀を執行する権限などを与えた[19]。正統な信仰を押しつけると共に、さらにこの法令によって徳川政権は、全国的規模での人口調査と取り締まりの制度を確立することができた[20]。

数字の正確さについて疑問視する研究者もいるが、伊藤仁斎や山崎闇斎が京都に開いた儒学学校では何千人もの学生が学んだと言われている。しかし京都の宗門改帳には、綱吉の時代になっても、儒学者として名前が挙がっている者は一人もいない[21]。最も著名な儒学教師やその弟子たちを含むすべての者が、仏教寺院に登録され、その寺院を保護していかなくてはならなかったのである。

この法令は儒教に向けられたものではなかった。仏教を憎む儒学者が新たに登場することを単に認めなかったのである。これに対して儒学者がいかに憤り非道と感じたかについては、その激しさを、儒学者新井白石（一六五七～一七二五）の著作が伝えてくれる。白石は、幕府の制定した法令に対する批判を公に表明しないよう気をつけていたが、その苛立ちを『本佐録考』の私的な対話の中で公表している。『本佐録』という著作に関する問いに答えるような形で、享保十二年（一七二七）に、死期が近づいていて失うものは何もないという頃に書かれたものである。[22]

白石はまず、キリスト教の「悪」について論じ、日本での布教に成功したのはその斬新さのゆえだと説明する。「彼教（キリスト教——訳者注）のごときは仏氏（仏教——訳者注）と共にみな西胡の俗による処にて、且は亦凡事新敷を好む事は天下の情相同く候」と主張した上で、仏教徒とキリスト教徒とが、どちらの教えが正しいかをめぐって争い始めるに至った過程を説明する。キリスト教が悪であることは間違いなかったが、儒学者としては、政権が強要しようとした仏教の儀式や信仰も受け入れることはできなかった。白石は強い口調で次のように述べている。

我道より是を論じ候はんには、仏氏のいはゆる正のごときも吾いはゆる正には有べからず。然るに阿蘭陀の人互市の事によりて申旨の事によりて、彼法を禁遏せらるべき議定候へども、当時に在て彼学に拠べきの教、又余法なきがゆゑに邪を以て邪を禦がれて候は、なを古に夷を以て夷を攻し策のごとくとも申べき歟。これよりして後六十州のうち、生歯より以上一民として仏氏の徒ならずといふものなかるべき世の大法とはなり来り候。此時に当て、たとひ吾儒に志ある者をも当時天下の大禁を犯して仏を奉ぜざる事かなふべからず。[23]

儒学者たちが、法に違反しないよう、嫌悪する仏教の慣習に従うことを強制されるならば、「純正の君子」としての人生を生きることや、「聖の至誠を庶機」することは不可能であると、白石は嘆く。白石によると、二十五万人以上のキリスト教徒が迫害を受けて殺害されたのであったが、儒学者にとっても、「天下の大憂大慮の如きは、古者聖人の大経大法長く我邦に行はるゝ事を得べからざる」ことの始まりなのであった。

白石は様々な局面で、綱吉の政策を激しく批判してきた。しかし、儒教をめぐる議論の中では、将軍の統治にも利するものがあったと認めている。

御志に異なりとも申べからずや申も恐ある事に候へども、某ひそかに憲廟の御事吾道に於て功ありし御事と存候は、此御代よりして儒といふ道も世の中にその一筋のある事とは、ほとりの国のいやしきが類も心得候事にはなり来り候。夫よりさきの代々にはしかるべき人々も儒の事申沙汰し候ものをば天学の徒となされ候。某が物覚えて候初まではしかぞ候き。これらの説の行はれ候も仏氏の徒そのすでに勝の勢に乗じて吾儒をあはせて驕り除くべきの計に出候歟。されど吾儒の如き彼教に似るべきにもあらじと年来疑しき事の第一に候ひしを、前代の時某持命を奉り、西蕃の人に遇て其事を鞠問し候によりて疑を決し候き。(24)

この長々と引用した箇所は、儒教が幕府の公式イデオロギーであったという説に合致しないため、歴史家により無視されるか、誇張だとして棄却されることが多かった。また林家や、第六代将軍家宣に登用された儒学者新井白石は、幕府の役人として、気に入らない場合は幕府の政策を変えさせるほどの影響力を発揮することができたとされているが、この描写を裏づけることもできない。ここで示されるのは綱吉の治世の前は、儒教についてほとんど知られていなかったということである。自らを儒学者と称する白石ですら、儒教とキリスト教の違いについて納得するのに苦労したのであった。

綱吉は仏教と儒教の両方を、車の両輪のように不可欠と見なし、いずれも守ったので、儒者が嫌がる宗門改めの制も廃止はしなかった。白石のような儒学者は、仏教との連携を受け入れることはできなかったが、あえてあからさまに幕府の政策を批判しなかった。したがって、裏づけとなる証拠が得られるのは主として、そのような束縛に左右されずに書くことのできた外国人からであったことは、驚くに値しない。

エンゲルベルト・ケンペルによると、儒者が疑われるようになったのは、彼らがキリスト教に共感を抱く様子が見受けられたからであった。このようなことになったのは、儒教の倫理規定とキリスト教の十戒との類似性によるとケンペルは説明する。続いて、「キリスト教徒を追放するために出された新たな法に従い、儒者たちは意に反して、仏像を家におくか、あるいは仏の名前の文字を据えるなり貼るなりして、その前に花瓶に活けた花や香炉を備えなくてはならなかった」と述べている。儒者が普段、「当局」を満足させるため、観音や阿弥陀の図像を家に置いていたことを説明したあと、ケンペルは儒教について、「今や疑いの目で見られているこの宗派は、かつては人口のかなりの部分を占め、科学や文芸の分野を事実上独占していた。しかし、キリスト教徒の殉教のあと、儒者の数は年々減り続けた。我々がセネカやプラトン、その他の異教徒よる啓発的な著作の価値を認めるのと同じように、儒教の書物も、以前は儒教を信奉していない人々からもその価値が認められていたにもかかわらず、今その評判を落としてしまった」と記している[25]。

ケンペルは、様々な分野の人々と儒教について議論したと書いている。その証拠に、医学について助言を求め、ケンペルの元を訪れた日本の医者たちは「儒医」と呼ばれていた[26]。儒教と医学の双方に高度の専門的知識を有することを示す呼称であった。ケンペルが天文学や数学を教えたのも儒学者たちであった[27]。ケンペルの元で医学を学び、のちに通詞として秀でることとなった学生は、「日本ならびに中国の著述と学問に精通して」いたという[28]。本木良意をはじめ、オランダ通詞を務めたほかの者たちも同様に、儒学の古典の基礎をよく身につけていて、彼ら自身がすでに学者である場合が多かった[29]。

ケンペルの記録は結果的として、白石と同時代の当時の儒学者の心情を反映するものと考えることができる。その前の時代は、儒教の信奉者が「人口のかなりの部分を占め、科学や文芸の分野を事実上独占していた」という記述について、今日では多くの人が甚だしい誇張だと主張するであろうが、同じような心情はほかでも表明されているのである。例えば本多正信（一五三八～一六一六）は『本佐録』の中で、日本は二千年ほどの間、儒教の規範に従って統治されてきたと主張する[30]。ケンペルと白石双方によると、宗門改めの制でもって儒教が衰退し始めたのであり、白石はそれを仏教徒の陰謀と見なしている。仏教徒の側にも守勢をとらなくてはならない理由があったのであるが、ケンペルも白石もこれについては述べていない。

初期に儒学者として独り立ちした藤原惺窩、林羅山、堀杏庵（一五八五～一六四二）、山鹿素行、山崎闇斎（一六一八～八二）らは、棄教した仏教僧であった。仏教寺院で儒学教育を受けたのちに信仰を捨てたのである。内部の事柄に精通し、改革の熱意に燃えていた彼らは、かつての同士の罪状を公に告発し始めた。例えば強欲に振る舞ったり、人々を誤った方向に導いたりしたというのである[31]。弟子が告発者となった結果として予想される私的な激闘については、記録がほとんど残っていない。ただ、『仮名草子』に描かれた激しい論戦は、このような闘いが常に閉ざされた扉の向こう側で展開されたのではないことを示している。庶民向けに仮名で書かれた『仮名草子』が、公の場に広く出回ることは確実であった。[32]

仏教徒と儒者の分裂は、宗教的・哲学的な事柄をめぐる議論に留まらず、政治的にも重要な意味を含んでいた。支配者を支えるべき仏教僧らは政治的役割を果たしたが、結局のところ、彼らの野望は、天海の栄誉が家康崇拝を確立したことに彩られていることからもわかるように、実体のない精神世界に留まっていた。[33] それに対して儒学者たちは、現実世界を活動の場と見ていた。そして日本の状況は、儒教の理想とは大きく異なっていた。完全な儒教の世界秩序においては、地位とは学識を伴うものであり、また学問はすべての人に開かれていた。それに対して日本では、生まれながらの特権として武士の地位が確定していた。さらに中国のモデルでは、権力が慈悲深い専制君主の手中に中央集権化され、それぞれの能力に応じて役人が任命されたが、日本では権力が封建的に世襲されて分散していた。政治の主導権が天皇と将軍とに分かれていたことも、儒教のモデルとは相容れなかった。このような現状に挑戦しようとする勇気ある藩主が何人かいて、それらの藩では儒教の原理を統治に適用させ、実践的な効果も見られたのである。

徳川義直の藩政

儒教の理論を実践し、最初に体制に挑戦した者の一人が、家康の九男徳川義直（一六〇〇～五〇）であったのは皮肉かもしれない。義直は尾張藩の藩主として、御三家の一員でもあった。義直は、藤原惺窩の門下生堀杏庵、中国からの亡命学者陳元贇（一六七一年没）をはじめとする数多くの儒学者を藩に招き、また熊沢蕃山の訪問を受けたこともあった。徳川時代に最初に先聖殿を建立したとも言われている。寛永六年（一六二九）の最後の月に、江戸へ戻る途上で名古屋を訪れた林羅山は、孔子や賢帝とされる堯・舜、その他儒教の著名人らの黄金の像が安置されたその先聖殿を見せられている。翌年、ついに羅山が幕府を説得し、区画地が与えられ、江戸に林家の先聖殿が建立されることとなった。義直はそのための資金を提供し、門戸の扁額に文字を記している。そして双方の地で釈奠が再興された。[34]

しかし、儒教の振興を図るこの統治は、住民全体に、中でも特に武士にとって居心地の悪い結果をもたらしている。山鹿素行、熊沢蕃山、さらにはのちの綱吉らと同じように、義直は、武士であるならば、道徳的な模範を示して人々に奉仕することで、その存在を正当化しなくてはならないと信じていた。厳格なまでに倹（つま）しさを要求し、花魁などや芝居の一座を藩から閉め出した。支配下にある人々の道徳水準を引き上げることが、支配者としての自らの義務と信じていた義直は、監査官や調査官を任命し、良き行いが維持され法律が厳格に施行されているかを探らせた。仏教を極度に嫌悪した義直であったが、神道は保護した。伊勢神宮を訪れ、重要な神道の著作を自藩のために写させている。また仏教を嫌ったにもかかわらず、のちに綱吉が行ったように、仏教僧と儒学者とが互いにそれぞれの信仰を擁護して対決するという、学問的な討論を開催した。[35]

義直が朝廷制を敬ったことが、幕府をさらに不安にさせた。家康の息子であったにもかかわらず、大名と御三家は将軍ではなく天皇の家臣だと信じていた。義直にとって、将軍とは旗頭に過ぎなかったのである。結果として義直は、その子孫に向けて、仮に幕府が、承久の乱（一二二一年）や元弘の乱（一三三一年）での鎌倉幕府のように、天皇に対して軍事行動を起こすようなことになっても、決して天皇家と争ってはならないと指示した[36]。義直にとって幸いなことに、その忠誠心が試されるようなことは起きていない。第十四代藩主の慶勝が、義直の指示通り、幕府の命に従うことを拒んだのは二百年後のことであった[37]。

そのような信念を抱いていたことから、義直が謀反を企てているとの噂が広まったのも不思議ではなかった。それゆえ家光は、寛永十一年に京都へ向かう途上で名古屋を訪問することに決めたが、その前に、信頼のおける叔父徳川頼房を名古屋に派遣して状況を調べる必要があると感じていた[38]。

義直は、自藩に初の先聖殿を建立することには成功したが、学校の創設に関してはそれほどうまくいかなかった。計画が幕府の強い反対に遭ったからである。その理由の一つは、幕府自身がまだ学校を創設していない時に、義直がそれをするのは適当ではないというものであった。林家の学校は私的な施設と見なされていた。幕府が江戸に公的な先聖殿を建立するよりもかなり前に、義直が自藩にそれを建立していたので、この説明は信用できない。義直が学校創設の野望を成し遂げることができたのかについて、公式の記録は何も語っていない。いくつかの史料から、義直が内密に学校を尾張の大津町南部に建設し、京都の学者深田正室（円空）に教師を依頼したことがうかがえる。のちにその学校は、僧侶霊峰の管轄下に置かれたことがわかっているが、義直の死をもって廃止された。その学校は折に触れて、徳川時代後半に出現する多くの藩校の先駆けとして言及されている[39]。

水戸の徳川光圀

義直が朝廷を敬う姿勢は、その子孫に受け継がれただけでなく、甥の水戸藩主徳川光圀（一六二八〜一七〇〇）にも強い影響を与えた。[40] 光圀が京都の御所の方角に向けて定期的に拝礼を行っていたことや、朝廷との個人的な関係から、忠誠心がどこにあったのかは明白である。[41] 義直の場合と同様に、光圀も儒学の古典研究を通して、日本の政権は本来天皇にあるべきことを確信するに至った。光圀は、楠木正成（一二九四〜一三三六）の墓を修復して記念碑を建てた。この行為は、朝廷と幕府との間で衝突が起きた場合、光圀がどちらの味方をするのかを明らかにしたものであった。聡明な武将正成は、後醍醐天皇（一二八八〜一三三九）のために劣勢の兵力を率いて足利尊氏（一三〇五〜五八）と戦ったため、室町時代を通して反逆者の烙印を押された。光圀は、中国からの亡命学者朱舜水（一六〇〇〜八二）によって書かれた、正成の朝廷に対する滅私の忠誠心を称える碑文体の詩を持っていた。日本のヒーローを称えるため、中国の儒学者の権威を導入したのである。そうすることで光圀は、日本では天子の地位を将軍が占めると多くの学者が主張する中で、正統な儒教の用語に照らし合わせるならば、政権が天皇の下になくてはならないことに疑問の余地はないことを指摘したのである。朱舜水がその詩を書いたのは寛文十年（一六七〇）であったが、正成の墓に刻まれたのは元禄五年（一六九二）になってからである。そのような政治破壊的な文言は、自分が隠居する時になってから、さらにはまた、儒教を保護し、朝廷制に対して先例のないほどの敬意を払った綱吉によって政治が導かれていた時期に、公表するのが賢明だと、光圀は考えたに違いない。[42]

光圀の天皇家への敬意は、彼が編纂を命じた『大日本史』にも見られる。編纂のために雇われた儒学者たちは、早くも延宝四年（一六七六）に法衣を脱ぎ、髪を武士のように伸ばすことが許された。綱吉の下で幕府がこれらの権利を認めるよりも、かなり前のことであった。[43] しかし光圀も、伯父の義直と同様に、計画していた学校を公式に創設することはできなかった。中国からの亡命学者を江戸へ連れて来たのは、そのためであると考えられる。[44]

幕府の政策に反して

前述の大名たちは、藩校の創設を認められなかったが、宗門改めの制の施行が当初は幕府の直轄地に限られたことから、その時期に自藩で儒教を保護することはできた。決定的な史料を欠いているが、宗門改めの制が全国的に施行され始めたのは寛永十二年（一六三五）頃と研究者たちは見ている。[45] 確かなのは、寛文四年（一六六四）に幕府が、武士ならびに庶民を対象に宗門人別改帳の作成を、直轄地だけでなく諸藩においても新たに義務づけたことであった。大名は専任の役人を任命するよう命じられ、宗門人別改帳は寛文五年より提出されることとなった。[46]

この制度は、反逆的な仏教宗派に対する封止策と見られてきた。[47] もしそうであったならば、問題の対処はそのようなことが起きた藩に任せておけばよく、江戸への報告を義務づける必要はなかったであろう。寺院への登録を全国的規模で整備し義務づけることにより、江戸幕府は、すべての人一人一人の動向やそれぞれの宗旨についての完璧な記録が得られた。大名が自立性を高めていた当時の状況と、この政策は明らかに嚙み合うものではなかったが、ここで問題となっていたのはもっと根本的なことであった。藩政に適用された儒教の原理は、支配階級としての武士が生まれながらに持っている特権を脅かすものであり、黙認することはできなかったのである。寺院への登録が全国的規模で要請されたことは、儒教の振興を図る大名への批判と見なされた。このことは、三人の有力な大名が、幕府の命令に公然と挑戦し打ち出した諸政策によく表れている。

徳川光圀が学者小宅生順を長崎へ派遣し「招聘に適当の支那人」を物色させた、つまり儒学者の登用を増やそうとしたのが、ちょうど寛文四年であったことは、偶然の一致ではないであろう。その翌年に光圀は、中国の儒学者朱舜水を自らの家臣に迎えている。朱舜水はすでに五年ほど長崎で細々と生計を立てていた[48]。

寛文六年には光圀が、三千八十八の仏教寺院を廃して神道神社の再建に乗り出した[49]。このことを自身の支配する領内に命じた文言には、仏教僧に対する痛烈な批判が含まれている。それによると、とりわけ仏教僧は、任務を遂行するには歳を取りすぎていて極度に病気がちであり、またあまりにも無知・無学なのであった。僧侶たちはまた、精神的に人々を誤った方向に導き、寺院建設という不当な要求をして人々を苦しめたことでも非難されている。儒教式の土葬に代わって仏教式の火葬が強制されたことについては、のちの白石と同様に光圀も、両親の亡骸を土に返すという孝行の義務を果たすことが許されなくなったと悔いている[50]。

寛文六年八月に光圀は、儒学者山崎闇斎による『中庸』の解説を聴くために、密かに保科正之の元を訪れている。第二代将軍秀忠の息子で家綱を補佐した正之は、光圀と同様に、寛文五年という年に初めて闇斎を面前に呼び出した。そして、この著名な学者を登用し、家老よりも上の地位に就けたのである。

翌年、正之は、領内の寺院や僧侶の数を徹底的に減らしただけでなく、幕府の命とは反対に、神道神社でも登録を行うことを宣言した。[51]

いずれも家康の孫であった、これら二人の有力な大名は、刑罰を受けることなく幕府の命を無視することができたようである。しかし、同様のことを行った三人目の大名、岡山藩主池田光政（一六〇九～八二）は、秀忠の養女の娘であり、また家光の姉天樹院（千姫）の娘婿であったにもかかわらず、そのようにはならなかった。

池田光政

岡山藩主池田光政は、現存する写経が物語るように、当初は仏教を厚く信奉していた。しかし、統治の指針を探し求める内に儒教へと導かれた。儒学者中江藤樹（一六〇八～四八）の元を訪れ、のちに藤樹を自藩に招き入れようとしたと言われている。[52] 代わりに登用したのが、藤樹の門下生熊沢蕃山（一六一九～九一）であった。蕃山は武士の出で、若い時期には精力的に武芸の鍛錬に励んだ。光政にはそれ以前にも四年ほど、京都所司代板倉重宗（一五八六～一六五六）の推挙を受けて、小姓として仕えたことがあった。[53] 蕃山が登用された年については史料上一致しないが、正保四年（一六四七）には側役となり三百石の俸禄を受けていた。

蕃山は、儒学の学識と、それを藩の経営に実践的に適用したことで知られるようになった。光政の江戸出府にも随行し、そこで大名や役人たちから相談を受けるようになった。蕃山は、わずか三年後に番頭に累進し、俸禄を十倍の三千石に増やしていることから、その学識の与える影響は相当なものであったに違いない。

その翌年、光政に随行して江戸へ赴いた蕃山は、公式に認められ、賞賛を最大限享受することとなった。老中松平信綱（一五九六～一六六二）、家康の息子で紀州徳川家の祖頼宣（一六〇二～七一）、京都所司代板倉重宗を含む、高位の役人や大名たちが蕃山の助言を求めたのであった。家光との謁見も考慮されたが、そのような計画が実現する前に家光が亡くなってしまった[54]。

早くも寛永十八年（一六四一）に、光政は文武を修める教場を岡山に設立し、そこはのちに歴史家の間で花畠教場と呼ばれるようになった。蕃山の影響力と名声により、教場は家中で目覚ましい発展を遂げ、多くの学者を惹きつけた。慶安元年（一六四八）の中江藤樹の死後には、蕃山の弟や藤樹の息子を含む、藤樹の弟子の相当数が花畠に集まり、蕃山の元で学ぶようになった[55]。

よそ者の蕃山が急激な累進を遂げたことは、光政の家臣たちの間に相当な敵意を生じさせた。それに対して光政は、家臣の間に任務を遂行する上での気の緩みや怠慢さが見られるようになったため、蕃山の登用が必要であったと説明した[56]。光政の家臣の中には、蕃山の登用と共に、心学として知られるその教えにも腹を立て、不可解で役に立たないと明言する者もいた。このような不平が出た本当の理由は、間違いなく、蕃山の教えが武士にとって不快な結果をもたらすからであった。蕃山もほかの儒学者と同様に、武士の存在は、道徳上の手本となり、見習うべきモデルとして、庶民に奉仕する限りにおいて、正当化し得ると考えていた。庶民を意のままに扱い服従させることを、生まれながらの特権と見ていた武士が、品行方正な奉仕者となって、支配下にいる人々を絶えず援助しなくてはならなくなったのである。職を解かれた武士は帰農し、農業で生計を立てることとなった。蕃山が、このような政策について詳細に書き残したのはかなりあとになってからであるが、岡山藩に登用されていた時に、これらを小規模ながら実践していた[57]。

職を解かれた武士の帰農と似たような政策が、土佐藩においても、儒学者野中兼山（一六一五～六三）によって導入されていた。しかし寛文三年（一六六三）には、高貴な家とのつながりのあった兼山であったが、没落することとなった。蕃山の場合と同じように、兼山の政権内での異例の出世が恨みを引き起こしたからである。母親を違法にも儒葬したことは、幕府の政策に対する公然たる反抗と見なされた[58]。両者とも武士を卓越した地位にしたが、その姿勢は武士の帰農政策に最も鮮明に表れた。衣笠安喜の研究では、このような挑戦の、革命的性格が相当に過小評価されている[59]。

家光の生前に、蕃山の教えが公式に認められても、十歳の家綱が跡を継ぎ、浪人たちの不満分子による反幕府の陰謀が未遂に終わると、政治状況は緊迫した。新たな統治観は好奇心よりも恐怖を顕在化させた。光政がその翌年に江戸を訪れた時、老中酒井忠勝より、藩で儒学者の集まりを持つことは認められないと告げられた。その理由として挙げられたのは、「大勢あつまり候所もよう悪候間、御しめ可有候」というものであった[60]。忠勝がここで念頭に置いていたのは、明らかに、民衆というよりは知識人の集まりであった。神事や祭りには、現にもっと多くの群衆が押し寄せていたからである。

蕃山の心学の教えは、由井正雪に追従した最も悪名高い陰謀者たちを鼓舞したとも言われている。一説によると、蕃山の弟、さらには蕃山自身が、陰謀者たちの一人とつながっていたという。その年に江戸から戻る際に、光政は老中から、自身が、御三家の尾張や紀伊の藩主を含むほかの大名と共に、陰謀者たちの自白の中で関与がほのめかされたことを告げられた。大名は、「おもてむきハ儒者、内々ハむほん心も候」という蕃山の教えの魔法にかけられてしまったのだと言われたのである[61]。

しかし、このようなことで容易に思い止まるような池田光政ではなかった。光政は、その同じ年に蕃山の弟を小姓として俸禄五百石で登用し、翌年には彼を小姓頭に昇格させている[62]。

板倉重宗から蕃山の心学の教えを広めないよう警告があっても、岡山藩が洪水によって荒廃し、次いで大規模な飢饉に見舞われると、光政は蕃山の教えに基づいた壮大な改革に着手した[63]。のちに将軍となった綱吉が実施した改革との類似性は無視し難い[64]。農民の管理を中央集権し、役人が藩主によって直接登用・派遣され、その厳格な管轄下に置かれた。役人は在地の状況に精通し、人々に仁政を施し、そして飢餓に陥っているようなケースがないことを確かめるよう指示された。光政の義母で家光の姉である天樹院の計らいにより、江戸から届いた救援資金は、地方の苦しみを緩和するために必要に応じて分配された。最終的には蕃山が、光政の名代として地方を巡回し、藩主が命じた通りに行われているかを確かめるために派遣されている。

これらの対策は、儒教に言う賢帝が行った仁政に沿うものではあったが、武士の既得権を侵害するものであり、彼らは知行所の百姓に対して持っていた諸特権を減らされた。蕃山は庶民を優遇し、武士の生死は重要でないかのように扱ったと批判されるようになった。年貢を軽減し、武士の取り分を少なくしようと提案した際には、蕃山は死の脅威に晒されたそうだ[65]。税は軽減されたが、蕃山が提案したほど徹底的には行われなかった。この対策もまた、のちに論じるように、富士山噴火後の飢饉を緩和するために綱吉が大名たちに課した財政負担と、多くの共通点がある。

光政は最終的に蕃山と距離を置くのもやむを得ないと感じたというのが、歴史家の一般的な見解である。しかし、隠居する前年に、蕃山は光政の三男を養子にすることが認められ職禄を移譲している。さらにはその翌年、蕃山の別の弟が光政に五百石の俸禄で登用されている。史料からは、蕃山がしきりに隠居を願い出たことがうかがえる。自身の思想に合わせるかのように蕃山は、病が悪化し、弓を引いたり、威勢の良い馬に乗って川を渡ったりすることができなくなり、もはや武士の俸禄を受けるに値しないと言明した。「文学して産業とするものは小人の儒也」なのであり、そのような者たちは「ものよみ坊主」に過ぎないのであった[66]。蕃山の言葉は、なぜ林羅山のような儒学者が幕府に登用され、蕃山の教えが非難されたのかを物語る。儒教は、「ものよみ坊主」によって守られている場合には、政治の現状に何の脅威も与えなかった。しかし、武士に属する者によって擁護された場合には、綱吉の治世がのちに存分に示してくれるように、脅威となったのである。

蕃山の隠居から一年後、光政までもが、間違いなく蕃山の心学に備わる政治的危険性に気づき、朱子学に転向した。光政が言うには、心学は個人に属する領域には有効だが、「政事に余ありとせずとて」なのであった[67]。心学の概念が統治する上で適切でない、または役に立たないということなのか、あるいは、その政治情勢の中で心学を追究するのは、藩と幕府との関係において有益ではないということなのか、光政は説明していないが、おそらく後者であったと考えられる。

酒井忠勝が明暦二年（一六五六）に隠居、万治三年（一六六〇）に出家し、そして寛文二年（一六六二）に死を迎えるまでの間、池田光政と幕府との間の対決姿勢は一時的に弱まった。しかし同じ年に、かつて蕃山と光政を支持した老中松平信綱も死去した。保科正之はすでに前年より、深刻な眼病のために政治的事柄への関与を控え始めていた[68]。その間に、酒井氏では新たに酒井忠清が地位を固めていて、寛文六年には大老に昇り詰めた。この忠清と、光政は第二回戦を戦うこととなったのであるが、おそらくその同じ年に、光政の義母で家光の姉であった天樹院が亡くなったこともあって、結果は前より好ましいものにはならなかった。[69]

光政の死から十年ほどのちの元禄三年（一六九〇）から元禄五年に日本を訪れたエンゲルベルト・ケンペルは、次のような話を聞いている。

三十年ほど前に起きたことであるが、優れた儒道士［儒者］で文芸を振興した備前と因幡の領主［池田光政］は、この宗派［儒教］とその禁欲的な生活を再び領内で盛んにしようと試みた。彼は学問所を創設し、国中から学識者や教師を任命して俸給を気前よく支払った。領民は大いに理解を深め、上位の者の例に刺激された。そしてもはや彼らは、不可解な啓示や奇想天外な物語を信じようとしなくなり、また主として施しものに頼って生活していた無知な坊主衆に、これまでのように恵んであげようとは思わなくなった。結果としてこの領内では、坊主たち（国中がこのような者で溢れていた）が餓死しそうになった。しかし、天皇も将軍もこのことに立腹し、この正直な愛国者が継承した領地を剝奪しようとしたが、息子のため、そして家族が嫌われ落ちぶれるのを防ぐために家督を長男に譲り、隠居した。その息子は、それ以来領内を治めているが、その禁欲的な態度でもって、依然として父親の歩んだ道を踏襲していることを示している。[70]

光政はのちに、徳川光圀、保科正之と共に三賢侯と呼ばれるようになる。早くから儒教を保護したからであり、当時、幕府に公然と立ち向かったことは都合よく忘れられている。[71] しかし、ケンペルの聞いたことが歴史的に正しいことを示す証拠は存在するのである。

池田光政も、徳川光圀や保科正之と同じように、酒井忠清が大老に就任した寛文六年に、仏教僧や寺院の整理に乗り出している。歴史家たちが一般に「淘汰」と表現するこの政策により、藩内に存在した寺院千四十四の内五百八十三が閉鎖され、僧侶の数も千九百五十七から半数以下の八百四十七に減らされた。[72] 同時に、幕府の命に公然と反して、宗門改めの制に定められた登録は、神道神社か仏教寺院のいずれかで行えばよいとし、神道式の埋葬も許可した。光政自身も、父と祖父の遺骨を京都の妙心寺から移すことで、埋葬を仏教寺院に限定しようとする幕府の命令に抵抗する姿勢を示している。父と祖父は、備前国和気郡和意谷（現、岡山県備前市）の人里離れた丘の斜面に光政が建設した、儒教式墓所に眠ることとなった。[73]

光政は家臣に向けて、自らが反対しているのは徳川政権ではなく、あくまでも現在の政治の指導者たちの命令に対してであると、説明するよう心掛けた。光政の説明によると、家康は神道も儒教も仏教も等しく崇敬されることを目指したのであったが、仏教が強力になり過ぎてモラルが低下したため、自身が採ったような対策が必要なのであった。[74]

光政は、武士にも庶民にも等しく門戸の開かれた儒学学校を創設することで、この状況を正そうとした。その際に寺子屋に代わって手習所が置かれることとなった。[75] 寺院の整理に遭った藩内の僧侶から幕府へ抗議が寄せられたことで、光政と大老酒井忠清は幾度となく衝突している。ある手紙では幕府に対して、特に受取人である酒井忠清に対して痛烈な攻撃が加えられている。これは、同志たちと共に調和のとれた支配を行った賢明な儒者という、伝統的な光政のイメージが偽りであることを示している。光政は忠清に、横柄な態度を改めて他者の助言を聞くよう忠告した。貧窮によりすでに多くの暴動が起きていて、事態が改善されない限り、大名までもが反乱を起こしそうな状況にあったからである。[76]光政は、歴史家により、違法な政策を実践し、幕府に対して、報復を受けることなく、そのような強い口調で発言できるほどの権力を持っていたと見なされることが多い。[77]ケンペルだけが、長男に家督を譲らなかったならば、光政は領地を失っていたであろうと記録している。さらには、光政の隠居後に見られた藩内での変化は、息子の儒教嫌いを反映するものと通常解釈さていれるが、[78]ケンペルによると、息子綱政も頑強な儒者であり、父親の業績をそのまま引き継いだのであった。

幕府や忠清に忠告してから三年後、神社での登録制度を整えてから六年ほどあとの寛文十二年、光政は隠居した。光政は徳川家と関係があり、また酒井忠清にとっては年長の親戚でもあった。おそらくこれらのことに加えて、徳川光圀や保科正之も似たようなことを自藩で命じていたこともあり、幕府は直接的な行動に出るのを控えたのであろう。全く奇妙なことに、光政の日記は、この時期に光を当てていても良さそうであるが、寛文九年二月で終わっていて、しかもほかに使用できる一次史料がほとんどないのである。のちに歴史が書き改められた際に、早い時期に儒教を支持した光政、光圀、保科正之の三名は、優れた儒者の支配者として称えられることが求められた。それゆえに、その内の一人が幕府と衝突したことを証明するような史料は、排除されたとしても驚くことではないであろう。

光政の息子綱政の下で、地方の儒学の手習所が閉鎖された。父と子の間で交わされた手紙によると、これは酒井忠清の求めによるものであった。忠清は、藩の経済状況が苦しい時には、軍用・公用など幕府に対する奉公への支出が、藩自体にかかる支出に優先されなくてはならないと力説した。光政は息子への長い返信の中で、忠清の助言は彼の学識に対する嫌悪に由来するものであり、「心有者」はそのようなことを好ましく思わないと忠告した。光政自身、隠居領から五百石を献じ年間の出費二千石の一部を満たそうとしたが、それでも手習所は閉鎖された[79]。

光政は在職中、自藩での武士と庶民双方の教育を強化するという計画について、最低でもその一部を実現しようと用心深く行動した。祖先を儒葬しようと閑静な谷間を探していた時、人目につかない所にある、水資源の豊富な小さな谷間に行き当たり、そこに学校を建設しようと決めたのであった。のちに有名になる閑谷学校の創設は、藩主が「御内々ニ而」行った事業であり、家老津田永忠の主導に委ねられた。教育機関に関する藩の公式記録の中で、藩主の命を受けて閑谷学校が特に注目されたという情報が、のちに別の紙に記されて差し込まれていることからも、秘密の事業であったことを確証させる[80]。続く何年かの間に、学校関連の新しい建物や寮が次々と建設され、そこには儒教の聖廟も含まれた。延宝元年（一六七三）には学校運営により二百八十石ほどの収入を得て、藩の財政から独立することとなった。また学校の備品はすべて、閉鎖された手習所から譲り受けた。

光政の隠居後に藩内部では、新たな役職が設けられるなど、様々な改革が行われ、藩主が藩の運営に直接関与する機会は減った[81]。光政の後継者綱政に宛てた手紙の中では、ある家老が、藩は今や全面的に江戸からの指令の下に運営されていると、不満をもらしている[82]。この藩政内の改革について歴史家は、少なくとも部分的には綱政の性格によって引き起こされたと見ており、綱政を、「人生を楽しんでばかりいるような育てられ方をした」とするか、あるいは、徹底的な仏教徒として描き出している[83]。

綱吉の治世の始まりと共に、綱政は「依然として父親の歩んだ道を踏襲して」いたというケンペルの記述が正しいと証明される。綱政は、天和二年（一六八二）の父親の死後、相当な額を投じて、学校を幅広い中国式の石塀で囲むと共に、贅沢に瓦張りを施した建物を建設した。それらは頑丈に建てられ、今日まで持ちこたえている。大きな講堂や儒教の聖堂もそこに含まれている。聖堂では貞享三年（一六八六）より釈奠が執り行われた。孔子と父親の銅像に加えて、光政の爪、髪、髭を納めた儒教式の御納所には、綱政の忠孝がさらによく表れている。(84)

政治イデオロギーを異にする

光政の政策と、そこから生じた対立について詳細に検討してきたのは、これら一連の出来事が、綱吉の下で展開したことの前兆となっているからである。学問を奨励したこと、領民の苦境に配慮し、彼らのために武士の諸特権を減らすよう命じたことなど、両者の類似性を見過ごすことはできない。二人とも、軍費を最優先する大老酒井忠清と衝突した。徳川時代の史料は、政治の目的と原理とが一致した中で支配が行われたというイメージを伝えようとする。しかし、ここに我々は、国の政治のあり方をめぐって、二つの相容れない政治イデオロギーが対立するのをはっきりと見せつけられるのである。

日本の支配のあり方をめぐる問題が深刻化していた。中国北部では、侵攻してきた満州軍に、多かれ少なかれ平和的に降伏し、三百年近く続いた明王朝の支配を突如として終わらせることとなった。幕府は、正保三年（一六四六）以降四十年ほどの間、中国南部にいて、包囲された中で抵抗を続ける明の勢力から、援軍要請を受け続けた。(85) そのたびに落ちぶれた大国のことが常に思い起こされた。日本への亡命を求めた中国の学者は、中国の皇族が倒されたのは、誤った支配と庶民の不満による部分が少なくないと、あっさりと言ってのけた[86]。満州の脅威に対して日本はどう立ち向かうべきか、という問題は無視できなかった。老中松平信綱がこの問題を熊沢蕃山にぶつけている。蕃山は、土壇場で戦争の準備をしようものなら、食糧補給の面で兵站が大きな問題となることを恐れていた。米不足が暴動・反乱を惹き起こすであろうし、そうなると日本は侵略者にとって征服しやすくなってしまう。また、たとえ侵略者を追い払うことができたとしても、侵攻を受けたことが社会的にも経済的にも大損害をもたらし、日本は無秩序、さらには内戦状態に置かれることになるのである[87]。

儒教の考え方と一致した解決策は、庶民の生活を向上させることであり、そうなると彼らは支配者の下に馳せ参じるようになる。これは儒教式の仁政により達成されるものであった。そこで、庶民は武士である役人に導かれたが、役人の側には、専門性を増した高度な知識、効率性、そして献身性が備わっていた。教育は啓蒙をもたらし暴力を減少させた。しかし、教育や、働きに応じて役職への就任が決まるしくみは、武士が生まれながらに受け継いでいる特権と真っ向から対立するものであった。加えて、そのような仁政においては、しばしば財政面での犠牲が求められた。特に自然災害による大きな被害を受けた時には、武士は税の徴収をやめ、救援資金に協力することが期待された。

それとは反対に、支配層の特権を強化し、政治的現状を維持しようと決意する人々がいた。この方針は、百姓に対しては、作付けのために必要な穀物がかろうじて確保できる程度に年貢を取り立て、良い作物を育てるのにちょうど必要な余力を残す程度に夫役を負わせなくてはならないという、家康の金言を固守するものである[88]。教育は不服従を促すものであった[89]。酒井忠清が池田光政に助言したように、困難な時代には、軍用・公用のために支出するのがより適切なのであった。

この対立関係は、状況や関わっている人自身の野望により、複雑な様相を呈した。儒教の側には内部分裂が見られた。例えば、熊沢蕃山は林家を僧侶のようだと中傷し、林家は蕃山を、正統から逸脱し反逆的であると非難した。酒井忠清は林家を後援し、その家の長をたびたび屋敷に招いている。[90] 後援はしたものの、忠清は儒学者に、危険な思想の監視や歴史記録の編纂以上の政治的役割を与えるつもりはなかった。[91] 中国の古典に倣った仁政に賛同する支配者においても、助言してくれる儒学者に、完全な儒教の世界では当然に払われるべき敬意を表したり、支払われるべき給与を与えたりする用意のないのが一般的であった。彼らが、儒教の指導者から忠告されるのを嫌がったことも、理想とは異なっていた。このような矛盾から非難や不和が生じた。儒学を信奉する武士も、伝統的な武士としての特権を失いたくはなかったのである。儒学者の新井白石と荻生徂徠は、何が良き儒教政治を成り立たせていたのかについての見解は異にしたが、庶民の生活をほとんど考慮せず、儒教本来の同胞への思いやりに欠けていたことでは一致していた。[92]

このように一枚岩ではなかったが、統治のあり方をめぐっては二つの方向性をはっきりと見ることができる。徳川義直、徳川光圀、池田光政といった人々が儒教式に倣おうとしたのに対して、酒井忠勝や忠清は幕府のためにその政策に異議を唱えた。この政治イデオロギーにおける衝突を正しく理解することが、綱吉の施政とそれに対する抵抗とを理解するには必要となる。綱吉の治世が始まる十年以上も前に、政治イデオロギーにこのような裂け目が生じていたのであり、綱吉の将軍職継承の際に反対の声が上がったこともこのことから説明されるのである。

（1）黒板勝美・国史大系編修会編『徳川実紀』第一篇（吉川弘文館、一九七六年）三三九頁。

（2）官僚兼天文学者であった耶律楚材（一一八九～一二四三）はチンギス・カンに、「帝国を征服したのは馬上であったが、馬上で統治することはできない」と忠告したというが、これは司馬遷の『史記』からの引用であった。『史記』では、陸賈が劉邦に儒教の『詩経』や『書経』の釈義をしていたところ、劉邦が怒って、「私は馬上で天下をとったのだ。なぜ『詩経』や『書経』を気にしなくてはならないのか」と言った。陸賈はそれに対して、「陛下は馬上で天下をおとりになりましたが、馬上で治めることはできますまい」と返している。（このことを伝授してくれた同僚Igor de Rachewiltzに感謝している。）

（3）Engelbert Kaempfer, *Kaempfer's Japan: Tokugawa Culture Observed*, edited, translated and annotated by B. M. Bodart-Bailey, Honolulu: University of Hawai'i Press, 1999, p.133.

（4）林羅山「惺窩先生行状」（Maruyama前掲書（注1）一五頁）。

（5）衣笠安喜『近世日本の儒教と文化』（法政大学出版、一九九〇年）一七九頁。栗田元次『江戸時代史』上巻（近藤出版社、一九七六年）五六四頁。

（6）『武野燭談』（村上直編注、人物往来社、一九六七年）一一〇頁。

（7）源了圓『近世初期実学思想の研究』（創文社、一九八〇年）五二七～五二九頁。Engelbert Kaempfer, *Flora Japonica*, translated and annotated by Wolfgang Muntschick, Wiesbaden: F. Steiner Verlag, 1983, p.11.

（8）横山達三『日本近世教育史』（同文館、一九〇四年）四四頁。文部省編『日本教育史』（弘道館、一九一〇年）二一一～二一二頁。

（9）堀勇雄『林羅山』（吉川弘文館、一九六四年）二〇一～二〇二頁。Herman Ooms, *Tokugawa Ideology: Early Constructs, 1570-1680*, Princeton: Princeton University Press, 1985, p.74.

（10）佐藤誠実『日本教育史』第一巻（仲新・酒井豊校訂、東洋文庫二三一、平凡社、一九七三年）一三三頁。

(11) 文部省編前掲書（注8）二一〇〜二一一頁。堀前掲書（注9）二五二頁。Ooms前掲書（注9）七四頁。

(12) Ooms前掲書（注9）五九頁。

(13) 堀前掲書（注9）二五三頁。

(14) 羅山が政治にどの程度関与したのかについてはOoms前掲書（注9）七三〜七六頁を参照。

(15) 原念斎『先哲叢談』（小柳司気太校訂、春陽堂書店、一九三六年）八頁。

(16) 徳富猪一郎『近世日本国民史』第十四巻（徳川幕府上期、上巻、鎖国篇、民友社、一九三五年）一一三〜一一四頁。

(17) 奈良本辰也『日本近世の思想と文化』（岩波書店、一九七八年）四一四頁。

(18) Ooms前掲書（注9）五七、七五頁およびKaren M. Gerhart, "Visions of the Dead: Kano Tan'yū's Paintings of Tokugawa Iemitsu's Dreams", *Monumenta Nipponica*, 59:1 (Spring 2004), pp.7-9を参照。

(19) 石井良助編『徳川禁令考』第六巻（創文社、一九五九年）七八〜八〇頁。参詣場所の中には仏教と神道の双方に属するものもあったが、研究者たちは、神職も仏教寺院への登録が義務づけられていたと主張する（高埜利彦『近世日本の国家権力と宗教』、東京大学出版会、一九八九年、二九六頁）。十七世紀にどのくらいの宗教施設が仏教と神道の双方に属していたのかについては、今後の調査が待たれる。同時代を観察したケンペルは、仏教と神道の聖職者を区別している。後段に出てくる京都の「宗門改帳」では、京都に九千人ほどいた禰宜と三万七千人ほどの出家僧とが区別されている。

(20) 人口を割り出すのに登録簿がいかに有益かについては、ローレル・L・コーネル、速水融「宗門改帳—日本の人口記録」（速水融ほか編『徳川社会からの展望』同文舘、一九八九年）一〇五〜一一四頁。

(21) ケンペルは京都の宗門改帳をどうにかして手に入れ、翻訳してもらった。ケンペルが日本を訪れた一六九〇〜一六九二年の時期のもののようであった。Kaempfer's Japan（注3）三二三〜三二四頁。

(22)『本佐録』は本多正信（一五三八〜一六一六）の著作と言われている。

(23) 新井白石『本佐録考』(『新井白石全集』第六巻、国書刊行会、一九〇七年) 五四九〜五五〇頁。さらに詳しくはB. M. Bodart-Bailey, The Persecution of Confucianism in Early Tokugawa Japan", Monumenta Nipponica, 48:3 (Autumn 1993), pp.299-301を参照。

(24) 新井白石『本佐録考』(注23) 五五〇〜五五一頁。「西蕃の人」とは、白石が一七〇九年に会見したイタリアの司祭ジョヴァンニ・バッティスタ・シドッティ (一六六八〜一七一四) であった。

(25) Kaempfer's Japan (注3) 一三三頁。

(26) 大月明『近世日本の儒学と洋楽』(思文閣出版、一九八八年) 五頁。

(27) 例として天文学者の向井元升 (一六〇九〜一六七七) が挙げられる。沼田次郎他編『洋学史辞典』(雄松堂出版、一九八四年) 六九五頁。

(28) Kaempfer's Japan (注3) 二八頁。

(29) 沼田他前掲書 (注27) 七〇五頁。

(30)『本佐録』(石田一郎・金谷治編『藤原惺窩・林羅山』、『日本思想大系』第二十八巻、岩波書店、一九七五年) 二七八頁。

(31) 例えば藤原惺窩作とされる『仮名性理』(石田一郎・金谷治編『藤原惺窩・林羅山』、『日本思想大系』第二十八巻、注30) 二四九頁を参照。

(32) Royall Tyler, "The Tokugawa Peace and Popular Religion", Peter Nosco ed., *Confucianism and Tokugawa Culture*, Princeton: Princeton University Press, 1984, p.93を参照。

(33) Gerhart前掲論文 (注18) 六〜九頁を参照。

(34) 西村時彦『尾張敬公』(名古屋開府三百年記念会、一九一〇年) 五六〜五七、五九、八八、九〇頁。

(35) 同右、五四〜五五、七三〜七七、八九、一三〇〜一三一頁。『武野燭談』(注6) 一〇九〜一一〇頁。

(36) 西村前掲書 (注34) 二〇六〜二〇七頁。

（37）同右、二〇九～二一五頁。
（38）徳富蘇峰『近世日本国民史』第十六巻（徳川幕府上期、下巻、思想篇、民友社、一九三六）四一六～四一七頁。
（39）西村前掲書（注34）八六、八七頁。『国史大辞典』第十巻（吉川弘文館、一九八九年）六九五頁。
（40）西村前掲書（注34）二〇八頁。愛知県教育界会編『愛知県偉人伝』（一九七二年）五頁。
（41）徳富前掲書（注38）四五三、四七六～四八〇頁。
（42）同右、五九五～六〇七頁。Julia Ching, "Chu Shun-shui, 1600-82, a Chinese Confucian Scholar in Tokugawa Japan", *Monumenta Nipponica*, 30:2, p.188. 一八四頁の後に墓碑の写真が挿入されている。この論文の拡大版が、"The Practical Learning of Chu Shun-shui（1600-1682）", W. T. de Bary and I. Bloom eds., *Principle and Practicality: Essay in Neo-Confucianism and Practical Learning*, New York: Columbia University Press, 1979である。ここでJulia Chingは、朱舜水を日本語のローマ字表記Shu Shun-suiではなく、中国語のローマ字表記で表している。また朱舜水を略記する際には、日本語の名前の場合のように下の名前ではなく、姓のChuを用いている。
（43）徳富前掲書（注38）五一九頁。
（44）野口武彦『徳川光圀』（朝日新聞社、一九七六年）一六九頁。徳田武「人見竹洞・朱舜水往復書牘年時考証」（『明治大学教養論集　日本文学』二五九、一九九三年）七一～七二頁。
（45）圭室文雄「檀家制度の成立」（『歴史公論』第二巻、雄山閣出版、一九八五年）一一五頁。西脇修「近世寺檀制度の成立について」（圭室文雄ほか編『近世仏教の諸問題』、雄山閣出版、一九七九年）二三～二四頁。高埜利彦『近世日本の国家権力と宗教』（東京大学出版会、一九八九年）二九六頁。
（46）圭室前掲論文（注45）一二〇頁。『国史大辞典』第七巻（吉川弘文館、一九八六年）、三一二頁。
（47）Ooms前掲書（注9）一九二頁。
（48）徳富前掲書（注38）五五八～五五九頁。Ching前掲論文（注42）一八三～一八五頁。
（49）徳富前掲書（注38）四六七頁。

(50) この命令は寛文六年八月二十三日付け。石坂善次郎『池田光政公伝』(一九三二年) 上巻、八〇二~八〇三頁、圭室文雄『江戸幕府の宗教統制』(評論社、一九七一年) 一一六~一二〇頁に引用されている。
(51) 和島芳男「寛文異学の禁―その林門興隆との関係」(『大手前女子大学論集』第八号、一九七五年) 一二四一頁。前田恒治『会津藩に於ける山崎闇斎』(西沢書店、一九三五年) 二八~二九頁。Ooms前掲書 (注9) 一九二頁。
(52) 内藤耻叟『徳川十五代史』第二巻 (人物往来社、一九六八年再版) 一〇七八頁。後藤陽一「熊沢蕃山の生涯と思想の形成」(『熊沢蕃山』、『日本思想大系』第三十巻、一九七一年) 四七七頁。
(53) 後藤前掲論文 (注52) 四六八~四七〇、四七五~四七六頁。徳富前掲書 (注16) 五〇二頁。
(54) 後藤前掲論文 (注52) 四八二頁。James McMullen, *Idealism, Protest, and the Tale of Genji*, Oxford: Oxford Oriental Monographs, Clarendon Press, 1999, pp.92–95.
(55) 柴田一「岡山藩の藩学と郷学」(『閑谷学校研究』第一号、一九九七年) 四五~四六頁、後藤前掲論文 (注52) 四八一頁。
(56) 後藤前掲論文 (注52) 四七九頁。
(57) 同右、四七七~四七九頁。
(58) 平尾道雄『野中兼山と其の時代』(高知県文教協会、一九七〇年) 八六~八九、九三~九五頁。懸車翁「野中兼山失脚の原因」(『土佐史談』第四三号) 五六~六四頁。
(59) 衣笠安喜『近世日本の儒教と文化』(法政大学出版、一九九〇年) 一〇~一一頁。
(60) 池田光政『池田光政日記』(藤井駿他編、国書刊行会、一九八三年) 一五七頁。
(61) 後藤前掲論文 (注52) 四八二~四八三頁。池田『池田光政日記』(注60) 一七六頁。McMullen前掲書 (注54) 一一七~一一八頁。
(62) 後藤前掲論文 (注52) 五八二頁。
(63) 池田『池田光政日記』(注60) 二四二頁。

（64）第八章参照。池田光政と第五代将軍の統治に類似性が認められることは、James McMullenも指摘している。例えばMcMullen前掲書（注54）一三三頁。

（65）McMullen前掲書（注54）一一六～一一七頁。『池田光政日記』（注60）二五〇頁。後藤前掲論文（注52）四八四～四八七頁。

（66）後藤前掲論文（注52）四八九～四九〇頁。熊沢蕃山『集義和書』三七三頁。

（67）谷口澄夫『池田光政』（吉川弘文館、一九六〇年）五四頁の引用より。

（68）『国史大辞典』（吉川弘文館、一九七九）第十二巻、七一八頁。

（69）天樹院については、卜部典子『人物事典　江戸城大奥の女たち』（新人物往来社、一九八八年）三三～三五頁。

（70）Kaempfer's Japan（注3）一三三頁。［　］内は筆者による補足。

（71）石坂『池田光政公伝』（注50）上巻、一頁。

（72）同右、上巻、七八〇頁。柴田前掲論文（注55）四九頁。

（73）柴田前掲論文（注55）五六頁。山陽新聞出版局編『閑谷学校』（山陽新聞社、一九九〇年）八六、九〇～九一頁。

（74）石坂『池田光政公伝』（注50）上巻、八〇一頁。柴田前掲論文（注55）五〇頁。

（75）石坂『池田光政公伝』（注50）下巻、九〇三頁。柴田前掲論文（注55）四八～四九頁。閑谷学校史編さん委員会編『閑谷学校史』（閑谷学校史刊行会、一九七一年）三一～三二頁。詳細は、B. M. Bodart-Bailey, "The Persecution of Confucianism in Early Tokugawa Japan," *Monumenta Nipponica* 48:3（Autumn 1993）, pp.309-312も参照。

（76）谷口前掲書（注67）六六～六九頁に引用されている。

（77）例えば谷口前掲書（注67）六五頁、Harold Bolitho, *Treasures among Men*, New Haven: Yale University Press, 1974, p.125。

（78）例えば谷口澄夫『岡山藩』（吉川弘文館、一九六四年）二一六頁、John Whitney Hall, *Government and Local Power in Japan, 500-1700*, Princeton: Princeton University Press 1966, p. 408、『閑谷学校史』（注75）二四頁。

（79）『閑谷学校史』（注75）三二〜三五頁。
（80）一次史料ならびに、寛文十年に出された最初の命令が仮学校にも適用されたのかをめぐる議論については、柴田前掲論文（注55）五二〜五四頁を参照。藩の記録とは、『備陽国学記録』である。
（81）Hall前掲書（注78）四〇八〜四〇九頁。これらの変革が、江戸から特別に要請されたものであったのかについては、さらに検討が必要である。
（82）谷口前掲書（注67）一九四頁に引用されている。谷口は手紙の日付を明らかにしていないが、書かれている内容から、酒井忠清の在職中に当たると考えられる。
（83）Hall前掲書（注78）四〇八頁。谷口前掲書（注67）一九五頁。
（84）柴田前掲論文（注55）五五〜五六頁。綱政の功績については『閑谷学校史』（注75）二四頁を参照。
（85）徳富前掲書（注16）五〇五頁。岩生成一『鎖国』（『日本の歴史』第十四巻、中央公論社、一九八八年再版）四〇二〜四〇五頁。
（86）Ching, Practical Learning（注42）一九七頁。Ching, Chu Shun-shui, 1600-82（注42）一八四頁も参照。
（87）熊沢蕃山の考えが文字化されたのはかなり後の著書『大学或問』（一六八六〜一六九一年に書かれたと考えられる）においてであった。この著書は、早い時期に起きた出来事についての意見や説明を含んでいる。McMullen前掲書（注54）九二頁。
（88）『本佐録』（注30）二八九頁。第八章も参照。
（89）McMullen前掲書（注54）一二〇頁。
（90）林鵞峯『國史館日録』（続群書類従完成会、一九九九年）一〇、一二頁など。
（91）この役割や老中たちの無知に対する林春斎（鵞峯）の不満については、Kate Wildman Nakai, "Tokugawa Confucian Historiography: The Hayashi, Early Mito School and Arai Hakuseki", in Peter Nosco ed. *Confucianism and Tokugawa Culture*, Princeton: Princeton University Press, 1984, p.71.

（92）第十六章を参照。儒教の思いやりについてはChing, Practical Learning（注42）二〇五頁。

第六章　偉大で優れた君主

「現在統治している将軍綱吉は……偉大で優れた君主である。父親の美徳を受け継ぎ、法を厳格に遵守すると同時に臣下には非常に慈悲深い。幼少の頃より儒教の教えを叩き込まれ、国と人々とを、相応しいやり方で支配する。彼の下ではすべての人が完璧に仲良く暮らし、神々を敬い、法に服し、上に立つ者には従い、対等の者には丁重さと好意をもって接している」[1]。このようにエンゲルベルト・ケンペルは、彼をヨーロッパ中で有名にした、ラテン語で書かれた大部な紀行文*Amoenitates exoticae*の中に記している。ケンペルが江戸を訪れた元禄四年（一六九一）から翌五年は、綱吉が学問や儒教を盛んに振興した時期に該当する。幕府お抱えの儒学者たちは法衣を脱ぐことが認められ、また湯島には新しい聖堂と講堂が建設されて、そこへ綱吉が儒教の古典を講義するため、側近を伴い赴いた[2]。ケンペルをはじめとするヨーロッパの学者たちの間で、綱吉は理想的な支配者となった。ドイツの劇作家ゴットホルト・エフライム・レッシング（一七二九～八一）ですらその門下に入るのではないかと、のちに冗談で書かれるほどであった。レッシングはその作品を通して宗教的寛容を訴えたことで知られている[3]。

ケンペルは、綱吉の政策に見られるマキャヴェリ主義的な側面についても耳にしていたが、それらについては未公刊の記録の中に埋もれさせた。おそらく理想を崩さないようにするためであり、ケンペルは自国の支配者にその理想を見習ってほしいと願っていたとも考えられる。その未公刊の記録は、いくつかの言語が混ざり、細かい文字で書かれているため、判読が非常に難しいが、ケンペルはそこで次のように記している。

二人の幕府の老中［大老酒井忠清と老中稲葉正則］はうぬぼれていい気になり、誰にも敬意を払わなかった。事もあろうに王子たち、すなわち将軍の弟たちにすら敬意を払わなかったのである。上の弟が一六七九［ママ］年に、老中に繰り返し将軍から所領加増の承認を得てほしいと申し出た時、将軍の弟で後継者であるはずの彼は、お目通りが叶わず追い払われ続けた。彼は将軍陛下に個人的に請願するしかなかったが、これは慣習に反することであった。将軍に請願を提出するのは老中が全責任を負っており、将軍が彼らの言いなりになっていたような時期においては特にそうであった。最終的にその上の弟は、国の法に反することではあったが、個人的に兄に願い出た。将軍は、（特に老中の反応を考慮して）このことでたいそう憤慨し、面前から去るよう命じた。そしてこのような無礼ゆえに、もはや弟とは見なせないと言い放った。不満を抱いた王子は、その結果、家に戻って切腹したのであった。後には十歳か十二歳くらいの幼い息子が遺された。この出来事は、最も年下の王子［綱吉］や、とりわけ尾張の大名の妻であった彼らの姉を激怒させた。一年後に、長い間病気だった将軍が死去したため、彼らは復讐する機会を得た。
上記二人の老中、雅楽頭（酒井）と美濃守（稲葉）は後継者綱吉の復讐を恐れ、……国の有力者たちの働きと支援を受けて、天皇［明正天皇］の甥を将軍職の後継に就けようと試みた。そのための使者がすでに送られていた。しかし紀伊の国と水戸の大名、さらには美濃守の娘婿［堀田正俊］が綱吉を支持し続けたため、彼は、敵対者がいたにもかかわらず、三十四歳の時、後継者に擁立されたのであった。(4)

綱吉の将軍継承をめぐる出来事を照らし出す、このいわくありげな物語は、日本側の史料からも裏づけられるのであろうか。

綱重は自殺したのか？

綱吉の兄で、将軍継承順位第二位であった綱重が自殺した、ないしは激怒し亡くなったことを示す信頼のおける日本側の史料は存在しない。しかし、公式の史料である『徳川実紀』や『江戸幕府日記』が、綱重ほどの地位にあった人物の死について、異例にも簡単にしか記載していないのは、かえって疑問を抱かせる。延宝六年（一六七八）九月十五日の日付の下に、何の説明もなく、ただ前日に綱重が死去したと述べるだけなのである。その出来事のあとに、老中・若年寄二名がそれぞれ綱豊と綱吉の下へ、将軍のお悔やみを申し伝えるために派遣されたという情報だけが加えられている。(5)

綱重自殺の話は『三王外記』に描かれたものであった。『三王外記』は太宰春台の作とも言われているが、第四代、第五代、第六代の将軍の治世をパロディー化した匿名の文書である。それによると、綱重は兄である第四代将軍家綱に金銭を要求した。家綱は同意し、酒井忠清にこのことの取り計らいを委ねた。しかし、忠清がそれを突っぱねたため、綱重は自殺したというのである。[6]『三王外記』が出たのは綱吉の死後であり、したがって、ケンペルの情報源にはなり得ない。また、日本側にはケンペルの情報源となり得る信頼のおける史料は存在しない。

ケンペルの情報は、オランダ側の史料に基づいていると思われる。オランダ東インド会社のバタヴィア支社からオランダの本社へ、一六七九年十二月付けで送られた、この出来事についての報告書である。ケンペルが、この出来事を記録する際にしばしばオランダ語の単語や綴りを用いていること、さらには綱重の死を誤って、報告書の日付である一六七九年としていることが、この仮説に信憑性を持たせてくれる。綱重が死去したのはその前年であった。オランダ本国への報告書は次のように記述している。

陛下［将軍］の弟である甲府宰相［綱重］は金銭を必要とした。上述の美濃様［老中稲葉美濃守正則］を説得し、その職責に従い、彼に代わって将軍に話を持ちかけてもらおうとしたが、うまくいかなかった。したがって、彼自らが兄に会って話をするよりほかになかったのであったが、そうしたところ、陛下は取り乱し、そのようなことは好きでないなどと言いながら、激しく怒りを爆発させた。結果として上述の甲府宰相は、腹いせにか、あるいは不満だったからか、切腹して生涯を閉じたのであった。[7]

このニュースが、一六七九年十二月付けのオランダ本国への報告書に盛り込まれているということは、その内容が、その年の秋にオランダ艦隊が長崎を出てバタヴィアへ向うよりも前に、すなわち綱重の死から一年も経たない時期に、流布していたことを意味する。あとで作り上げられた話ではなく、当時の風評なのであった。同時代の人々も、今日の歴史家と同じように、将軍の弟の突然の死について幕府側から何の説明もないことに驚いたのであり、状況証拠から何らかの推論を導き出したのである。

状況証拠

綱重と綱吉の家が財政難に陥っていたことは、記録を見る限り間違いない。俸禄が最低限のレベルに下げられたため、綱吉は家臣に、たとえ衣服がみすぼらしくても心配する必要はなく、そのままで任務の遂行が可能であることを保障しなくてはならないと感じたほどであった。[8] 塚本学によると、それぞれの家でどのような財政打開策が採られようと、幕府の重臣への振る舞いは依然として行わなくてはならなかった。新年を迎えるに際しては、指図により、百匹以上の鯉と二十羽以上の雉という高価な贈り物がなされた。そのような動物が高価な値段で売られていた時期でもあった。[9] 金銭を必要とする行事はほかにもある。延宝四年（一六七六）の終わりに執り行われた、綱重の息子綱豊の元服では、数多くの幕府の上級役人に報酬が与えられなくてはならなかった。[10]

江戸で頻発した火災による損壊が、財政負担をさらに重いものにした。延宝六年一月には青山権太原で火災が発生し、綱重の上屋敷にも下屋敷にも火の手が回った。[11] その年の五月に綱重は、大老酒井忠清に緊急の資金提供を求めた。そこで綱重は、延宝年間に入って以来収入が十分でないこと、過去何年間か税収を受けていないこと、そして綱吉の家も同じような財政難にあることを述べ伝えた。[12]

綱重の財政状況が悪化するにつれて、その健康状態も悪化した。骨の調査から明らかなように、綱重は強健な人物ではなかった。延宝二年に入った頃から綱重は長期間病に苦しむことが多くなった。心配した家綱は、十分に養生するよう指示したり、綱吉に伝言を頼んだりした[13]。綱吉は時折、下城して自邸に戻る途上で、登城できなかった綱重の元に立ち寄っている[14]。

延宝六年に綱重が江戸城での元日の賀に列席したが自邸での「御盃事」は取りやめとなった[15]。二月中旬に、綱重は隅田川のほとりへ遠足に行かれるまでになったが、三月三日には再び病が悪化し、江戸城の大広間で執り行われた、節句を祝う式典に列席することができなかった[16]。そして五月初めに、上述のように、幕府に財政支援を求める緊急の嘆願を行ったのである。

七月二十五日には、綱重の健康はようやく回復したようであり、長い病を経て将軍との対面を果たしたと記録されている[17]。八月と九月にはそれぞれ一日に登城し、式典に列席している[18]。しかし九月九日の式典は、おそらくまた健康上の理由から欠席している。

三日後の九月十二日には、綱重の家臣が医者の井関玄悦（一六一七〜九九）と杉山和一（一六一〇〜九四）に、至急の出頭を求める手紙を送っている[19]。二人とも九月十三日に綱重の元にやって来た。盲目の針療法士であった杉山和一は、のちに綱吉を治療したことで有名になるが、この時は成果を上げられなかった[20]。二人の医者は九月十四日の早朝に再び呼ばれたが、綱重はその日に死去した[21]。

国立公文書館内閣文庫に所蔵されている『桜田記』には、次のような文言が朱筆で、その日の記載の余白に記されている。「御乱心ニテ切腹ノ由ナリ、其事ハ忌ヲ記サス」と。文体や筆跡がこの史料の他の箇所とマッチしないわけではないが、この加筆がいつなされたのかを特定するのは不可能である。また、この史料が原本の写しであるということが、この加筆の日付ならびにその重要性をますます把握しづらいものにしている。
綱重が長年続いた病に苦しんでいたことは確かである。そして財政支援を求める嘆願が拒絶されたことで、相当な精神的苦痛を受けて失望したことは想像に難くない。考えられるのは、このような思わしくない状況が重なったことが激しいストレスとなり、発作のような自然死を引き起こしたか、あるいはひどい鬱状態に陥った綱重が、自らの人生を終わらせようと決意したかのいずれかであろう。いずれの場合であっても、ストレスとひどくなる鬱の症状に、家臣が不吉な予感を抱き、二人の医者を呼び出すこととなったのである。そしていずれの場合も、綱重の突然死の状況があまりにも不名誉であったため、公にされなかったのである。当時記録されたであろういかなる情報も、息子家宣が第六代将軍に擁立された際に削除されたものと思われる。この時に綱重の遺体は、将軍の父親として受けるべき名誉を維持しつつ、将軍家の菩提寺である増上寺に移されている。
綱重の死から二ヵ月ばかりあとに、藩の後継者である彼の息子と共に綱吉にも、「館甲両邸家計窮乏のよし聞ゆるによて」米五万俵が付与されている。[22] さらには、綱吉の将軍就任から一ヵ月も経たない内に、綱吉は甥の藩領の加増を認め、その所領を二十五万石から三十五万石に増やしている。[23]
このように、ケンペルの伝える話の最初の部分については、信頼のおける史料から裏づけることができた。酒井忠清が皇子を将軍に擁立しようとしたという記述も、同じように裏づけられるのであろうか。

綱吉の将軍継承

綱吉は、将軍を継承して三ヵ月後にその新たな権力を行使し、大老酒井忠清を表向き不健康という理由で隠居させた[24]。それから半年も経たない内に、忠清は謎の突然死を遂げている。かつての幕府の主導者の死について、公式記録はその問題の日付の箇所で何も語っていない。『徳川実紀』は、綱吉の将軍継承に関する出来事として、忠清が皇子をお飾りの支配者として擁立しようとしたが、御三家の反対に遭って成功しなかったという風評のあったことを記述しているだけである[25]。同様に、同時代の戸田茂睡も、忠清が綱吉の将軍継承に反対し明正天皇の甥を擁立しようと計画したことについて、前大老が異例にも失脚させられたことを説明するために用いられた「一説」と記しているに過ぎない[26]。したがって、その風評は、前大老の前例のない失脚劇を説明するための理由づけでしかなかったことになる[27]。

その風評の説明のあとに茂睡は、幾分重要な文言を付け加えている。綱吉が兄弟の唯一の生き残りとして継承権を持つことに異議を唱える者はいなかったが、彼は「御器量なし」であり、もし彼が将軍になったならば、多くの人が苦しみ、彼は既存の慣習を侵害するような行動に出て、騒動が起きるかもしれないというのである[28]。茂睡の記述は、前章で概説したことを裏づけている。つまり、綱吉は将軍に就任する前からすでに、武士層に属する人々の特権が失われることを予感させるような政策を支持していたことが明白になったのである。政治の方針は根本的に二つに割れていたのであり、忠清が綱吉に代わる中立的な候補を京都から迎えようとしたことを説明するのに、忠清が自己権力の拡大を図った、ないしは権力を強奪したかったなどと非難する必要はない。綱吉の政治信念は忠清に、資本主義社会に対する共産主義と同じほどの脅威を感じさせたのであろう。そして、特権を守ろうとする武士による反乱が起こり、それが内戦に発展するという可能性は十分あり得ることのように思えたのであろう。

「ひどい虐殺」

将軍の継承をめぐって繰り広げられた権力闘争について、日本側の史料からはほとんど情報を得られないが、オランダ側の史料には明白に記されている。オランダの艦隊が長崎を離れる前の一六七九年の秋には、すでに綱吉の継承に反対する老中の声を耳にしていた。バタヴィアからオランダ本国へ送られた一六七九年の報告書には、「エンペラー」の「二人の身重の妻」のことが述べられている。「エンペラー」とはおそらく将軍のことであり、その子供が後継者となるべきであったが、幾人かの者はこれらの妊娠を、綱吉の継承を阻止するために重臣が企んだものと捉えていたという。いずれにしても、後継者がすぐに指名されなければ「ひどい虐殺」が起きることになるということが一般的合意としてあり、そしてそうなった場合には「何千人もの人々が犠牲になった最近の飢饉よりももっと早く、痛みを感じずに多くの人々が死ぬことになる」のであった[29]。

オランダ側の記録が示しているように、一六七九年は自然災害や人災が多発した年であった。多くの都市が火災により破壊され、季節はずれの大雨や激しい暴風が村落に損害を与え、港に停泊していた船を沈めた。浪人・農民らは幕府に直接救援を願い出た[30]。自然災害は神々の怒りの表れと見なされ、政情不安を高めたのである。

延宝八年（一六八〇）が始まる頃、酒井忠清と老中は将軍の交代を恐れていたようであり、新年の賀と共に相応の俸禄の加増が受けられるよう取り計らっている[31]。同時代の人々がこれを、将軍からの贈り物ではなく、老中の側の略奪と見なしたことは、当時江戸に出回った落首にも表れている[32]。三月四日には明正天皇の甥で十四歳であった有栖川宮幸仁が、初めて江戸を訪れ、酒井忠清の歓迎を受けた。幸仁は、生まれて間もない時に、有栖川家の継承が許可されたことを将軍に感謝するため、勅使や法皇・院の使者を伴っていた。先代が後西天皇となって以来、同家は継嗣を絶っていたが、すでに十三年も前の出来事であった[33]。十日目に江戸城で能が上演され、来訪者たちは歓待を受けたが、将軍は病のために列席することができなかった。その若い皇子が能の観劇している最中に激しい雷雨となり、すさまじい量の雨が降り注いだ。そして日中なのに空が暗くなった。この現象が忘れ去られることはなかった。十年以上経ったあとも、空がこのような形で暗くなると、人々は依然として有栖川幸仁が訪れた時のことを思い出すと、茂睡は日記に書いている。そしてそれは「世上くらやミ入候」ことを意味するのかと、あれこれ考えるというのである[34]。

忠清が幸仁を将軍に擁立しようとしたことを実証する史料はない。しかし、上述のような事柄から、同時代の人々にとって行き詰った時代であったことがうかがえる。記録文書は、今日我々が入手できる版の状態になるまで、繰り返し何度も筆写されてきたのであり、後世にとって「不適切」と見なされた情報は削除された可能性がある。このことに歴史家は注意を払うべきである。オランダ側の記録からは、江戸が風評に溢れていたことを知ることができる。オランダ人は江戸で謁見を待っていた時、毎日異なる風評を耳にした。ある時に彼らが聞いたのは、将軍はすでに亡くなっているが、その死は二～三ヵ月間、妊娠している側室の出産を待って、秘密にされなくてはならなかったというものであった。内戦になる可能性もかなり濃厚であるように思われた[35]。

四月の初め以来、太陽の光が異常なほどの赤みを帯びて朱色になった[36]。この普通ではない自然現象が、神々からのメッセージと解釈され、政治的緊張を高めたことは間違いない。

四月六日、松平大和守直矩が酒井忠清を訪問した。直矩は日記に、忠清が勅使河原三左衛門に秘密の手紙を送ったと記している。残念ながら、その手紙の内容は明らかになっていない。この折に直矩は忠清から、家綱の健康状態が非常に悪く、精神的にも鬱状態にあることを聞いた。家綱の顔は青白いということであったが、小納戸たちは、やつれた体の方をさらに気にかけた。医者は、その衰弱した体で、翌月から始まる雨期の湿気に耐えられるのかと気づかっていた。[37]

家綱の健康状態について深刻な懸念があり、記録によると改善の兆しはなかったにもかかわらず、継嗣となるべき養子をとらせようとする動きは全くなかった。代わりに、過剰なほどの余興が江戸城二の丸にて、政権の中枢にあった者により、表向きは家綱を元気づけるためと称して行われた。まず四月十日に酒井忠清が主催した。記録によると、秘蔵する珍しい芸術品が数多く陳列された。庭には舞台が設営され、操り人形師が招かれた。そして家綱の病が重く、とても人々の相手をすることなどできないような時に饗宴が催され、八百人ほどの客人がもてなされた。同時に忠清の家臣は家綱から、おそらくその不在中に、寛大にも報酬として贈り物が授けられている。[38] 八日後には稲葉正則も同じように芸術品を展示し、能を上演して気前よく客人をもてなした。稲葉家に近い者もまた、惜しみなく報酬が与えられた。[39] 次いで老中大久保忠朝が、同じような催しをその月の二十七日に行い、その次は老中土井利信の番になるはずであった。[40] しかし、そのような催しに相応しい次の「吉日」である五月七日と八日が近づく前に、家綱は死の床に就いていた。[41]

夜の養子縁組

五月六日に綱吉は、息子の初めての誕生日を祝っていたが、その日の夕刻――七つ時、およそ午後五時頃――に、家綱の容体が悪化したので大至急登城するようにとの通達を受けた。綱吉はその通りにし、公式記録によると、彼はそこで継嗣として将軍の養子となったのであった。緊急に呼び出された時刻をめぐっては、様々な記録の間で不一致が見られる。歴史家はこれを、綱吉が呼ばれる前に、御三家の当主と老中が相談のため集まったからと受け止めている。幕府の公式記録である『江戸幕府日記』には、この重要な出来事について簡単な記載があるのみである[42]。

しかし『武野燭談』が語るには、家綱の継嗣としての綱吉の養子縁組は、すでにその前の晩に、たまたま月番老中であった堀田正俊（一六三四～八四）の導きにより密かに行われていたのであった。老臣がすべて退出したあとの午後七時頃に、正俊は密かに綱吉を呼び出したのであり、綱吉は、怯えたような牧野成貞に伴われて急ぎ登城した。綱吉を一人で行かせるよう言われた成貞は、このような夜の呼び出しはこれまでに一度もなかったと抗議し、何か怪しげなことが起きようとしているのでは、という懸念を表明した。それに対して正俊は、綱吉を一人で行かせさえすれば、非常に有益で大切な何かが行われることになるとして、成貞を説得しようとした。しかし成貞は、正俊の袖をつかみ、正俊が、主君である綱吉にとって不利益なことには決してならないと誓うまで、応じなかった。ようやく綱吉が将軍の元へ一人で向かったところ、即座に継嗣として養子縁組がなされたのであった。『武野燭談』によると、この折に二人の兄弟の間で交わされた言葉については誰も知らないという[43]。

将軍が自身の弟を養子にするという、政治上決定的な出来事が起きた場に、目撃者が誰も居合わせなかったのはなぜなのかという疑問が当然出てくる。正俊はなぜ、綱吉ただ一人を行かせた場合にのみ、非常に重要なことが起きると主張したのであろうか。家綱がすでに死去していた可能性は否定できるかもしれない。『江戸幕府日記』では、公式記録の後ろに、六日に将軍の健康状態がわずかながら良くなったことや、神官、大名、そして家族が訪れたことが記載されている。そして将軍が死去したのは二日後のこととして記録されている。[44] しかし、家綱がすでに昏睡状態にあったか、あるいは、少なくとも弟を養子にしたいという意思を明確に述べることができない状態にあったことは、否定できない。それゆえに、綱吉が一人で行き、他の人には聞き取れないような何らかの会話が二人の兄弟の間で交わされる必要があったのである。

この将軍との秘密の会話のあと、綱吉は即座に自邸に戻った。そして翌日、江戸城に登城した酒井忠清らは、養子縁組の既成事実に直面することとなった。予防策として、将軍家の御成りであるかのように道路が固められ、城への入り口として平川門だけが開けられた。[45] 大手門と桜田門には宿直が配置された。[46] このような警備上の予防策は、当時認識されていた政治的危険性をよく示している。

堀田家には、家綱の手によるとされている文書が保管されている。それは正俊に宛てられたもので、ある提案を受け入れる旨を伝える内容になっている。その文書は、密かに養子縁組が行われた延宝八年五月五日付けと考えられていて、提案とはおそらく、綱吉が養子となるにあたって守るべきとされた十三項目のリストを指している。[47] 項目の内の一つは、家綱の死後に側室が息子を産んだ場合、綱吉は将軍職を譲るというものであった。綱吉がこの条件を受け入れたことは、『憲廟実録』で確認される。[48] 松平直矩も、綱吉に提示されたという十三項目のリストに関する風評を書き記していて、それによると、将来家綱の息子が誕生した場合には継嗣として擁立するという項目が含まれていた[49]。

これらの項目が実際に家綱に承認されたのか、あるいは、単に対立し合う老中の間で行われた交渉の結果なのかという疑問は残る。家綱が養子縁組という公式の儀式で役割を果たせるような状態でなかったのならば、問題の項目のリストを精読し承認することができたのかは疑わしい。『武野燭談』では、徳川光圀が綱吉の継承を後押しするのに主導的な役割を果たしたと述べられていて、ケンペルも似たようなことを聞いていた。酒井忠清らが夜の養子縁組について知っていたのかを、『武野燭談』は問いつつ、知っていた可能性をきっぱりと否定しないのは興味深い。『江戸幕府日記』に六日の出来事として加筆された事項からは、酒井忠清が、綱吉の息子が館林の屋敷に留まる限りにおいて、ついに綱吉の継承に同意したことがうかがえる。このことは、（将軍職を継承する家系が綱吉の分家へと完全に移ったわけではないので）綱吉の継承が一時的な措置であったことを示すと共に、家綱の死後に生まれた子供が優先されるという項目ともぴったりと一致する。そこで考えられるのは、事前に交渉が行われ、綱吉が継承する場合の条件が上述の十三項目にまとめられたということであり、その交渉の結果の法的有効性を将軍の権威により認めてもらうために、「秘密の養子縁組」を執り行うことが決定されたということである。この筋書きにおいて酒井忠清は、平和を維持するため、しぶしぶ御三家の圧力に屈して綱吉の継承に同意したかのように描かれている。結果として、忠清は大老の地位にあり続けることができたのであり、次章で論じるように、綱吉が過去を忘れるつもりのないことが明確になった時点で辞職したのであった。

歴史家は、綱吉の将軍継承についての詳細を明らかにすることはできないであろうが、それを取り巻く状況が異様なものであったことは、ある程度の確信を持って言える。この重要な出来事に公式の史料があまり触れていないということは、厄介で一触即発の様相を呈した争いごとは記録されなかったことの証拠と見るべきであり、また、幕府の為政が記録からうかがえるほど穏やかではなかったことに注意するよう、我々に喚起してくれる。

綱吉の継承をめぐって政治が動揺したことを考慮するならば、彼の治世下の不穏な出来事は、さほど驚くべきことではないのである。

（1）Engelbert Kaempfer, *Amoentitatum exoticarum politico-physico-medicarum fasciculi* V., Lemgo, 1712, p.502. ラテン語からドイツ語への翻訳は、Engelbert Kaempfer, *Geschichte und Beschreibung von Japan*, translated by C. W. Dohm, 2 vols. Lemgo, 1777–1779, Facsimile, Stuttgart: Brockhaus, 1964, vol.2, p.414でなされている。

（2）Engelbert Kaempfer, *Kaempfer's Japan: Tokugawa Culture Observed*, edited, translated and annotated by B. M. Bodart-Bailey, Honolulu: University of Hawai'i Press, 1999, p.407–408.

（3）Matthias Claudius, *Ein Tropfen aus dem Ozean: Ausgewählte Werke und Briefe*, edited by Gunter Albrecht, Berlin: Rutten and Loening, 1975, pp.258–259. このテーマは、Peter Kapitza, *Engelbert Kaempfer und die Europäische Aufklärung*, Munich: Iudicum, 2001, p.31で論じられている。

（4）Engelbert Kaempfer, ms, British Library, Sloane 3061, 109v-110. Keyser（天皇）を将軍、Konig［sic］（王）を大名、Konigin［sic］（女王）を大名の妻と訳している。名前の綴りは現代的に直している。

（5）黒板勝美・国史大系編修会編『徳川実紀』第五篇（吉川弘文館、一九七六年）二九五頁。『徳川実紀』は通常このような場合、その人物の生涯の歩みが簡単に記載されている。

（6）『三王外記』（東武野史著、甫喜山景雄、一八八〇年）一〇頁。徳富猪一郎『近世日本国民史』第十七巻（元禄時代、上巻、政治篇、民友社、一九三六年）二五六〜二五七頁。

（7）W. Ph. Coolhaas ed., *Generale Missiven van Gouverneurs-Generaal en Raden aan Heren XVII der Verenigde Oostindische Compagnie*, IV: 1675-1685, The Hague: Martinus Nijhoff, 1971, p.366.

（8）『神田記』（人見求編『人見私記』、国立公文書館内閣文庫所蔵）延宝七年二月十三日条。

（9）塚本学『徳川綱吉』（人物叢書、吉川弘文館、一九九八年）四九頁。冬に魚の値段が上がったことについては Kaemper's Japan（注2）三五七頁。

（10）『桜田記』（人見求編『人見私記』、国立公文書館内閣文庫所蔵）延宝四年十二月二日条。

（11）『徳川実紀』第五篇（注5）、延宝六年一月十四日条（二七七頁）。

（12）塚本前掲書（注9）四九頁。『桜田記』（注10）延宝六年六月六日条。

（13）塚本前掲書（注9）四二頁。

（14）例えば『桜田記』（注10）延宝四年五月一日条、同年九月晦日条、延宝五年一月一日条など。

（15）『桜田記』（注10）延宝六年一月一日条。

（16）今日では雛祭りで知られる上巳の節句。もともとはお清めの儀式であった。江戸城での式典について、詳細は小野清『史料徳川幕府の制度』（高柳金芳校注、新人物往来社、一九七六年）三五八〜三六〇頁を参照。綱重については『桜田記』（注10）延宝六年二月十二日条、同年三月三日条を参照。

（17）『徳川実紀』第五篇（注5）延宝六年七月二十五日条（二九二頁）。『桜田記』（注10）延宝六年七月二十五日条。

（18）『桜田記』（注10）。塚本前掲書（注9）四八頁。

（19）『桜田記』（注10）延宝六年九月十二・十三日条。井関玄悦が将軍の医者として正式に任命されたのは翌年であった（『徳川実紀』第五篇（注5）延宝七年十二月十八日条（三二九頁））が、それ以前から幕府のために奉仕させられていた（黒板勝美・国史大系編修会編『徳川実紀』第四篇（吉川弘文館、一九七六年）四九八、五九八頁、および『徳川実紀』第五篇（注5）六五、九一、一四三、二一九、二三三、三〇四頁）。橘輝政『古代から幕末まで日

本医学先人伝』（医事薬業新報社、一九六九年）九五～九六頁も参照。
(20)『徳川実紀』第五篇（注5）貞享二年八月五日条（五五三頁）。橘前掲書（注19）九八～九九頁。
(21)『桜田記』（注10）延宝六年九月十四日。
(22)『徳川実紀』第五篇（注5）延宝六年十二月十二日条（二九九頁）。
(23)『徳川実紀』第五篇（注5）延宝八年九月十六日条（三八二頁）。
(24)『徳川実紀』第五篇（注5）延宝八年十二月九日条（三九一頁）。
(25)『徳川実紀』第五篇（注5）三五五頁。
(26)戸田茂睡『御当代記』（塚本学編、東洋文庫六四三、平凡社、一九九八年）一四頁。
(27)福田千鶴『酒井忠清』（人物叢書、吉川弘文館、二〇〇〇年）一七八頁。
(28)戸田『御当代記』（注26）一三頁、「悪逆の御事つもり」。「悪逆」とは「十悪」の一つであり、祖先に対する傷害・殺人を意味する。もう少し広い意味では、慈悲深さに反するような行動に出ることを言う。
(29)Coolhaas前掲書（注7）三六六頁。
(30)遠藤元男『近世生活史年表』（雄山閣、一九八二年）一〇九頁。
(31)『徳川実紀』第五篇（注5）延宝八年一月十二日条（三三一頁）。酒井忠清は二万石、稲葉正則と大久保忠朝はそれぞれ一万石を受けた。
(32)これらの落首については、児玉幸多『元禄時代』（『日本の歴史』第十六巻、中央公論社、一九九〇年再版）二〇五頁を参照。
(33)『徳川実紀』第五篇（注5）延宝八年三月四日条・同年同月七日条（三三三頁）。武部敏夫「有栖川宮」（『世界大百科事典』第一巻、平凡社）。
(34)『徳川実紀』第五篇（注5）延宝八年三月十日条（三三三頁）。戸田茂睡（注26）元禄四年一月十八日（二一〇頁）。
(35)*Deshima Dagregisters*, ms. Algemeen Rijksarchief, The Hague, entry March 29, 1680.

(36)『徳川実紀』第五篇(注5)延宝八年四月二十九日条(三三七頁)以降の記述。
(37)松平直矩『松平大和守日記』(『日本庶民文化史料集成』第十二巻、三一書房、一九七七年)五六一頁。この情報は、家綱の健康状態が深刻なことに酒井忠清は気がついていなかったという福田千鶴の見解と矛盾する(福田前掲書(注27)一七八頁)。
(38)『徳川実紀』第五篇(注5)延宝八年四月十日条(三三五頁)。
(39)『徳川実紀』第五篇(注5)延宝八年四月十八日条(三三六頁)。
(40)『徳川実紀』第五篇(注5)延宝八年四月二十七日条(三三六頁)。
(41)松平『松平大和守日記』(注37)五六八頁。
(42)塚本の指摘によると、『人見私記』(『厳有公記』)は相談が行われた時刻を未の刻(午後三時頃)としているが、綱吉と綱豊両家の記録(『神田記』と『桜田記』)では、綱吉と綱豊が申の刻(午後五時頃)に呼び出されたとなっている(塚本前掲書(注9)五六~五七頁)。『松平大和守日記』は、老中の間で相談が行われたとして申の刻を挙げている(松平『松平大和守日記』(注37)五六九頁)。
(43)『武野燭談』(村上直編注、人物往来社、一九六七年)八二頁。この話は『徳川実紀』第五篇(注5)三五四~三五五頁に出てくる。
(44)判読する際にご助力いただいた同僚の花田富二夫氏に感謝申し上げたい。
(45)『武野燭談』(注43)八三頁。
(46)『徳川実紀』第五篇(注5)延宝八年五月六日条(三三七頁)。
(47)塚本前掲書(注9)五五~五六頁。五五頁にその文書の写真が掲載されている。
(48)『憲廟実録(常憲院贈大相国公実記)』(『内閣文庫所蔵史籍叢刊』第十七巻、汲古書院、一九八二年)延宝八年五月六日条(六頁)。
(49)松平『松平大和守日記』(注37)五七〇頁。

第七章　将軍一年目

「綱吉公未だ相公にて坐しませし時、公方家の御機嫌を毎日伺ひ給ふに、其人の往来せる間は、麻上下を召され、謹慎ましく〳〵、御使帰り参れば、御上段に居ゑられ、下の方にて御手を突かれて聞召す事毎日変る事なし」。この記述の典拠である『武野燭談』は続けて、綱吉はまた、献上された贈り物すべてについて調査をしたと説明する。おそらく、誰がうまく取り入ろうとしていたのかを確かめるためであった。また午後になって、老中やほかの役人たちが城を出ると、綱吉は政務室に侵入し、大名や旗本の記録を丹念に調べ上げたという。綱吉が早くからこれらの記録に関心を持ったことが、のちに多くの譜代大名を没落させることにつながったと、『武野燭談』の著者は推測する。[1]

政権内部の大きな変化

『武野燭談』が完成したのは一七〇九年とされているため、その内容が一六九〇年代初めに、ケンペルやケンペルへの情報提供者に知られていたとは考えにくい。しかしケンペルは、ある種、似たようなことを書いているのである。

この新しい将軍の誕生とともに政権内部に大きな変化が生じた。将軍は、まだ誰も彼（将軍）に注目していなかった時期から、政権［の働き］を遠くから観察していたのであった。その結果、彼は、物事をどのように動かせば、老中と若年寄が通常の任務と日々の奉仕以上のことをしなくなり、彼を除く誰もが、いかなる権威をも持ち合わせなくなることを知っていた。……彼は些細な過失でも適当と思えば厳格に罰し、意のままに死刑や追放刑を宣告した。[2]

公式記録によると、綱吉には、国の支配者という重要な役割を果たす上での準備期間がほとんどなかった。家綱の養嗣子となってから将軍宣下までの間に、日がわずかしかなかったからである。しかし、上記に引用した文書だけでなく、綱吉の治世初期の記録からも、綱吉がその任務を果たすための準備をしていたことが明らかになる。綱吉は、兄綱重の死後に、あるいはまた将軍家綱の健康状態が急速に衰えていった時期に後継者に指名されたわけではなかった。しかし、次期将軍になるのは誰なのか、綱吉自身にとっては自明であったように思われる。日本側の史料には、衝突のあったことがほとんど記されていないが、後継問題が早急に解決されなければ、「血なまぐさい」武力闘争に発展しかねないというオランダ側の予言は、綱吉が、正当に自分のものと信じているものを要求するのに、武力を用いる準備のあったことを十分に示している。これはまさしく父家光が、異常なほど快活で賢い子供であった綱吉を見た時に恐れたことであった。

綱吉は、最終的に平和的な手段によって継承したが、彼の将軍就任をもって、その権威に対する反発が消滅したのではないことを十分に承知していた。ケンペルによると、綱吉はこの状況を巧みに乗り切った。ケンペルは次のように記している。「治世の初めに彼は重臣六十人を解雇したが、それは表向きで、実際のところ彼らは最も信頼のおける武士であった。彼らは、あたかも強制されたかのように、東へ西へと赴き、それぞれが予め定められた場所で、将軍が疑いをかけていた大名に奉仕したのであった。そうすることで将軍は、そのような大名の指示の下に何が起きていたのかをよく見通すことができた。武士層の多くが彼の地位をしぶしぶ認めていたということを、彼は知っていたのである」[3]。

戸田茂睡による綱吉の治世に関する記録は、綱吉が将軍と呼ばれるようになるや否や、様々な理由で解雇された家臣たちのリストで始まる[4]。この解雇の信憑性を茂睡は全く疑っていない。しかし、長年仕えた家臣を、彼らの支えが最も必要となる時期に追い払うという行為は信じ難い。綱吉の前任者はこの時期に、周りを知っている者で固めるという正反対のことをしていた。このように考えると、むしろケンペルの説を支持したくなる。のちに綱吉が自らの権威を確立した時には、隠密を配置するのにそれほど内密にする必要はなくなっていた。ケンペルが十年ほどあとに日本へ来た時には、事実上公然たる秘密となっていた。東海道を進む尾張藩の大名行列の描写をする際に、ケンペルは次のように記している。「将軍の命で任地へ赴いたこれらの家老は、将軍の取り巻きの中から選び出された者であり、忠臣というよりは隠密と見なさなくてはならない」[5]。

臣下である大名に関する極秘情報を綱吉が重視したことは、『土芥寇讎記』という面白いタイトルのついた作品の中にも反映されている。このタイトルは、孟子の中の「君之視臣如土芥、則臣視君如寇讎」という一節を想起させる。「土芥」とは「くず」を意味する。これは、全国諸大名の個性や気質について、詳細かつ率直に記録した江戸時代中期の人名辞典である。そのタイトルはのちに、綱吉の死後に大名が、彼らの家についてしばしば好意的でない見解の記録を発見した時につけられたのかもしれない。この挑発的なタイトルは、将軍とその家臣たちとの関係をよく言い表している。そしてこの文書の典拠となったのは、前述のような形で配置された数々の隠密に間違いない。[6] 綱吉が将軍になるにあたって、このようによく計画を練った上で迅速な行動を取ったということは、彼を素人で政治的に未熟な人間と見る歴史家の叙述と矛盾する。従来、綱吉の治世は、堀田正俊の主導の下に効果的な改革が行われた時期と、貞享元年（一六八四）に正俊が死去したあとの、無能で腐敗した支配が行われた時期とに分けられてきた。しかし、史料を丹念に精査するならば、綱吉自身が治世当初より、一貫して政権の手綱を握っていたことが明らかになる。大老酒井忠清がまだ現役で、正俊が主導的地位に任じられる前からである。

新風を吹き込む

家綱の死からわずか二十日後、そして葬儀からわずか二日後に、綱吉は幕閣に向けて最初の通達を出した。延宝八年（一六八〇）五月二十八日のその通達によると、それまで老臣は未の刻に退出していた。季節により異なったが、午後二時から四時の間である。しかし今後は、やらなくてはならない仕事がある場合は夜遅くまで留まるよう、彼らに命じている。[7] この初期の通達に、次の三十年に及ぶ綱吉の治世の精神が集約されている。綱吉は将軍となる前から、このように命じようと決めていた可能性もある。すなわち、老臣が早く退出していたことで、綱吉は幕府の記録を精査することができたのである。この通達は、明らかに綱吉自身のスタイルを感じさせるものであり、新将軍以外の別の誰かの主導で行われたとは考えにくい。

綱吉は、譜代大名を厳格に処罰するという、その治世の特色にもなっている政策を早々に実施することとなった。五月二十四日に内藤忠勝は、増上寺で警備の任にあたっていた時に、刀を抜いて永井尚長を刺殺した。記録によると、同じ日に忠勝は切腹を命じられ、城は没収された。尚長の所領と城もまた、後継候補に引き継がれずに没収された。尚長が後継者を指名し損ねたためと言われている。[8] こうして綱吉は、将軍としてその支配体制を確立するよりも前に、十万石以上を幕府の資産に加えたのであった。

家綱の死の直前に将軍の後継者たることを宣言された綱吉は、二の丸に居住するようになったが、延宝八年七月十日に本丸へと居を移した。将軍宣下の儀式が執り行われたのは八月であったが、公式記録では七月二十一日が綱吉の治世初日となっている。[9] しかしその月の九日にはすでに、牧野成貞を本丸で自らに仕える側衆に任命していた。[10] この出来事を、歴史家たちはお気に入りを抜擢した素人の人事として描く傾向にあるが、そうではない。綱吉が速やかに成貞を選び出して任命したことは、のちの綱吉政権における優先事項ならびに権力構造を正確に反映するものであった。側衆となった成貞は、やがて国中で最も権力を有する者の一人となり、次第に老中と同じ役割を担って特権を帯びるようになった。また、彼が側用人に任命されたのは、堀田正俊が農政担当に任命されるよりも一ヵ月ほど前である。

次いで、将軍就任からわずか四日後に、綱吉は異例にも直々に大目付と目付に任務を委託している。[11] これらの役職は、それぞれ老中と若年寄の目耳とも説明されるが、大目付は大名の行動を報告し、目付は旗本・御家人の監視や、江戸城内での政務全般を監視した。将軍に直接報告するという特権を有したことから、非常に恐れられた。理論上は彼らが仕えるべき者からも恐れられ、将軍が幕閣全体を統制するのに最も重要な手段の一つとなった[12]。

翌二十六日には、重要な役職である寺社奉行、江戸町奉行、勘定頭の新たな担い手を将軍が直々に任命している[13]。これら三つの役職は、人々を統治し国の財政を管理する上で主たる責務を担ったが、その担い手を新将軍就任直後に交代することも、また極めて異例であった[14]。

上記のような命令や任命を通して、将軍自身が国の統治に直接関与するための基盤が、短期間の内に体系的に整えられることとなった。それらは、その性質やタイミングから、他の誰でもない、新将軍自身の主導の下に行われたとしか考えられない。

一方、老中堀田正俊を「農政担当」に任じるという特別な人事が、その年の八月初めに行われた。しかし、綱吉の治世において正俊がどのような役割を果たしたのかを詳細に検討する前に、新政権に間違いなく新風を吹き込むこととなったある出来事について、論じなくてはならない。その出来事とは、一般に越後騒動と呼ばれている高田藩内での後継者争いを経て、綱吉が年配の近親者であった藩主松平光長に対して下した処罰のことである。

越後騒動

日本海に面した広大な高田藩は戦略上重要であり、初代将軍家康が慶長十九年（一六一四）に六男忠輝に割り当てたものであった。周辺の外様大名は、所有者の地位に見合った要塞の建設を支援するよう命じられ、高田城が建造された。七十五万石もの土地を有するこの藩は、日本海側における徳川の拠点となった。しかし、忠輝の幸運は長くは続かなかった。大坂の陣での不手際を理由に、三年後に改易されたのである。その後、幾人かを経て、最終的に、石高はかなり減っていたが、この後継者争いに巻き込まれることとなった松平光長（一六一五～一七〇七）の手に渡った。

光長は、家康の次男結城秀康の孫であった。[15] 秀康は元々、豊臣秀吉の養子であったが、秀吉に跡継ぎが誕生すると、下総の結城家に養子に出されたことが思い起こされる。その後、秀康の息子松平忠直（一五九五～一六五〇）は越前六十五万石を父親より受け継いだが、のちに藩運営の失敗を理由に所領を奪われ、豊後へ配流された。

光長の母勝子は第二代将軍秀忠の三女で、高田姫としても知られている。[16] おそらく第三代将軍家光の甥であったことから、若き光長は、父親である松平忠直が失脚したにもかかわらず、高田城と越後二十五万石を賜った。[17] 元服式に際しては、家光より名前の漢字「光」が授けられ、従三位に叙任された。その地位は尾張、紀伊、水戸の御三家に準ずるものとなった。[18] 大坂の陣の年に生まれた光長は、綱吉より三十歳ほど年上であり、家光から、のちに第四代将軍となる家綱のための特別な支援を要請されたこともあった。[19] 光長の両親は、共に家康の孫であったことから、徳川の血が綱吉よりも多く体内に流れていることを誇ることもできた。御三家に次ぐ地位にあった光長は、綱吉が将軍となった際には順番通り御三家の次に迎えられている。[20] しかし、この徳川家の御曹司は、新政権の最初の年が終了する前に、将軍の親裁によって所領を没収され、勾留されることとなったのである。

光長を没落させたこの出来事について、誰にそもそも責任があるのかをめぐっては、歴史家の間でも意見が分かれている。『徳川実紀』は確信を持って、「姦人」小栗正矩にその責任を負わせている。[21] その一方で百瀬明治は、正矩が不当な扱いを受けたと考え、微妙に異なる見解を発表している。

百瀬の指摘によると、寛文五年（一六六五）に高田藩は壊滅的な地震に襲われたのであった。城の一部を含む相当数の住居が破壊され、百五十人ほどの武士とその十倍もの数の庶民が命を落とした。落命した者の中には、藩政の担い手であった最も有能な家老二人が含まれていた。この二人の死を受けて、それぞれの息子であった小栗正矩と荻田主馬が家老に任命されたが、ここに失政ならびに両家の対立の時代が始まる。小栗正矩が漸次改革に着手し成果を上げたのに対し、荻田主馬は改革に憤る保守的な一派の側に立ったと、百瀬は主張する。[22] 後者は多くの支持者を獲得し、八百五十人ほどの藩士の支援を受けたが、小栗正矩の支持者はわずか百三十五人に留まった。[23] 延宝二年（一六七四）に光長の一人息子綱賢が世嗣を遺さず四十一歳で死去した時、小栗正矩が綱賢を毒殺したという風評が広まり、両家の溝をさらに深めることとなった。さらに子を儲けるつもりのなかった光長は、親族の中から世嗣を任命することにしたが、そこには幾人もの候補がいた。

豊後へ追われた光長の父忠直は、そこで第二の家庭を築き、息子二人と娘一人を儲けていた。父親の死後、光長が彼らの面倒をみたが、この二人の異母弟と彼らの息子たちも候補となった。光長の異母妹は小栗正矩と結婚し、その間に生まれた息子もまた候補であった。加えて、尾張家の次男を越後へ養子に迎えることも考慮されていた。藩の世嗣決定の大評定は最終的に、光長の異母弟ですでに死去していた永見市正の息子で跡取りであった、十四歳の万徳丸に決定した。延宝三年（一六七五）に、幕府は万徳丸を後継者として認め、第四代将軍家綱は自身の名前の一字を万徳丸に授け、彼を綱国と称した。[24]

小栗正矩は、世嗣候補として自身の息子よりも綱国を支持した。その見返りに光長は、自身の甥である正矩の息子を養子に迎え、自らが隠居する際には五万石を別立てて継承させようとした。このことが寛文十三年（一六七九）一月に知れ渡った時、何百人もの藩士が武装して小栗邸を取り囲んだ。この時点で酒井忠清が幕府の名の下に介入した。忠清は、小栗正矩に見舞状を送り、そして幕府の最高裁判所である評定所の裁定に基づき、造反の首謀者であった荻田主馬と、光長の異母弟永見大蔵を、それぞれ長州と松江に御預けとした。[25]

しかし、戸田茂睡の聞いたところによると、この裁定は将軍家綱の意向に反するものであった。忠清が小栗正矩をひいきし、この一件を公的というよりは私的な事柄であるかのように扱ったからであり、家綱は忠清を糾弾した。さらに茂睡によると、将軍は藩主松平光長も有罪と見なし、彼にも罰を与えることを望んだ。それに対して忠清は、光長の結城秀康につながる輝かしい家系を指し示し、徳川家一門の中でも最も重要な家であることを強調した。それゆえに所領を没収することなど考えられなかったのであった。[26]

茂睡の記述は風評に基づくものであった。しかし、『武野燭談』にも似たような情報が含まれている。ここでは、家綱が病気の時に、徳川家の御曹司を処罰することなど、忠清にできるはずはなかったという話の展開になっている。[27]ある信頼のおける史料からは、綱吉も同様の助言を受けたことが伝えられる。将軍となったあとに綱吉が、義兄で尾張藩主であった徳川光友に、光長の所領を没収するべきかを相談した時のことであった。『大和守日記』によると、光友も綱吉に、光長の輝かしい家系のことを想起させたという。日記の著者松平直矩は、光長の従弟であり、この一件では調停役を務めている。光長の父親は大坂の陣で戦ったのであるから、この家系は御三家よりも重要だという。さらに光友が指摘したのは、光長を処罰することによって前例ができてしまうということであった。今後、御三家の家臣の間で同様の問題が生じた場合、彼らの所領も没収してよいことになるからである。そうなると、徳川の支配権は深刻なほどに弱体化すると、光友は説いた[28]。

綱吉は義兄のこの助言を聞き入れなかった。光長の所領は没収され、彼とその後継者に定められていた綱国は閉門を命じられた[29]。藩士は、いずれの側についていようと処罰され、かつて酒井忠清に支援された小栗正矩とその息子には最も重い切腹が命じられた。処罰はさらに続き、綱吉が将軍となる前にこの件の対処にあたった名門の大名と役人も罰せられた[30]。問題を解決しようと調停役を務めた二人の大名、『大和守日記』の著者松平直矩と福井藩の藩主松平近栄でさえ、閉門を命じられ、減封・転封されている[31]。

酒井忠清と越後騒動

戸田茂睡によると、前大老酒井忠清もまた越後騒動の犠牲者であった。延宝九年六月に親裁が下ったが、その一ヵ月前に忠清は、政権の中枢から離れた大塚の下屋敷において謎の死を遂げている。この一件に対する忠清の対処が家綱の意向に反するものであったというのは、戸田茂睡が未確認の噂として述べたことであったが、その他の史料からもそれを裏づけることができる。

将軍家綱が、越後騒動を「私的な事柄」[32]のように扱ったとして忠清を批判したのならば、綱吉はそれを可能な限り公的なやり方で処理するよう取り計らったはずである。幕府の最高裁判機関である評定所が、江戸城の大広間に召集された。通常は老中の主宰で行われたが[33]、この時は将軍自らが主導した。将軍の甥や御三家をはじめ、大目付・目付、儒学者、将軍の小姓に至るまで、相当数の人々が列席した。

この大勢の聴衆の前で、高田藩の老臣たちは堀田正俊から尋問を受けた。これがしばらく続いたのち、将軍が大声で「これにて決案す。はやまかり立て」と言った。「座中の輩震慴せざるものなし」と記録されている。[34]

将軍は早い段階ですでに決断していたのであり、公の場での尋問は見世物として形式的に行ったに過ぎないと、歴史家は批判する。[35] 筆者はこの批判を正しいと考えている。その主たる目的が、前政権の場合とは異なり、この一件を公の事柄として扱うことの必要性を示すためであったことは明らかである。すでに触れたように、将軍は裁定について事前によく考え、悩んだ末に、義兄にどのように対処すべきかを相談していた。また関係した人々への尋問は、評定所に限ったものではなかった。六ヵ月ほど前から この一件に関する入念な取り調べが始まっていたのであり、尋問のために江戸へ来るよう老中より要請された人々がひっきりなしに流れてきた。ここに我々は、酒井忠清が政界から引退したこととの興味深い相関関係を見ることができるのである。[36]

新たな取り調べは、小栗正矩とさらに別の家老二人を、延宝八年十二月三日に江戸で行われる尋問のため派遣するよう、老中が松平光長に要請したことに始まった。[37] その六日後に酒井忠清は、表向き「近年」のたび重なる病を理由に、隠居が認められている。[38] 病気というのは、隠居の本当の理由を言わない方が望ましい場合の一般的な説明であった。したがって、その前の何年かの間に、忠清の健康状態の悪化を示すような記録が全くないことには驚かない。延宝八年十月になると、忠清の健康状態がよくないという報告が見られることは確かであるが、それらはいずれも深刻な出来事とは見なされていない。忠清はある屋敷の玄関前の坂を上っていたところで痰がからみ、急場を凌ぐためにお湯を飲まされたという。顔と手足が腫れていたという報告もある。また別の史料によると、忠清は少し太り気味であった。綱吉の将軍就任後も、忠清は大老としての職務を担い続けたが、新しい将軍の政策には、忠清が攻撃に晒されることになるような兆候が、明らかなものからそれほどでないものまで、数多く見られたのである。十月の記録にあった健康問題は、立場の危うさに起因するストレスが続いていたことの表れなのかもしれない[39]。

将軍から隠居を認める正式な許可が出たことによって、政治的事柄との関わり方に必然的に変化が生じることになったが、忠清はそのことに納得がいかなかった。政治から完全に距離を置いたことを強調するため、忠清は、正式に隠居してから二日後に、御三家や諸大名に使者を派遣し、今後は公務に関するいかなる要望も受けつけない旨を伝えている。また、もはやいかなる方法によっても連絡が取れないことを示すため、自邸の入口の木の扉を閉鎖し、出入りを一切禁止するという思い切った手段に出た[40]。徳川時代の日本で一般に行われていた処罰に、自邸に監禁するというものがあり、そこでは扉や窓にかんぬきをされ、外部とのつながりを絶たれた[41]。将軍は忠清を自邸に監禁し食糧の差し入れを禁じたという、ケンペルが耳にした噂は、このようなことから発展したのかもしれない。

翌延宝九年早々の一月十二日に、幕府は評定所を運営する上での規則の改正を行った。開廷の日時が定められ、担当役人の振る舞い方や迅速かつ徹底的に尋問を行うための規則が具体化された。これらの改正が告示されると同時に、忠清が政務を行った大手門前の屋敷が没収され、堀田正俊に与えられた[42]。

新将軍が、前将軍の下で政務として行われていたことに不快感を抱いていたことは、同時代の人々の間でよく知られていた。公式の手順が私的な利害により崩壊させせられたという将軍の不平が、大名の手紙の中で取り上げられている。福田千鶴は、越後高田での後継者争いについての最新かつ詳細な研究を発表しているが、そこで次のように結論づけている。実務上の正しい手順が改めて強調され、それを機に酒井忠清は、自らを越後の一件から遠ざけることとなったのであると。[43] 将軍が老中に、越後の一件について入念に取り調べるよう指示した時、そのような老中の一人であった忠清が、自らを遠ざけることのできた唯一の方法は辞職であった。評定所の規則が再検討されて厳格化されたことには、酒井忠清が大老として、この幕府の最高裁判機関を監督する義務を十分に果たさなかったという意味も含んでいた。

徳川最初の三人の将軍は、一門の家であっても、内部の争いを理由にためらうことなく所領を没収し、最高の権力者たることを見せつけてきた。第四代将軍家綱の弱小政権を経て、越後騒動は綱吉にとって、将軍のかつての権威を再確立する良い機会となった。しかし、福田が指摘しているように、綱吉の採った行動は、所領を没収して藩士を処罰しただけでなく、中央政権にあってこの一件を担当した者まで処罰したという点で、前例のないものであった。[44] さらに処罰の対象は、この一件の処理にあたった役人に留まらなかった。上述したように、調停役を務めた譜代大名までもが罰せられた。その間に、この一件の処理に関わった大老酒井忠清と老中久世広之（一六〇九〜七九）は共に死去した。それでも彼らは有罪を宣告され、彼らの子孫や親族が代わりに罰せられた。[45] 松平直矩は、彼自身もこの新政策の犠牲者であったが、日記にはっきりと次のように記している。処罰が下されたのは、忠清と広之による越後騒動の扱い方が不当であったと綱吉が確信したからであると。[46]

忠清の振る舞いに対する綱吉の裁定が記録に表れるのは、将軍就任から十二ヵ月ほどが経過した時であり、忠清の死後であった。しかし同時代の人々は、綱吉の将軍就任と共に政権内に変化の動きを感じ取っていて、幕閣の中心にいた忠清は程なくして、死後に受けることとなった処罰を予期するようになった。過去においては殉死の習慣が、新将軍と、前将軍の下で権力を持った者たちとの間の対立を防いでくれた。家綱の下で権力が将軍から大老や老中に移り、殉死が禁止されると、新将軍が任命されても政権内の役職は継続されることが保証されたかに見えた。綱吉は、輝かしい家系を誇る松平光長を処罰することで、徳川家一門に対する権威を確立することができただけでなく、政治哲学において彼自身とは相容れない有力者から、自らを解放する機会をも得たのである[47]。幕府の財源が数十万石増えたことや、農地からの名目収入と実際の収穫高とを一致させるための検地を、最初に実施する機会を得たことも、また有益であった[48]。

越後騒動は、綱吉にとって、彼の代わりに皇子を将軍に擁立しようとした動きに対する復讐の機会にもなったのであろうか。歴史家の中には、高田藩主松平光長が、酒井忠清が後継者に推したという有栖川宮幸仁の伯父であったと指摘する者がいる[49]。だが実際は、光長と幸仁との間に血縁関係はない。光長の妹亀子は、第二代将軍秀忠の養女となり、のちに後西天皇として即位する高松宮好仁と婚約させられている。幸仁は好仁の息子であったが、違う女性との間に生まれていた[50]。光長と幸仁との間に血縁関係はなかったのであるが、光長は、忠清の計画を支援するため、このような家のつながりを利用しようとしたかもしれない。

我々はいかなる史料からも、新将軍の心情を見抜いたり、忠清が皇子を後継者に擁立しようと目論んだことは確かだと判断したりすることはできない。確実なのは、綱吉が忠清の病に対して、通常贈られるような見舞いの言葉や品を届けなかったということである。さらには、一人の医者に対して、他所で必要とされているという理由から、忠清の元へ行くことを禁じてさえいる。[51] 忠清の死後には、その息子が、遺骸を前橋の菩提寺へ返すための許可を得るのに大変な苦労をし、最終的に葬列は夜の暗闇の中を密かに出発することとなった。[52] 十九世紀の『甲子夜話』は、次のような風評を伝えている。忠清の死を聞いたあとも、綱吉は依然として彼を恐れていて、前大老が確実に死去したことを確かめるため、二度にわたって使者を派遣したという。綱吉は、立ち会った医者たちへ容易に尋ねることができたはずであり、この話の信憑性は薄い。病気の忠清を訪問しようとした大名に対して、綱吉が腹を立てたという事実はしっかりと記録されている。[53]

綱吉の将軍継承を後押しした老中堀田正俊の方は、新将軍に気に入られた。正俊は、戦略的に江戸城内の大手門に位置した酒井忠清の屋敷を受け継ぎ、越後騒動の裁定の際には一連の経過において主導的な役割を果たした。綱吉の将軍就任から間もない延宝八年八月五日に、早くも正俊は、幕府の直轄領において農民の管轄を一人で行うよう任じられた。所領の加増と大老への昇進がそれに続いた。歴史家の中には、堀田正俊を酒井忠清の後継者と見る者もいる。[54] より柔順であった正俊を、当初は忠清の交代要員として置き換えたに過ぎなかったのであろうか。それについては次章で取り上げる。

（1）『武野燭談』（村上直編注、江戸史料叢書、人物往来社、一九六七年）八六頁。
（2）Engelbert Kaempfer, ms. Sloane 3061, British Library, London, folio 110.
（3）同右。
（4）戸田茂睡『御当代記』（塚本学編、東洋文庫六四三、平凡社、一九九八年）一〇頁。

（5）Engelbert Kaempfer, *Kaempfer's Japan: Tokugawa Culture Observed*, edited, translated and annotated by B. M. Bodart-Bailey, Honolulu: University of Hawai'i Press, 1999, p.370.

（6）『土芥寇讎記』（金井円編注、江戸史料叢書、人物往来社、一九六七年）。『孟子』巻第八「離婁章句下」[訳注…『孟子』下巻、小林勝人訳注、岩波書店、一九七二年、六四頁より引用]。James Legge, The Four Books, Hong Kong: Wei Tung Book Store, n.d. p.181 (Mencius section).

（7）黒板勝美・国史大系編修会編『徳川実紀』第五篇（吉川弘文館、一九七六年）延宝八年五月二十八日条（三五九頁）。年間を通して日出と日没を基準にその間を均等に分けていたので、夏期は日中の時間が冬期より長かった。B. M. Bodart-Bailey, "Keeping time - Now and Then", *Springer Science*, 12:3 (Fall 1997), pp.15, 18を参照。

（8）延宝八年五月二十四日という日付は『葉隠』による。『憲廟実録（常憲院贈大相国公実記）』（『内閣文庫所蔵史籍叢刊』第十七巻、汲古書院、一九八二年）九頁では、延宝八年六月二十六日となっていて、『徳川実紀』第五篇（注7）三六三頁ではこの出来事が延宝八年七月九日の日付の下に記されている。家綱は五月八日に死去し、五月十三日に納棺されていることから（『徳川実紀』第五篇（注7）三三八頁）、『葉隠』が正しいように思われる。山本常朝『葉隠』（和辻哲郎、古川哲史編、岩波書店、二〇〇三年）中巻、一四四頁。

（9）『徳川実紀』第五篇（注7）三六四頁。『憲廟実録』（注8）一一～一二頁。将軍宣下の儀式は延宝八年八月二十三日に執り行われている（『徳川実紀』第五篇（注7）三七〇頁）。

（10）『徳川実紀』第五篇（注7）三六三頁。

（11）『徳川実紀』第五篇（注7）延宝八年七月二十五日条（三六六頁）。

（12）栗田元次『江戸時代史』第一巻（近藤出版社、一九七六年）二〇七～二〇八頁。笹間良彦『江戸幕府役職集成』（雄山閣、一九六五年）二五四、三五三頁。

（13）『徳川実紀』第五篇（注7）三六六頁。児玉幸多ほか編『日本史総覧』第四巻（新人物往来社、一九八四年）四九、五八、六三頁。

（14）大石慎三郎『元禄時代』（岩波書店、一九七〇年）八六頁。
（15）百瀬明治『御家騒動』（講談社、一九九三年）一一六～一一七頁。
（16）杣田善雄「松平忠直」（『世界大百科事典』第二十七巻、平凡社）。
（17）『徳川実紀』第五篇（注7）天和元年六月二十六日条（四一七頁）。山本博文『徳川将軍と天皇』（中央公論新社、一九九九年）二三六～二三八頁も参照。
（18）百瀬前掲書（注15）一一七頁。
（19）林亮勝『徳川氏と江戸幕府』（人間舎、二〇〇三年）一四四頁。
（20）例えば『憲廟実録』（注9）延宝八年七月十日条（一〇頁）、同年閏八月四日条（二三頁）を参照。
（21）『徳川実紀』第五篇（注7）延宝八年六月十九日条（四一四頁）。
（22）百瀬前掲書（注15）一二七～一二九頁。
（23）同右、一二四頁。
（24）同右、一二〇～一二三頁。
（25）同右、一二九～一三一頁。『徳川実紀』第五篇（注7）延宝七年十月十九日条（三二五頁）。
（26）『御当代記』（注4）一五～一六頁。
（27）『武野燭談』（注1）三〇五～三〇六頁。山本前掲書（注18）二五〇～二五一頁。
（28）松平直矩『松平大和守日記』（『日本庶民文化史料集成』第十二巻、三一書房、一九七七年）天和元年五月二十七日条（五九四頁）。福田千鶴『幕藩制的秩序と御家騒動』（校倉書房、一九九九年）三二四～三二五頁。
（29）『徳川実紀』第五篇（注7）天和元年六月二十六日条（四一七頁）。
（30）『徳川実紀』第五篇（注7）天和元年六月二十二日条（四一六頁）。
（31）福田前掲書（注28）三二二～三二三、三二七頁。Harold Bolitho, *Treasures among Men*, New Haven: Yale University Press, 1974, p.176.

(32)「私の裁判のやうに思召」。戸田『御当代記』（注4）一五頁。
(33) 笹間前掲書（注12）二二四頁。
(34)『徳川実紀』第五篇（注7）天和元年六月二十一日条（四一五〜四一六頁）。
(35) 例えば百瀬前掲書（注15）一三四頁。
(36) 福田前掲書（注28）三一六〜三一八頁。福田千鶴『酒井忠清』（人物叢書、二〇〇〇年）一九九〜二〇〇頁。
(37) 福田前掲書（注28）三一四頁、『徳川諸家系譜』より引用。
(38)『徳川実紀』第五篇（注7）延宝八年十二月九日条（三九一頁）。
(39) 福田前掲書（注36）一九三〜一九四頁。
(40) 同右、一九五〜一九六頁。
(41) Kaempfer's Japan（注5）一六二頁。
(42)『徳川実紀』第五篇（注7）天和元年一月十二日条・同年同月十五日条（三九七頁）。しかし福田千鶴（前掲書（注37）一九七頁）は、『永代日記』を引用し、忠清の屋敷が没収されたのを一月十二日、没収命令が出されたのを一月八日としている。
(43) 福田前掲書（注28）三一五頁。ここでは土佐藩主山内忠豊からの手紙（延宝八年閏八月二十二日付け）が引用されている。忠豊は寛文九年に没しているため、この書状は息子豊昌からでなくてはならない。
(44) 福田前掲書（注28）三二七頁。
(45) 詳細は同右、三二三頁を参照。
(46)「取扱不調ニ被思召ニ付也」。『松平大和守日記』（注28）延宝九年七月一日条（五九七頁）。
(47) 酒井忠清の息子忠孝（ここでは忠明）は、忠清の隠居について、将軍が権威を確立したことと関連づけて自藩の家老たちに説明した。福田前掲書（注36）一九六頁。
(48) 吉川町教育委員会『宗門改帳・天和三年検地帳』（吉川町教育委員会、一九九三年）七頁。

(49) 児玉幸多『元禄時代』(『日本の歴史』第十六巻、中央公論社、一九九〇年再版)二八一頁。
(50) 福田前掲書(注36)一七九～一八〇頁。
(51) 同右、二〇一頁。
(52) 同右、二〇三、二〇七頁。
(53) 同右、二〇六～二〇八頁。
(54) 例えば伊東多三郎『日本近世史』第二巻(有斐閣、一九五二年)一〇九頁。

第八章　堀田正俊の台頭と没落

新将軍の下で将軍宣下の準備が進められていた延宝八年（一六八〇）の夏、東日本では台風が暴れ、高潮や洪水を引き起こしていた。田畑は荒れ果て、日照不足から作物は十分に実らなかった。祝い事や収穫期の不足に備えて米が密かに蓄えられたため、物価が急上昇した。人々は飢え、江戸とその周辺は深刻な飢饉の瀬戸際にあった[1]。

同時代の人々にとって、自然によって引き起こされた大災害は、神々が現行の政治に不満であることの表れであった。神々をなだめ、人々を助けるため、行動を起こす必要があった。綱吉はこの難問に対して、農政を老中堀田正俊一人に委任するという、前例のない手段をとることで応えた。

幕府直轄領は伝統的に、勘定頭の配下に置かれた代官によって管理・運営されてきた。さらに、これらすべてを老中が月番で管轄したが、そのような状況からは、高度で専門的な技能を身につけようとしたり、細かいところまで注意を行き届かせようとしたりするような機運は生まれない。延宝八年八月五日に綱吉は、この伝統を打ち破り、堀田正俊ただ一人に、そして恒常的にこの政治上重要な部門の監督を委ねたのである。

これら重要な任務を単に委託するだけで綱吉は満足しなかった。わずか二日後に、正俊は再び綱吉の前に呼ばれ、この件に関する指示を受けたが、この時は、正俊の下に新たに配属された四名の勘定頭も、綱吉から直接指示を受けるために召集されていた。綱吉の聞いたところによると、幕府直轄領の農民はここ数年くたくたになるまで働かされていた。そこで将軍は、農民が衰弱することのないよう、仁政を施すよう命じた。[2] 勘定頭に指示を与えるのは本来正俊の役割であったが、それも事実上、綱吉が担ったのである。

九日後、綱吉はさらに一歩先へと進んだ。正俊に農民の監督を委ねたのであったが、綱吉自らが公然と代官に向けて厳しい警告を発した。その内容は、彼らの働きは満足のいくものではなく、将来はいかなる失政も仮借なく処罰されることになるというものであった。幕府の収入の大半を生み出していたのは農民であったことから、農民を監督することは、「国用」を監督することと同じであった。しかし、この監督の任務をたった一人の老中に委ねる体制は見直され、高位の役職者六名が正俊の仲間入りをすることとなった。六名の内、二名が京都町奉行、三名が勘定頭、一名が目付であった。[3]

徳川幕府の歴史の中で初めて、一人の老中が単独で年貢米の徴収とそれを生産する農民に対する責務を負うこととなり、さらには、それを補佐する役職者のチームが綱吉から直々に与えられたのである。[4] これらすべてのことが一ヵ月も経たない内に成し遂げられ、八月二十三日に行われた将軍宣下の大礼よりも前の出来事となった。[5] 綱吉は堀田正俊こそが、自身が望んでいることを実行する能力とやる気とを兼ね備えた人物と見なしたのであろうか。あるいは、好ましくない連中の中では良い方というだけであったが、国の財政の運営・管理にほかの老中が関わらないようにするには、異例にもそのまま正俊を任命する必要があったということなのであろうか。依然としてこのような疑問が残る。正俊とその役職者のチームに任務を委ねたことは、老中から権力の一部を奪い、将軍の手中に収めるための、巧みな戦術に過ぎなかったのであろうか。

堀田正俊の役割

堀田正俊の役割との関連で、全国の代官に通達が出された時期が問題となる。そこでは次のように、幕府直轄領における代官の責任と義務とが列挙され、徴税人ならびに農民の管理者としての彼らの職務が規定されていた。

> 代官の輩に令せられしは。
> 民は国の本なり。代官の輩常に民の辛苦を察し。飢寒の愁なからむやうはからふべし。
> 国寛なる時は民奢り。奢る時は本業に懈怠す。諸民衣服屋舎奢侈あらしむべからず。
> 民は上に遠ければ疑多く。上もまた下を疑事すくなからず。上下疑なからんやう。万に心いれはからふべし。
> 代官等常に其身をつゝしみ奢なく。稼穡の事明詳にわきまへ。賦税に心入て。
> 諸事属吏にまかせず。みづからつとむべき事肝要なり。然時は属吏私曲あるべからず。代官はいふまでもなし。属吏等に至までも。所治の民を私用に使役し。金銀。米銭。相互に借ことあらざらむやうかたく令すべし。

堤防。道橋。其他常に心用ひ。大破に及ばしむべからず。さきだちて修理加ふべし。百姓争論あらば。小事の内に内々に裁断すべし。依怙の沙汰して難儀に及ばしむべからず。所治得替。又他領に引渡の跡に。未進なからんやう。諸事をこたらず。常常指揮とゞこほる事あるべからずとなり。[6]

幕府の記録の原本に基づき、『徳川実紀』は八月三日の日付の下にその通達を引用している。それは、堀田正俊が単独で農政にあたるよう綱吉から任命を受ける二日前であった。『御当家令条』や『御触書寛保集成』などの公式に編纂された法令集では、その通達が若干異なる形で、一ヵ月後の閏八月三日の日付の下に収められている。辻達也は、『徳川実紀』の日付の方が、実際の幕府の記録に基づいていることから、のちの編纂である『御当家令条』や『御触書寛保集成』よりも信頼できるとしながらも、後者に収められた訓令には堀田正俊の署名がついているため、その一ヵ月後の日付を好んで用いている。その理由を辻は、次のように説明する。正俊が月番老中であったとも考えられるが、その通達は重要であり、かつての月番制においてたまたま当番であった一人の老中だけが署名するような些細な事柄ではないと。[7]

綱吉は以前にも、目付や奉行を直々に任命して指示を与えるという異例な行動に及んだが、それと同じように、この通達も、正俊を任命する前に、綱吉自身が直接代官に向けて通達した可能性がある。官僚政治の慣習を犯したと老中は抗議し、それを受けて綱吉は、自身に絶大な支持を寄せた老中堀田正俊ただ一人をこの部門の管轄責任者にするという策略を用いることにして、その他の老中からの干渉を将来にわたって退けたとも考えられる。しかし実際には、正俊を任命したあとも、綱吉は農政を単純に彼の手に委ねようとはせず、繰り返し指示を出し、正俊の配下にある者を御前に呼び出したのであった。この事実は、正俊を任命したことにより、綱吉が政治的事柄に干渉する頻度を減らすどころか増やすことになったという論理を裏づける。正俊自身、それは綱吉から通達されたと記している。[8] 綱吉はまた、後段で検討するいわゆる生類憐みの令を施行しようとした際にも、同じような官僚的な戦術を根気よく用いたのである。

代官に向けた訓令は概念上、綱吉の政治哲学として一般に知られていることと見事に調和する。民は一国の中で最も重要な要素という孟子の教えは、[9] 日本において新しいものではなかった。同じような文言を、本多正信の作と言われている『本佐録』の中で家康が語っている。しかしここでは、農民の福利はほとんど考慮されていない。それどころか、家康は代官に、農民が作付けのために必要な穀物をかろうじて確保できる程度に年貢を引き上げ、良い作物を育てるのにちょうど必要な余力を残す程度に夫役を負わせるよう命じている。[10] 農民に対するこのような政策の影響については、朝鮮儒者カン・ハン（姜沆、一五六七〜一六一八）が説明している。姜沆は藤原惺窩の師・同僚として知られているが、日本の農民がかろうじて生活していた現状に唖然としたのであった。[11] その一方で綱吉は、農民に贅沢を一切認めなかったが、彼らを限界まで締めつけることもなかった。困窮は回避されなくてはならなかった。しかし最大の違いは、着眼点が農民の任務から代官のそれへと移行したことであった。代官に対して、代理を派遣せず自らが直接農民たちとやりとりをすること、身分の違いを強調することなく農民の信頼を得ること、農業の細部にまで知識を深めることが求められた。要するに代官は、年貢を取り立てるだけでなく、現場に足を踏み入れ、自らが統治する人々と直接触れ合わなくてはならなかったのである。代官については、後段でさらに詳細に検討する。堀田正俊に関しては、昇進したことを歓迎したであろうが、それ以外に、幕府の政策において生じていた根本的な変化に対しても、同じように歓迎し、理解したのであろうか。さらに調査する必要がある。天和三年（一六八三）に正俊が書き始めた『颺言録』は、このことを疑問視させる。

堀田正俊の『颺言録』

堀田正俊が『颺言録』を書き始めたのは天和三年（一六八三）十一月であったが、わずか九ヵ月後に暗殺されたため、短い文書に留まっていて、印刷本は九頁ほどにしかならない。徳富猪一郎は、正俊が書いたにしては文体や筆跡が洗練され過ぎているとして、最終的には、そのような記録の出版に慣れていた人見有元のような儒学者が手を加えたのではないかと推測する。しかし、その内容については、正俊が発信源であることを疑っていない。徳富は、自身の著書『近世日本国民史』の中で『颺言録』について言及しているが、今日の歴史家がそれについて触れることは稀である。[12]タイトル自体が、中国神話に登場する賢帝舜の言葉を記録したという忠実な臣下について記した『書経』の中の一節を想起させるものであることから、[13]これは聖人伝であり、信頼の置けない文書と見なされてしまう。短い序文は確かに、古典的様式に従い、綱吉の美徳とたゆまぬ努力とを称えている。しかし、内容の分析から見えてくるのは、この文書が、綱吉の実施した、伝統的でなく相当に評判の悪い数々の政策について説明するものであったということである。そこに度々表れるのは、著者の側の賞賛ではなく、むしろ疑念と驚きのようであった。

綱吉はこれまで、金遣いが荒く、遊び好きの将軍であると見なされ、彼の治世初期に実施された厳格な政策は一般に堀田正俊によるものと評価されてきた。しかし、『颺言録』の中の詳細な記述からは、これらが綱吉の主導によって行われたことが確実に示されると共に、著者の正俊が、時に相当に評判の悪かったこれらの政策の責任が自分にあるのではないことを、後世に向けて記録しようと苦心した印象が伝わってくる。

評判の悪い政策の一つに、巨大な御座船安宅丸を解体したことが挙げられる。この船は、多額の費用をかけて第三代将軍家光により建造されたものであった。五十メートル以上ある帆柱と二層の天守を甲板に備えていて、荘厳な感じを与えるものであったと言われている。名前が示しているように、この大きな船は、万一の危険に備えて、将軍に避難所を提供することを主目的に造られていた[14]。家光が大名や家臣をもてなすために利用することもあった。その盛大な催しに際して、大名や家臣たちはとりわけ色彩豊かに盛装するよう指示され、酒がふんだんに振る舞われた。綱吉は、この巨大な御座船を維持するのに高額な修繕費を要すると聞いた時、その船の軍事的性能について問い合わせた。そうしたところ、軍事的性能はほとんどなく、専ら装飾的な機能しか持ち合わせていないことを知り、そのような出費は認められないとして、御座船の解体を命じたのである。同時代を観察した戸田茂睡は、巨大な船上での盛大な催しを懐かしげに思い起こし、船の解体は悪い決断であり不評であったと見なすことに、何の疑問も感じなかった[15]。

幕府の家臣の間でさらに評判が悪かったのは、言うまでもなく、綱吉が政治の腐敗を正すため、役人の入れ替えと免職者の一掃を命じたことであった。このような浄化の犠牲となった一例が、江戸の北町・南町奉行所であった。人員過剰と見た綱吉は、同心の人数をそれぞれ百名から四十名に減らすよう命じた。[16]

『颺言録』によると、綱吉の立派な行動が、悪い習慣を廃止し、生活様式を良い方向へ変えていこうと人々を動かしたのであった。家臣たちは、もはや幕府より賜った住居を売ることはなく、また遊覧船の利用に歯止めがかかり、宴会や手の込んだ茶会も同様であった。人々は自身の利益のために、権力者へ訴えることもなくなった。[17] このような道徳的振る舞いの強要が正俊に受け入れられていたと考えることは難しい。正俊が暗殺された際に、その贅沢な生活が非難されたことを考慮するならば、彼は新たに獲得した権力ある地位に通常伴うような、豪華な演芸や贈り物の報奨を期待していたと考えられるからである。戸田茂睡は、当然のことながら、そのような禁欲政策に怒りを爆発させ、それらが実施された結果、美しい庭園が所有者により破壊され、将軍の隠密が、度を超えた余興や催し物を摘発するため、町を徘徊するようになったと主張している。[18]

鎖国令が出された家光政権以降も、長崎にいるオランダ人を幕府が寛容に扱った理由の一つとして、海外から入ってくる贅沢な品々を求める者が多かったことが挙げられる。しかし綱吉は、海外からの贅沢品は不要と宣言し、薬品に転換できない希少動物の輸入を禁止した。また暖かさを保つには綿の入った着物で十分だと主張し、羅紗や金糸の入った生地の輸入も取りやめた。[19] それを受けて、綱吉の側室お伝は、子供の着物から金糸を引き抜くことにし、与力・同心も同様にせざるを得なかった。『颺言録』の解説によると、綱吉が美徳を示したことにより、武士も庶民もそれを進んでまねる結果となったのであった。これは、今日では信じ難いことであるが、当時においてはそうであったに違いない。当時の読者は「以身教之」という言葉を、「そうするより他なかった」ということの婉曲表現と理解したであろう。現代の歴史家は大抵の場合、そのような経済政策は堀田正俊の主導によるものと断定するが、『颺言録』では、そのような厳格な経済政策が採られるようになった過程が入念に詳説され、それを読む限り、正俊が、それら評判の悪い政策の元祖と見られたくなかったことは確かである[20]。

事態はますます悪くなった。従者にさらに範例を示そうと、綱吉はある日、今後彼の着物を作るのによい材質の生地を使用しないだけでなく、衣類が古くなり汚れたとしても新調しないよう命じたのであった。正俊の記録は簡潔に、綱吉に仕える家臣たちは同様にせざるを得なかったと記している[21]。身なりの清潔さが神聖視され、汚れた物を取り替えるという贅沢が、そうすることのできる人々にとって大切な特権であったような国において、汚れた着物を手放そうとしない将軍の姿勢は、有徳というよりは常軌を逸していると見なされたに違いない。将軍の評判を良いことで飾り立てようとした著者は、誰もがこのような厄介な事項を省略したであろう。正俊とその同僚は、綱吉に倣って一風変わった事柄に与しなくてはならなかったことに、大変腹を立てたことは確かである。ここで改めて強調されるのは、正俊が記録を遺した目的はおそらく、彼も被害を受けたのであり、そのような命令は彼の主導によるものではないことを後世に向けて書き留めることにあったということである。これらのことが命じられ実践されたのは、堀田正俊の存命中に限ったことではなかったということが、綱吉の治世後半について証言してくれる荻生徂徠の文書に表れている。

綱吉は、自身の政策を正当化するため、若い頃に学んだ中国古典より引用することを好んだ。逆に、綱吉のとった行動に関して、幕府の歴史の中で「前例」がないという役人からの助言は、いかなるものも即座に拒絶した。直系継承であったこれまでの将軍とは異なり、自分は「受譲非常」、すなわち「普通ではない状況の中で」将軍職を継承したのであり、したがって徳川の前例に従う必要性など感じていないと、綱吉は反論した。[22] この記述は、綱吉が、前任者のように将軍になるにあたっての準備をさせてもらえなかったこと、そして極めて異なる教育を受けたがため、前例に倣うことが期待できなかったことを言っているのであろうか。正俊は間もなく、自身の主君が、特権層が身につけていた清潔の規範を尊重しなかっただけでなく、古くて汚れた衣服以外に何も知らないような人々を気づかうよう、役人に求めていたことを知るのであった。

太陽と月の光

『颺言録』は、ある日、正俊が綱吉に、路上で憐れな二人の浮浪児を見た時のことを報告した様子を伝えている。二人の子供のあまりにも貧しくみじめな状況に心動かされ、正俊は、即座に子供を助けなくてはという強い内的衝動に駆られたのであった。しかし正俊は、間もなくこの衝動を打ち消した。このようなささいなことに精を出すのは、将軍の家臣の中でも最高位にある者のすることではないからであった。それに対して綱吉は、次のように述べて彼を正した。「大君聞之曰、是汝之惑也、仁心所発、何論事之小大乎、日月無所不照、纖芥之微皆受其光、汝以不忍小事為過者、還是汝之過也、正俊赧然銘肝、汗流浹背（真に慈悲深い者がなぜ、このことが重要か否かを問うのか。太陽や月の光は最も小さなものでさえ照らし出してくれる。そもそもあなたの過ちは、小さな事柄にひどく苦悩することは間違っていると考えたことにある)」[23]。

有名なフランスの同時代人で、太陽王と呼ばれた国王ルイ十四世のように、綱吉は自身を国の絶対的な支配者と見ていた。この専制的な権力という範例は、賢帝堯・舜が忠実な役人の支援を受けて農民を治めた、古典的な儒教の世界において必須であった。しかしこの範例は、家康が当初武将間の「同輩中の第一人者(primus inter pares)」として徳川の覇権を確立したような日本に適用されるものではなかった。第三代将軍家光は中央権力の強化に成功したが、こうして得られたものは、三十年に及ぶ家綱の治世ですっかり失われてしまった。地方領主である大名が中央の政治を担当するようになり、彼らは、獲得した権力を保持するための政策や改革を打ち出したのであった。これらは、幕閣内の役職を一定の家系に限定したり、明暦火災後に資金を——江戸城を修復しかつての荘厳さを取り戻すことよりも——大名に融通したりしたことから、殉死の慣習の廃止に至るまで、政治のすべての局面に表れた。それゆえに綱吉は、前任者の下での有力者をそのまま受け入れることを余儀なくされた[24]。しかし、綱吉が指針として採用した儒教からは、政治体制として専制的な体制以外導き出されなかったのであり、このことは、忠誠心が強力な中央政権と自律性の高い大名との間で割れていた役人との間に、対立を生じさせることとなったのである。

『颺言録』は、専制政治の原理について、綱吉からの簡潔で明瞭な説明が正俊にショックを与えたことを示している。正俊がなぜ、個人的に困惑したことを、私的な日記ではなく、公にされることが明らかで、のちの世代に受け継がれていくべき文書の中で詳述したのかが、ここで問われなくてはならない。綱吉の貧しい人々への思いやりのある気づかいに、自身はほとんど通じていなかったことを示す目的は何であったのであろうか。

中央政府が社会を構成する弱者に責任を持つという、福祉国家の理想に慣れている今日の読者であれば、将軍の見解が人道的かつ適切であることを疑わない。しかし、地方分権的で権限が分散していた十七世紀の幕府の枠組みにあっては、正俊が、路上にいた二人の浮浪児への支援を個人的に自制したことは、正しいとされたのである。将軍が大老に直接支援するよう要請したことは、当該地域の貧しい人々に責任を負っていた、江戸町奉行ならびにその配下の者の職務に対する甚だしい干渉を意味した。[25] 忠実な家臣となった正俊は、勧告として綱吉の発した言葉を肝に銘じた。しかし、このことは必ずしも、正俊がそれに賛同したことを意味しない。綱吉の叱責が正俊に与えた影響についての現実的で詳細な説明によると、それは正俊にとって最も大切で根本的であった信念を揺るがすものであった。正俊は、困惑したことを自分の中に留めておくのではなく、読者からの同情を引き出すため、詳細に描き出したのである。道理を弁えない支配者の意向に従わなくてはならないという、困難な状況にあった自身への同情であった。

正俊は、将軍の座を要求する綱吉を支持したが、現状を変えたかったわけではなかった。むしろ全く逆で、綱吉への支持は、既存の秩序を維持したいという欲求に動かされてのことであったのかもしれない。正俊の一族は家光の下で繁栄したのであり、その息子の継承を確実にすることで、既存の秩序が維持されると考えたのであろう。堀田正俊は、家光時代の老中堀田正盛（一六〇八～五一）と大老酒井忠勝の娘との間に三男として生まれた。酒井家はすでに秀忠の下で名を馳せていたが、正盛の運命は、家光から熱烈な愛顧を賜ったことによるものであった。家光の正盛に対する評価は、正盛が二十年も経たない間に、所領わずか七百石から十一万石へと加増されていることに示されている。[26] 主人と臣下との間の結びつきの強さは、家光の死に際して正盛が殉死していることからもうかがえる。正俊が三男に過ぎなかったため、家光は彼を、大変な信頼を置いていた乳母春日局の養子とした。[27] 家光自身の息子、のちの家綱が生まれると、七歳の正俊はその幼い子供の小姓に任じられ、ここに輝かしい経歴への扉が開かれた。若年寄の地位を寛文十年（一六七〇）に継承した正俊は、九年後の延宝七年（一六七九）には老中に任じられた。[28] 結婚によっても権力者と結びつくことができた。正俊の妻は、老中稲葉正則の娘であり、正則は老中稲葉正勝の息子であり、春日局の夫稲葉正成の孫でもあった。[29]

堀田正俊は大老酒井忠清のライバルであったが、正俊が目指したのは、忠清に代わって権威ある地位に就くことであり、忠清が確立した権限のあり方を変えることではなかった。『颺言録』は、将軍の思い描いた専制政治について、正俊がほとんど理解していなかったことを示している。また、同時代の史料からうかがえるのは、正俊が忠清にとって代わろうとしていたということであり、その前任者が掌握していた政治権力を我が物にしようと励んでいたのであった。[30]

暗殺

綱吉にとって幸運だったのは、そのような違いが主要な政治問題となる前に堀田正俊は暗殺されてしまったことである。なぜ正俊が、遠縁の従甥で若年寄の稲葉正休（一六四〇～八四）に暗殺されたのかは、正休がその直後に斬り倒されたため、謎のままである。幕府の公式記録によると、正休は精神錯乱の状態にあってこのような行為に及んだという。[31] しかしこれは、事件の前に正休が、年老いた母親を屋敷から移動させる準備をしていた事実と矛盾する。この屋敷は事件後、即座に没収された。また、問題の朝に正休は、きちんと母親に暇乞いをしていた。さらに正休は、その前夜に一通の手紙を認め、そして運命の朝、駕籠に乗り込む前に家臣に、もし城から急な知らせがあったならば、自身の居間に残してある封書を届けるよう指示していた。彼自身もまた、一通の手紙を懐中し、そこには、暗殺に及んだのは、将軍より賜った厚恩に心底報いたいという気持ちからであると記されていた。[32]

同時代の戸田茂睡は、正休が堀田正俊を殺害したのは、将軍、さらには国から邪悪な役人を排除するためという善意によるものであったと確信していた。茂睡は、正俊がこのところ極端に行き過ぎた行動をとるようになったこと、そして法を無視していると言ってよいほどに身勝手で不作法になったことについて、ある程度詳細な説明を加えている。正俊の帯びた権力は相当なもので、目付ですらその後の成り行きを恐れて、彼に穏やかに助言するほどであったという。茂睡は正俊の悪行について、長々と記している。例えば、先代の将軍の忌日を無視し、浜の近くにある浜町の自邸や友人の屋敷において、規律を乱すような振る舞いに時間を費やしていた、といったことである。茂睡は、正俊が綱吉に対して謀反を企てているという噂すら耳にしていた。[33]

堀田正俊の父親と同じように、稲葉家も家光の下で名を馳せた。正休は春日局の夫稲葉正成の孫であり、家綱と綱吉の老中稲葉正則の従弟であった。正休は側衆として家綱の近くに仕え、綱吉は彼を直々に若年寄に抜擢した。正休は、正俊とは異なり、将軍の儒教への熱意に共感するようになり、専制的な賢帝堯・舜を理想とする姿勢にも賛同した。畿内へ派遣された際には、正休は直々に儒学者伊藤仁斎を訪ね、仁斎の主著二冊、『論語古義』と『語孟字義』の写しを受け取ったと、仁斎自身の記録に記されている。将軍自身と同じように、正休も儒学者を周りに集め始めた。そして運命の日に、正休は仁斎の『語孟字義』を懐中していたと言われている。暗殺者正休が、裏切り者の家臣から主人を解放した忠実な役人であったことを、茂睡は全く疑っていない[34]。暗殺された人よりも暗殺者に同情するという心情は、当時多くの人に共有された。徳川光圀は、この事件について正休は釈明が認められるべきであったという思いから、彼を生かしておかなかった老中を批判している。正休の屋敷を訪れて、遺族にお悔やみを述べた光圀は、公式に正休への哀悼の意を表明したのであった[35]。

正休と正俊は、畿内の治水工事をめぐって対立していたことが知られている。正休が担当し、わずか二ヵ月前に畿内の視察旅行から戻り、具体的な提案をしようとしていたところであった。しかし堀田正俊は、酒を飲み交わす間柄でもあった政商河村瑞賢（一六一八～九九）の見解に頼った。彼も視察団に任命されていたのである。正休は不当な干渉に憤慨しただけでなく、より知識のある事業家からの報告を恐れたと言われている。そして、正休が正俊を暗殺したのが、瑞賢が江戸で報告をすることになっていた、まさにその日であったことは、単なる偶然の一致ではないと考えられている。その前日に正休は、互いの間の不一致を何とか解消できないかと正俊を訪問したが、いよいよそれが無理となった時、静かに翌日の暗殺の準備を始めたのであった[36]。

事件後間もなく、正休が正俊を殺害したのは個人的な恨みによるものなのか、あるいは国のより大きな利益のためなのか、論争が始まった。正俊に登用されていた新井白石は、同僚の室鳩巣（一六五八～一七三四）と共にこの点について議論し、予想通り、殺害された主君にとって有利な見解に固執した。鳩巣は、白石の見解はほかの多くの人々のそれとは異なっていると記している[37]。正休が従甥を殺害した動機は、この二つの要素が混ざりあっていたのであろう。

堀田正俊は一貫して、正直で率直、短気で横柄な人物として描かれている。[38] 生涯の早い時期に、父親は「不矜」の二文字を示して、正俊の過度な自尊心を戒めたという。[39] 正直で遠慮なくものを言う性質は何かと批判されるが、その性質は兄の堀田正信（一六三一～八〇）も共有していた。兄は、下級武士の財政苦境軽減に利用してもらえればと、所領を幕府に返還したことで有名になった。これを行った際に、家康の政治を運営していた役人を痛烈に批判する文書が添えられた。ひとえに家光が、彼の父親に敬意を抱いていたがゆえに、これは処罰すべき批評ではなく一狂人の行為と見なされ、正信は蟄居させられたのである。家綱の死に伴い殉死した正信は、ここで再びその我の強さを示したが、その時すでに殉死の慣習は違法となっていた。[40]

堀田正俊が、影響力のあった大老酒井忠清の反対をものともせず、綱吉の継承を後押しした際にも、同じような我の強さのようなものが示された。[41] 正俊の率直で正直なところが、――同じように遠慮なくものを言うことで知られていた――綱吉に慕われたのかもしれない。ただしそれは、家綱の死に伴い、新たな権力のヒエラルキーの確立を目指して、二人が結託していた時のことである。しかし、ひとたび敵対勢力が排除されて緊急に取り組むべき問題が解決すると、二人の間に違いが表れ始めた。このような経過を辿ったことにより、正俊は『颺言録』の中で、忠実に職務を果たしたことのほかに、将軍との意見の違いについても記録するに至ったのであろう。また、正俊がなぜ天和三年（一六八三）の後半になってから、つまり綱吉に仕えるようになってから三年ほどが経ったあとに、記録を取り始めたのかについても、このことから説明される。

天和元年（一六八二）十二月十一日に正俊は大老に昇格し、所領は絶えず加増された。綱吉の寵愛を受けていたことの表れである。若い頃の正俊が横柄であったならば、大老へ昇進したことと、将軍の後ろ盾を得ていたことは、さらにその横柄さを強めたに違いない。綱吉によって昇格は実現したが、正俊の気性から、間違っていると思うような政策に黙って従うことはできなかった。兄正信の場合と同様に、彼も率直に批判を表明し、独断で同僚を正しただけでなく、綱吉に忠告を与えるまでになった。[42] しかし、自身の考え方の正しさを少なからず確信していた綱吉が、大老からの忠告を尊重したとは考えにくい。将軍と大老とが、いずれは衝突する方向へ歩み出したことに、幕閣にあった者たちの中で気づかない者はいなかった。そして、茂睡が伝えているように、下級役人たちでさえ正俊を戒めようとしたのであった。儒教を理想とする綱吉に共感していた若年寄の稲葉正休にとって、どちらが正しいかは問題にならなかった。堀田正俊との個人的な見解の不一致から、自身の主君をこの強力な大老から解放することの重要性を確信するに至ったのである。

六年ほどのちに、エンゲルベルト・ケンペルは、この事件ならびに正俊の手に負えない振る舞いについて聞かされた。正休が、綱吉に宛てた手紙の中で、邪悪な構想を抱く役人を退けるために命を犠牲にしたと説明するなど、入念な準備をしたことも聞いた。しかし、同時にケンペルは、この暗殺が、実は綱吉より内密に命じられたものであったという風評も耳にした。[43]

この風評は、日本側の史料にも表れる。[44] 正休は二人の老中にめった斬りにされたが、とどめを刺したのは、長期にわたって綱吉に仕えた家臣で側衆の金田正勝であったという事実が、この説を裏づける。[45] さらには、綱吉は殺害された正俊の霊を恐れていたとも言われていた。戸田茂睡によると、翌年末に綱吉が上野の寛永寺へ先祖の墓参りに訪れ、正俊の墓のある円覚院が近いことを聞いた時、遮蔽するための屏風を二枚、円覚院の方角に向けて立てさせたという。のちに綱吉が、正俊の石棺を掘り出し、さらに地中深く埋葬するよう命じたようだ[46]。大老が職務遂行中に殺害されたにもかかわらず、正俊の世嗣堀田正仲は、その息子として本来期待されるような扱いを受けていない。何年かにわたって正仲の所領は縮小され続け、家は急落し困窮する一方であった[47]。

しかし、これより重要であるのは、堀田正俊の暗殺により、一般に「側用人政治」と呼ばれている段階に入ったということである。綱吉は、将軍と老中の距離を遠くした。正俊が暗殺されたのは側用人部屋のすぐ外であった。そこは、将軍自身の居住空間に隣接し、老中たちが習慣的に集う場所であった。このことから、老中の部屋を城内のもっと離れた場所へ移すようにとの命令は、正当であった。そうなると、将軍と老中との間の仲介役が必要となり、その役割を任された側用人は、権限をはるかに強化すると共に、政治的事柄についての知識を細部にわたって増やしていった。また将軍にとっても、老中を通り越し、側用人を使って担当役人と直接交渉する道が開けたのである[48]。

不完全な器

このような政治的発展をもたらすこととなった暗殺を、綱吉や側用人が実際に、そしてどの程度奨励したのかについて、明らかになることはないであろう。ただ確かなのは、すでに綱吉が堀田正俊に、良き政府であっても時に武力行使が求められると説いていたということである。堀田正俊はある日、間違いなく、しかるべき礼を尽くしつつ綱吉に助言しようとして、古代中国の武王が国を平定するために武力を行使したことについて問うた。それに対して綱吉は、政治的便宜のために道徳を犠牲にすることを、次の言葉でもって擁護した。「大君一日與正俊議政之時、語曰、凡人思事事皆善、故難善之、譬如命工製小器、初思其製之適心、器成而有所不適心、故改作之、亦不適心、凡物皆然矣、古曰、水至清則無魚、治国家者可不思之乎（我々はすべて完璧であることを求めるが、それは不可能である。例えば、我々が小さな容器を作るように命じると、最初はその製品が好ましいように思える。しかし、それが完成すると、そこに欠陥があることに気づき完全に喜ばしいものでなくなってしまう。このことは我々が行うすべてのことに当てはまる。古代の人々が言うには、完全に純粋な水に魚は生息できない。国を治める者たちは、このことについて熟考すべきである）」と。[49]魚が育つには、隠れられるような泥や海藻がある程度必要だという格言は、数々の中国古典の作品のほか、『葉隠』にも表れる。そこには二つの若干異なる解釈が存在する。一つは、あまりにも厳格な支配者の下に人材は集まらないということである。あと一つは、政治的事柄は、場合によっては、下層の人々が平穏に暮らすため、取り調べないでおく必要があるということであり、同時代の『葉隠』でもこのような説明がなされている。[50]綱吉も後者の解釈に同意していたようであった。生類憐みの令を施行する際にうまく適用された、統治を行う上での「道徳の相対化」という発想のゆえであった。しかし綱吉は、大名や役人たちを統率するにあたって、次章で論じるように、苛酷であり、わずかな水の濁りも許容しようとしなかったのである。

（1）中島陽一郎『飢饉日本史』（雄山閣出版、一九九六年）八頁。遠藤元男『近世生活史年表』（雄山閣、一九八二年）一一〇頁。

（2）黒板勝美・国史大系編修会編『徳川実紀』第五篇（吉川弘文館、一九七六年）延宝八年八月七日条（三六八頁）。『憲廟実録（常憲院贈大相国公実記）』（『内閣文庫所蔵史籍叢刊』第十七巻、汲古書院、一九八二年）五頁。
（3）『徳川実紀』第五篇（注2）延宝八年八月十六日条（三六九頁）。「幷に」とは、彼らが正俊と対等の立場にあり、その配下に置かれたのではないことを示している。
（4）辻達也『享保改革の研究』（創文社、一九六三年）六三頁。
（5）『徳川実紀』第五篇（注2）三七〇頁。
（6）『徳川実紀』第五篇（注2）三六七～三六八頁。
（7）辻前掲書（注4）三七頁、注6参照。
（8）堀田正俊『颺言録』（『続々群書類従』第十三巻、国書刊行会、一九〇九年）三三頁。何年も前のことであるが、この史料を読む際に助けていただいた、今は亡きJulia Chingに御礼申し上げたい。
（9）『孟子』巻第七「離婁章句上」。James Legge, The Four Books, Hong Kong: Wei Tung Book Store, n.d., p.333.
（10）『本佐録』（石田一郎・金谷治編『藤原惺窩・林羅山』、『日本思想大系』第二十八巻、岩波書店、一九七五年）二八九頁。
（11）朴鐘鳴編『看様録・朝鮮儒者の日本抑留記』（平凡社、一九八四年）六六頁。この情報については、私の学生ちばやすみさんに感謝したい。
（12）徳富猪一郎『近世日本国民史』第十七巻（元禄時代、上巻、政治篇、民友社、一九三六年）四八～四九頁。
（13）諸橋轍次『大漢和辞典』第十二巻（大修館書店、一九六八年）三五三頁。
（14）「あたけ」と読むが、漢字は「安」（安全）と「宅」（家、住居）である。「丸」は船を意味する。
（15）『颺言録』（注8）三三～三四頁。戸田茂睡『御当代記』（塚本学編、東洋文庫六四三、平凡社、一九九八年）四五～四六、四九頁。船上での催しについての詳細ならびに船の図は、山本博文『遊びをする将軍踊る大名』（教育出版、二〇〇二年）一五二～一五五頁。

（16）『颺言録』（注8）三四頁。『徳川実紀』第五篇（注2）天和二年十一月十一日条（四六五頁）、ならびに根崎光男『将軍の鷹狩り』（同成社、一九九九年）七二頁も参照。

（17）『颺言録』（注8）三四頁。

（18）『御当代記』（注15）三三~三五頁。

（19）『颺言録』（注8）三一、三四頁。金糸や銀糸の入っていない生地のみ輸入できたとケンペルは記述している。Engelbert Kaempfer, *Kaempfer's Japan: Tokugawa Culture Observed*, edited, translated and annotated by B. M. Bodart-Bailey, Honolulu: University of Hawai'i Press, 1999, p.209.

（20）川野京輔『元禄非常物語　柳沢側近政治の光と影』（波書房、一九七五年）八二頁。Crawcourも同様の仮設を立てている。E. S. Crawcour, "Kawamura Zuiken", *Transactions of the Asiatic Society of Japan*, 3rd seires, vol.9, May 1966, p.46.

（21）『颺言録』（注8）三四頁。

（22）同右、三三頁。

（23）同右、三〇~三一頁。

（24）この件についての議論は、Harold Bolitho, *Treasures among Men*, New Haven: Yale University Press, 1974, pp.166-169を参照。その他、朝尾直弘『将軍政治の権力構造』（『岩波講座　日本歴史』第十巻、近世二、岩波書店、一九七一年再版）三五~三六頁も参照。

（25）町奉行の配下の役職は、笹間良彦『江戸幕府役職集成』（雄山閣、一九六五年）一八六頁に図式化されている。

（26）家光の下での堀田正盛の台頭については、藤井譲治『江戸幕府老中制形成過程の研究』（校倉書房、一九九〇年）二六七~二七五頁。

（27）春日局は堀田正俊の遠縁にあたった。正俊の曾祖母と春日局はともに稲葉正成の妻であった（杣田善雄「堀田正盛」、『世界大百科事典』第二十六巻、平凡社、二〇〇〇年）。

(28)『徳川実紀』第五篇（注2）貞享元年八月二十八日条（二五〇～二五一頁）。
(29)堀田家の系図は、児玉幸多『元禄時代』（『日本の歴史』第十六巻、中央公論社、一九九〇年再版）二八九頁を参照。
(30)『御当代記』（注15）八〇～八四頁。徳富前掲書（注12）六八頁、室鳩巣を引用している。
(31)『徳川実紀』第五篇（注2）貞享元年八月二十八日条（二五〇頁）。
(32)徳富前掲書（注12）五九～六〇頁。
(33)戸田『御当代記』（注15）八〇～八四頁。
(34)同右、八四頁。八六頁の注5によると、正休への本の贈り物については伊藤仁斎の日記にも記されている。
(35)『徳川実紀』第五篇（注2）五二二頁。徳富前掲書（注12）六二～六三頁。栗田元次『江戸時代史』第一巻（近藤出版社、一九七六年）四四一頁。
(36)徳富前掲書（注12）六一～六三頁。『御当代記』（注15）八五頁。
(37)徳富前掲書（注12）六〇頁、室鳩巣を引用している。
(38)『徳川実紀』第五篇（注2）五二一～五二二頁。
(39)栗田前掲書（注35）四四〇頁。大石慎三郎『元禄時代』（岩波書店、一九七〇年）一一二頁。
(40)児玉前掲書（注29）一八四～一八六、一九三頁。
(41)大石前掲書（注39）一一一頁。
(42)桑田忠親『徳川綱吉と元禄時代』（秋田書店、一九七五年）六一頁、松浦鎮信を引用している。徳富前掲書（注12）六六～六七頁。
(43)Engelbert Kaempfer, ms. Sloane 3061, British Library, London, folio 111.
(44)例えば桑田前掲書（注42）六三頁。
(45)戸田『御当代記』（注15）八五頁の注2。金田正勝については深井雅海『徳川政治権力の研究』（吉川弘文館、一九九一年）一七〇～一七一、三二七頁。

(46)『御当代記』（注15）一一一頁。

(47)『寛政重修諸家譜』第十一巻（続群書類従完成会、一九六五年）二頁。堀田家の貧困化は新井白石の経歴に好ましくない影響を与えた。白石は綱吉の批評家の中で、最もよく引用される一人である。

(48) 徳富前掲書（注12）七三～七四頁。

(49)『颺言録』（注8）三八頁。

(50) 諸橋轍次『中国古典名言事典』（講談社、一九七二年）四九八、六〇〇、六二四頁。山本常朝『葉隠』上巻（和辻哲郎、古川哲史校訂、岩波書店、二〇〇三年）三二頁。

第九章　将軍の新しい家臣たち

有名な日記作家ルイ・ド・ルヴロワ（第二代サン・シモン公）に代表されるフランスの貴族は、「フランスを代表する由緒ある家系の出の者たちではなく、高い能力が認められた専門家集団からの成り上がり者に王国の政務を任せるという、ルイ十四世の用心深い気質」(1)を決して許すことはなかったと言われている。

身分に関係なく人々を登用するという綱吉の政策に対して、家格の高い幕府の役人たちもフランスの貴族と全く同じように反応した。荻生徂徠のように、このような方策がとられたことで利を得た人々は、この政策を支持した。そして大名たちの多くは、急速な人口増加を伴う平和時にあって、統治する際に求められる技能を身につけることに失敗したのだと豪語した。享保五年（一七二〇）頃、第八代将軍吉宗の下で、徂徠は次のように記している。「殊ニ大名ハ物事ニ下ノ情ニ疎キ者也。学文モ平人ノ如クハ得セヌ者也」と。政治の要職への任命は、個々人が相続した禄高に応じてなされていたため、「平人」が任命されるのは難しかったと、徂徠は述べた上で、そのような制約を無視して、小姓や下人であっても将軍の官房に登用した綱吉を称え続けた。綱吉はこのようにして、伝統的に高い政治的地位にあった大名を出し抜いたのである。徂徠によると、綱吉に任命された者はよく訓練され、経験も豊富であったため、その多くが、吉宗の下で重要な役職に就いていたという。[2]

天和の治

歴史家の大半は、大名の影響力を弱めようとした綱吉の試みを異なった視角から見ている。彼らが言うには、天和四年（一六八四）の堀田正俊の暗殺でもって、「天和の治」と呼ばれている時期は終わったのであった。正俊の厳格な主導の下、良き改革が行われたとされる時期である。そして、腐敗した側近政治が行われた時期が続くと評されている。そこでは、第四代将軍家綱の下で政権を担っていた大名が、綱吉に対する抑止力を失ったのである。逆に、綱吉の治世初期は保守的であったが、後半は近代国家の礎を準備した進歩的な時期であったという大石慎三郎の主張は、ほとんど支持されなかった。[3]

前章で述べたように、正俊の暗殺が将軍の居住空間の近くで行われたということが、老中の部屋を城内のもっと離れた場所へ移動するようにとの命令に正当性を与えた。今や必要となった仲介役を側衆が担うようになり、彼らは権限を強化すると共に、政務に関する詳細な知識を身につけるようになった。また綱吉にとっても、老中を通り越し、側衆を使ってしかるべき役人と直接交渉する道を開くこととなったのである。[4]正俊の暗殺から四年後には、側用人が将軍に代わって紅葉山、寛永寺、増上寺の霊廟を参詣するまでになっていた。それは、かつて老中の職域であった。[5]

側衆の異例の地位上昇は、間もなく同時代の人々の注目するところとなった。正俊の暗殺からちょうど一年後に、戸田茂睡は日記に次のように記している。

同廿一日、松平伊賀守（忠周）に牧野備後守（成貞）勤見習候様ニと被仰渡奥へ入、若年寄にもあらず、御傍衆ニもあらず、牧野備後守・松平伊賀守・喜多見若狭守（重政）、是三人ハ御先代より無類御奉公ニて御老中之次、若年寄の上也、但牧野備後守威勢ハ御老中も不及[6]

牧野成貞

牧野成貞の権威は、オランダ人にも明らかであった。毎年の江戸参府の際、江戸到着後にあまり待たされることなく将軍に謁見するには、彼らは何段階かにわたる政権の有力者との交渉を経なくてはならなかった。元禄四年（一六九一）と翌五年にオランダ使節団の一員であったエンゲルベルト・ケンペルは、成貞について、将軍の「寵臣であり、将軍が信頼する唯一の家臣であった」と説明する。「彼は我々の謁見の際に、将軍の口から発せられた言葉を直接受け取り我々に伝授するという、並々ならぬ栄誉に与っていた」とのケンペルの記述は、成貞の特権的地位を明白にした。この幾分長身で細身の五十七歳の男が、ケンペルには「齢七十近く」に見えた。しかし、「面長でこれといった特徴はないがドイツ人のような顔」をしていて、「物腰が穏やか」で「親しみやすい気質」とも書いていることから、ケンペルが成貞に好感を持ったことは確かであろう。綱吉の側用人については歴史上、貪欲なおべっか使いなどと一般的に低く評価されるが、その当時の成貞に対する評判は全く異なっていた。「彼は野心的でも、報復的でも、不当でも、利己的でもないと言われていて、将軍の愛顧を受けるに値する」とケンペルは記している[7]。

このような性質を備えた牧野成貞は、綱吉のとった異例な諸政策を運営するのに適した人物であった。しかし、「その担うべき役割を観察し学ぶ」ことのできる人材を見出し、その厳しい役職をこなすための基盤を整えることは、困難な作業となった。

従来の見解では、綱吉の側用人は、綱吉の同性愛の相手、ないしは少なくともお気に入りであり、綱吉の気まぐれにより任命されたり免職されたりしたと見なされてきた。したがってこの役職については、政治の高度な専門知識よりも、綱吉をおだてて楽しませる才能の方が不可欠とされた、というような描かれ方がなされた。綱吉との間に同性愛的な関係があったのかもしれないが、国を統治するに当たって補佐してもらう人材を、このようなことから決定していたとは考えにくい。側用人の役職ならびにその任務を委ねられた人々の経歴を調査すると、この職務が本質的には苛酷であったことと、任命された人たちが、そうなるまでに歩まなくてはならなかった険しい道とが明らかになる。

側用人役

この役職の在任者の経歴を綿密に描き出すにあたって問題なのは、いわゆる信頼の置ける数々の史料に含まれる情報に食い違いが見られることである。在任期間や免職理由の不一致は、ほかの役職についても見られるが、これほど際立ったものはなく、おそらくこの役職の流動的・暫定的性質を示していると思われる。

ある二種類の記録によると、牧野成貞は、まず綱吉が将軍となった時に側衆に任命され、のちに側用人の称号が授けられたことになっているが、第三の別の記録には、綱吉の将軍就任の直後に側用人になったと記されている。[8]

牧野成貞が初代の側用人であったのかについても、いくつか異なった見解が存在する。この称号を授けられたのは成貞が最初であった。しかし新井白石は、家光の下で小姓から老中にまで昇り詰め、殉死によって主君への完璧なまでの忠誠心を示した堀田正盛こそが、最初の側用人であったとの立場をとる。[9]辻達也ら歴史家は、この新井白石の説について、何かと批判される側用人役にもれっきとした過去があることを示そうとしたに過ぎないと主張する。白石は、綱吉とその治世を快く思っていなかったため、彼の相談役であった間部詮房が、綱吉のおかげでこの影響力のある地位に就いたことを苦痛に感じたに違いない。「近習出頭人」とは側衆の前身を意味すると一般に言われているが、辻によるとその用語は、幕府が堅固な輪郭に沿って組織化される以前には、将軍と直接関わるすべての役職に使用されていたのである。ひとたび役職が区別され制度化されると、「近習出頭人」は老中や若年寄といった役職で占められるようになった。したがって「近習出頭人」は、側用人ではなく、ほかの様々な幕府の役職の前身なのであった。[10]

側用人役が以前から存在したかという問題は、空論の域を出ない。最初の三代の将軍にはいずれも私的な助言者がいて、彼らは重要な役人としての働きをした。幕府の組織がまだ流動的であったことから、将軍が新たな家臣のために新たな役職を設けることに異を唱える者はいなかった。この意味では、近習出頭人も家光の若年寄や老中もすべて、綱吉の側用人の前身であった。しかし家綱の下で、これらの役職は、当初それらに任じられた者の子孫の領分となり、そのような家系は、三十年ほどあとに綱吉が就任する時には、新参者が彼らの地位に分け入ったり、新たな役職が設けられたりすることに反対できるほど強力になっていた。それゆえに綱吉は、最初の三代の将軍が行ったように、自分の家臣を意のままに政権内の高い地位に就けることができなかった。しかし、既存の役職を巧みに利用し、ますます堅固になっていた幕府の官僚組織の影響を回避したのであった。

戸田茂睡がなれなれしく口にする側衆役は、幼い第四代将軍家綱の世話をするため、三十年ほど前に設けられたものであった。この役職を綱吉は、まだほかの役職ほど堅固なものとなっていなかったこともあり、二通りの方法で利用した。第一は、それを格上げしたことである。職務と権限の幅を広げることにより、将軍の片腕となって働くための基盤となる側用人役への昇進を可能にした。第二は、将軍にある種の才能を見込まれた者の試用の場としたことである。

家綱の下でも、側衆の地位で成果を上げた者は昇格を遂げている。最初に任じられた十二名の内の四名は辞職し、一名は蟄居させられたが、残りの者はすべて比較的重要な地位に昇格している。一名は京都所司代、三名は若年寄になっている[11]。

綱吉の下で異なっていたのは、側衆に任じられた者の経歴である。家綱の場合、側衆は一人の例外を除いてすべて、将軍の側近で小姓組頭のような地位にあったり、御書院番頭、大番頭などのような警備の任にあたったりした経験があった。綱吉の下で側衆に任じられた者は、その大半が、大目付から勘定奉行に至るまで、将軍の側近には属さない幅広い役職の経験者であった。任じられた者の経歴に見られるこのような変化は、綱吉の政務への関心がより幅の広いものであったことの表れである。彼の側衆はすべて、幕府政治の様々な分野で専門的な経験を積んでいて、将軍の望む通りに技能を発揮することができた。

家綱と綱吉の下で任じられた者の間には、その選出過程にもまた違いが見られた。綱吉の場合は、はるかに厳格であり、さらに上の役職に昇格できた者の割合もはるかに小さかった。家綱の場合は側衆の八十三%が昇格したが、綱吉の下ではわずか四十三%であった。綱吉の治世最初の十年間に側衆に任じられた十九名の内、九名は免職されたか辞職したかのいずれかであり、二名は死去し、わずか四名が側用人に昇格している。残る四名の内の三名は若年寄となり、一名は奏者番に昇格した。

元禄二年(一六八九)に、綱吉は奥詰衆という役職を創設した。それ以降は、専らここで、将来側用人となる者は自身の力量を証明しなくてはならなかった。綱吉の死をもって廃止されたこの役職については、ほとんど知られていない。その役割は「将軍の質問に答えること」であったと説明されるが、当初は側衆の役割とかなり重なっていたように思われる。十九世紀の幕府の役職記録である『柳営補任』からは、その役職保持者の退任とその後の経歴についてわずかな情報が得られるのみであるが[12]、人員の入れ替わりは側衆の場合と似ていたようである。『徳川実紀』や、寛政年間(一七八九~一八〇一)以前の幕府の家臣の系譜が記されている『寛政重修諸家譜』といった史料では、時にこれら二つの役職が区別されていない。このことは、双方が密接につながっていたことを示している。

綱吉が当初、側用人のために参考にした第三の役職が、若年寄であった。この役職は、老中と同様に、伝統的に譜代大名に限られたが、綱吉はこのような制約にとらわれなかった。老中ほど名声のある役職ではなく、また大名に関する事柄に携わらなかったため、大名と将軍の間の権力闘争に巻き込まれることもなかった。このことが、すでにその役職にあった家系からの反発を弱めたのかもしれない。綱吉期の若年寄のおよそ半数が、将軍が注意深く監視する中で、側衆ないしは奥詰としての力量を証明し、さらにその三分の一が寺社奉行を務め、成果を上げていた。

綱吉期の若年寄の経歴に関する上記の分析は、綱吉が将軍となる前に確立していた役職の保持者と、新たな人材のために創設された役職の保持者との間の、密接なつながりを示している。一般的に想定されてきたこと、すなわち、将軍の側近は専門性に乏しく、将軍の個人的なお気に入りで構成されたのに対して、伝統的な役職にあった人々は全体として勤勉・真面目であり、将軍の突飛な諸政策に何とか対処しようとしていたというのは、間違いであることが証明される。

上述した三つの役職——側衆、奥詰、若年寄——は、綱吉の側用人の内一人を除く全員の経歴に含まれる。側用人とは、将軍自らが選んだエリートであった。幕府の上級役職ならびに将軍直々の指揮下において、自身の力量を証明した者なのである。しかし、綱吉の下での側用人としての経歴は、ほとんどの場合短かった。退任の理由を辿ることのできない事例がいくつもあり、一つのパターンを確立することは難しい。しかし顕著なのは、辞職の理由の相当数が病気であるということである。退任の理由が不明ないしは綱吉の死をもって退任している事例を除き、十例の辞職の内の六例が、この理由によるものであった。残る四例の内の三例は「不適」を理由に退任していて、その内の少なくとも一例においては、職務を疎かにしたということであった。一人だけであるが、綱吉の意に背いたため、職を解かれて所領を没収された者もいた。

病気を理由とする辞職は、気の進まない職務から上品に逃れるため、伝統的にとられた方法であったが、綱吉の下では違っていた。綱吉の小姓に任じられた二人の例に、このことがよく表れている。二人は綱吉を不機嫌にしてしまうことを恐れ、病気のふりをして任務を辞退した。しかし、取り調べによって二人の本当の健康状態が明らかになったことで、結果として綱吉の機嫌を損ねたことには変わりなかった。[13]

この出来事のあとに、綱吉の近くに仕える者で、同じような嘘の理由で辞職を試みた者がいたとは考えにくい。綱吉は病弱な者を家臣として好んだという、いささかおかしな推論でもしない限り、辞職の理由として病気がかなり高い割合を占めるということは、側用人の任務が相当にきついもので、仕事のペースに耐えうるだけのスタミナを持った者がほとんどいなかったことを意味するとしか考えられない。努力を怠った者は、おそらく「不適」と見なされたのであろう。

綱吉の政務への関心については、荻生徂徠の著作にかなりの記録が見られる。『松蔭日記』からも、綱吉のたゆまぬ献身ぶりが詳細に窺える。『松蔭日記』では、政務への関心がいかに綱吉の人生を支配したかが記述されている。綱吉はそのために「霜雪のふかき朝つとにおきても」早起きをし、夜遅くまで仕事をするのであった。[14]このような記述は聖人伝として退けることもできようが、これらは、綱吉の側用人の経歴から得られる事実とぴったり一致するのである。高齢の牧野成貞に対してでさえ、あまり苦労をかけないようにといった配慮はなされなかった。綱吉より十二歳年上であった成貞は、要求される仕事のペースについていくことができず、役職にあった晩年には、繰り返される病に悩まされることが多くなっていった。人生六十年目の年を迎え、特にひどい病にひとしきり苦しんだあと、成貞はついに隠居の許可を綱吉に願い出たのであった。しかし、この要請は聞き入れられず、病気の成貞に辞職の許可が出るまで、さらに二年かかった。[15]ケンペルが、成貞を実際の年齢よりも十歳以上老いていると思ったというのも、意味ありげである。綱吉からの厳しい要請を満たすのに必要な、献身さとスタミナの

辞職

『徳川実紀』	『寛政重修諸家譜』	『柳営補任』	以前の役職	辞職の理由
元禄8年11月29日	同左	同左	側衆	健康不良(老齢)
元禄2年3月22日	同左	同左	若年寄	病気
宝永6年1月17日	同左	同左	奥詰	将軍の死
元禄2年2月2日		元禄2年2月2日	小姓/御側	不服従
貞享3年6月26日	同左	同左	若年寄	病気
元禄元年10月13日	同左	元禄元年11月13日	側衆	任務を疎かにした
宝永6年6月3日	同左	同左	小納戸上座	隠居を申し出た***
元禄2年1月26日	同左	同左	側衆	病気
元禄3年4月14日	同左	元禄5年7月28日	奥詰	不適
		元禄3年4月14日	奥詰	病気
元禄4年5月28日	元禄2年12月17日	元禄4年2月5日	奥詰/側衆	超高齢、奏者番となる
元禄6年3月1日	同左	元禄6年3月2日	奥詰	理由が挙げられていない
宝永6年1月17日	同左	同左	側衆	将軍の死
		宝永3年10月15日	側衆	理由が挙げられていない
		元禄10年4月19日	奥詰	京都所司代に昇格

第五代将軍の側用人

任用

名前	『徳川実紀』	『寛政重修諸家譜』	『柳営補任』
牧野成貞	天和元年12月11日	天和元年12月12日	延宝8年10月9日
松平忠周(忠易)	貞享2年7月21日	同左	貞享2年7月22日
	宝永2年9月21日	同左	同左
喜多見重政	天和2年9月6日*		天和2年9月6日*
	貞享2年7月26日**		貞享2年7月26日**
太田資直	貞享3年1月11日	同左	同左
牧野忠貴	元禄元年9月12日	同左	同左
柳沢吉保	元禄元年11月12日	同左	同左
南部直政	元禄元年11月12日	同左	同左
金森頼時	元禄2年5月11日	同左	同左
相馬昌胤			元禄2年6月4日
畠山基玄	元禄2年12月6日	元禄元年11月14日	元禄2年12月1日
酒井忠真	元禄6年2月11日	同左	元禄6年2月21日
松平輝貞	元禄6年1月7日	同左	元禄7年8月27日
戸田忠利(忠時)			宝永元年12月5日
松平信庸			元禄9年10月1日

* 側用人の見習いとして
** 側用人に任用
*** 将軍の死後

双方を兼ね備えた役人は稀であった。綱吉の十四名の側用人の中で、幾年にもわたって任務の重荷に耐えることができたのは一人だけであった。それが、のちにさんざん悪口を言われることとなる、柳沢吉保である。

柳沢吉保の政治生命

柳沢吉保は、綱吉が生まれた十二年後、同じ戌年である万治元年（一六五八）十二月に生まれた。旗本の家柄であったが、多くの武士と同じように、清和源氏に連なる家系であることを誇っていた。吉保の父安忠は、わずか十三歳の時、病気の兄に代わって大坂の陣に参戦した。その結果、第二代将軍秀忠に謁見が許され、兄の俸禄だった百六十石を得た。その後二人の兄弟は、家光の不運な弟忠長に登用されたが、寛永十年（一六三三）に忠長が自害を強要されると、仕えるべき主君を失った。

慶安元年（一六四八）に吉保の父親は最終的に、二歳であった綱吉の従者の一人に迎えられた。その十年後に吉保が生まれた時、父親は禄高五百三十石の勘定頭の地位にあった。

吉保は七歳の時に、十九歳だった綱吉に初めて謁見した。初対面で、綱吉はその男の子がとても好きになったという話を、[16]『楽只堂年録』を基に実証することはできない。吉保自身が記録した『楽只堂年録』から実証できたならば、将来の将軍から賜った最も早い段階での寵愛のしるしとなったであろう。

延宝三年（一六七五）に、吉保の父親は七十四歳で隠居し、その時十八歳であった吉保が家督を継ぎ、俸禄五百三十石を譲り受けた。同時に、綱吉の神田邸に小姓として登用された。五年後に綱吉が第五代将軍に就任した時、吉保は小納戸となった。将軍の側近の中で最も地位の低い役職の一つであった。この役職は小姓よりも下位にあったが、吉保が新たに小納戸に任じられたことは、事実上の昇格を意味した。俸禄はそれに伴い三百石加増された。[17] これはのちに、何かにつけて同時代の人々の間に妬みや怒りを引き起こすこととなる、最初のきっかけとなった。

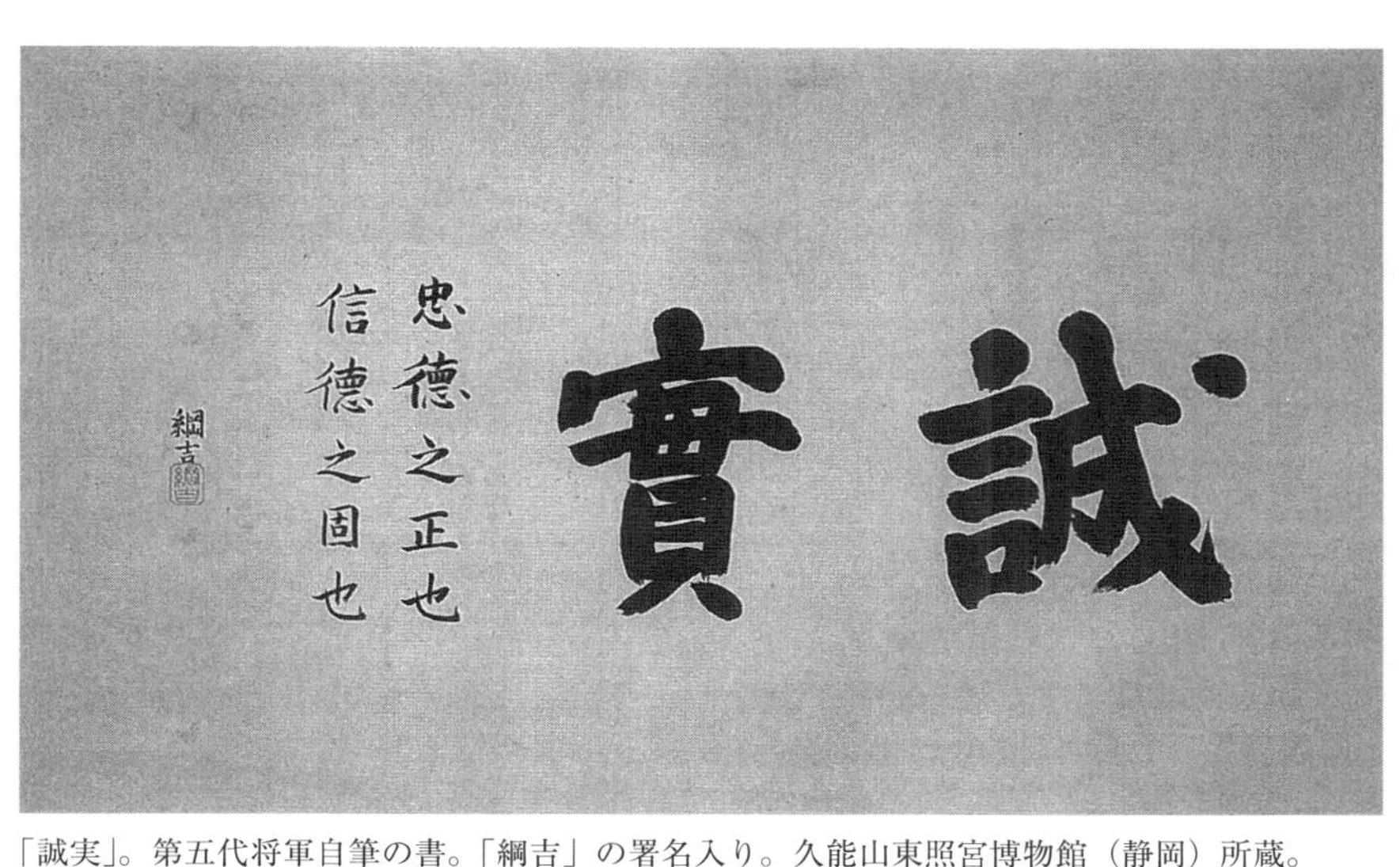

「誠実」。第五代将軍自筆の書。「綱吉」の署名入り。久能山東照宮博物館（静岡）所蔵。

天和元年（一六八一）六月、綱吉は吉保を正式に儒学の弟子とした。翌年の年始の賀では、読書始めに儒教の経典を講じる栄誉が吉保に与えられた。以後、この読書始めの儀式を、吉保は毎年、綱吉が死去するまで行うこととなった。[18]それから間もなく、綱吉は助言を手書きにして吉保に手渡し、吉保の将来はそこに書かれた精神により形成されることとなった。「主忠信」というタイトルのついた一首には、「人ハたゝ　まことの二字をわすれねハ　いくちよまても　さかゆなりけり」と書かれていた。[19]

天和三年（一六八三）に、主君を喜ばせようと努力してきた吉保の経歴を脅かしかねない出来事が起きた。父安忠の娘婿信花が、江戸城の敷地内で起きた喧嘩に巻き込まれ、刀傷が原因で落命したのである。城内での流血沙汰は重大な罪であったため、信花の俸禄は没収され、遺産のない状態で世嗣保教が遺された。慣例により、信花と継兄弟関係にあった吉保も似たような処罰を受けるべきところであったが、綱吉は吉保を赦免した。さらに数ヵ月後には、綱吉が直々に吉保の働きを称え、金五枚と時服三つを贈って謝意を表したのである。[20] ここでは明らかに、吉保の献身的な仕事ぶりが、継兄弟の不品行を完全に埋め合わせたのである。またこれ以降、吉保には側近としての任務が追加された。この任用については、『柳営補任』にのみ記載されていて、『楽只堂年録』や『徳川実紀』など、多くを詳細に語ってくれる記録には一切触れられていないため、半ば非公式であったように思われる。

側近の役職は家康の時代以来存在していたが、任用はめったに行われなかった。この地位は、将軍が特別な信頼を置いていた者のために留保していたと思われる。ほかの任務と兼任するのが一般的で、かつてこの地位を占めた者たちはすべて、吉保より高い身分にあった。[21]

貞享二年（一六八五）末に吉保は、従五位下の官位を賜り出羽守となった。それから間もなく、俸禄がおよそ二倍の二千三十石に達した。吉保の富と名声は、京都の公家より側室を迎えた時にますます高まった。その側室とは、公家の正親町実豊の娘、町子である。町子の母親は、おそらく高貴な家の出ではなく、正親町家の系図に彼女の名前を見出せないのはそのためと思われる。[22] 町子の博学で優美な文体は、父親の下で育てられ、父親の墨を摺り、そこに筆を浸すことが許されていたという彼女の主張に、信憑性を与える。[23] のちに吉保が朝廷と様々な交渉を行う際に、町子はその人脈を活用した。綱吉の母桂昌院が従一位の官位を賜った際には特にそうであった。公家の教育を受けて人脈もあったが、完全に貴族の身分ではなかったこの女性は、低い身分の出である吉保との釣り合いを考慮した上で、吉保に朝廷への道を開こうと意識的に選ばれたのであり、それを否定することはできないであろう。[24] 加えて、江戸の武家と京都の公家との間の仲介役に留まらず、町子は教育の成果と文才を生かし、吉保の功績を『松蔭日記』に、永久に記録として遺したのである。

吉里の誕生——将軍の息子?

吉保の父親は八十六年という長い生涯を閉じる前に、孫である男子の誕生を見ることができた。そして誇らしげに、大坂の陣で徳川家のために戦った時の刀をその幼子に手渡したのであった。[25] のちに綱吉から吉里という名を授けられるその男の子は、いわゆる柳沢騒動の中心人物として、汚名を着せられることとなる。彼は吉保の側室染子の子であったが、『三王外記』、さらには『護国女太平記』などに依拠して書かれた後世の作品によると、彼は吉保ではなく綱吉の息子だというのである。吉保が影響力を高め栄華を極めたことの背景には、結局のところ、この厳重に守られた秘密があったという見解もある。それによると、宝永六年（一七〇九）に綱吉と吉保は、吉里の本当の身元を明らかにした上で、彼が将軍の後継者であることを公言しようと計画したのであった。公式記録では、その年の一月に綱吉が麻疹のため亡くなっている。この病はすでに数ヵ月にわたって、綱吉の家族や側近を苦しめてきた。[26] しかし、『三王外記』と『護国女太平記』によると——後者の題名はまさにこのエピソードからつけられている——、綱吉は自分の正室の手にかかり殺害されたのであった。綱吉よりも国の将来のことに熱心であった正室は、綱吉の私生児が日本列島を支配することになるという差し迫った惨事を防ごうと、初めに綱吉、次いで自分を突き刺したというのである。[27]

この話には明らかな欠陥がいくつもある。まず初めに、多くの歴史家が指摘しているように、綱吉が柳沢邸を初めて訪れたのは元禄四年（一六九一）、吉里が生まれてから五年後のことであり、そのような折にその子を儲けるはずはない[28]。一方、染子がこれより前に、密かに綱吉に会ったという事実はないと証明することはできないが、もし二人の間に男の子が生まれていたならば、誕生と共に将軍の息子であることが公言されたに違いない。綱吉が約二十年間、注意深く息子の存在を秘密にしてきたと主張する者たちは、興味深いことに、綱吉が悪名の高い生類憐みの令を布告したことについて、後継者をめぐる耐え難いほどの不安が綱吉にそうさせたのだとも言っている[29]。そもそも、もし染子が将軍の子を妊娠していることがわかったならば、間違いなく、綱吉の側室として、切望されていた世嗣を誕生させるために、江戸城へ移されていたであろう。宝永元年（一七〇四）十二月、すなわち吉里を将軍の世嗣として公言したとされる五年ほど前に、綱吉の甥綱豊（のちの家宣）が正式に綱吉の養子となり、後継者として西丸に入ったことも、この話が既成の事実と矛盾する要因となっている。興味深いことに、家宣の誕生と幼年期を取り巻く状況は、吉保の息子の場合とされているものといくらか似ている。家宣は、綱吉の兄である綱重がまだ十九歳の時に、下女との間に生まれた子供であった。このように早くも子供がいたことは、綱重にとって、いずれ相応しい高貴な家柄の娘と結婚する際の妨げになるであろうと、この出生は秘密にされ、家臣に育てられることとなった。綱重の公家の出の正室が死去し、ほかに息子が生まれなかった時になって初めて、家宣の本当の身元が明らかにされ、父親の世嗣に任命されたのである[30]。したがって、もし綱吉自身に似たような状況下で生まれた息子がいたのならば、兄の「非嫡出の」子を世嗣に任命したなどと論ずること自体が難しい。

綱吉が同じように、忠実な家臣である吉保に自身の「非嫡出の」子を育てるよう頼んだという話は、吉保が高い地位へと昇り詰めたことの説明が求められた際に、家宣の誕生と幼年期の話を基に生み出されたのかもしれない。また綱吉については、吉里を娘婿にしなかったことに対する後悔の念を表明したことがあるとも記録されている。[31] そのような記述は、吉里が綱吉とその後継者家宣の双方より寛大な扱いを受けたという事実と共に、彼の本当の身元を詮索したいと人々に思わせたに違いない。

『三王外記』や『護国女太平記』の記述を信じる余地はほとんどないが、この話は興味深く、無視してしまうにはあまりにももったいない。現代の歴史家の著述においてさえ、時にこの話を生かそうと、非常に面白い説が唱えられている。例えば、吉保は自身の子供を儲けるにはあまりにも忙し過ぎた、というのである。[32]

側用人に昇り詰める

吉里誕生後、柳沢家の命運は上昇し続けたが、『松蔭日記』によると、吉保の成功はほかの理由によるものであった。「はかなくて月日もすぎもてゆくに、ことしは元禄元年［一六八八］とぞいふ。いよ〳〵いとまなくてつかうまつらせ給ふま丶に、その冬、禄まさせ給ひぬ。青江といふ御はかし御てづから賜らせ給ふ。」[33]

吉保の出世は、当初より明らかに早いというわけではなかった。綱吉の将軍就任から八年経っても、上座とはいえ、依然として小納戸であった。しかし、町子が言及する俸禄の加増はあった。一万石の加増を受けて一万二千三十石になると共に、吉保は旗本の身分から大名へと昇ったのである。同時に将軍の側用人たちと共に任にあたるよう命じられ、このような任命は一般に、以後、吉保も同じ地位にあることを意味した。[34]

綱吉の十四人の側用人の中で、その任命を受ける資格を得るための三つの役職の内、そのいずれにおいても事前に経験を積んでいなかったのは柳沢吉保ただ一人であった。吉保が綱吉に仕えた最初の十三年間——江戸城での八年を含む——に、小納戸より上の地位に昇格することがなかったのも不思議である。従来であれば、「側近」として任務を果たした者はいずれも、もっと上の地位に就いていたからである。小納戸であった吉保は、将軍の髪を整えたり食事の給仕をしたりといった、熟練性が大して問われないような役割を担い将軍に仕える、百名ほどの中の一人に過ぎなかった[35]。綱吉は吉保を、儒教の古典への関心を共有する弟子として、自分の側に置いておきたかったのであろうか。あるいは、吉保と同性愛の関係にあったのであろうか。または両方であろうか。綱吉は当初、側衆として登用されて経験を積んだ役人と競合して政治の込み入った業務をこなすほど、吉保は利口ではないと見なした、と推測することもできよう。吉保の家臣の一人によって書かれた『源公実録』では、吉保が側用人に任じられた時の様子を記述する際に、同僚の側用人たちの知的能力の高さが強調されている。

南部遠江守殿、自分両人、御側被仰付候節、順ハ、遠江守、自分にて有之候処、於御座之間、御役御礼申上候節、其順に居候而、遠江守、先へ出可被申と、立被申候処、出羽、と上意有之。先、自分出、御礼申上候。夫より、席、右順に成候。遠江守殿、勝レたる発明にて候へ共、間もなく、上意にかなひ不申、御役御免にて、高家畠山民部大輔殿、是又、御側被仰付候得共[36]、老人旁故、間もなく御役御免被成候。喜多見若狭守、斎藤飛騨守、両人ハ、自分より以前に御側相勉、両人共にも、ぬけたる発明にて候得共、御上に背き、飛騨守、不首尾にて御役御免、若狭ハ、桑名領主松平越中守へ御預ケ被仰付候。上下共に、実を以、務ねハ、末ハとをらぬ物之由、御意被成候。[37]

吉保は南部直政と共に側用人の役職に就いた。直政は、綱吉の側衆を立派に務め上げていたことから、吉保より上位に位置するはずであった。しかし綱吉は、吉保を直政の上に位置づけたのであった。このようなことになったのは、吉保がすでに長年仕えていたから、吉保の働きぶりの方が勝れていたから、あるいは何らかの個人的な理由があったからといったことしか考えられない。ようやく三ヵ月が経過したところで、直政は職を解かれている。『源公実録』は不従順があったためとしているが、ほかの史料によると病気が理由となっている。戸田茂睡は、直政の手に小瘡があったことを明らかにし、それが治癒したのちに任務への復帰が認められるだろうとも書いている。直政はその後十年生きていたが、任務に復帰したことはなく、また他の役職に任じられたこともなかった。[38]

側用人の役職に求められるのは、高貴な生まれでも並はずれた知性でもなく、飽くことなく献身的に任務をこなすことであった。そして、吉保にはそれができた。『松蔭日記』には「この頃ぞいとゞおほやけごと多くきこしめして夜昼おりたちいとまなくすぐい給ふ」、「いよ〳〵いとまなくてつかうまつらせ給ふ」、「今年になりても大かた一夜をへだてゝなどとの居がちにおはすれば」と、多忙な吉保の様子が記されている。彼は忙し過ぎて父親の墓参に出かけられず、また祠堂を完成させるために時間を費やすこともできなかった。彼の娘の結婚準備でさえ、時間を割くことができなかった。吉保は、夏の暑さで倒れ、彼自身が病気になるまで、決してペースを緩めることはなかった。[39]『松蔭日記』がある程度信頼できるのであれば、絶えず繰り返され、ほかの史料にも表れるこのテーマを無視することはできない。[40]

吉保は、任務を疎かにしたとして、綱吉から叱責されることが一度もなかった役人であったと考えられる。

吉保については、特別に秀でていたわけではないが、献身的で勤勉という人物像が浮かび上がる。そして、彼自身は何かの才能に恵まれていたわけではないであろうが、ほかの人々の持つ優れた知性を認識することに長けていた。吉保が荻生徂徠を、徂徠が自身を有名にした数々の作品を発表するよりかなり前から登用していたことは、単なる偶然ではないであろう。それだけでなく、細井広沢（一六五八〜一七三五）や服部南郭（一六八三〜一七五九）といった学者も、初期の時代を柳沢邸で過ごしていた。吉保に登用されたその他の者は、後世の人々にまでその名を遺していないが、当時は著名な学者であったに違いない。数学者の金子権七は、渋川春海（一六三九〜一七一五）を除くと、日本国内で唯一、綱吉が貞享元年（一六八四）に採用した新暦（貞享暦）を計算することができた。[41]

主君である綱吉からヒントを得て、吉保も、人材を身分ではなく能力によって登用する政策をとった。例えば、若き荻生徂徠は、柳沢邸に入って間もなく昇進した。[42] 徂徠はのちに、綱吉の下では「衣服大小ノ拵ヘ、髪ノ結様迄目立事ヲ嫌ヒ、世間並ヲ見合セ、中分ヲスルヲ善トス」と記している。[43] 吉保はこの精神を注意深く守り、自身の新たな地位を公然と利用しようという衝動に駆られることはなかった。また、権力者の従者は乱暴に振る舞うことが多かったが、自分の家臣にはそれを許さなかった。[44] 綱吉へ奉仕するにあたって、吉保がほかの誰よりも長続きしたという事実は、町子の次のような記述の信頼性を高めることになる。

おまへは、猶さすがに、ほこりかならず、いみじう、もてしづめて、いかで、おほくの人の上、つかさどり聞しめすにつけても、世のため、あやまつ事なからんやうをのみ、おきふしおぼしいれ、こゝろふかき御ありさまなれば、晏子が御なりけん、おこがましかりし心ばへなど、おぼしくらべて、此家人などの、そこらほこらはしげなるも、かつは、をろかなりとおぼしとりぬべし[45]、何事にも、いきほひにまかせて、人をあなどり、無礼なるわざする事なかれ、すべて世中にをぢはゞかられん家と思ひて、大小の事、をのが心にまかせて、をしたらたるわざせんは、をこに物しておもふべきなりとぞ、たびくいましめきこえ給ふ[46]

吉保は、風評をすべて蕾の内に摘み取ろうと気をつけていた。自邸の二人の番人が賄賂を受け取ったと噂された際には、即座に二人を川越の城へ差し向けている[47]。

政治腐敗を非難される

急速に富と名声とを手にした吉保は、そのことが悪口や公の非難の的となるであろうことを十分に意識していた。平和な時代の日本において、類稀なる経歴を持つ人は避けて通れないことであった[48]。吉保の権威が高まるにつれて、彼の屋敷の前に列をなす嘆願者の数も増えていった。『松蔭日記』によると、身分が上の者から下の者まで、ありとあらゆる人々が門前を訪れ、「われはと思ひあがれる国のあるじ」までもが来たという。しかし吉保は、個人的なお願いに来た人々とは会おうとしなかったことが、町子の記述から窺える。そのような人々は、決まって贈り物を持って来ていた。歴史家は、吉保の貪欲さと悪行をさんざん批判してきたが、そのような非難を史料から裏づけることはできないのである。

贈り物の授受は、社交の場では普通に行われていた。オランダ人ですら、江戸参府の際にどのような贈り物を誰に献上すべきかを、具体的に教えてもらっていた。その見返りに彼らも贈り物を受けとったが、それらは献上者の地位に応じて細かく規定されていた[49]。今日の日本においても、このような習慣は完全になくなってはいない。大々的に宣伝される百貨店からの中元や歳暮の広告に見られる通りである。このような状況下において、また特にこの習慣が特定の個人に対してのみ行われていることを考慮するならば、過去のこのような習慣を批判するのは独断的かもしれない[50]。

戸田茂睡は、屋敷が焼け落ちた時に吉保が受け取った贈り物を列挙しつつ、これが異例のこととはどこにも述べていない。吉保が、今日でも有名な六義園の庭園造営に関心を示した際には、珍しい石や植物が全国各地から大量に届けられた。このことを町子は、吉保が権威ある地位に昇り詰めたことを示すために述べており、これを、将軍側近の特典として正当に得たものにほかならない、と当時は考えられたことを示す記述はどこにもない。

新井白石は綱吉の政治に心底批判的で、吉保については、「国事は彼が望むとおりに運営され、老中が行ったのは、彼の言ったことを中継することであった」と記している[51]。しかし白石は、政治が腐敗したとは一切述べていない。白石の友人で同僚の室鳩巣は、二十人ほどの側室と関係を持ったなどと、吉保の好色ぶりを非難する以上のことはできなかった。鳩巣はこれを「淫佚至極」と批判し、また吉保の家臣の内三名が、忠告したが無視されたことを理由に辞任したというのである[52]。これらの風評は、吉保は綱吉との間に性的な関係があったから昇進したとか、吉保は子供を儲ける時間がなかったという説を否定するものである。また、非難するにしても、もう少し内容のある事柄が見つけられなかったことを示しているのかもしれない。

鳩巣のライバルであった荻生徂徠の側では、何かと批判されることの多い元禄時代について、役人が慎み深く振る舞った時であり、彼らの言動は「見事ナリシニ」と説明している。徂徠においては、白石や、その恩を受けた鳩巣が政権に登用された正徳年間（一七一一〜一六）に、政治の腐敗が始まったのである。[53]

吉保は先例がないほどの権力と名声とを手にしたのであり、そのことを妬ましく思う者たちから、不当な非難を受けるかもしれないという恐怖は常にあった。人心と噂に細心の注意を払いつつ、町子が巧みに伝えてくれるのは、陰口の対象となることを家族が絶えず気にしていたということである。著書の最後の数ページの中で、町子は率直に、この作品が編まれたのは、吉保に関して広まっている「物いひさがなきそしり」に立ち向かうためであったことを認めている。[54]

将軍の訪問

そのような「物いひさがなきそしり」を生み出すこととなった主たる要因は、綱吉が幾度となく――合わせて五十八回――柳沢邸を訪れていたことであった。そのような折に、将軍が吉保の長男吉里を儲けたという風評があったことについては、すでに述べた。ほかの著述家たちによると、綱吉が訪れた際の性的快楽のためにと、吉保は男の子や女の子を育てていたという。しかし、非難の対象となっている綱吉の性的慣習や性的交わりについて、それらを裏づける証拠は、明らかに間違っている『三王外記』

の記述以外には存在しない。栗田元次ですら、そのほかの点では堅実な業績である『江戸時代史』の中で、綱吉は家臣の若い息子たちを視察し、何名かを自身の性的快楽のために選んでいたと述べている。ここで栗田が典拠としているのは、戸田茂睡による同時代の記録『御当代記』と『三王外記』である。茂睡の記録には確かに、将軍の小姓を選ぶための「子供見立」について述べた箇所はあるが、性的な目的のためであったことを窺わせるものは何もない。前近代社会では一般に、子供を召使にすることはあったが、性的な目的のために誤用する意図はなかった。荻生徂徠は逆に、若くて美しい女の子たちに仕えてもらうことを好んだが、ある出来事のあとに、彼女たちは、主人に対して性的な感情を抱くようになるには若すぎることを確信したのであった。

次いで、栗田は『御当代記』をもとに、側用人の養子になるよう綱吉の命を受けた山名信濃守（義豊）が、それを拒んだ理由として、性的乱用を恐れたからだと述べている。しかし、義豊が子供ではなく二十八歳の大人であったことを、栗田はうっかり触れずにいる。ある別の史料の説明によると、義豊は、すでに養子縁組が成立していたことからこれを拒んだのであり、さらにまた別の養子縁組の申し出を受け入れることは、現在の父親に対して親不孝を働くことになると考えたからであった。以上のような『御当代記』の内容を解釈し、綱吉には男色の性癖があったと言えるのは、『三王外記』の間違った記述と関連づけて解釈した場合に限られるのである。[55]

綱吉が柳沢邸を訪れたのは、性欲を満たしたいという欲求に駆られてのことであった、ということを裏づける証拠は何もないが、その一方で、そのような折に行われた知的な論議について記録した資料は豊富に存在する。後段でさらに詳細に論じるが、吉保は自邸に当時最も頭の切れる学者たちを集めていた。中国語の知識と中国古典を原書で読む能力において並はずれた者や、荻生徂徠のように鋭い洞察力を持つ者であった。将軍が訪問した際に彼らは、仏教僧を相手に哲学的な議論を展開した。その締めくくりには、たいてい能が上演された。三百年ほど前に生み出された古典劇は、厳格で古風な決まりごとに従って演じられた。

これらの催しは、『三王外記』やその間違った記述を基に書かれた作品の色眼鏡を通して見るのでなければ、まさしく重要な知的・文化的催しとして評価されなくてはならない。そして、同時代の異国からの訪問者エンゲルベルト・ケンペルは、そのように評価した。ケンペルにとって綱吉とは、啓蒙君主の理想、学者・芸術家の後援者を体現するものであり、そのような人物をヨーロッパで見出すことはできなかった。

柳沢邸を訪れた綱吉には常に「若い女性が侍る」と、ケンペルは聞いた[56]。しかし、このことによって、綱吉に感心するケンペルの気持ちが薄れることはなかった。ケンペルは、街道沿いの若い男娼の存在にむしろショックを受けていたのであり、若い女性を召使に使うことの方が――ヨーロッパでは一般的にそうであったように――、健全な現象と見たのかもしれない。将軍が若い女性にもてなされていることが、最初の段階でその異人に告げられたのであったが、その理由はまさに、ケンペルが様々な折に観察したように、通常は若い男子がその役割を担わされていたからであったとも考えられる[57]。

能の上演は、綱吉の前の将軍においても同様の娯楽として好まれたが、学術的な論議は前例がない。そこで多くの大名の知力を精一杯働かせたが、学問に関しては、下の身分の者よりも劣っていることが判明した。そのような学識を試すような活動は、結果として、堅固に確立された社会的ヒエラルキーの欠陥を暴き、身分に関係なく才能のある者を登用するという綱吉の政策に正当性を与えることとなった。綱吉は、吉保の勤勉な家臣の一人を大いに賞賛した際に、率直にその点を明らかにした。「大かた、つかふるみちは、たかきひきゝ、わくべしやは」というレトリックを用いた底意ある問いかけが、単に「誰も皆、志をつくして、かれがごとあるべきわざかな」と締めくくられている。[58]

将軍はお気に入りの家臣の家を訪れていたのであったが、このことが大多数の大名の間で不評であったことは想像に難くない。それは、将軍の側近集団からの排除を意味したからであり、彼らの多くは、それを形成する特権を正当に有していると思っていた。また、学術的な論議への参加が認められた者の多くは知的劣等感を抱くようになった。そのような折に、みだらな行為があったという風評が育まれたのは、報復のための戦略の一つにほかならなかった。

これらの論議が厳粛で学術的な催しであったことは、荻生徂徠により証明されている。このような折に綱吉の注目を浴びたこともあって、徂徠は自然とこの活動に対して前向きになった。後段で論じるように、このような学術活動は、日本の偉大な政治哲学者の一人に訓練の場を提供することになったのであり、無価値だということは到底できないのである。

柳沢儒学学校

中国古典に関しては、柳沢邸で催されるその場限りの論議に留まらず、私立学校のようなものが設立されていたとも考えられる。儒教を学ぶ綱吉個人の弟子たちを教育するための学校であった。平石直昭によると、吉保は自身の関心の下に数多くの儒学者を自邸に登用したのではなく、いずれは将軍に仕える者たちを教育するためであった。この学校の創設日を割り出すことはできないが、綱吉の亡くなった月に閉校となり、荻生徂徠を含む、教師として働いていた学者たちの配置換えが行われたことを示す証拠はある。学校が建てられていたと思われる土地も、その時に幕府へ返還されている。綱吉が何名かの小姓に神田橋にある吉保の屋敷で生活するよう命じ、綱吉がそこを訪れた際に彼らが儒教の古典について論評するのを聞いたことを示す証拠もある。

儒教教育を受けるために城での務めを免除されるということは、間違いなく、その者には知的能力を伸ばす可能性があるという、綱吉の期待の表れであった。綱吉の期待に添うことのできなかった者は、より一層集中力を高めて学問に専念してもらうため、何かと気の散る町の環境から、最初は川越、次いで甲府に吉保が有していた所領の、環境の厳しい場所へと移された。綱吉の死後には、そのような一時的な追放を解かれた者として、十二名ほどの名前が挙がっている[59]。

第三代将軍家光の支配下では、川越城は――手に負えない儒学生のための家というよりは――将軍が江戸周辺を歩き回った際に、狩りを主催する場所として機能した。その城の当時の所有者は家光お気に入りの酒井忠勝であり、彼も柳沢吉保のように下級武士の出であったが、高い地位へと昇り詰めた者であった。家光は、そのお気に入りの忠勝の城へ、狩りのため頻繁に出かけただけでなく、江戸の牛込にある忠勝の屋敷にも定期的に通っていた。百五十を超える訪問回数が記録されている。家光が建造した壮大な御座船安宅丸での振る舞いもまた、江戸城の敷地から抜け出す絶好の機会となった[60]。綱吉が五十八回も柳沢邸を訪れたことが再三にわたって非難の対象となっているが、それ以上に頻繁に外出していた父家光については、似たような非難が歴史に一切記録されていない。

家光の場合は、例えば御座船での振る舞いに際して、大名や家臣たちに異国風の服装をするよう命じたことに表れているように、娯楽が重視されていたという点で異なっていた。[61] これは大名に気晴らしとして歓迎されたが、綱吉の外出はそのようにはならなかったであろう。

仏教への厚い信仰心から狩りを認めなかった綱吉にとって、大名の屋敷を訪れることが、引きこもりがちであった江戸城の敷地内を離れ、外の生活を垣間見ることのできる数少ない機会であった。また、そのような外出は、将軍の生活を伝統的に律していた制約から逃れ、既存のあり方からはずれて新たな構想を抱くことを可能にしたのである。柳沢邸での儒教教育はその一例である。

柳沢邸での私立学校の創設は、元禄四年（一六九一）よりあとのことであったに違いない。その年に綱吉は、初めて湯島を訪れている。大聖殿が完成し、教育施設が拡充された時であった。元禄五年にケンペルは、綱吉が湯島を訪れたこと、そしてそこで行った講義が大変素晴らしく、「御前にひれ伏した者一同感服したということ」を聞いている。[62] 綱吉の講義については好意的な評価がケンペルに伝えられたが、間もなく、実用的な儒教という支配者のパーソナルブランドが、伝統的ではるかに学術的・理論的な林家の教えとは相容れないことが明らかになったに違いない。林家の高度な専門知識を疑問視し、何代も続いた古くからの特権を侵害したことに対して、相当な抵抗に遭ったものと思われる。老中らを差し置いて、元々小姓であった側用人柳沢吉保に最も高度な政治的任務を委ねたのと同じように、柳沢邸に設立された学校は綱吉に、林家の学者たちを差し置いて、家臣たちを、彼の好んだ実用的な儒教ブランドに教育することを可能にしたのである。後段で詳細に論じるが、儒教の教義を基に政治問題が解決されなくてはならないような時に、綱吉は、林家よりも柳沢邸の学者たちの擁護する解釈の方を支持した。林家は代々、一度たりとも綱吉を儒学者と見なすことはなく、また、無名であった家系の名声を高めてくれた支配者を称えることもほとんどなかったのは、まさにこのことが理由であった。

法廷

柳沢邸を訪れることは綱吉にとって、将来役人となる者たちへの教育に自分の印象を刻みつけることを可能にしただけでなく、老臣が庶民を管轄するのを観察する機会にもなった。この目的のため、公の法廷が屋敷の庭に設けられ、そこで庶民間の争いごとが十五件聴取されている。事の一部始終が見渡せる建物の中で、綱吉は随行者たちと共に、御簾の後ろに身を隠して座していた。町奉行二人、寺社奉行四人、勘定奉行四人からなる一団が裁判官の役割を果たした。綱吉は家臣に、この一連の手順を通して政権の本質がはっきり表れるのだと明言し、詳細な質問をしながら成り行きに注意深く耳を傾けた。老中や若年寄も参加していて、彼らによると、綱吉は単に自らの好奇心を満たそうとしたのではなく、庶民の間で問題になっていることをある程度、老臣に知ってもらいたいと思ったのである。『松蔭日記』に記されているように、通常そのような地位にある者が庶民の声に耳を貸すことはなかったのであり、このようなやり方は極めて異例に思われた。珍しい聴衆が法廷の場に居合わせたにもかかわらず、日記の著者の詳細な描写から、それぞれの問題を訴えていた側が威圧感を抱いた様子は見受けられない。双方が言い争う中で、一方が論点を完全に無視して「あなかま、をこなり（黙れ、この馬鹿者）」と叫んでいる。高貴な生まれである町子は、理解できないことがたくさんあると認めざるを得なかった。訴えは窃盗、未払いの借金、土地をめぐる争いごとから、姦通や結婚相手に対するその他の不平不満まで、広範囲に及んだ[63]。

法廷での一連の手順が、判決の言い渡しによって終了すると、柳沢吉保とその学者たちによるいつもの儒教の講義が行われた。柳沢邸で催された裁判の一連の過程は、娯楽の新たな形態に過ぎないと解釈することもできるであろう。町子は、彼女自身とは根本的に異なる人々を眺めることの滑稽さを、包み隠さず述べている。それに対して、学者の一人としてその場に居合わせた荻生徂徠の記録には、不平が全く見られない。それどころか、綱吉がこの柳沢邸や、ほかの数多くの別の機会で行ったように、徂徠ものちに著作の中で、国を治める者が庶民の事柄をよく知ることの重要性を大いに強調しているのである[64]。

牧野成貞のあとを受けて

ケンペルが元禄四年（一六九一）から翌五年に江戸を訪れた時、綱吉が全面的に信頼したのは側用人の牧野成貞ただ一人であると聞いた。成貞が元禄八年に隠居すると、この信頼が柳沢吉保に置かれるようになった。すでにその前年より、吉保は評定所が開廷された際には列席を義務づけられていた。伝統的に将軍の側近がこの最高裁判機関の開廷に列席することはなかったのであるが、綱吉は将軍就任直後に、成貞にそうするよう命じている。今や吉保は、成貞の後継者となっていたのであった[65]。綱吉に代わって日々の政治問題に注意深く耳を傾けることのほかにも、数多くの特別な任務や事業が吉保の肩にのしかかった。

成貞が隠居してから数ヵ月ほどあとに、綱吉の妻や娘たちが暮らす大奥への贈り物は、柳沢吉保が、その補佐役である松平輝貞を通さなくてはならないとする綱吉の命が下った。こうして、将軍の家族への接近を統制する吉保の権限がますます強化された。[66] 徳川家の菩提寺である上野の寛永寺に根本中堂を建設する際にも、監督役に据えられたのは吉保である。大名にはこの事業への支援が求められ、町子によると、数万人もの人夫がそのためにあくせく働いたという。寺院修復のため、幕府の支援を求める数々の要請を調整する権限が吉保にあったことから、彼の屋敷の入口に嘆願者が長い列をなすということにもなった。[67] 将軍と朝廷との関係を統制したのも吉保であり、やがてはそれをうまく操る名人となったのである。

朝廷

綱吉は――第一章で述べたように、幾人かの公家を立腹させることもあったが――前任のどの将軍よりも朝廷を尊重した。朝廷からの使者を迎える前には清祓の儀を慎重に執り行い、困窮する朝廷や公家への金銭支援を増やすなどして、崇敬の念を表してきた。貞享四年（一六八七）の東山天皇の即位に際しては、大嘗会の儀式の復活を許可している。十五世紀半ばに後土御門天皇が即位した時を最後に執り行われなくなった、手の込んだ儀式であった。将軍が献上した七百石により、賀茂祭（葵祭）を復活させることもできた。貴族の祭りとして九世紀初頭以来祝われてきたが、資金不足のために何百年も開催されずにいたのであった。[68] 伝統あるこれらの催しは今日でも行われているが、それは少なからず綱吉の寛大さのおかげなのである。

吉保の宮中への扉は、元禄三年（一六九〇）頃に町子が家族の一員となった時に開かれた。[69] 吉保は朝廷への崇敬の念を綱吉と共有し、おそらくそれゆえに、公家の娯楽である歌詠みにおいて秀でようと努力したのであろう。元禄十四年には柳沢邸で、著名な歌人北村季吟（一六二四〜一七〇五）の指導の下に歌会が催されるまでになっていた[70]。綱吉に登用されていた季吟は、吉保の個人教師となることが認められ、彼の熱心さにがっかりさせられることはなかったようである。元禄十五年に季吟は、『古今和歌集』の写本を吉保に贈っている。このことは、生徒である吉保が和歌をよく習得し、総じて満足できるものであったことを示している[71]。しかし、その頃に柳沢邸を襲った火災が、多くの貴重な書物を焼失させることとなった。町子の親戚を通じてこの損失を知った東山天皇は、吉保に勅撰和歌集の『三代集』の写本を贈り、彼の才能と地位を公式に認めている。これらは、最高位の官職を持つ者たちにより慎重に書き写されたものであった。違いを際立たせるため、東山天皇自身の編纂であることを示す序文がついていた[72]。

儒学者の細井広沢を通して、吉保は天皇陵の調査と確認の必要性を認識するに至った。放牧と耕作により、完全に荒廃しつつあったからである。地元の人々にとって、天皇陵は貴重な土地を占有する無用の建造物に過ぎなかった。家光の治世になされた調査の報告によると、大和には一陵も見つからなかったという。大規模な調査を行うためのチームが派遣されたあと、十二陵に新たな垣が施され、六十八陵が新たに確認され崇敬された。二十世紀になって、ようやく大正天皇が、天皇陵を保存してくれたことに感謝し、吉保に従三位の官位を死後に授けている[73]。当時の朝廷も、吉保への感謝の気持ちがあったからこそ、綱吉の母親に最高の官位である従一位を授けるという難しい任務を、吉保が成し遂げられるよう後押ししたに違いない。

桂昌院が低い身分の出身であったことは、彼女の故郷である京都ではよく知られていた。綱吉が将軍となった四年後に従三位の官位を受けたこと自体、すでに驚くべき特例であった。従三位は一般に、武士の妻が生前に授かることのできた最高の官位である。家綱の母宝樹院は、その死後に正二位を授けられている。[74] したがって、綱吉の母桂昌院に、従二位を飛ばして生前に最高位を授けるということは、綱吉の側からの異例な要請であった。ただし豊臣秀吉も、関白任官と共に母親が同様の栄誉に与っている。その官位が最終的に元禄十五年（一七〇二）に授けられた時、綱吉は感謝の言葉の中で、年老いた母親がこのような栄誉に与ることができたのは、ひとえに吉保の尽力のおかげであることを強調した。[75] 吉保は、綱吉が家臣に求める能力のすべてを磨いたのであった。

困難な任務を成し遂げたあとも、吉保は「和歌外交」とでも称されることを続けた。おそらく、京都で認められたいという欲望に駆られたのであろう。江戸のライバルたちは、彼のことをしぶしぶ認めていたに過ぎなかった。

翌年、霊元上皇が彼の歌集を見てくれると聞いた吉保は、そのために百首の歌をつくった。高貴な公家の家柄であっても、上皇がわずか一～二首でも見てくれることに同意したならば、類稀なる栄誉と見なされたと、町子は誇らしげに記している。一ヵ月も経たないうちに、吉保の歌に対する大いなる称賛が京都より寄せられた。そこには、仲介者の役割を果たしてくれたことへのお礼の品を、どの公家に贈るべきかを記した詳細なリストが添えられていた。[76]

これらのお礼の品が急ぎ送り届けられる間に、吉保はさらに野心的な企てに乗り出していた。今度は千首を、上皇に見てもらうため献上しようとしたのである。これだけでは一族の名声を満たすには不十分であるかのように、吉保は長男にも、同じように歌を千首、朝廷に献上するよう促した。京都から相応の激励を受けたあと、それぞれの千首の歌集が仰々しく、当然のことながら豊富な量の贈り物とともに、送り届けられた。そのお返しに、この父と子による和歌への無類の献身ぶりを称賛する言葉が豊富に寄せられた。これらの歌は宮内庁書陵部に保管され、のちの世代に受け継がれることとなった。大いに評価されたことのしるしに、扇子と冠の懸緒が江戸に届いた。「さるは今の世に誰も〱たぐひなしと思ひ聞え奉りたるは、たとへもありなむ。いとかく〱、あまさかるあづまぢよりはる〲雲の上まで心ことにおもはれ奉らせ給へる、今さらにこよなき御栄になむ」と町子は褒め称えている。[77]

不満の表れ

和歌集の写本、扇子、冠の懸緒といった朝廷からの贈り物は、差し当たって害のないように思えたが、霊元上皇の後ろ盾を得たこと自体、政治的には重要な意味を持った。家光の死後に硬直化した幕府のヒエラルキーにあって、綱吉は、家光が設けた大老職に、自身の「新しい家臣」を任命することができなかったのである。しかし、上皇の好意により綱吉は、自身の側用人たちのために官位を確保することができたのであり、このような形で、幕府のヒエラルキーにおける彼らの地位を上昇させたのであった。元禄十一年（一六九八）に吉保は、寛永寺に根本中堂を建設する際の監督役を立派に務めたとして、左近衛少将に任官されている。[78]その一年後には、紅葉山の霊廟へ向かう綱吉の行列の先導を初めて務めている。[79]この役割をそれまで担ってきたのは酒井忠清、堀田正俊といった者たちであり、彼らの死後は保科家と井伊家の間で分担されてきた。[80]吉保のような将軍の新しい家臣の一人が、この厳粛で栄誉ある職務に任じられるということは、伝統を打ち破る前代未聞の出来事であった。古くから要職にあった家系を綱吉は軽視してきたが、そのことが公式に示されたのである。

綱吉の決めたことに対する不満の表れを、同時代の史料に見出すことは容易でない。将軍の決断は絶対的に正しく、この点に疑義を表明することは反逆罪も同然であった。忠誠心を示すことで特権を享受した譜代大名にとって、疑義の表明はとりわけ不適当だったであろう。結果として、才能のある者を登用し、伝統的に譜代大名が担ってきた影響力のある地位を新参者に強奪させるという綱吉の政策に対して、直接反対を表明するような記述を公式記録の中に見出すことは一切できないのである。しかし、それに対する不満はあったのであり、公式記録と見なされない年代記の中に時折示されていたり、あるいは、出来事のある種謎めいた展開によって暗示されていたりして、歴史家たちに独自の推論を引き出させているのである。

そのような出来事の一つに、大老井伊掃部頭直該の辞任がある。『徳川実紀』によると、直該は病気のために大老職を辞したのであった。[81] しかし戸田茂睡は次のように記している。

井伊掃部頭（直該）大老之御役御免、是ハ掃部頭申上候ハ、大猷院（第三代将軍徳川家光）様之御条目、老中之事、官侍従、知行十万石ニ可限ト云々、然るニ柳沢出羽守ヲ去年被為任少将候事、御条目ニ違ひ候と申上候故ト云、此段ハ無覚束人之口也[82]

この時点での吉保の俸禄は、定められた限度を超えてはいなかった。[83] しかし、位階は超えていた。側用人だった吉保の地位は、公式には老中の下に置かれたのであったが、その伝統が破られ、事態はより深刻であった。ただし、吉保が新たな官位を賜ったのは前年ではなく、二年前であった。この点で茂睡の記述は不正確である。ただ、その前年に吉保は、紅葉山へ向かう際に綱吉の先導を務めるよう命じられていた。それは本来、大老に与えられるべき栄誉であり、新参者が自身と同じ官位を授けられたことを、直該が快く思わなかったことは確かであろう。しかし徳川家の霊廟へ向かう際の先導役に吉保が任じられたこのタイミングから、直該は不満を抱き、最終的に辞職へ至ったものと考えられる。

将軍と、そのもとを去って行った大老との間に生じていたと思われる不和については慎重に扱われ、記録には全く表れない。しかし、第六代将軍家宣が死の床に就いていた時に、直該が大老に復帰させられたのはおそらく偶然ではないだろう。それは、政権内にわずかながら残っていた、綱吉時代に影響力のあった者の一人、勘定奉行荻原重秀がついに罷免された時であった。[84]

伝統の見張り役であった井伊直該が政権内最高位の役職を退いたことにより、綱吉は誰に気兼ねすることなく、側用人吉保の地位をさらに固めていった。将軍家の姓「松平」を吉保とその息子たちに授け、側用人を「奉公人の手本」として称えると共に、今後は吉保を自身の家族の一員と見なすと明言した。[85]その四ヵ月後に従一位の官位が綱吉の母親に授けられた時、綱吉は再び公の場で吉保を褒め称える機会を得た。その頃、何年かにわたって吉保は、独力で、わずかな間違いを犯すことなく、対内・対外の問題を処理していった。彼の才能については、綱吉が、ほかに並ぶ者はいないと述べていたのを、町子は思い起こしている。[86]

このような大いなる栄誉のあとに、不運が柳沢邸に降りかかった。わずか数週間後の夜に火災が発生し、資産のすべてが消失してしまったのである。[87] 吉保が新たな栄誉に与ったのと同時に起きた事故なのか、あるいは、神々は認めていないことを知らしめるために、人間の手が加わったものなのであろうか。吉保が放火を疑ったのかについて、記録には全く記されていない。そもそも吉保には、そのようなことを熟考する時間がほとんどなかったのである。大老の辞職を受け、綱吉は吉保にその称号を与えることができなかったにもかかわらず、吉保はその地位に求められる働きをしなくてはならなかったからである。公務の負担が吉保の肩に重くのしかかっていたが、綱吉は裏舞台の仕事にも彼を利用した。最も重要な任務は綱吉の世嗣を任命することであった。

将軍権力の限界

綱吉の唯一の息子は、子供時代に早くも死去していた。しかし、御三家の一員である紀伊の徳川綱教と結婚した娘の鶴姫が、後継者を産むかもしれないという期待があった。元禄十七年（一七〇四）に鶴姫が子供のないまま亡くなった時、綱吉は、兄綱重の息子である甥を後継者に任命し、西丸に迎え入れることを決めた。吉保はこの任務を通して、再び綱吉から比類のない賞賛を受けただけでなく、この折に家宣より明け渡された、甲斐と駿河の一部を含む由緒ある所領をも手に入れた。その所領の公式価値は十五万石を少し上回るほどであったが、実際の収益は優に二十万石を超え、国内で最も広大な御料の一つが吉保に与えられることとなったのである。[88]

吉保がこの時に成し遂げた任務が、政治的に最も重要であったことを強調するような発言を、綱吉が行っている。「初よりうち〳〵のさだめよりして、よろづあかぬ事なくあつかひ、かうしろやすく事なりにけるなむ、かへす〱心のほどは百が一つもいひつくさずなむ」と述べたという報告がある。[89]

家宣を後継者に任命するにあたって、どのような任務が課せられていたのかについてはわからない。わかっているのは、老中や御三家の一員の中で、誰一人として、その秘密裏に進められた準備に関わっていた者がいなかったということである。彼らより先に、僧侶の隆光と綱吉の母桂昌院には、密かに知らされていた。[90] 伝統的な権威保持者たちを大幅に排除するような権力構造の確立に、綱吉は成功していたのである。綱吉の信頼を得ていた者たち——側用人柳沢吉保、母桂昌院、僧侶隆光——が、のちに最も激しい批判の対象となったことは、不思議なことではない。

しかし、次のエピソードに示されているように、綱吉の専制的権力は完全ではなかった。吉保の新たな所領が公表されたあとに起きた出来事と言われていて、吉保の家臣薮田重守が記した『源公実録』は、次のように詳細に物語っている。

> 三の御丸江常憲院様被為成……永慶寺様［吉保］ニも御側近ニ御座被成候所、一位様、美濃守［吉保］江なぜ甲州一国不被下哉、御一代様之御事、思召次第ニ御成可被成事と、御意被成候得は、公方様、御こまり被成遊、御笑被成候而被成御座候。永慶寺様、殊之外御難儀ニ思召、御手をにきり、あせを御なかし被成候由。公方様の御心の儘にも不被為成候事多ク有之旨も御咄被成候。郡内領二万石ハ、刑部少輔様・式部少輔様［吉保の二男と三男］江可被下置御様子、其砌、世上沙汰有之由。御留守居共も申聞候。[91]

このように生き生きと描かれた出来事についての言及を、ほかの史料の中に見出すことはできない。しかし、だからといって、その信頼性が損なわれるようなことにはならない。将軍の母親の居室の中で起きたことであり、特権を持つ側用人のほかに役人は誰も居合わせていなかったのである。最も親密な間柄の人々でない限り、綱吉が率直に自らの権力の限界を認めるはずはなく、また、多くの聴衆が居合わせるような場所で、桂昌院が綱吉の決定に疑問を投げかけることもおそらくないであろう。結果として、吉保を除いてこの出来事について報告できる者はなく、吉保はのちにその詳細を家老の藪田重守に語ったものと思われる。ある程度予想されるように、将軍の権力の限界を示す、この感情的で熱のこもった場面は、半ば公式の簡潔な記録である柳沢邸の『楽只堂年録』の中には全く描かれていない。しかし、当事者すべてがこの世を去った半世紀ほどあとに、当時広まっていた悪口を正そうとして書かれた作品中へ、この出来事を含めるというのは賢明であった。もし、著者が印象を気にしたのであれば、町子が行ったように、話をアレンジすることもできたであろう。町子は桂昌院について、吉保がどれほどの広大な所領を受けようと、彼の奉仕に報いるには不十分であろうと語った、とのみ記している[92]。町子の熟練した筆法の下では、彼女が読者のために描き出した調和的世界の詩的描写に見合うよう、厄介な場面が取り除かれたのである。

第四代将軍家綱の三十年間の治世に政治的権威を確立し、今や国を統治する権利を主張していた家系と、綱吉との間には確執があったが、公式記録も『松蔭日記』も、いずれもそれを正式に取り上げなかったという点で一致している。父親が大坂の陣で徳川家のために戦ったという柳沢吉保のような人物は、例えば家光にとっての堀田正盛の場合とそれほど違わないのであるが、このことは伝統的にほとんど注目されてこなかった。正盛の子孫は、今や政治権力の正当な保持者と見なされていた。綱吉が自分の権威を確立するために「新しい家臣」を必要としたことは、正当な根拠と認められなかったため、彼らについて、綱吉の邪悪さに付け込みつつ権力を強奪する略奪者、権力に飢えたおべっか使いであることを示すということが、一般の歴史において容易になされてきたのである。しかし史料に表れるのは、勤勉に働く役人としての彼らの姿であった。父親である家光の死後に失われた権威を取り戻そうと、絶えず闘っていた綱吉の道具として、彼らは利用された。このプロセスは、批判されることの多い綱吉の生類憐みの令を理解することを通してはっきりと示され、またそのことの基本にもなっている。

---

(1) Harold Nicholson, *The Age of Reason* (*1700–1789*), Reprint Panther History, 1971, p.26.

(2) 荻生徂徠『政談』(『荻生徂徠』、『日本思想大系』第三十六巻、一九七三年) 三五一頁。

(3) 大石慎三郎『元禄時代』(岩波書店、一九七〇年) 一四四頁。

(4) 徳富猪一郎『近世日本国民史』第十七巻(元禄時代、上巻、政治篇、民友社、一九三六年) 七三〜七四頁。

(5) 遠藤元男『近世生活史年表』(雄山閣、一九八二年) 一二四頁。例えば、黒板勝美・国史大系編修会編『徳川実紀』第六篇(吉川弘文館、一九七六年) 元禄元年十二月二十日条(三〇頁)、同年同月二十四日条(三一頁)。

(6) 戸田茂睡『御当代記』(塚本学編、東洋文庫六四三、平凡社、一九九八年) 一〇五頁、貞享二年七月二十一日の記載。

(7) Engelbert Kaempfer, *Kaempfer's Japan: Tokugawa Culture Observed*, edited, translated and annotated by B. M. Bodart-Bailey, Honolulu: University of Hawai'i Press, 1999, p.357.

(8)『徳川実紀』第五篇(吉川弘文館、一九七六年) 延宝八年七月九日条(三六三頁)、天和元年十二月十一日条(四

三三頁）。『寛政重修諸家譜』第六巻（続群書類従完成会、一九六四年）二七七頁。『柳営補任』第一巻（根岸衛奮編『大日本近世史料』、東京大学出版会、一九六三年）二二頁。荒居英次『日本近世史研究入門』（小宮山出版、一九七四年）によると、『柳営補任』は他の史料と常に一致するわけではないという（二七二頁）。この章に掲載した表も参照。

（9）新井白石『折たく柴の記』（『日本古典文学大系』第九十五巻、一九六四年）四二四〜四二五頁。

（10）辻達也『享保改革の研究』（創文社、一九六三年）六〇〜六一頁の注一。

（11）側衆と御用人に関する昇格と経歴についての情報は、それぞれ『柳営補任』第一巻（注8）九六〜九九頁、二二〜二四頁から得ている。

（12）同右、第一巻、六五〜六八頁。

（13）『御当代記』（注6）元禄元年五月十八日条（一五八頁）、一六〇頁（日付の記載なし）。『徳川実紀』第六篇（注5）元禄元年五月十八日条（一三頁）。大石前掲書（注3）一九頁も参照。

（14）正親町町子『松蔭日記』（甲斐叢書刊行会編『甲斐叢書』第三巻、第一書房、一九七四年）二八五頁。荻生徂徠については以下を参照。

（15）『徳川実紀』第六篇（注5）元禄八年十一月二十九日条（二四四〜二四五頁）。

（16）森田義一『柳沢吉保』（人物往来社、一九七五年）三三頁。

（17）『楽只堂年録』第三巻（柳沢文庫所蔵）天和元年四月二十五日条。

（18）同右、天和元年六月三日条。『楽只堂年録』には、吉保が綱吉の弟子となったとしか記されていないが、『源公実録』（薮田重守『柳澤史料集成』第一巻、柳沢文庫保存会、一九九三年、四七頁）および『柳澤家秘蔵実記』（『甲斐叢書』第三巻（注14）七六頁）では、綱吉が吉保の儒学の師であったことが明確になっている。読書始めについては、『徳川実紀』第五篇（注8）天和二年一月一日条（四三五頁）。

（19）『楽只堂年録』第三巻（注17）天和二年一月十一日条。「まこと」の二字については、綱吉自筆の書を示した図を参照。
(20)『楽只堂年録』第三巻(注17)天和三年六月二十五日条、貞享元年十一月十一日条。
(21)『柳営補任』第一巻(注8)一一九~一二〇頁。
(22)宝月圭吾・岩沢愿彦『系図纂要』第五巻(名著出版、一九七五年)四二三~四二四頁。
(23)正親町『松蔭日記』(注14)二〇三~二〇四頁。
(24)上野洋三によると、町子の母親は綱吉が公家から迎えた正室鷹司信子の侍女として江戸に来たのであり、町子は母親の推挙を受けて江戸に呼ばれたのであった。上野洋三「正親町家系図」(『松蔭日記』岩波書店、二〇〇四年)五二〇頁。
(25)正親町『松蔭日記』(注14)一二五頁。
(26)例えば『徳川実紀』第六篇(注5)七二一~七二三頁。
(27)東武野史『三王外記』(甫喜山景雄、一八八〇年)四、九頁。『護国女太平記』(塚本哲三編、有朋堂書店、一九二七年)一五四~一六八頁。後者の題名は、合わせて二一四〇人もの男が切腹をしたという、十四世紀の軍記物語『太平記』に当てはめている。この『太平記』では女が国を守る(護国)ために自害している。
(28)例えば森田前掲書(注16)一三七頁。
(29)第十章を参照。
(30)奈良本辰也『町人の実力』(『日本の歴史』第十七巻、中央公論社、一九六六年)二七~三〇頁。
(31)『源公実録』(注18)八頁。『柳澤家秘蔵実記』(注18)四五頁。
(32)児玉幸多編『江戸の幕閣』(『人物日本の歴史』第十三巻、小学館、一九七六年)三九頁。「柳沢吉保」の項を執筆した五味康祐は、吉里が「御屋形様」と呼ばれていたことについて、その呼び方が将軍の子孫に限られていたと述べている点においても誤っている(同、四〇頁)。
(33)正親町『松蔭日記』(注14)一二五頁。

(34)『楽只堂年録』第三巻(注17)元禄元年十一月十二日の記載に、将軍の御用人たちとともに任に当たるようにという、吉保への命令が記録されている。一方、『徳川実紀』第六篇(注5)二六頁、同じ日付の記載には、吉保が御用人に任じられたと記されている。

(35)笹間良彦『江戸幕府役職集成』(雄山閣、一九六五年)三六八頁。

(36)「御側被仰付候得共」の「御側」は「御側用人」ないしは「側衆」の略ともとれる。

(37)『源公実録』(注18)八五〜八六頁。『柳澤家秘蔵実記』(注18)一〇二頁。席次の重要性については、笠谷和比古『近世武家社会の政治構造』(吉川弘文館、一九九三年)一五四〜一五六頁。

(38)『徳川実紀』第六篇(注5)元禄二年一月二十六日条(三四頁)。戸田『御当代記』(注6)元禄二年閏一月六日条(一七九頁)。『寛政重修諸家譜』第四巻(続群書類従完成会、一九六四年)一一三頁。直政は瘡毒(梅毒)に罹患していることが判明したため——「小瘡」と瘡毒には同じ漢字が使用されている——、再び登用されることはなかったのかもしれない。「上意にかなひ不申」という記述も、直政が職務に全身全霊を注ぐことなく、多くの時間を快楽に費やしていたことを意味するのかもしれない。

(39)正親町『松蔭日記』(注14)一二一、一二五、一二六、一三一〜一三三、一三六、一六二、一七二頁。

(40)例えば『楽只堂年録』第七巻(柳沢文庫所蔵)元禄四年三月二十六日条。

(41)『楽只堂年録』第五十巻(柳沢文庫所蔵)元禄十年十一月三日条。八百年以上にわたって使用されてきた宣明暦では、実際の季節との間にかなりの誤差が生じていた。そこで渋川春海の算出に基づき暦が改良され、春海の暦は貞享暦と呼ばれるようになった。Donald H. Shively, "Tokugawa Tsunayoshi", Albert M. Craig and Donald H. Shively eds. *Personality in Japanese History*, Berkeley: University of California Press, 1970, p.121も参照。

(42)第十六章を参照。

(43)荻生『政談』(注2)三一六頁。

(44)『源公実録』(注18)三九、五八〜五九頁。『柳澤家秘蔵実記』(注18)八四頁。

（45）晏子（晏嬰）は中国春秋時代の大夫であった。その御者は、主君の地位を誇らしく思い、意気揚々と馬を駆り立てたことがもとで妻から離縁を求められた。
（46）正親町『松蔭日記』（注14）二一五～二一六頁。
（47）戸田『御当代記』（注6）元禄九年七月十一日条（三二三頁）。
（48）中瀬勝太郎『江戸時代の賄賂秘史』（築地書館、一九八九年）一二頁。
（49）*Kaempfer's Japan*（注7）二四〇、三六八、四一五頁。牧野成貞が将軍に献上した贈り物については三五七頁を参照。
（50）例えば中瀬前掲書（注48）一五～一七頁、ここでは『御当代記』（注6）元禄十五年四月五日条（四四七頁）が引用されている。
（51）Harold Bolitho, *Treasures among Men*, New Haven: Yale University Press, 1974, p. 173. 1706年のオランダ側の記録によると、吉保は贈り物をすべて拒絶したのであった（*The Deshima Diaries: Marginalia 1700–1740*. Edited by Paul van der Velde and Rudolf Bachofner, Tokyo: The Japan – Netherlands Institute, 1992, p. 76, April 7, 1706）。
（52）徳富前掲書（注4）四〇三頁、『兼山麗澤秘録』を引用している。大石（前掲書（注3）一三七～一三八頁）が指摘しているように、個人的な敵対心があったからであり、このような非難を深刻に受け止める必要はない。
（53）荻生『政談』（注2）三五八頁。
（54）正親町『松蔭日記』（注14）三〇四頁。
（55）栗田元次『江戸時代史』第一巻（近藤出版社、一九七六年）四三六～四三七、四三九頁の注二五。戸田『御当代記』（注6）二七二～二七三頁。Olof Lidin, The Life of Ogyū Sorai, a Tokugawa Confucian Philosopher, Scandinavian Institute of Asian Studies Monograph Series, 19. Lund, 1973, p.168. ここでは『閑散餘録』巻二（『日本文庫』第一巻）三七頁を引用している。山名信濃守の養子縁組については、『明良洪範』（真田増誉著、国書刊行会、一九一二年）三六三頁。
(56) *Kaempfer's Japan*（注7）四〇八頁。
(57) 男娼、下男についてはそれぞれ、同右、三三九、三六六頁。
(58) 正親町『松蔭日記』（注14）二〇二頁。
(59) 平石直昭『荻生徂徠年譜考』（平凡社、一九八四年）一八九〜一九四頁。
(60) 山本博文『遊びをする将軍踊る大名』（教育出版、二〇〇二年）一二四、一二九〜一三〇、一五二〜一五三頁。
(61) 同右、一五四頁。
(62) *Kaempfer's Japan*（注7）四〇七〜四〇八頁。
(63) 正親町『松蔭日記』（注14）一五九〜一六〇頁。『徳川実紀』第六篇（注5）元禄十年十一月十四日条（三一二頁）。『御当代記』（注6）同日条（三六五〜三六六頁）。
(64) 第十六章を参照。
(65) 吉保の任命については『徳川実紀』第六篇（注5）元禄七年十一月二十五日条（二一四頁）。成貞の任命については『徳川実紀』第五篇（注8）延宝八年閏八月六日条（三七六頁）。評定所の組織については笹間前掲書（注35）二二四頁。
(66) 『甘露叢』第三巻（国立国会図書館所蔵）元禄九年七月十日条。内藤耻叟『徳川十五代史』第六巻（人物往来社、一九六八年）一二〇頁。
(67) 『徳川実紀』第六篇（注5）元禄十一年七月二十一日条（三三六頁）。正親町『松蔭日記』（注14）一五二、一六二〜一六三、一八〇頁。
(68) 徳富前掲書（注4）一八七〜一九一頁。正親町『松蔭日記』（注14）一六三頁。
(69) 正確な年月は不明であるが、元禄十六年二月に父親が死去した際に町子は、十年以上も柳沢邸にいると記している（正親町『松蔭日記』（注14）二〇四頁）。

(70)正親町『松蔭日記』(注14)一八三頁。『楽只堂年録』第八十七巻(注17)元禄十四年九月十三日条。
(71)『楽只堂年録』第百二巻(注17)元禄十五年七月十二日条。
(72)正親町『松蔭日記』(注14)二〇一頁。
(73)『徳川実紀』第六篇(注5)元禄十二年四月二十九日条(三六五~三六七頁)。『松蔭日記』(注14)一七一頁。森田前掲書(注16)一五八~一六八頁。
(74)高柳金芳『徳川夫人伝』(人物往来社、一九六七年)五三頁。栗田前掲書(注55)四二九頁。
(75)『楽只堂年録』第九十五巻(注17)元禄十五年三月九日条。正親町『松蔭日記』(注14)一九一~一九二頁。
(76)正親町『松蔭日記』(注14)二一二~二一五頁。
(77)同右、二一五、二二二、二二七頁。
(78)『徳川実紀』第六篇(注5)元禄十一年七月二十一日条(三三六頁)。正親町『松蔭日記』(注14)一六三頁。
(79)『徳川実紀』第六篇(注5)元禄十二年七月十四日条(三七四頁)。
(80)酒井忠清については『徳川実紀』第五篇(注8)寛文八年四月十七日条(一五頁)。堀田正俊については天和三年一月八日条(四六九頁)。井伊家については貞享二年一月十七日条(五三五頁)。保科家については貞享二年一月八日条(五五一頁)。
(81)『徳川実紀』第六篇(注5)元禄十三年三月二日条(三九七頁)。
(82)戸田『御当代記』(注6)元禄十三年三月条(四二二頁)。
(83)柳沢吉保は元禄十年七月二十六日に最後の加増を受け、禄高は九万二千三十石となった。『徳川実紀』第六篇(注5)三〇三頁。
(84)『徳川実紀』第六篇(注5)元禄十四年三月五日条(四三二頁)。『徳川実紀』第七篇(吉川弘文館、一九七六年)正徳二年二月十三日条(一四六頁)。荻原重秀については第十七章を参照。
(85)『楽只堂年録』第九十三巻(注17)元禄十四年十一月二十六日条。

(86) 正親町『松蔭日記』(注14) 一九一~一九二頁。
(87) 戸田『御当代記』(注6) 元禄十五年四月五日条(四四七頁)。
(88)『徳川実紀』第六篇(注5) 宝永元年十二月二十一日条(五五九頁)。
(89) 正親町『松蔭日記』(注14) 二三七頁。
(90) 護持院隆光『隆光僧正日記』第三巻(永島福太郎・林亮勝編、『史料纂集』、続群書類従完成会、一九七〇年)宝永元年十二月一日条(二九〇頁)。正親町『松蔭日記』(注14) 二三七頁。
(91)『源公実録』(注18) 九頁。『柳澤家秘蔵実記』(注18) 四六頁。刑部少輔と式部少輔はそれぞれ法と儀式を司る官房長のようなものであるが、いずれの官位も役職の保持を意味するものではなくなっていた。
(92) 正親町『松蔭日記』(注14) 二三八頁。

第十章　生類憐みの令

生類憐みの令は、「史上最大の悪政の一つ」と言われてきた。「世界の封建制史上でも最大の悪法」とまで言われたこともあった。[1]それにより綱吉は、犬を守るために人間を殺した支配者として、徳川将軍十五代の中でも特異な存在という観念を植えつけられ、「犬公方」という無礼な渾名を与えられることとなった。そして当時から、想像力を掻き立てられた者たちが、生き生きとしているが誤りも多い一連の史料を生み出した。生類憐みの令には、当時としてはかなり先進的な法も含まれていたのであったが、その事実はしばしば見過ごされてきた。例えば同令には、社会の中で最も弱い立場の人々を保護することが規定されていて、生まれる前の胎児のことまで視野に入っていた。また、生類憐みの令を成立させた背景となった社会・政治的環境にも、十分な注意が払われてこなかった。迷信を信じやすい支配者が狂ったように犬を溺愛したと説明されることがあまりにも多く、時に精神異常をきたした結果と見なされることもあった。[2]さらには、疑わしい史料を無批判に受け入れるということも異例なほどに行われ、権威ある学術誌でさえ、毎日数百名が犬に対する違法行為ゆえに処刑されたと記述する論文を公表しているのである。[3]

早くも一九二〇年に、歴史家栗田元次が生類憐みの令を調査し、その結果綱吉は、一般に言われているように、徳川の支配者の中で最も残虐なのではなく、むしろ臣民の生活に最も気を配った支配者であったと結論するに至っている。[4] 残存する栗田の研究の諸成果とは異なり、この主張はその後の歴史叙述にほとんど影響を及ぼさなかった。

塚本学は、過去二十年にわたって、生類憐みの令とその歴史的背景について徹底的に研究し、数多くの論文や著書の中でそれを再評価してきた。[5] しかし、正気を失った支配者という神話はなかなか消滅せずにいる。日本の高校で一般に使用されている歴史教科書の記載に表れている通りである。塚本が多くの成果を発表しているにもかかわらず、生類憐みの令の社会的に進んだ点や慈悲深い側面については、通常全く言及されていないのである。生徒たちは依然として、綱吉は信仰心から鳥や動物を保護し、中でも犬を異常にかわいがり、人々に苦痛を与えたと教わっている。そして脚注には、犬をかわいがったのは、将軍が戌年生まれであったからという説明が加えられている。[6]

戌年に誕生した将軍

将来を担う日本の大学生が入学試験に備えて暗記させられるのは、基本的に『三王外記』の内容である。それは、十八世紀初頭に出回った、第五代、第六代、第七代将軍を中傷する陰口が記された匿名の文書である。中国古典の様式を真似ていて、そこでは将軍が「王」、その世嗣が「太子」となっている。生類憐みの令の由来については次のように記されている。

王太子を喪うてより、而して後、後宮復た子を産む無し。乃ち万方嗣を求む。僧隆光進言して曰く、人の嗣に乏しき者、皆な其の前生多く殺生の報い也。故に嗣を求むるの方、最も生物を愛し、殺さゞるより善きは莫し。殿下誠に嗣を求めんと欲せば、盍んぞ殺生を禁ぜざる。且つ殿下丙戌を以て生る、戌は狗に属す、最も狗を愛するに宜しと。王之を然りとす。太后（桂昌院）亦た隆光に聴き、王の為めに之を言ふ。王曰く敬諾。乃ち殺生の禁を立て、愛狗の令を都鄙に下す。[7]

綱吉が戌年生まれであること、唯一の息子が幼少期に亡くなったこと、綱吉と母親が僧侶隆光と親密な関係にあったことについては、詳細な記録が残っている。したがって、生類憐みの令の起源を説明する上述の記載は、後世の歴史家には筋が通っているように思えたのであり、生類憐みの令について記したのちの歴史叙述の大半は、この『三王外記』の記述に依拠することとなった。『三王外記』は、ほかにもでたらめな記述がたくさんあるように、学のある者による明らかなでっち上げであり、以前の支配者を嘲笑し滑稽に描いたものであった。中国古典に精通している人々に向けて書かれているが、すでに十八世紀には事実の歪曲を非難されていた。[8] これらのことを、歴史家は見落としてきた。

さらには、この話を裏づけるような証拠が全くないのである。僧侶隆光は詳細な私記を残しているが、生類憐みの令や犬を保護するための法令について一言も触れられておらず、このことは早くも一九一七年に宮崎英華が指摘している。[9] もし、隆光がそのような法令の宗教的効用を信じていたならば、そのことへの関心や、業を改めるためにそのような政策を採るよう綱吉を説得し成功したことについて、何らかの記述をその私記の中に見出せるはずである。その私記に記されていたこととして、例えば、将軍の甥が後継者として擁立されるという政治上重要な情報が、老中や御三家の長に伝えられるよりも前に、隆光に知らされたということがある。すでに詳述したように、綱吉の信頼を得た者たち――僧侶、母親、側用人――は、政治権力を伝統的に保持していた者たちの権利を奪うこととなり、のちに痛烈な批判を浴びたのである。

綱吉の前任者たちも同様に、政治上の事柄を仏教僧に頼った。しかし、伝統的に武士に与えられていた殺生の権利が、仏教の非暴力の信条によって侵害されることを容認した者はいなかった。『三王外記』は、綱吉が武士層に仏教の信条を強要し、倫理的価値観が根本的に変化したことに対する激しい憤りを映し出していた。綱吉の時代は、依然として儒学者でさえ、盗みや逃亡を犯したような奉公人は、主人である武士に即刻殺されるべきだと主張したような時代であった。またそのような儒学者の一人は、「見当り次第手撃ニモスルコト」を、綱吉の支配下ではほとんど聞かなくなったことを嘆いた。[10] そのような者たちに、綱吉が繰り返し説いた愛と善意の実践は、軍事的覇権を掌握した者の宣言というよりは、僧侶の説教や女性の戯言のように聞こえたであろう。

このような印象を抱くことは、全くの見当違いではなかった。生類憐みの令には綱吉の信心深い母親の影が見え隠れする。息子の幼少期に、近くにいて結びつきを強めることが許されたため、母親の性格や経験が綱吉の世界観や価値体系の形成に大きく影響していた。彼女は、庶民の子供として自身が経験した諸悪から世界を解放してくれるような、支配者の理想を息子に植えつけた。この理想を達成するには、パラダイムが大きく変化することが求められた。このことは、理想化された武士の世界と庶民の娘の運命とを調査することによって明らかになる。

武士の生き方

美化された武士の生活の実際を調査すると、生類憐みの令の発布についてこれまでとは異なった面が見えてくる。その好例となる典拠が『葉隠』であり、武士であったが、出家し隠遁する道を選んだ山本常朝の覚書である。元禄十三年（一七〇〇）に主君鍋島光茂が死去すると、常朝は新しいタイプの家臣に取って代わられた。彼らは、伝統的な武士の価値観よりも「文治」を重視したのであり、このことは、綱吉の統治下で起きていた変化を反映していた。『葉隠』の中で常朝は、社会とはどのようであったか、また――個人的見解として――どのようでなくてはならないかを懐かしく回想している。

殺すことは、若い武士の教育において重要な位置を占めた。五歳の幼少の息子に犬を斬り殺させた父親を、常朝は称賛している。男子が十三、四歳に達した時、これを犯罪人にまで広げて実践するのが慣例であった。一度に十名以上を殺した青年は褒め称えられ、殺さないための言い訳は臆病と見なされている。そして経験から、同類である人間を「首切りにする」と快適な気分になると、著者の常朝は明言する。[11]

有名な剣客宮本武蔵（一五八四～一六四五）は、殺すことを芸術の域にまで高めた。自分は勝負に一度も負けたことがないと自慢しつつ、弟子に剣術の稽古に精進するよう奨励した。武蔵の有名な『五輪書』では、いかに素早く効果的に殺すかについての詳細な解説がなされている。[12] しかし、綱吉の政権はそのような暴力を非難し、ケンペルが日本を訪れた一六九〇年代初めには、若い武士たちは、剣術の腕前を処刑場の遺体で試すことに満足しなくてはならなかった。彼らは、「それら［遺体］が指の半分の長さの小片になるまで」斬り続けたと、ケンペルは記している。[13]

どのようなことが即座に斬られるような罪に相当したのかについては、伝統的に武士一人一人の判断に任されてきた。常朝によると、誤って誰かの足を踏んでしまった子供や、夏の舟遊びの際に船外で小用を足し、その優美な雰囲気を台無しにした乗船客の場合もあり得た。後者の例では、その無礼者の首が素早く斬り落とされて川に落ち、船頭が遺体を埋めるよう命じられた。秘密を確実に守るため、その船頭の命も奪われた。その武士は、船頭の遺体を切り刻みながら、まだ若い時期に殺し方を学んでおくのがいかに最良かを静かに思い巡らした。それを目の当たりにした若衆は、縮こまり黙り込んでしまった。[14]

武士にとっては、そのイメージをナルシシスティックに維持することが美徳とされた。常朝は、紅粉を懐中し、顔が青白い時につけるよう勧めている。[15]しかし、妻が家臣と姦通していたことがわかった武士の場合には、体面を保つにはしばしばもっと思い切った行動に出る必要があった。家臣は逃亡したが、妻はその場で殺された。このような恥さらしが世間に知られることのないよう、女中は病死を装うよう命じられた。女中がそのような偽装を拒んだならば、彼女もまた命を失ったであろう。[16]

武士の面目を保つためならば、高すぎるものはなく、その過程で罪のない人々の命が犠牲になったとしても、良心の痛みを感じることは全くなかった。常朝のような田舎武士だけでなく、有徳な学者で第六代将軍家宣の相談役であった新井白石でさえも同様に考えていた。まだ若かったある時、白石は勾留の身であったにもかかわらず、敵対し合う武士団の決闘において、自身の友人を支援しようと決意した。必要ならば、通用門の警備にあたる年老いた二人組を殺すつもりでいた。逃走経路を確保するのに邪魔だからであった。自身の面目に関わることである以上、このような罪のない庶民の死はほとんど問題にならなかったと、のちに白石は誇らしげに語っている。白石にとって幸いなことに、決闘は中止となった。しかし、そのような立派な決意をしたという記憶を、白石は後世のために記録すべき重要なことと見なしたのである。[17]

同程度の横暴さは、尾張藩の下級武士朝日重章の日記にも見出される。殺人は日常茶飯事であり、犠牲者には役人や庶民、妻、愛人、母親、子供までもが含まれた。[18] 若い浪人たちにとって辻斬りとは、通りかかった人を襲撃・殺害し、持ち物を奪うことであり、大抵は生活の手段であった。東海道の三島と箱根の間の寂しい山道など、街道にはそのような襲撃が頻発することで有名な箇所がいくつかあったが、[19] 町中で襲撃されることもあった。そのような襲撃を行ったのは下級武士や浪人と言われているが、時に大名の息子も、武術の訓練をしようとこれに加担した。水戸徳川家の当主で、のちに賢明な儒家の君主と称えられた徳川光圀でさえ、若い時期にこのような襲撃に関わったと言われている。[20]

理想的な武士の世界に、憐みの入る余地はなかった。『葉隠』の著者が説くところによると、体の具合が悪くなって至急厠へ行くことを求めた見知らぬ者に対して、扉を開けるような女性は、その悪行ゆえに殺されるべきであった。仏教は若い武士にとって悪いものであった。憐みの情を起こさせ無慈悲な殺害を禁ずるからである。武士は年を取って隠居したあとに初めて、信仰を通して心を慰めることが許された。[21]

「犬死」は、常朝の『葉隠』に頻繁に出てくる表現である。それは悲惨な最期であり、不名誉な死という武士に起こり得る最悪の事態であった。

犬の生活

犬は武士の生活と密接に結びついていた。西洋と同じように狩猟目的で飼育され、大きく獰猛なものが特に求められた。初代将軍家康は、慶長十七年（一六一二）の鹿狩りに備えて、五〜六千人の弓鉄砲の者のほかに、六百七十頭の大型犬を要請している。[22] 江戸の市内や周辺での生活ぶりを描いた十七世紀の屛風絵は、獲物を追って殺すのに、鷹だけでなく獰猛な大型犬も使用されたことを示している。ある場面には、十分に成育した野生の猪を追いかける大きな犬が描かれている。第三代将軍家光にとってこれらの犬は、寵臣の堀田正盛が将軍の狩りに備えて犬の飼育に従事させられたほど、大切なものであった。そして、その犬の偉業は、正盛の生活を簡潔に記した公式記録の中で、彼の功績の一つに挙げられるほど重要であった。[23] 犬の需要がいかに高かったかをオランダ人はよく知っていて、大名のために犬を輸入することでうまく取り入ろうとした。[24] 塚本学の主張によると、

狩りに利用される犬。「江戸図屛風」（江戸の景観を描いた六曲一双の屛風。17世紀）より。国立歴史民俗博物館（千葉県佐倉市）所蔵。

これらの獰猛な大型犬は、しばしば南蛮犬または唐犬と称されたが、グレイハウンド種であり、それらは大名により、庶民を脅かし自らの権威を押しつけると共に、競合する相手に対して自分の力を見せつけるために利用されたのであった。[25]

犬には生肉が与えられ、獰猛さがますます養われた。またこのために、特に豚が飼育された。[26]江戸の大名屋敷では、一度に数百頭もの犬を抱え、犬は多産で繁殖する動物であるため、出費も膨大となったであろう。[27]一腹の子犬は不要であれば、頻繁に水に沈められた。ある発掘現場では、通常よりも大型の犬種が湖に廃棄されていた。成犬は、おそらく人への危害を軽減するため、歯が削られていた。[28]不要な子犬は、武家屋敷の塀の向こう側へ逃がすことで、より手っ取り早く処分することができた。また、そのようなことが偶然に起きてしまうこともあった。[29]道に迷った犬は食べ物を求めて市内を放浪し、店頭に並んだ商品、食物を売り歩く行商人の商品、さらには庶民の家の中の、もろい障子の裏に蓄えられた糧食が、空腹の動物に容易に狙われた。子供たちは、腹を空かせて放浪する犬に襲われて殺された。ある記録によると、雇い主から放り出された病気の女中が、そのような空腹の犬の犠牲となった。[30]一方武士の側では、屋敷の塀や習慣的に携行する刀に守られ、犬を恐れることはほとんどなかった。逆に迷子の犬は、刀の腕を試す良い機会を提供してくれた。

同時代の美術品には、一般の人々が、武士の刀の犠牲になることだけでなく、犬の襲撃をも恐れて暮らしていたことがはっきりと描写されている。十七世紀のある屏風絵には、二人の武士がそれぞれ非常に大きな犬を一頭、革紐につないで歩く様子が描かれている。そのうちの一頭が革紐を強く引っ張って子供の方へと近づき、母親が恐ろしげに子供を自分の方に引き寄せている。別の似たような屏風絵では、二頭の幾分小さめの犬が通りがかりの人たちに吠えかかり、二人の男に棒で追い払われている。そのうちの一人は、女性を犬から守ろうとしているかのようである。[31] 屏風絵は装飾や楽しみとして描かれたものであり、犬が無防備の庶民に及ぼした危険を象徴的に暗示しているに過ぎない。

犬は、武士の勇猛さを象徴しただけでなく、打ち負かされるべき仮想敵として苦痛な役割をも演じなくてはならなかった。子供たちに、人を殺す段階に進む前に、犬を相手に練習させたことは前述した。「犬追い」においても、似たような代用品としての役割が犬に課せられた。犬の殺害を禁じる綱吉の法令が出される四十年ほど前に、父である第三代将軍家光が、鎌倉・室町時代に人気のあったこの武士の娯楽を復活させた。[32] 馬場のまわりに百メートルほどの竹垣がめぐらされ、伝統的な衣装を身にまとった三十六騎の騎手が、真ん中に放たれた犬を狙って矢で射るというものである。正保三年（一六四六）の秋に島津光久は、その催しを江戸郊外の王子村（現在の東京都北区王子付近）において壮麗に執り行い、家光をたいそう喜ばせた。記録によると、一人の騎手が十頭のうち八頭を矢で射抜くことに成功したという。桟敷が特別に設けられるなど、盛大な催しであった。また、参加者とその服装についてだけでなく、そのために作られた餅の色までもが細かく記録されるほど、重要な催しと見なされた。[33] 不運な犬を矢で射るというこの催しは、家光および参加した役人全員から支持され、家光の愛好した鷹狩同様に、治世を代表する特質となった。

パラダイムの変化

制度上であれ私的なものであれ、そのような暴力を前にしたならば、綱吉の治世の記録を編纂した者が、生類憐みの令発布の理由として述べたことが真実味を帯びてくる。すなわち、「戦国の旧俗士太夫の道となり、残刻を認て武とし、意気を以て義とし、世人不仁の所為お、くして人道の本然にそむく

武士の牽く革紐に繋がれた二頭の犬と、恐ろしげな様子の母親と子供。「江戸図屏風」（江戸の景観を描いた六曲一双の屏風。17世紀）より。国立歴史民俗博物館（千葉県佐倉市）所蔵。

犬は通行人に棒で追い払われる。「江戸名所図屏風」より。寛永年間（1624～43）に遡る江戸を描写した最古の図と言われている。出光美術館（東京）所蔵。

と」。[34]

武士が刀を使用することは、懲らしめるためであろうと、個人間の問題を解決するためであろうと、あるいはまた娯楽のためであろうと、都市化が急速に進むにつれて大きな問題となった。江戸の人口は、綱吉の治世時に百万の水準に達したと言われている。およそ半分が武士身分であったと推測され、その大半が、死に至らせる二本の武器を常時携行する男性であった。[35] 武士の多くは、従事すべき任務がほとんどなく、娯楽を追求するための財政手段もなかった。市中での暴力、違法な狩りや釣り――江戸城の堀でも行われた――、さらにはそれに関連して起きる諸問題、例えば殺されたり遺棄されたりした動物の死骸の腐敗などが、市中の平和を脅かしていた。

暴力を規制する法令――市井無頼の輩を取り締まるための規則など――は綱吉の治世の前から発布されていたが、立法者と執行者の双方がそのような暴力の根幹に横たわる価値観を共有していたため、ほとんど何の変化も起きなかった。それには、根本的に異なった価値観と、これまでに確立された方式を打ち破り、非暴力を強要する覚悟を持った支配者を必要とした。

狩りとは、ハラハラドキドキしながら獲物を追いまわして殺すことであり、それは綱吉の父家光と兄家綱にとって、武士としての教育の精神の一部をなす残忍性を発揮する場となった。家光が綱吉を学者として教育するよう命じたり、その教育を母親に任せたりしたという話については、信頼のおける一次史料の不足を理由にその信憑性を疑うことができる。しかし綱吉が、武士が残忍性ゆえに抱いていた暴力への愛着に共感していなかったことや、暴力を行使することは武士の卓越した権利であると信じていなかったことについては、信憑性を疑うことはできない。綱吉が大老堀田正俊に、非常に生き生きと説明したように、彼は武士よりも浮浪児の権利に多くの関心を寄せていた。慈悲深い専制君主として支配した儒家の賢帝堯・舜の理想に触発され、綱吉は自らを、王国の最も悲惨な片隅をも明かりで照らす太陽に例えた。

儒家の理想を目指すこと以上に、綱吉が浮浪児に関心を寄せたことには、より具体的な理由があった。朱舜水ら大陸からの亡命学者たちが厳然と語ったところによると、中国の帝政を最終的に崩壊させたのは、侵略者ではなく、支配階級の残酷さと誤った経営に対する農民の不満であった。将軍の息子であり、のちに支配者となる綱吉が、庶民の苦難を経験することはできなかったが、彼には経験豊富な情報提供者である母桂昌院がいた。綱吉が生類憐みの令を通して、桂昌院が子供時代に経験したように、子供たちが目撃したであろう残酷な行為を日常生活から排除しようと試みたことが、偶然であったと筆者は考えていない。

庶民の生活を脅かすものとして、即座に斬り捨てる武士の恣意的な権力、獲物を求めて徘徊する犬への脅威、さらには、無慈悲に殺された動物の遺骸が腐敗することによって生じる醜悪さと健康への危害があった。しかし幼い子供には、捨てられて死に追いやられたり、もっとひどい場合には、嬰児殺しの犠牲になったりすることへのトラウマもあった。

捨て子

捨て子は珍しい光景ではなかった。俳人松尾芭蕉が天和四年（一六八四）に旅に出た時、富士川のほとりに二歳の子供が捨てられているのに出くわした。芭蕉は、その子供に多少の食べ物を与えたが、夜の寒さを生き延びることはできないと知りつつも、すぐさま旅を続けた。「いかにぞや、汝ち、ににくまれたるか、母にうとまれたるか。父はなんぢを悪ムにあらじ、母は汝をうとむにあらじ。唯是天にして、汝が性のつたなきをなけ」[36]と、子供の差し迫った死を神々のせいにしながら。

芭蕉は、すぐには役に立たず、自らを養うことのできない弱者を、当時の社会がどのように扱ったのかをわかりやすく説明してくれている。敏感な俳人でさえ、子供をそのまま残して通り過ぎ、死に追いやることに対して、罪悪感を全く抱いていないのである。同時代の井原西鶴の小説にも同じ心情が見出されるが、塚本学の指摘によると、西鶴の後年の小説には、そのような行いを悪とする社会的意識の高まりが感じられるという。捨て子が犬の餌食にならずに何とか生き延びたことに対する驚きの表明は、通常は逆であったことを示すものである[37]。

これは新たに生じた問題ではなかった。十六世紀末にイエズス会士たちは、堕胎や嬰児殺しがヨーロッパでも行われていることを認めつつ、日本ではいとも簡単かつ頻繁に母親が嬰児を殺していることに驚いたと記している。特に、新生児が女の子だった場合に行われたのは、足をその子の喉の上にのせて殺すことであった。堕胎も同様に頻繁であり、二十人もの子供を流産させたという女性たちもいた。イエズス会士たちは、その原因を、一つに夫婦が一人か二人以上の子供を育てられなくするような極度の貧困に求めた。もう一つは単に、特に自分よりも身分が低い人々の場合に、その生命を奪うことのたやすさにあると考えた[38]。

イエズス会士たちは戦国時代を目撃していた。これはまさに綱吉が、残忍な過去の伝統が継承されていることを嘆いた際に引き合いに出した時代である。パックス・トクガワーナ（徳川の平和）は戦乱を終わらせたが、続いて起こった急速な人口増加と都市化の進展が、生命の尊さを軽んじる傾向を悪化させた。子供に関しては特にそうであった。未婚女性は職を求めて都市へ行ったが、妊娠した場合、彼女たちには子供の面倒を見てくれる家族がなかった。

京都では、望まれない子供たちがしばしば六角堂に預けられた。乳母たちが職を求めてここに集まったため、彼女たちの中から、子供を憐れに思い世話をしてくれる者が出てくることが期待された。しかし、実際には反対のことが起きていた。今や乳母たちは、それほど裕福ではない女性、働いていて乳児に乳を飲ませたり世話をしたりすることができない女性を相手に商売していた。出産した彼女たちには、子供を商売目的の乳母にお金を払って委ねるよりほかに、ほとんど選択肢はなかった。しかし、お金を受け取った乳母たちが行ったのは、その子供を見捨てるか、十分に食べさせずに死なせるかのいずれかであった。天和三年（一六八三）以降に記録された、捨て子に対する処罰十七件のうち、半分以上が、そのような商業ベースで養育を委ねられた乳児を見捨てた女性たちに対するものである。[39] 捨て子は常に違法であったが、綱吉の治世初期以降にならないと、そうした罪に対する訴訟の記録が残っていない。それより前の時代では、そのような行為は明らかに必要悪として大目に見られていた。

数多くの未婚者が、職を求めて成長し続ける都市へと流れ込んだことは、捨て子だけでなく堕胎をも増加させた。十七世紀中頃には、妊娠中絶を専門とする医者が記録に登場するようになる。寛文七年（一六六七）に出された、堕胎医が江戸で業務内容を宣伝する札を立てることを禁じた法令は、堕胎が常習化し、それをめぐる取引が容認できない段階に達したと、幕府が思い始めたことを示している。[40] 綱吉の将軍就任から間もなく、妊娠中絶中に女性を殺したために起きた最初の訴訟記録が見出される。それ以前にこのような死が罰せられたことはなく、この最初の訴訟もまた、犯人がほどなくして赦免されたことから、単に警告を意図して行われたようである。[41]

悪霊祓い師

この時期に、江戸ではある悪霊祓い師が有名になっていた。間もなく綱吉の母親の愛顧を受けて、のちに大僧正の地位に昇り詰めることになる。浄土宗の僧侶祐天（一六三七〜一七一八）は、ほかの者が失敗した中で、悪霊にとり憑かれた女性たちを解放することに成功した。死者――それが単に子供や堕胎した胎児であろうと――の怨霊の声が聞けるという特別な能力を通してのことであった。

祐天が最初に劇的な成果を収めたのは、寛文十二年（一六七二）のことである。当時は学僧として下総国飯沼（茨城県常総市）の弘経寺にいて、経典を学び修行していた。祐天は様々な除霊の儀式を経て、既婚の若い女性が、彼女の父親の前妻で累（かさね）という名前の女の怨霊にとり憑かれているのを確認することができた。累は、彼女の父親により、ほかの五人の前妻と同様に殺されたのであった。その若い女性は、最終的に幼い男の子の死霊の声が聞こえるようになるまで、解放されることはなかった。その子は、累が生まれた時に両親に殺害された異父兄である。故意でないにせよ、累自身がその子供の死の原因となったのであり、この累の怨霊の物語は、その後の十八・十九世紀になると、歌舞伎の筋書きに繰り返し利用されるようになった。すでに天和二年（一六八二）には刊行されている。[42]

祐天は、のちに江戸の増上寺へ移った。まさにここで、水子たちの声までが彼の耳に入ってきたのである。次の話はその存命中に記録された、祐天の名声を大いに高めることとなったものである。

高野新右衛門という名前の、ある程度身分の高い商人が下女と密通した。その下女が妊娠すると、新右衛門は自身の不倫がばれないよう、彼女を病気ということにして、堕胎薬を渡した上で親元に帰した。しかし、その下女は天和二年（一六八二）三月に、その薬が原因で起きた激痛に苦しみながら亡くなってしまった。新右衛門には既婚の娘がいたが、のちに離縁されて両親の家に戻って来ていた。下女の死からちょうど三年後に、その娘が病気になった。病状が悪化するにつれて、娘は死んだ下女の声で話すようになった。その声は、自分に苦痛と死をもたらした新右衛門を非難すると共に、成仏できずに冥界に苦しむ自身の運命を嘆いていた。通常の祈願では下女の怨霊を追い払うことはできず、ついに祐天が呼ばれたのである。祐天は、苦しむ死霊は一つと思い、慰めるための儀式と祈禱を執り行ったが、一つではなく、ほかに十五の怨霊が存在することを告げた。これらは、新右衛門が堕胎させたほかの子供たちのものであった。下女の死霊は、子供たちそれぞれの母親の名前と居場所を次から次へと明らかにした。弔いと祈願を執り行い、堕胎させた子供たちの死霊を成仏させた時にようやく、その娘は回復した。しかし彼女は一年後に別の原因で死亡した。新右衛門は、残りの人生をかけて罪を償うため、出家して仏門に入ったという(43)。

仏教を篤く信仰し、捨てられた縫い針に対してさえ弔いをするような社会において、これらの話に見られるほどに、堕胎や嬰児殺しに対して寛大でいられるのであろうかと問いたくなるであろう。それを正当化する根拠として、七歳未満の子供はまだ完全に人間ではなく、地獄に落ちたり成仏したりするような魂を持たないと考えられていたということが挙げられる。異界から来た存在と見なされた彼らは、いらない贈り物のように、元のところへ返すことができたのである。このような考え方は、一般に「返す」や「戻す」といった動詞を含む、嬰児殺しを遠回しに表現する言い方によく反映されている。[44] 子供に対して通常の葬儀は行われず、遺体が一般のゴミと一緒に廃棄されるのでなければ、家の土間床の下か墓地の片隅に埋葬されることが多かった。年長者の場合とは異なり、子供の霊には、死後に現世に出没したり悪さをしたりする力はないと信じられた。当時の仏教の教えによると、子供たちは地蔵の元に集まるか、乾いた川底や泉のほとりにとどまったのである。そして通りかかった信者が、今日においても、石を小さなパゴダ（仏塔）の形に積み上げ、子供たちの霊を慰めるのである。[45]

このように、胎児や幼児の人間性を奪うような考え方は、性交によって生じる自然な結果を、罪悪感を抱くことなく完全に破壊することを可能にした。『葉隠』の中で理想化されたような武士社会に適合するように、身体的に強い男性の優位性に迎合し、性行動に対しては、結果に配慮することなく寛大な姿勢を許してしまっているのである。それ以上に女性たちは、娘ということで単なるお荷物としか見なされず、『葉隠』は、長女を除いて見捨てることを勧めている。[46] 祐天はこのような考え方に対して、流産させられた胎児や殺害された子供たちの声を聞くことによって異議を唱えたのであり、俗説とは異なり、胎児や子供たちにも、人々にとり憑いたり現世に大混乱を引き起こしたりする力があると主張した。そして彼らに対しても、年長者の場合と同じように、苦痛を与えたことへの罪滅ぼしや、成仏のための宗教的儀式が行われなくてはならないことを強調した。

カルメン・ブラッカーが『あずさ弓』の中で述べているように、悪霊祓いは現代の日本においても依然として行われている。彼女が研究した日蓮宗の悪霊祓いでは、とり憑かれた被害者の体の中の怨霊に、媒体に頼ることなく直接挑むという、祐天が用いたのと同じ方法が採られていた。彼女が一九六〇年代末に行った調査によると、被害者は主として、当時の「日本の社会において、最も抑圧される立場の」二十五〜三十五歳までの若妻であった。魂は、「それぞれ独自の人格を持ったいくつもの独立した部分に分裂する」ことがあり得るとブラッカーは主張する。そして「これらの部分の一つが家族や社会の因襲に抑圧されすぎると、往々にして無理に意識の表面に出ようとし、人格の正常な均衡を破壊し、容認された因襲にたいして反抗するために巧みに計算された方法で振舞うのである。しかし、ひとたびこの抑圧され無視された側面が認知され、容認されると、意識はふたたび以前の均衡をとり戻すことができる」というのである。[47]

ブラッカーの説明は、祐天の悪霊祓いに光を注ぐ。祐天の最もよく知られたいくつかの事例においては、若い女性たちが、彼女たちの父親によって殺害されたか流産させられたかした女性や子供たちにとり憑かれている。知られることなく行われた犯罪であり、ましてや罰せられることはなかった。その若い女性たちは、彼女たちの父親がほかの女性たちに加えたのと同じ残酷な行為を、自らも経験するかもしれないような年齢に達した時、病気になってとり憑かれたようになるのである。男性志向に構成された宗教によって慰められることはほとんどなく、ほかの僧侶たちによる祈禱や儀礼は全く効果がなかった。祐天は、当時の宗教的慣習を超えたという点で例外であり、女性たちにもたらされたトラウマを認識していた。それは、彼女たちの身体や子供たちに加えられた暴力行為によるものであった。ブラッカーが示した事例と同様に、ひとたび罪が認められ償われると、とり憑かれたようになった人は通常の健康を取り戻すのである。

当時の宗教上の教義は、排他的に男性志向であった社会の求めに応じて形成されており、祐天はそれに不満を抱いていたことが、貞享三年（一六八六）に増上寺を去ると共に、浄土宗教団との関わりを断ち切ったことの原因であったのかもしれない。間もなく五十歳になろうという時であったが、祐天は自分の名前を寺院名簿から削除し、続く十三年間を修行僧として過ごした。教団内の役職を嫌い、所属すらしなかったにもかかわらず、祐天が社会に与えた衝撃は重大であった。彼が病気で苦しむ人々のために尽くすにつれ、悪霊祓いに成功した話が印刷されて出回るようになった。[48]

井原西鶴の小説『好色一代女』は、祐天の活動に息を吹き込んだようである。この作品は、祐天が新右衛門の娘にとり憑いた胎児たちの怨霊を祓った一年後に刊行されており、そこでは主人公の遊女が、九十人を超える堕胎した子供たちの幻影にとり憑かれる。彼らの顔は帽子のような大きな蓮の葉で覆われ、腰からは血が滴り落ちていた。そして母親の残酷さを嘆いた。この場面は、本文の中で生き生きと描かれただけでなく、挿絵にもなっている。[49]

祐天は綱吉の母桂昌院の愛顧を受けた。桂昌院は、江戸郊外の草庵にいる祐天のもとを訪れたと言われている。このことについては根拠が問われているが、『徳川実紀』の記述によると、元禄十二年（一六九九）、祐天は桂昌院の求めに応じて異例の形で江戸城に召され、一介の僧侶でありながら、浄土宗の関東十八檀林の寺の一つに住職として抜擢されたのであった。武士であれば、その地位は十万石の大名に相当したという。[50] 翌年祐天はさらに昇格し、下総の飯沼弘経寺の住職に任じられた。有名な最初の悪霊祓いを行った、まさにその寺である。宝永元年（一七〇四）に、祐天は最終的に江戸の小石川伝通院の住職に任じられた。徳川家の菩提寺である芝の増上寺に次ぐ寺格の寺であった。この寺には、初代将軍家康の母親をはじめとする、身分の高い徳川家の女性たちの墓所があり、すでに八十歳を超えていた桂昌院は自身の死に備えていたのかもしれない[51]。綱吉とその母親の下で出世したほかの僧侶たちとは異なり、祐天は綱吉の死後も隠居しなかった。それどころか、家宣の下で、浄土宗教団のヒエラルキーの中で最も高い地位の一つである、増上寺の住職に昇格している[52]。六十七歳の時に隠居を勧められた時でさえ、脳の働きはまだ完全だという理由で断っている[53]。

家宣の愛顧を受ける祐天に、新井白石はうんざりしていたに違いない。白石は家宣の下で政治の事柄に参与するようになっていた。白石は、霊の出現を扱った元禄時代の著述『鬼神論』を、祐天の悪霊祓いに対する絶大な信頼を批判するために書いたと言われている[54]。『鬼神論』の出版は百年ほどあとであったが、そこで白石は、妄信することに対する批判を展開している。それは暗に、祐天をひいきにする綱吉の母親とその側近に対する批判を意味した。綱吉がそれとは異なった見方をしていたことは、続いて出された御触に表れている。そこでは、堕胎や嬰児殺しに歯止めをかけようと奮闘する祐天が支持されている。

貞享四年（一六八七）の発令により、捨て子はその土地の者が介抱し、里親の下で養育されなくてはならなくなった[55]。捨て子に食べ物を分け与える以上のことをせず、その命運を神に委ねたという芭蕉の行いは、今や犯罪となった。三年後の元禄三年（一六九〇）十月に発布された法令では、子供を育てるのが難しいという人がいる場合、その雇い主や地方の役人が責任を持って、その子供の養育に必要な支援を提供するよう規定されている。わずか一ヵ月後にこの法令は改定され、妊婦と七歳未満の子供の登録を前例のない形で命じるものとなった。子供たちが登用されたり、何かの理由で居住地が変わったりした場合は、当局に通知されなくてはならなくなった[56]。当時の仏教の教えでは霊が割り当てられなかった子供たちを、法が保護したのである。人々は躊躇することなく異界へ戻していた彼らの声に社会が注目するよう、祐天は働きかけていたのであった。同じ事柄を扱った二つの法令が短い間隔で出されているということは、最初の規定では不十分との抗議がある方面から寄せられたことを窺わせる。最初の法令の文言に同意できなかったのは綱吉であろうか。あるいは桂昌院であろうか。いずれにせよ、最初の規定を書いた役人は、嬰児殺しを防ぐのに効力を発揮できなかったことを叱責されたに違いない。

のちに法令は、登録すべき子供たちの年齢を三歳に引き下げたが、地主や大家に対して、土地や店を借りている者の中に妊娠している者がいないかを、細心の注意を払って見張るよう忠告した。自然流産は記録されなくてはならなかった。これらの法令が四～五年間隔で繰り返し出されているという事実は、堕胎と嬰児殺しの既存の慣習が深く根づいていて、変化の波に頑として抵抗したことを示すものである。[57]綱吉の死後、この件に関する規定は享保十九年（一七三四）まで現れなかった。[58]荻生徂徠は、享保五年頃に『政談』を著した時、あまりにも多くの子供が捨てられているのを嘆かわしいと感じていた。[59]

旅人と受刑者

元禄四年（一六九一）、江戸からの帰途についていたエンゲルベルト・ケンペルとその一行は、浜松に近づいた時、道路の脇で僧侶が死んでいく痛ましい光景を目にした。彼は「露地にうつ伏せに倒れていて、土砂降りの雨で完全にびしょ濡れになっていた」が、「まだ生きていることを示すための音」を立てていた。「遺体として乱暴に扱われると思ったからである。この光景は石を動かすことがあっても、日本人の心を動かすことはなかったであろう」。[60]

人間であろうと動物であろうと、道路沿いに遺体が並ぶ光景は総じて珍しいものではなかった。病気になり荷物運びとして役に立たなくなった動物が遺棄された一方、病気になった旅人は、ほかの客への感染を恐れて宿屋から追い出され、道路沿いに取り残されて死を迎えた。綱吉は道中奉行に指示し、休憩所や宿屋において、すべての人や動物が慈悲深い待遇を受けるよう徹底させた。病人がいる場合は役所に報告しなければならず、健康を回復するための治療が受けられるよう取り計らわれた。出身地と近親者が確認され、死亡した際には仏教式の葬儀が執り行われた[61]。C.N.ヴァポリスは、日本の街道についての詳細な研究書の中で、旅人が「援助もなく孤独に」路上で死なされることはなく、当局は即座に町医者を派遣して病気の旅人の治療にあたらせたと述べている。これは江戸時代後期のことであり、綱吉による前例のない法令のおかげを、少なからず蒙っていることになる[62]。身分の低い人々が耐えなければならなかった苦難に、綱吉自身が直接関わったことが、荻生徂徠によって記録されている。綱吉は、旅人たちの頭がギラギラと照りつける太陽によって焦がされるのを心配し、大名の従者でさえ日除け帽を被ることが許可されたと、徂徠は記している[63]。

街道での追い剝ぎや市井無頼の輩も、旅人にとっては危険であった。後者の代表格としては「大小神祇組」がよく挙げられる。貞享三年（一六八六）に二百名ほどが捕縛されて十一名が処刑されると、その危険はかなり軽減された[64]。

厳格に規律を維持した綱吉であったが、牢屋で一生を終える者たちにも、慈悲深い待遇が受けられるよう気を配った。元禄元年（一六八八）の法令には次のように記されている。近頃多くの者が牢屋で亡くなっていると聞き及んでいる。そこで、刑務所の風通しをよくし、また受刑者は月に五回の入浴の機会と、冬期に追加の着物が与えられることになった。[65]その四年後に綱吉が、多くの人々が貧困生活を送っていることに気づいた時、新たに老中に任命された稲葉丹後守正往（一六四〇～一七一六）が、この件に対処するための方法や手段を考案するよう綱吉から直接委ねられた。[66]

社会の中の最も弱小で取るに足らない層を、支配者側が気遣うということは前例がなく、武士には理解し難かった。武士にとって、うっとうしい庶民を斬り捨てることは彼らの道徳上の権利であった。そのような政策は、拡大しつつあった女性化や武士の弱体化の根源と見られ、強い懸念を持って注視する者もいた。[67]上段で検討した法令であれば、そのほとんどを武士層の大半は一般に無視することができたし、それらの施行を委ねられた者だけが、非特権層の面倒を見るという煩わしい負担を受け入れなくてはならなかった。しかし、武士が無視することのできない法令もあった。武士の伝統的な特権を大きく侵害し、彼らの日々の生活に直接影響を及ぼしたからである。それが、綱吉の発布した動物、特に犬の保護に関するものであった。

（1）大石慎三郎『元禄時代』（岩波書店、一九七〇年）二〇頁。北島正元『近世史の群像』（吉川弘文館、一九七七年）二〇四頁。
（2）入沢達吉「徳川綱吉の精神状態に就て」（『国家医学雑誌』一八九、一九〇三年）一～一二頁。
（3）進士慶幹「お犬さま」（『日本歴史』二六〇、一九七〇年）一七二～一七三頁、『古老茶話』（『日本随筆大成』第一期第六巻、吉川弘文館、一九二九年）七二～七三頁からの引用。このテーマが無批判に脚色されてきたことについての議論は、塚本学「生類憐みの政策と西鶴本」（『人文科学論集』第十四号、一九八〇年）四頁を参照。
（4）栗田元次「犬公方論」（『中央史壇』第一巻第三号・第一巻第五号、一九二〇年）一一三頁。

（5）これに関する塚本学の著書には次のようなものがある。①『生類をめぐる政治』（平凡社、一九八三年）、②『江戸時代人と動物』（日本エディタースクール出版部、一九九五年）、③『生きることの近世史』（平凡社、二〇〇一年）。
（6）直木孝次郎ほか『日本歴史B』（実教出版、二〇〇一年）一七九頁。
（7）『三王外記』（東武野史著、甫喜山景雄、一八八〇年）二頁。徳富猪一郎『近世日本国民史』第十七巻（元禄時代、上巻、政治篇、民友社、一九三六年）二〇四〜二〇五頁。
（8）松浦静山『甲子夜話』第一巻（東洋文庫三〇六、平凡社、一九七七年）三二七頁。第一章を参照。
（9）宮崎英華「護持院隆光僧正の日記について」（『歴史地理』第三〇巻第三号、一九一七年）三頁。
（10）荻生徂徠『政談』（『日本思想大系』第三六巻）二七二頁。
（11）山本常朝『葉隠』上巻（和辻哲郎・古川哲史編、岩波書店、二〇〇三年）一九一頁、山本常朝『葉隠』中巻（和辻哲郎・古川哲史編、岩波書店、二〇〇三年）一六一頁。
（12）Miyamoto Musashi, *The Book of Five Rings*, Translated by William Scott Wilson, Tokyo: Kodansha, 2001.
（13）Engelbert Kaempfer, *Kaempfer's Japan: Tokugawa Culture Observed*, edited, translated and annotated by B. M. Bodart—Bailey, Honolulu: University of Hawai'i Press, 1999, p.223.
（14）山本常朝『葉隠』下巻（和辻哲郎・古川哲史編、岩波書店、二〇〇三年）五〇頁、山本『葉隠』中巻（注11）一七一頁。
（15）『葉隠』上巻（注11）一一五頁。
（16）『葉隠』下巻（注14）八五頁。
（17）新井白石『折たく柴の木』（『日本古典籍文学大系』第九十五巻、岩波書店、一九六七年再版、一九〇〜一九三頁）。
（18）例えば、加賀樹芝朗『元禄下級武士の生活』（雄山閣出版、一九六六年）一五七〜二〇五頁の一連の殺害事件を参照。
（19）*Kaempfer's Japan*（注13）三四二〜三四三頁。

（20）塚本前掲書③（注5）七四頁。『土芥寇讎記』（金井円編・校注、江戸史料叢書、人物往来社、一九六七年）一一八〜一一九頁。
（21）『葉隠』下巻（注14）一八九頁および『葉隠』中巻（注11）九三頁。
（22）塚本前掲書②（注5）一九八頁。
（23）『寛政重修諸家譜』第十巻（続群書類従完成会、一九六五年）四一二頁。
（24）*The Deshima Dagregisters*, Volume 11 (1641-1650), edited and translated by Cynthia Viallé and Leonard Blussé, Intercontinenta No. 23, Leiden, 2001, p.225.
（25）塚本前掲書③（注5）四六頁。塚本前掲書②（注5）一九八〜一九九頁。
（26）『本朝食鑑』。塚本前掲書（注25）四七頁に引用されている。
（27）塚本学「聖君としての犬公方」（『歴史と人物』一九八〇年七月）六八頁。
（28）江戸遺跡研究会編『図説江戸考古学研究辞典』（柏書房、二〇〇一年）四〇〇頁。
（29）塚本前掲書②（注5）二一五頁には、大名により名古屋へ移送され市内に放された四十頭の犬の例が報告されている。
（30）塚本前掲書③（注5）一一七〜一一八頁。滝川政次郎「犬に関する律令の法制」（『日本歴史』二六〇号、一九七〇年）一六四頁。
（31）前者は「江戸図屏風」（国立歴史民俗博物館所蔵）、後者は「江戸名所図屏風」（出光美術館所蔵）より。一三五頁の図を参照。
（32）黒板勝美・国史大系編修会編『徳川実紀』第三篇（吉川弘文館、一九七六年）正保三年四月七日条（四三五頁）。
（33）『徳川実紀』第三篇（注32）正保四年十一月十三日条（五〇四〜五〇六頁）。小野清『史料徳川幕府の制度』（高柳金芳校注、新人物往来社、一九七六年）四四四〜四四五頁も参照。
（34）『憲廟実録』（国会図書館古典籍資料室所蔵）。戦国時代とは、応仁の乱が勃発した一四六七年から信長が京都に入った一五六八年までをいう。

（35）江戸時代初期については正確な数字はわからない。他の地域に関しては入手可能な「宗門改帳」が、江戸の場合、その大半が地震や火災により失われてしまったからである。速水融『歴史人口学で見た日本』（文藝春秋、二〇〇一年）一二七〜一二八頁。

（36）松尾芭蕉『芭蕉文集』（『日本古典文学大系』第四十六巻、岩波書店、一九五九年）三六〜三七頁。

（37）塚本前掲書③（注5）一一七〜一二二頁。

（38）Engelbert Jorissen, *Das Japanbild im "Traktat" (1585) des Luis Frois*, Münster, Westfalen: Aschendorffsche Verlagsbuchhandlung, 1988, pp.123, 189, 284-285. Frois Luis, S.J. *Kulturgegensätze Europa-Japan (1585)*, edited and translated by Josef Franz Schütte, S.J. Monumenta Nipponica Monographs, Tokyo, 1955, pp.127-128.

（39）塚本前掲書②（注5）二五四〜二五六頁。

（40）高田衛『江戸の悪霊祓い師』（筑摩書房、二〇〇〇年再版）二一九〜二二〇頁。『正宝事録』第一巻（近世史料研究会編、日本学術振興会、一九六五年）寛文七年五月二日の触を参照。

（41）石井良助編『御仕置裁許帳』（『近世法制史料』第一巻、創文社、一九八一年再版）九七四番（四二五頁）。高田前掲書（注40）二二〇〜二二一頁。

（42）高田前掲書（注40）二八〜四三頁。

（43）同右、二〇九〜二一八頁。高田はこの出来事の叙述に際して、高野家の経歴を伝える文書を含む様々な史料を引用している。

（44）「モドシ」「コガエシ」「オシカエシ」など。高田前掲書（注40）二二五〜二二六頁。

（45）*Kaempfer's Japan*（注13）三四四頁。高田前掲書（注40）二二五〜二二七頁。

（46）『葉隠』上巻（注11）一三〇頁。Wilsonは「捨てる」の訳を、ニュアンスとしては若干弱い「disregard」としている。

(47) Carmen Blacker, *The Catalpa Bow*, London: George Allen and Unwin, 1975, pp.307, 312-313. [訳注…C.ブラッカー著、秋山さと子訳『あずさ弓』(岩波現代選書、一九七九年)三〇五頁の邦訳より引用]

(48) 高田前掲書(注40)一五八頁。

(49) 同右、二二一～二二四頁。

(50) 同右、一五〇～一五二頁。『徳川実紀』第六篇(吉川弘文館、一九七六年)元禄十二年二月四日条(三五七頁)。『憲廟実録』(『内閣文庫所蔵史籍叢刊』第十七巻、汲古書院、一九八二年、三四七頁)では同じ日付のもとに、祐天の抜擢について短く、桂昌院の提案にもとづく「破格の出世」と記されている。住職に抜擢された寺とは、生実の大巌寺(現在の千葉県千葉市中央区)である。関東十八檀林、すなわち関東において、浄土宗の僧侶を養成する学問所として機能した十八寺院のうちの一つであった。

(51) 高田前掲書(注40)一五三頁。長谷川匡俊「伝通院」(『世界大百科事典』第十九巻、平凡社、二〇〇一)。しかし桂昌院は増上寺に埋葬されている。

(52) 『徳川実紀』第七篇(吉川弘文館、一九七六年)正徳元年十二月六日条(二〇三頁)。

(53) 『徳川実紀』第七篇(注52)正徳三年十二月三日条(三六一頁)。

(54) 高田前掲書(注40)二四～二八頁。のちに幕府が、増上寺の境内にある安国殿の修復を拒んだことの背景には、白石の祐天に対する嫌悪があったと思われる。新井『折たく柴の木』(注17)三七七～三八〇頁。大川真「新井白石の鬼神論再考」(『日本歴史』六七四号、二〇〇四年七月)三六～五五頁も参照。

(55) 『徳川実紀』第五篇(吉川弘文館、一九七六年)、貞享四年四月十一日条(五九八頁)。

(56) 『正宝事録』第一巻(注40)七七五、七七六号(二八〇～二八一頁)。

(57) 同右、八四六、八四七、九三五、一〇二五、一〇四〇号(それぞれ三一〇、三一一、三三七、三六五、三六九頁)。

(58) 『徳川実紀』第八篇(吉川弘文館、一九七六年)享保十九年九月十五日条(六六四頁)。

(59) *Discourse*(注10)七一頁。

(60) *Kaempfer's Japan*（注13）三七二頁。
(61)『正宝事録』第一巻（注40）六九八号（二四五頁）、『徳川実紀』第六篇（注50）元禄元年十月九日条（二三～二四頁）。このテーマはすでに、栗田元次「犬公方論」（『中央史壇』第一巻三号・第一巻五号、一九二〇年）一三頁において扱われている。
(62) Constantine Nomikos Vaporis, *Breaking Barriers*, Cambridge, Mass.: Harvard University Press, 1994, pp.231-232.
(63) *Discourse*（注10）二五二頁。
(64)『徳川実紀』第五篇（注55）貞享三年九月二十七日条（五八六頁）、『徳川実紀』第六篇（注50）七五〇頁。
(65)『徳川実紀』第六篇（注50）元禄元年六月十九日条（一五頁）。
(66)『憲廟実録』（注50）元禄十五年二月二十一日条（四〇六頁）。『徳川実紀』第六篇（注50）元禄十五年二月二十一日条（四六四頁）。正往が老中に任命されたのは元禄十四年一月であった（『徳川実紀』第六篇（注50）四二七頁）。
(67)『葉隠』上巻（注11）三六～三七頁。「五十年以来」とは綱吉の治世より前の時代を意味する。

第十一章　犬公方

犬も住民の数に加えるべきかもしれない。犬が町人と同じように扱われているからであるが、ここ［長崎］では、ほかの町ほど丁重ではない。（中略）通りは、うろつきまわる犬で溢れ、馬や人のために道を開けようとはしない。犬が人を傷つけたりして、死に値するとしても、殺すことができたのは上意を受けた刑吏だけであった。病気の犬や老衰で弱った犬は、各通りに設けられた檻や小屋に収容された。犬が死ぬと、山に運ばれ、人間の場合に劣らず丁重に葬られた。迷信を信じやすい将軍の命で、このようなことが行われた。戌年生まれの将軍は、皇帝アウグストゥスがアイベックスを尊重したのと同様に、犬に敬意を表した。ある農夫は、死んだ犬を担ぎ、しんどそうに山道を登りながら、相棒に将軍が戌年生まれであることの不満をもらした。それがもとでこのような苦痛を味わうことになったからだ。それに対して相棒は、「まあそう文句を言いなさるな。将軍が午年生まれだったら、我々の荷はもっと重いものになっていたよ」と返した。[1]

エンゲルベルト・ケンペルは、犬の保護を目的とする悪名高い法について、このように説明している。

最初の法令はケンペルが日本に来る五年ほど前に出されていて、その影響が人々の間に明確に表れているのを見ることができた。江戸にいた時、ケンペルは犬に嚙まれたという長崎出身の男を治療した。その嚙んだ犬をやっつけたのかと尋ねたところ、その患者は、「私が自分の生命をも危険にさらすとお思いですか」と返答したという。動物の殺生を禁じる法があったがゆえの返答である、とケンペルは説明する。江戸から戻る途中、久留米の町を通過した際には、「新たな高札の隣に、犬を殺した犯人を引き渡した者への報酬として、銀二十朱(ママ)が打ちつけられていた」のをケンペルは見た。「あちらこちらで頻繁に、人々が犬のせいで罰を受け、髪を抜かれていたと考えなくてはならない」[2]。ケンペルはこの法の影響について説明するのに、訳すのは困難であるが、ユーモアを交えて語っている。したがって、あまり深刻に受けとめていなかったものと思われる。ケンペルが十七世紀の日本について注目したほかの事柄と比較して、歴史家が徳川時代最大の悪法と見なすこの法のために割いた紙面は小さいと言える。さらにケンペルは、日本の動物について説明した箇所で、最初に犬を取り上げた時と、のちに長崎で見聞したことを述べた時とで、同じ文言を繰り返している。この件については何も付け加えることがないかのようである[3]。一方で、租税と町人の任務について冗長に語った一節がある。また、いかに人々が連座の刑罰にきつく縛られていたかについても、ケンペルは長々と書いている。そして人々は「落ち度がないにもかかわらず、あるいはまた知らないうちに、いとも簡単に処罰を受け、ほとんどの者が生きられる保証のないまま暮らしていた」という。しかし、ケンペルは処罰の理由として、「大酒のみと喧嘩っ早いこと」を挙げる。密貿易の罪でも多くの生命が奪われていた。ケンペルによると、長崎だけでも過去六〜七年の間に三百人以上が死罪を言い渡されていた。ケンペルが日本にいた二年間でさえ、この罪状により「五十人以上が哀れな死を迎えた」という。だが、動物に対する罪ゆえに罰せられたという記述は見当たらない[4]。犬が往来を動き回り、餌を与えなくてはならないので面倒だ、といった記述はあるが、一般に言われているように、犬の保護が法で定められたことにより、極悪非道な支配が行われ、人々はさんざん苦しめられたというようなことを、ケンペルは全く記していないのである。それどころか別の箇所で、ケンペルは綱吉を「偉大ですぐれた君主」であり、臣下には「非常に慈悲深い」と褒め称えている[5]。

日本側の史料に表れることと認識が異なっているのは、ケンペルが自らを武士階層と同一視しなかったことによるものである。武士は、自分の名誉を守るためであれば、庶民を殺すことなど何とも思わなかった。彼らにとっては、庶民が将軍の定めた法に違反し、犬を傷つけたがために罰せられたところで、ほとんど問題にならなかった。逆に問題となったのは、それまでは下位の者の生命を牛耳っていたような武士が、犬一匹殺すことさえ許されなくなったということである。歴史家が参照する記録の大半は、専ら武士によって書かれたものである。武士が、大いに苦しめられた「人々」について書く場合、その「人々」とは彼らの眼中にある者たち、つまり同じ武士仲間を意味している。

処罰が犯罪に見合うようにするために

ケンペルのような異国からの訪問者は、下位の者の生死を即座に仲裁する武士の権力に驚嘆した。長崎ではこの慣行が、長崎奉行山岡対馬守景助の行いに見られた。ケンペルによると、彼は「たいへん謙虚で公正で慈悲深い」人物であったが、「彼の屋敷の召使いに対しては、不誠実な行為がわずかに見られただけで、すぐさま」死刑にすることを常としていたのである。[6] ケンペルの著書を読んだヨーロッパの読者層は、そのような行いを異国風で不条理と見なしたのであり、やがてギルバート脚本、サリヴァン作曲のオペレッタ「ミカド」を生み出すこととなった。しかし、一八八五年初演のこの作品では、問題の長崎奉行の行いが、日本の支配者によるものとされている。

荻生徂徠でさえ、綱吉の政治により、罪を犯した奉公人を即座に斬るという慣行が失われてしまったことを残念に思い、「人ヲ殺スヲ不仁ナル抔ト云様ナル下手理屈ハヤリ」始めたことを嘆き悲しんでいた。[7] 逆に異国人のケンペルは明らかに、時折犬に噛まれたり、犬に通行の邪魔をされ不快に思ったりしたとしても、綱吉が武士の刀の使用に制限を加えたことは全く正しいと見なしていた。

ケンペルも、犬が保護されるようになったのは綱吉の生まれた年が関係しているという、『三王外記』に記された風評について記録しているが、これは言うまでもなく、当時の噂話の一部であった。綱吉の最も有力な側用人牧野成貞と柳沢吉保も同じく戌年の生まれであり、一人は綱吉より一回り上、一人は一回り下であったが、綱吉とこの二人の側用人は「三頭狗」と嘲笑されていた。[8] しかし、綱吉の治世初期の大老で、伝統的にその功績が称えられる堀田正俊も、成貞と同じ年の戌年生まれであった。この事実は全く言及されず、正俊が戌年であることには何の重要性も付与されていないのである。このことから、生まれた年については、笑いや嘲りの対象とするために都合よく利用されただけであり、何ら深刻に受けとめられていなかったことが示される。幕府に対する風刺を効かせた激しい非難が常に数多く広まっていたのであり、ケンペルが耳にしたのはおそらくそのようなものの一つであった。将軍が馬ではなく犬を保護したことを幸いと見なす男の話は、明らかに冗談なのである。ケンペルへの情報提供者は、通訳を含むある程度の教育を受けた役人に限られた。彼らは、死んだ犬の埋葬が義務づけられるより前に、病気や死んだ馬を遺棄することが犯罪となるのを知っていたはずである。[9]ケンペルはその冗談に気づかなかったか、あるいは読者を楽しませるためにそのまま伝えたかのいずれかである。

過去および現在のイギリスの王室とは異なり、綱吉が犬を偏愛した形跡は認められない。江戸城で犬がペットとして飼われていたという記録もない。綱吉の自筆絵画は百点以上残っているが、犬を描いたものは一枚もない。それらは、中国の様々な伝統が題材となっているが、その多くが馬であり、鶴を描いたものも何点かある。綱吉のものであったと「言われている」に過ぎない、唐犬の形をした小さな湯たんぽが、歴史家が見出すことのできた唯一のものである。[10]さらには、まじめな同時代人は誰一人として、犬を保護したことと綱吉が生まれた年とを結びつけていない。新井白石は、生類憐みの令に対する批判を遠慮なく展開し、綱吉の死後に撤回された際には、それをめぐるある噂話を慎重に記しているが、その白石でさえ、生類憐みの令の起源については何も述べていない。[11]尾張藩では朝日重章という下級武士が、注目すべきありとあらゆる事柄について日記をつけていた。重章は時折、江戸では武士が動物を虐待したという理由で先例のないような処罰を受けていると聞いていて、幕府を嘲笑する流行りの歌を何篇か書き留めている。しかし、その処罰が課されることになった法令の発端については、何の説明もしていない。[12]

同様に生類憐みの令に非常に批判的であった戸田茂睡は、もはや犬が殺されなくなるならば、将来どのようなことが人々に降りかかるのかについて、想像に浸っている。一組の雄犬と雌犬が、春と秋それぞれに四匹の子犬を儲けるとして、またその子犬たちがそれぞれ同じ数の子を儲けていく場合、二年の

「松の木の下にいる馬」。綱吉の描いた作品。署名入り。長谷寺（奈良）所蔵。

間に元の二匹が百五十二匹に増えると、茂睡は計算する。そして、算術の技能以上にさらに想像力を働かせて、次のように続ける。

> 如此てハ末のつゞかざる事なれば、殺し候へと中事になるべしと云、そこなる人のいわく、それハわるき心得也、何とて犬をころせと被仰出あるべく候や、さやうに犬多くなり候ハゞ、人之家をあけ野山に住居いたし、犬に家を渡、雨露にもぬれ候ハぬやうにいたし候へ、もしそれを違背申者あらば、犬のゑ食に仕候へとこそあるべけれといふ(13)

茂睡は、犬を保護することになった結果生じた困難について、からかうと同時に苦情を述べている。しかし、そのような法が制定されることになったきっかけについては、何の情報も批判的見解も提示していない。もっと思いやりのある社会にするという綱吉の目的がよく知られていたことと、犬を保護するための法令が単に武士にとって、この政治のパラダイムが変化する中で最も困難な局面であったことが、その理由である。反対に、庶民にとっては事情が異なった。武士の刀の脅威から守られたことだけでなく、狩りが廃止されたこともありがたいことであった。

鷹狩は「上のお数奇なもの」

「上(かみ)のお数奇(すき)なもの　御鷹野と下の難儀」とは、三十五年ほどの中断を経て、第八代将軍吉宗が鷹狩を再開し、この「国王のスポーツ」にかかる相当な費用が再び幕府や人々の負担となった時に聞かれた不満であった。「常憲院（綱吉）様御代には生類御憐とて諸人難儀いたし候、此度は御殺生の事に付、諸人難儀仕かと存候」と室鳩巣はその頃に記している。[14] 鳩巣は吉宗政権に侍講として登用されていたが、元々新井白石の推挙を受けており、白石同様に綱吉の政治には批判的であった。

「国王のスポーツ」を意のままに取り仕切る将軍の権利は、家康によって確立された。将軍は毎年鷹狩で捕獲した最初の獲物を天皇や朝廷に献上したが、それは自らの統治権を象徴する政治上の重要な儀式であった。鷹場を大名に与えることはあっても、それ以前に鷹狩を楽しんだ公家には一度たりとも与えていないことは、武士が捕食鷹のように上から下の者を叩く優位を象徴的に示した。しかし、鷹の飼育には相当な餌と手間を要した。

鷹は主として犬の肉を餌とするため、地元の農民は必要な動物を提供しなくてはならなかった。そのために犬の登録が詳細に行われている。綱吉がそのような記録を要請するよりも、かなり前からであった。例えば、『会津藩家世実紀』の慶安四年（一六五一）三月二十八日条には、合わせて二千六百八十七匹の犬が列挙され、半数以下の千百六十六匹が鷹の餌にふさわしい品種であると記されている。残りの犬を殺すかどうかの議論が行われ、最終的に所有者の判断に任されることになったようである。犬の肉は食用として普及し、貴重な商品であった。藩主の鷹の餌に相応しい犬の数を調査するよう主張し、残りをすべて、自分個人が犬の肉を商うために没収したという男の事例もある。

会津藩では、村高千石につき犬一匹が徴収された。適当な犬がいない場合は、代金一分と銀十匁が徴収された[15]。時には米で納められることもあった。尾張藩では寛文十三年（一六七三）に、四百八十三石ほどの土地から、藩主の鷹の餌代として二斗四升五合相当の米が支払われている[16]。水戸藩の記録からは、鷹の餌として、一日に平均的な大きさの犬二頭を要したことが窺える。必要なのは肉だけであったため、毛皮は農民に返されたという[17]。毛皮は寒さを防ぐために用いられたことは間違いないが、架空と思われる次のような話はこのような慣習から生み出されたのであろう。水戸藩主であった光圀は、綱吉に犬の毛皮でつくった毛布を贈り、生類憐みの令への不満を表明したというのである。

農民は、鷹の餌として犬を、時には魚を強制的に供出させられただけでは済まなかった。鷹は獲物を捕らえるために訓練されなくてはならず、藩主は狩りに出かける際に、そのあたり一帯に野生動物がいることを求めた。したがって農民は、餌を求めて田畑に陣取る鳥の群れや、作物を食い荒らす野生動物を追い払うことが許されず、収穫を失った。「五穀（コク）ヲ荒（アラ）ス禽獣ヲ追（ヲ）ヒタルガ曲事（くせごと）トシテ、追放籠舎、事ニ依テ死刑ニモ行ハル。是、人ノ忝（かたじけなき）ヲ以テ畜生之賤（イヤシキ）ニ替ル理也。生類之中ニ、人ヲ以貴（タットシ）シトス。卑（イヤ）シキ禽獣ニ、人之貴キヲ替ルハ、逆政也」[18]。

これは、第四代将軍家綱が鷹狩を大いに尊重した一六六〇年代に、巡礼僧の浅井了意（一六九一年歿）によって書かれたものだが、このスポーツを廃止しようとした綱吉の努力を異なる角度から表現している。了意の説明によると、古代中国では支配者が、鷹狩で遠出する機会を利用して、農村の人々の生活が安泰であることを自身で確かめ、不都合な点が見つかった場合には政治を修正した。それに対して今日の日本では、藩主の楽しみのためにのみ鷹狩が実施され、農民に大変な苦痛を与えている、と了意は嘆いている。狩りの一行は田畑を踏みつけ、餌を求めて降りてくる野生の雁や鴨が一年の収穫を一瞬で台無しにすることもしばしばであった。「働いてたっぷりと汗をかき、血の涙を流しながら」農民たちはなすすべもなく立ち尽くした。見回りの役人に罰せられるのを恐れて何もできなかったのである。しまいには、牛のように働いたり、水車場で車を踏んだり、あるいは妻子を身売りしたりして、自分たちで何とかするよりほかになかったのである[19]。

鷹狩に高額な費用がかかることを認識したいくつかの藩では、綱吉の治世よりもかなり前、少ない収穫が経済的苦境を招いたのを機に、鷹狩を廃止している。綱吉は、将軍になる前でさえ、託された所領の経営に失敗した家臣たちを処罰していたのである。したがって綱吉が、兄綱重と同じように、自身の所領での鷹狩を中止した時、これを動物ではなく、まずは農民とその収穫を守るための政策であったと考えない理由はないであろう[20]。鷹狩が原因で田畑が荒廃し、作物が実らないことに綱吉が早くから懸念を抱いていたことは、『武野燭談』にも記述されている。そこでは、鷹狩の廃止でもって生類憐みの令が始まったのであり、それがその起源であると説明されている。この作品では、その他の狩りや釣りに設けられた制限についても検討され、田畑を荒らす動物は無制限に打ち殺してよかったと説明されている。しかし綱吉は、撃ち殺した動物の肉を食べるのは冷酷だとして、死んだ場所に埋葬するよう命じていた[21]。

綱吉による憐みの政治の最初の対象が農民たちであったことは、政治上の出来事の一連の流れから確認される。先に概説したように、綱吉は将軍就任後間もなく堀田正俊を任命し、農政の監督と改善にあたらせた。鷹場の周辺地域を規制する法令によって生じていた損害に綱吉が懸念を抱いていたことは、一ヵ月後に関東郡代へ向けて出された命令にも表れている。鷹をめぐる伝統的な慣習は廃止されなくてはならないとして、鷹場の周辺地域の規制を穏和したものであった[22]。しかし、この命令は時期尚早であった。鷹狩をめぐる様々な儀式や、鷹の捕らえた獲物を献上することは、あまりにも重要であり、新将軍の命令によって簡単に廃止されるようなものではなかったからである。長年にわたる綱吉の治世で、それらの儀式は大いに簡素化され縮小されていった。特に将軍と大名との間で行われた、若い鷹や鷹の捕らえた獲物を交換するという儀式において、それが顕著に表れた。鷹場が新たに与えられることはなく、大名は、綱吉の前任者たちより授けられた鷹場を幕府に返還し始めた。鷹狩を担当していた役人たちは配置換えとなり、多くが、野良犬を収容する犬小屋の任務に就いた。しかし将軍には、自分の前任者が授与した鷹場の返還を大名に強制する権限も、獲物を朝廷に献上する儀式を完全に止めさせる権限も、備わってはいなかったのである[23]。

犬

鷹狩の場合とは異なり、犬の扱いに関する儀式上の決まりは何もなかった。そもそも犬に言及する最初の御触が出たのは、綱吉の将軍就任から五年後の貞享二年（一六八五）である。将軍の行列が通過する際に、犬や猫を繫ぐ必要はないと規定するものであった。[24] 塚本学が言うように、このような法が制定されたのは、その年の初めに浅草で起きた事件がきっかけとなっているのであろう。将軍の行列が通過するという通達を受けて、ある寺の僧侶と地元の代官が、その地域を徘徊する犬が行列の従者を襲うのではないかと恐れ、犬を袋に詰めて川に沈めたというのである。[25] 犬を傷つけることを禁止し、すべての生き物に思いやりを持って接するよう促す法令が最初に出されたのは、翌年の初めであった。

綱吉のたった一人の息子で世嗣であった徳松は、その三年前に死去し、大老堀田正俊は二年前に暗殺されていた。それゆえに歴史家たちは、次のような『三王外記』の説明を擁護した。すなわち、綱吉が犬を保護したのは、犬を大切にすることで神々が自分に後継者をめぐんでくださると純粋に信じたからであったが、そのための法を制定することは、それを阻止しようとする正俊の影響下では無理であったというものである。[26]

これを別の角度から見ることもできる。つまり、犬を保護することは綱吉の最優先事項ではなかったのであり、綱吉の関心が犬の保護に向けられたのは、引き継いだ社会が直面する主要な問題をすべて取り上げたあとに過ぎなかったのである。

綱吉にとって最優先すべき問題は農民の苦境であったが、武士側の史料ではそのことがほとんど語られていない。しかし浅井了意は、農民の苦しみを見過ごすことはできなかった。綱吉の前任者たちの治世を調査した了意は、農村を支配し税を徴収する人々のことを、「獣の心」を持つと表現した。[27] 綱吉は地元の役人を入れ替え、農民を統率して税を徴収する体制を再編した。上述したように、それは堀田正俊の死後も存続したのである。洪水を防ぐための河川工事が始められ、遊女屋が建てられた土地は農民に返された。町奉行配下の与力・同心の数が制限され、役人の行いは規制された。また、すべての下級武士の登録が義務づけられた[28]。経済政策には、上述したように、維持費のかかる御座船「安宅丸」の解体、屋形船の利用規制、鷹狩を最小限度に減らすことが含まれた。今や不要となった鷹匠の道具が売りに出されることもあった[29]。博打の習慣や、参勤交代時の過剰な荷物の問題にも対処した。旬でない食べ物、高価な着物や大きな駕籠にお金を無駄に使わないよう命じたり、服忌の慣習を正しく執り行なうよう命じたりする法令もすべて、犬を傷つけないようにとの忠告が最初になされるよりも前に出ていた[30]。綱吉の治世の最初の六年間に実施された政策について詳細に研究すれば、何巻もの本のページが埋まることになるであろう。歴史家は、綱吉の治世初期に徹底して行われた改革の数々を、大老堀田正俊の善い政治によるものと見なしてきた。しかし、これらの政策が正俊の死後も続いた一方、大老自身がこれらの多くが綱吉の主導によるものであったと説明していることから、歴史家の見解は批判に耐えられるものではないのである[31]。

動物の保護に関しては、馬が快適に暮らすための法令の方が、犬よりもかなり前に出ていた。将軍となってまだ何週間かという時に、綱吉は法令を発布した。綱吉以前の将軍たちが自慢の種としていた馬小屋では、足並みがより快活になるよう馬の筋肉を切り裂いていたが、そのような習慣を止めるよう命じるものである。のちにこの法令は、ほかの馬にも適用され、そこには大名所有のものも含まれた[32]。人々は、犬を侮辱したために罰を受けるよりも前に、馬の背に荷を積み過ぎたことで処罰された。鉄砲の使用は制限され、猟師の資格を有する者にのみ動物を撃ち殺すことが認められた。江戸城内の台所では、京都からの朝廷の客人をもてなす場合を除いて、もはや鳥、貝、海老を調理に用いてはならなくなった。経済政策とも、動物への思いやりともとれる法令である[33]。

これらすべてが成し遂げられた時、綱吉は突如としてただひたすら犬を保護しようと決意し、違反した場合は何であろうと、死をもって罰せられるまでになったかのようである[34]。

浅草での一件は、幕府がなぜ犬に注目するようになったのかを示している。この場合に犬が沈められたのは、その地域の野良犬をつないだとしても、犬がそれをほどいて、将軍の御供の者たちに噛みつくのではないかと恐れたからであった。野良犬は、行列の従者を含めて、撃退することのできない脅威となっていた。犬があまりにも凶暴であったため、繋ぐだけでは十分に押さえつけることができなかったのである。このような状況は、老人、女、子供など、自分で自分を守ることのできない者たちにも脅威を与えた。動物を沈めることは解決にならなかった。もっと思いやりのある社会をつくるという綱吉の方針に反したからだけでなく、江戸の水路の中に腐敗した遺体があると健康が脅かされることになるからであった。

この一件により、幕府は江戸で起きている問題に早急に対処し、暴力を減らすという綱吉の全般的な政治目標の枠内で、何らかの解決策を見出さなくてはならなくなったのである。解決策として、まずは野良犬に餌を与えるよう命じた。そうすれば、もはや人を襲うことはなくなるからである。次いで、死んでいく動物と腐敗する遺体から町を解放するため、人々が犬に危害を加えることを止めさせた。そして最後に、動物をきちんと埋葬するよう発令した。宗教だけでなく、衛生面にも配慮しての命令であった。

しかし、この非暴力的な解決策は、法令を施行する役人である武士には受け入れ難いものであった。犬を練習台に剣術を磨くよう男児に奨励するような社会に育った武士が、今やこのような法令を宣告し施行しなくてはならなかったからである。野良犬に苦しめられたのは主として庶民であり、その中でも、獲物を求めてうろつきまわる動物から自分を守ることのできない、最も弱くて貧しい人々であった。そのような人々は、当時の社会にあっては取るに足らない存在であった。社会の末端にいる人々に対して安全な環境をつくり出すために、役人たちは面倒な任務を新たに負わなくてはならなくなったのであり、これは価値体系の急転回を意味した。これらの法令が正しく伝達・施行されることが当初から問題となったのは、驚くに値しないのである。

貞享三年（一六八六）に出された、犬を傷つけることを禁じた最初の法令では、犬を車で轢き、怪我をさせることは罰せられるべき犯罪であると定めた上で、次のように綴られている。「最前も委細申渡候得とも、今以無主犬参候而も食事たべさせす、又ハ犬其外生類とりやり致候儀も、今ほとは不仕候様に相聞候、生類あわれみ候様に被仰出候儀を、心得違ニ而有之候と相見得候、何事に付而も生類あわれみの志を肝要仕、諸事かたつまらさる様に心得可申候」[35]。

人を襲撃する野良犬の問題を、餌を与えるよう命じることで解決しようという綱吉の試みは、逆効果となった。人々は、自分の犬を自分のものではないと言い始め、また責任を持たなくてはならなくなることを恐れて、野良犬に餌を与えようとしなかったのである。この状況を改善するために、幕府は飼い主に犬の登録を命じようとしたが、老中らが法令を出す段階で綱吉の意図にそぐわない変更を行ってしまった。人々は自分の犬が見つからなくても、必要以上に苦労して捜そうとはしなくなったのである。

登録には、ほかのどんな犬でも届け出られたからであった[36]。

十日後に綱吉は、次のような御触を通して、老中への非難を先例のないやり方で公にしている。

此ころ、犬之儀ニ付申渡候趣、年寄共心得違有之候故、重而被仰出候覚
面々飼置候犬、毛色抔能印置、見得不申候得ハ何方〔ヨリ〕成と犬をつれ参り、数合セ候様ニ風聞有之候、畢竟人々生類あわれミ候様ニ被思召、段々被仰出候所ニ、実無之仕方共ニ候、向後ハ養置候犬など見不申候ハヽ、随分相尋、しれ候様ニ可仕候、若麁末ニ仕候者有之候ハヽ、支配之者方迄可訴候、他所より参候犬抔有之候ハヽ、麁末ニ不仕養置、主しれ次第ニ返し可申者也[37]。

野良犬の世話をするという政策は、下級役人の大きな負担となった。犬の登録は、屋敷に数百匹もの動物をほぼ常時置いていた大名にも影響を及ぼした[38]。綱吉は大名に、逃げ出した動物に対しては責任を持ち、家の者に捜させるよう要請した。老中は大名として、数を合わせるために迷い犬を入れてもよいとすることで、この負担を軽減しようとしたのであった。

綱吉は、飼育する動物に対する責任放棄を武士に認めるつもりはなく、また老中が自分の発した命令に改変を加えるのを大目に見るつもりもなかった。綱吉はその憤りを、老中の「心得違」を公然と非難するだけでなく、老中の任務を一時的に解くことによっても表明した。老中の次の政治上の任務は、第二代将軍秀忠の墓参であったが、それが側用人の牧野成貞に委託されたのである。この異例の変更についての理由も、内密には扱われなかった。公式記録にはっきりと、老中の「あやまり」によってそのよ

うに命じられたと記されている。[39]

権力争いとしての法の施行

この一件は、犬の保護政策を、綱吉と家臣たちとの間の権力争いへと転換させた。問題の核心にあったのは犬の保護ではなかった。綱吉の治世を、その前後とは異なったものにしているその他の政策と同じように、武士の特権が問題だったのである。不要となった犬を塀に囲まれた屋敷の外に放し、庶民が暮らす地域で餌を探させるような権利を武士は有したのであろうか。庶民は狭苦しい地区に、そのような塀に守られることなく生活していた。初期の幕府は、武士の権利として、庶民を都合に応じて威圧してよいと定めていた。このような考え方をするならば、武士の捨てた犬が人口の増え続ける都市において、庶民にどのような影響をもたらそうと問題にならなかった。綱吉は、そのような当然の前提を覆したのである。屋敷内で生まれた動物すべてに責任があることを自覚し、その責任を負うよう武士に命じたことに表れているが、このことは武士社会に衝撃を与えた。犬の登録の義務づけは、犬の飼い主や、自分たちの特権を制限するような法の施行という煩わしい任務を負った役人など、武士社会のあらゆる層に影響を及ぼした。法の正しい施行に抵抗することは、法によって負担を負わされるのと同じ苦痛であった。幕府によって発布された法令、それに反対する者からの非難、将軍の政策を支持する者たちの回想などはいずれも、この進行中の権力争いについて記録している。

配下の者への口頭伝達を江戸町奉行に命じるために発布された、長々とした法令において、綱吉は懇願するようでもあり、なだめすかすようでもあり、また脅迫しているようでもある。

生類憐之儀被仰出候得ハ悪敷心得、互ニ生類取やり仕候儀も不自由成様ニ仕候、惣而そく才なる犬来候得ハ、食物もたへさせ、煩候犬なと来候得ハ、聊爾ニ食物なとたへさせ不申様ニ仕候、此段何れも心得違ニ而候、上より被仰出候ハ、人々仁心も出来候様ニと被思召候而之儀ニ候所ニ、うわへ斗守候様ニ仕候而、内心に憐愍之志うすき仕形ニ而不届ニ候、たま〳〵生類あわれみ候者も有之候得ハ、却而出来したて仕、すべ〳〵町所之やつかいにいたすへきなと、申輩も有之候様ニ相聞候、度々申渡候趣を相守、人々より慈悲之志のおこり候様に仕へし[40]

綱吉の治世で、犬を保護するための法令が数多く発布されたことについて、歴史家は、綱吉の精神的不安定さの表れと解釈してきた[41]。しかし、これらの法令をさらに詳しく検討するならば、役人が、人であろうと動物であろうと、自分より下位の者の生活を守るという任務を受け入れようとしなかったがために出されたことが明らかになる。いらない子犬は依然として道路へ投げ捨てられ、馬など他の動物に踏みつけられていた。凶暴な犬は依然としてつながれず、往来をさまよい、人々を襲った。自然死した動物を、埋葬するのではなく売るという慣行も続いていた[42]。綱吉の、役人への懇願は続いた。

生類憐之儀、御慈悲一通之様何も相心得候、尤御慈悲之上ふかき思食在之事候、縦憐之儀不被　仰出候とても、實に仁心に罷成、人々志すなをに成候様、面々相心得、支配之者組中へも其趣申聞、至下々迄相知候様可申渡事[43]

役人全体を、思いやりのある行政官に変えるという綱吉の努力は大成しなかった。それどころか、生類憐みの令に対する役人の怒りが、人々への無慈悲さの増大となって表れたのである。第六代将軍家宣の下で新井白石が囚人の大赦を懇願した際、生類憐みの令の施行に関して、「某近く前代の時の事を観しに、法を奉ずる人々、務めて苛察を以て相尚び」[44]と記している。この白石の記述は、綱吉の治世に、役人の行き過ぎた法解釈を正すために出された、数々の法令により裏づけられる。[45]法が役人により、幕府が意図したものよりも無慈悲に施行されたことは、綱吉の側用人柳沢吉保も、彼の名前で起草された綱吉の治世の記録の中で主張している。「独生類憐愍の政令、もと不仁の微小を戒め、庶民の仁心を全ふせしめんとの思召より事おこり、さまで厳令なるべきに非らざりしを、吉保、輝貞等が、奉行の宣しきを失ひけるにや、末々に至りては、頗る御心の外なることもありけるとなん」と吉保は述べている。[46]

この記録が幕府に提出された時、第八代将軍吉宗はこの引用箇所を修正した。生類憐みの令は時の将軍の深い確信に基づくものであり、側用人を責めてはならないとの理由からであった。[47]吉宗がこのように歴史記録を修正したことは、家宣の下で職を解かれた綱吉の役人の多くを、吉宗が再登用したという事実が関係しているのかもしれない。吉保の義理の息子で補佐役であった松平輝貞は、再び老中格に任命されたことから、評判の悪い法の責任を、いかなることであろうと彼が負っているかのように見られることは、政治上賢明ではなかったのであろう。しかし、先の引用箇所の続きを読む限り、吉保が本当に、自分と補佐役の輝貞とで、その責めを引き受けようとしたのかを疑いたくなる。

伏惟みれば、吉保不肖にして大恩を承け、大任を負荷し、夙夜に黽勉すれども、盛徳を承布きて、上下壅塞なからしむる事不能、旧弊あらたまらざるに新弊又生じ、三十年の治化、天下を堯舜の時の如くになし給はんと思召せし初政の盛意に酬ひ給はざりしは、今誰か其咎を負はん、君有て臣なしと言へる古人の嘆、誠に異域同談なり[48]

白石の場合と同様に、役人たちや「新弊」について非難する吉保は、法の施行の際に受けた予期せぬ厳しい試練について言及しているものと思われる。中国の古い格言を引用しつつ、吉保は責任を負ったかのようである。しかし、すでに吉保が自分の勤勉な仕事ぶりを読者に示していたことから、彼が咎めた「臣」とは、綱吉の取り組みを妨害しようとした、老中をはじめとする上級役職者のことであったと思われる。吉宗の命令により、この箇所も公式版（国立公文書館内閣文庫所蔵、『内閣文庫史籍叢刊』第十七巻、汲古書院、一九八二年）では削除された。吉宗は、まさにその咎められるべき大名によって将軍に選ばれていたため、このような声明は彼にとって受け入れ難いものなのであった。

生類憐みの令の中で最も論争の多い局面、すなわち、動物を殺したがために死罪に処せられたことについて検討する場合は、政治的な側面も考慮に入れなくてはならないのであり、この一件は歴史家に注意を喚起するはずである。

人々は苦しめられていた？

人々が生類憐みの令の残虐さに、不幸にも苦しめられていたことの証拠をして、最も頻繁に引用されるのは、家宣の下で大赦を懇願する新井白石の記述の続きの箇所である。

一禽一獣の事のために、身極刑に陥り、族門誅に及び、その余、流竄・放遂、人〳〵生を安くせず。其父母・兄弟・妻子、流離散亡、凡ソ幾十万人といふ事をしらず。今におよびて、天下に大赦せらる丶にあらずんば、なにをもてか、万姓来蘇之望をば慰せらるべき。(49)

別のところで論じているように、「幾十万人」という白石の表現は、実際の数字を示しているというよりは言葉の綾と見なすべきである。このような数の人々を収容するには牢屋の拡張が必要となるであろうが、そのような記録はない。また、審理の前に獄中で死亡し、塩水につけて保管された人々の遺体は、わずか九体であった。加えて、綱吉とその正室の死、家宣の将軍就任といった様々な折に赦免された人数の総計は八千八百三十一名であった。しかし、その大半の五千五百九十九名は、大名とその家臣の家において赦されている。(50)大名のほとんどが自藩において、生類憐みの令の施行に関しては従うふりをしただけであったことからも、赦免された事例の多くが動物に対する罪によるものであったと論じることは不可能なのである。(51)

史料の信憑性を判断する際には、それが書かれた目的を考慮に入れなくてはならない。白石の『折りたく柴の記』が書かれたのは明らかに、第六代、第七代将軍の短い治世において、著者が重要かつ国益に適う役割を果たしたことを後世に伝えるためであった。これを効果的に行うには、白石の介入を待ち受けることとなった悲惨な情勢が、生き生きと語られなくてはならなかった。事実や数値が故意に変えられたとは言わないが、核心部分を劇的に伝えるのに適した言葉が自然と選ばれることになる。室鳩巣が、綱吉の動物保護政策によって生じた損害と、吉宗の鷹狩再開によって人々にもたらされた損害とを比較した際の記録を読むと、白石が多少おおげさに語っていたことが明らかになる。いずれの場合も、相当数の人々が損害を被ったことは間違いない。このことが当時としてどの程度異例であったのかが、単に問題なのである。

歴史家によると、生類憐みの令に人々はひどく苦しめられたのであったが、それに気づかなかったのは、当時の日本を観察した異国からの訪問者ケンペルだけではなかった。新井白石や戸田茂睡、あるいは尾張の朝日重章の日記を読んでみると、いずれにおいても、人々の生活の大部分を支配したと一般に説明されるこの悪法のために割かれた紙幅はあまりにも少ないのである。これらの日記では、動物を不当に扱ったがために出された有罪判決について否定的に述べられているが、重罰に処された事例は、一つ一つを例証できるほど稀であった。茂睡によると、貞享四年（一六八七）には、「多くの者」が犬を不当に扱ったがゆえに、役人より懲戒処分を受けて牢屋送りになったという。別の史料からは、茂睡が詳細に論じる三つの事例を含めて、全部で十六件あったことが窺える。[52]その大半が大きな車で犬を轢いたという事例であり、犯人はほとんどの場合赦免されている。詳細に記述された三つの事例については、茂睡の説明が必ずしも公式記録とは一致しない。例えば、茂睡によると、家臣が江戸を追放されたのと同時に、主人である土屋正直が蟄居させられている。処罰の公式記録では、その家臣が八〜九匹の犬に襲撃されて着物が引きちぎられた様子が伝えられ、それゆえに刀を使用したのであった。家臣は二ヵ月間勾留されたが、その後、老中によって赦免されている。土屋政直が蟄居させられたという記録は一切なく、また、政直が四ヵ月ほどあとに老中へ昇格しているという事実からも、茂睡の記述の正確さに疑問が投げかけられる。茂睡が、数ヵ月前に起きた出来事を回想したということが、この不正確さの理由として考えられる。土屋政直を示すのに、茂睡は「大和守」を用いているが、それを政直が得たのは貞享四年（一六八七）十月二十一日のことである。茂睡の記述はその日よりも後になされたことが示唆される。しかし、この事件が起きたのはその年の四月であり、六月初めにその家臣は赦免されているのである。[53]

武士の処罰に関する記録には、ここかしこに一貫性のなさが見られるが、これは武士が、単に犬のせいで、彼らの多くを没落させることができるような法に対して、突然の恐怖を抱いたことの表れである。丸山眞男の言葉を用いるならば、そのような「徳川専制下での臣民の『平均化』」は、世間によく知られていた、馬医が処罰された一件により一層はっきりと表れた。[54]隣人の犬に飼っていた鴨を殺されたというその馬医は、犬を隣人の塀にはりつけにしたのであった。評定所はその一件を調査し獣医に切腹を命じた。その判決を知らせる御触が明確に示したのは、身分が高い者も低い者も等しく、思いやりを求める綱吉の命令を守らなくてはならないということであった。[55]

綱吉にとって、このように自分の命令や意向が公然と無視されることは、反逆行為であった。柳沢吉保の家老は、「夫（生類憐みの令＝訳者注）ヲ背候ヘハ、重き事、軽き事ニ限らず、上意を背く心ハ同じ事」

と記している[56]。これは重要な点である。今日でも、公の場で国旗を燃やすことが、違法な放火というだけでなく、政治的破壊行為と見なされるように、綱吉の治世下では犬を殺すことがまさにそれであった。動物に危害を加えたことが罪なのではなく、綱吉の命令や国の法に公然と逆らったことが罪なのであり、それは、いかなる独裁国家においても厳格に処罰されるべき犯罪であった。綱吉は犬のために人間を殺したという多くの歴史家の見解は、読者の琴線に触れるが、歴史的には不正確なのである。

ケンペルの見たところでは、幕府の法に違反した場合は例外なく死をもって罰せられていたのであり、長崎の刑場は絶えず稼働していた。しかし、違反したという幕府の法とは、思いやりに関するものではなく、異国人との密貿易を禁じたものであった。ある時オランダ人は、二人の男の処刑に無理やり立ち会わされた。一人は樟脳一ポンドを密かに取引した件で、あと一人はその者にお金を貸した件で処刑された。オランダ側の協力者も将来的に同じような処罰を受けることになると、警告されたのであった[57]。主君の妻と浮気することからちょっとした盗みに至るまで、今日では些細なことと見なされる数多くの違法行為に対して死が適用された。結果として牢屋人口は多くなり、大量処刑も稀ではなかった。朝日重章は、江戸で一度に二百名が処刑されたと聞いている。重章は、処刑の現場に漂うぞっとするようなにおいについてコメントしているが、不当なことが行われたとか、非常に残酷な出来事が起きたとは思っていないようであった[58]。

しかしながら、このような人命軽視は日本特有のことではなかった。いとも簡単に死刑が言い渡されることについて呆気にとられつつも、ケンペルは次のように書かずにはいられなかった。「そうであっても、この人口過密の異教の国の判事は、我々キリスト教の国の判事ほどには、死に至らせた理由を説明したり、人の死に対する責任を負ったりしなくてはならない事案を抱えていないのである。このことが示すのは、変わることのない死刑宣告に対する恐怖を通して、この頑固なタタール人たちを取り締まることができるということである」[59]。

犬の収容施設

死の脅かしは、犬殺しを減らすことはできたが、動物を積極的に思いやるよう人々を説得することはできなかった。むしろ逆であった。お腹を空かせた野良犬に餌をやる気になった人がいた場合、その犬は餌を恵んでくれた恩人にしつこくつきまとうようになり、その者は、その犬の飼い主と見なされてしまうという問題に直面することとなった。宗教上の儀式が執り行われて食物が余った場合、かつては野良犬に与えられたが、今や廃棄されていた。犬が寺のまわりに群がり、僧侶がそれらの飼い主と思われないようにするためであった。その結果、戸田茂睡が述べているように、飢えた犬は、食物を盗むため、ほんのわずかな隙間を通り抜けようとしたり、穴を掘ったりしたのであり、頻繁に人を襲い、とりわけ捨て子を殺したのであった[60]。犬の群れに襲撃された場合、動物に危害を加えることなく追い払うのは不可能であった。上述の、土屋政直の家臣の事例が示す通りである。

幕府は、非暴力という綱吉の政治方針の枠内で、何らかの解決方法を見出さなくてはならなかった。今日の政府が、動物の権利を尊重する必要性を感じた場合に行うように、捨てられた犬を収容施設に収容するということを思いついた。収容施設では、はるかに多くの数の野良犬に食物を与えなくてはならず、また大名など社会の最上層に位置する人々の出費によって建設されただけでなく、大半がその出費によって維持されたという点で、今日の状況とは異なっていた。継続する出費は、家の間口に応じて計算され、徴収された税によって賄われたのであり、大きな屋敷を維持する者にとって最大の財政負担となった。元禄十年（一六九七）までに、ちょうど四万を超える数の犬が、江戸の内外に位置する四ツ谷、中野、大久保の囲いに収容された[61]。家光が狩りを楽しんだのと同じ場所であったのは、皮肉かもしれない。

武士の上層に財政負担が重くのしかかったが、犬の収容施設が必要となるような状況をつくり出したことの責任からは逃れられないことを思えば当然であった。戸田茂睡は、生まれたばかりの子犬を殺すことがもはや許されないのならば、犬の数が急増すると雄弁に警鐘を鳴らしたが、支配的であった考え方に倣い、次のような事実を全く考慮に入れていない。飼い主が犬を逃がしたりせず、また犬の交尾を規制したりしていれば、江戸の町が急増する野良犬の数に悩まされることはなかったのである。

犬の収容施設は、日本においては新しいことではなかった。先述したように、犬は鷹狩の構成要素であり、鷹の餌として、また獲物を捕らえる際の双方に利用された。江戸の内外に犬の収容施設が設けられたが、それは、幕府がほぼ全面的に鷹狩を抑制したのと同時に行われた。鷹場を管理していた役人は、犬の収容施設経営のために異動させられた。鷹の餌となる犬のために建てられた犬小屋も同様に、今や野良犬を収容するために利用されたようであった。幕府の犬小屋に関する信頼のおける史料は驚くほど少なく、事実は様々な史料から少しずつ収集していかなくてはならない。大名の支援を受けて建設された公営の犬小屋が『徳川実紀』に登場するのは、元禄八年（一六九五）以降であるが、『竹橋余筆別集六』の元禄六年二月「武州喜田村御用屋敷鋪御入用帳」によると、二年前からすでに四十匹ほどが武蔵国喜多見村（現在の東京都世田谷区）にある犬の収容施設で飼育されていたという。[62] 同時に幕府は、大名が犬をそれぞれの藩に戻すことを奨励し、戻すべき所領を持たない御家人に対しては、幕府の犬小屋への移送を認めている。大名たちはこの問題に注意をし始め、記録によると、犬は地方へと返され、雄と雌は、さらに数が増えるのを防ぐために別々にされたのであった。[63] 尾張藩主は、不要な犬四十匹を江戸屋敷から移送し、名古屋町の路上に放したというが、果たしてこれが綱吉の意図したことであったのかと、疑問に思うであろう。この一件について記している朝日重章は、名古屋の町人が、四十匹もの野良犬の流入に対して、どのように対処したのかについては何も述べていない。我々の入手できる文書史料が一方の側に大きく偏っていることは、重章が侍として庶民の苦しみに関心を持っていないことを想起させる。[64] 犬の収容施設が、社会の中のある一定の層にはむしろ歓迎されていたことを示す文書も、稀にではあるが姿を見せる。あたり一帯の相当数の犬が犬小屋へ移送されるよう求めた、伝通院門前町付近の町人からの請願はその一例である。[65]

綱吉は、自らが継承した社会において暴力を減らそうと試みたのであったが、犬の保護に関しては裏目に出たのであり、結果として難儀な状況を生じさせたことに間違いはない。しかし、その問題の根源には、武士が庶民の生活を軽視したということがあったのも明らかである。武士は、自分が飼育していた動物に対する責任を負いたくないために、増え過ぎた分を屋敷の塀の外に放したのであり、庶民はできる限り良い方法でそれに対処しなくてはならなかった。野良犬が、将軍の行列でさえ安全でなくなるほど、社会に悪影響を及ぼすようになった時に、綱吉は行動を起こしたのであった。それは武士にとって、財政的にも心情的にも大きな代価を払うものであった。武士が小屋に収容すべき犬を追いかけまわすのを、ひやかさないよう庶民に命じた法令は、思い上がった武士の被った苦痛を示す最後の事例となろう。[66] 我々が主として依拠する記録の執筆者たちが、彼らの属する階層の威信と特権がこのように攻撃されたことを、最も暗い色で描き出したのは不思議なことではない。

一方の側に偏った記録を後世に遺すということに関して、似たような傾向が、日本史上ほぼ間違いなく最も有名な事件においても指摘できる。次章で論じる、義士四十七名による仇討ちである。

（1）Engelbert Kaempfer, *Kaempfer's Japan: Tokugawa Culture Observed*, edited, translated and annotated by B. M. Bodart-Bailey, Honolulu: University of Hawai'i Press, 1999, p.146.
（2）同右、四〇八、四三三頁。「朱」とは銀貨の一種で一両の十六分の一に相当する。
（3）同右、七二頁と一四六頁を比較せよ。
（4）同右、一六〇〜一六一頁、租税については一六四〜一六七頁、密輸については二二一頁。
（5）第六章参照。
（6）*Kaempfer's Japan*（注1）一四九頁。
（7）荻生徂徠『政談』（『日本思想大系』第三六巻）二七〇〜二七二頁。
（8）『三王外記』（東武野史著、甫喜山景雄、一八八〇年）四頁。
（9）塚本学『生類をめぐる政治』（平凡社、一九九三年）二三八頁。
（10）福田豊彦ほか『高等学校精選日本史B』（第一学習社、二〇〇三年再版）一〇六頁（図解付き）。
（11）新井白石『折たく柴の木』（『日本古典文学大系』第九十五巻、一九六七年再版）二二三〜二二四頁。
（12）加賀樹芝朗編『元禄下級武士の生活』（雄山閣出版、一九六六年）一六一、一六八、二一三、二二七頁。
（13）戸田茂睡『御当代記』（塚本学編、東洋文庫六四三、平凡社、一九九八年）一三八〜一三九頁。正しく計算する

ならば百六十二匹になるはずである。また、犬が一般に産後六ヵ月でまた出産するということはないのであるが、茂睡はこのことを考慮に入れていない。

(14) 塚本前掲書(注9)九八～九九頁。それぞれ『享保世話』と『兼山秘策』を引用している。

(15) 塚本前掲書(注9)一七四～一七七頁。一分は金貨の一種で十五匁に相当(*Kaempfer's Japan*(注1)四四五～四四七頁)。

(16) 塚本前掲書(注9)一七八頁。塚本は「二斗四升五合」と記述しているが、これを石に換算した(米一石は、一人が一年間に必要とする食糧と見なされた)。

(17) 同右、一七七～一七八頁。

(18) 同右、一〇三頁。浅井了意『浮世物語』を引用している。「逆政」には、同音異義の「虐政」の意味も含んでいたに違いない。

(19) 塚本前掲書(注14)一〇二頁。浅井了意『浮世物語』(『日本古典文学大系』第九十巻、岩波書店、一九六五年)三〇六～三〇七頁。狩りをする武士の一行が田畑を踏みつけ収穫を台無しにしたことは、山本常朝『葉隠』上巻(和辻哲郎・古川哲史編、岩波書店、二〇〇三年)一八九頁にも記されている。しかしここでは藩主が、年老いた百姓の女の抗議を受けて損害の埋め合わせをしている。

(20) 鷹狩の廃止についての詳細は、塚本前掲書(注9)一二二頁、根崎光男『将軍の鷹狩り』(同成社、一九九九年)六八～六九頁を参照。

(21) 『武野燭談』(村上直編注、人物往来社、一九六七年)八五頁。危険な動物を近づけないようにするためならば、火器の使用が限定的に認められていたこと(鉄砲改め)については、塚本前掲書(注14)一〇～九五頁を参照。

(22) 根崎前掲書(注20)七〇頁。

(23) 黒板勝美・国史大系編修会編『徳川実紀』第五篇(吉川弘文館、一九七六年)延宝八年十二月十六日条(三九二頁)、天和二年三月二十一日条(四四一頁)。塚本前掲書(注9)一一五～一一六、一二六～一三六頁。根崎前掲書

（注20）六九～七一頁。

(24)『正宝事録』第一巻（近世史料研究会編、日本学術振興会、一九六五年）六九六号（二四四頁）。

(25)『御当代記』（注13）一〇七～一〇八頁。『徳川実紀』第五篇（注23）貞享二年八月六日条（五五三頁）。塚本前掲書（注14）二〇五～二〇六頁。

(26)例えば木村礎「徳川綱吉」（北島正元編『徳川将軍列伝』、秋田書房、一九七四年）一七二～一七六頁。

(27)『浮世物語』（注19）三二三～三二四頁。

(28)『正宝事録』第一巻（注24）六六二号（二三〇～二三二頁）、六八一号（二四〇頁）、六九一号（二四三頁）。『徳川実紀』第五篇（注23）天和二年十一月十一日条（四六五頁）。

(29)「安宅丸」については『正宝事録』第一巻（注24）六四四号（二二五頁）。屋形船については『正宝事録』第一巻（注24）六八三号（二四〇頁）。鷹匠の道具については『江戸町触集成』第二巻（近世史料研究会編、塙書房、一九九四年）二四〇九号（一二二頁）。

(30)賭け事と大名の荷物については『正宝事録』（注24）六九二、六九三号（二四三頁）。駕籠については六二〇、六二一号（二一二～二一三頁）。

(31)第八章で検討している。

(32)『徳川実紀』第五篇（注23）延宝八年閏八月条（三七九頁）。『正宝事録』（注24）六九七号（二四五頁）。石井良助編『御当家令条』（『近世法制史料叢書』第二巻、創文社、一九八一年再版）四七五、四七七号（二四一頁）。後者の法令において大目付がその責任を負っていることから、大名にも適用されたことが窺える。

(33)『正宝事録』第一巻（注24）六八九号（二四二頁）。『徳川実紀』第五篇（注23）貞享二年十一月七日条（五五八頁）。

(34)生類憐みの令について詳細に研究し、成果を多くの著書や論文に公表してきた塚本学でさえ、これを偏執狂的と称していて、他の歴史家に至ってはその傾向がさらに強くなる。

(35)『正宝事録』第一巻（注24）七〇四号（二五〇頁）。『江戸町触集成』（注29）二四七七号（一四〇頁）。

(36)『正宝事録』第一巻（注24）七一四号（二五四頁）。

(37)同右、七一五号（二五四頁）。

(38)塚本学「聖君としての犬公方」（『歴史と人物』七月号、中央公論社、一九八〇年）六八頁。

(39)『徳川実紀』第五篇（注23）貞享四年二月二十四日条（五九五頁）。

(40)『正宝事録』第一巻（注24）七二六号（二五七～二五八頁）。

(41)法令の数について、詳細はB. M. Bodart-Bailey, "The Laws of Compassion", *Monumenta Nipponica*, 40:2, (Summer 1985), p.171.

(42)『御当家令条』（注32）四九九号（二四六頁）、五一一号（二四八頁）など。

(43)同右、五〇八号（二四八頁）。

(44)新井『折りたく柴の記』（注11）二三九頁。

(45)塚本前掲書（注9）二〇七、二三一頁（注二八）。

(46)『憲廟実録』（国立国会図書館古典籍史料室所蔵）。徳富猪一郎『近世日本国民史』第十七巻（元禄時代、上巻、政治篇、民友社、一九三六年）二四〇頁にも引用されている。

(47)『徳川実紀』第六篇（吉川弘文館、一九七六年）七五二頁。

(48)『憲廟実録』（注46）。栗田元次『江戸時代史』上巻、（近藤出版社、一九七六年）四五〇頁にも引用されている。

(49)『折りたく柴の記』（注11）二三九頁。

(50)『折りたく柴の記』（注11）二四一頁。

(51)大名の私領における生類憐みの令の施行については、塚本前掲書（注14）二〇七頁。Bodart—Bailey前掲書（注41）一八二～一八三頁でさらに詳細に論じられている。

(52)塚本前掲書（注14）二〇九頁。石井良助編『御仕置裁許帳』（『近世法制史料叢書』第一巻、創文社、一九八一年再版）六七三～六七六号（二八五～二八六頁）、六七三［訳注…六九五～六九八のいずれかであるべき］～七〇七号（二九五〜二九八頁）。
(53)『御当代記』（注13）一三五頁。『御仕置裁許帳』（注52）六九六号（二九五頁）。『徳川実紀』第五篇（注23）貞享四年十月十三日条（六一二頁）。「大和守」については、『徳川実紀』第五篇（注23）貞享四年十月二十一日条（六一四頁）。
(54) 丸山眞男『日本政治思想史研究』（東京大学出版会、一九五二年）一三七頁。
(55)『正宝事録』第一巻（注24）九九四号（三五七頁）。加賀樹芝朗編『元禄下級武士の生活』（雄山閣出版、一九六六年）一六五頁。
(56) 薮田重守『源公実録』（『柳澤史料集成』第一巻、柳沢文庫保存会、一九九三年）一九頁。『柳澤家秘蔵実記』（甲斐叢書刊行会編『甲斐叢書』第三巻、第一書房、一九七四年）五三頁。
(57) *Kaempfer's Japan*（注1）二三二〜二三三、二五八〜二五九頁。
(58) 例えば『御仕置裁許帳』（注52）九三、三七〇頁。石井良助編『元禄御法式』（『近世法制史料叢書』第一巻、創文社、一九八一年再版）四六〇頁。朝日重章『鸚鵡籠中記』第二巻（塚本学編、岩波書店、一九九五年）七六頁。
(59) *Kaempfer's Japan*（注1）二五八〜二五九頁。
(60)『御当代記』（注13）一三七頁。
(61)『正宝事録』第一巻（注24）八三八号（三〇八頁）、八五四号（三一三頁）。地震や火災により相当な被害を受けた場合に、税は一時的に免除された。（『正宝事録』第一巻（注51）一〇一四号（三六一頁）。
(62) 塚本前掲書（注9）二一二〜二一四、二三二頁（注三八）。『徳川実紀』第六篇（注47）元禄八年六月一日条（二三一頁）二四八頁。
(63) 塚本前掲書（注9）二一四〜二一六頁。
(64)『鸚鵡籠中記』第一巻（塚本学編、岩波書店、一九九五年）元禄十年六月二十六日条（一九五頁）。
(65) 塚本前掲書（注14）二一八頁。
(66)『正宝事録』第一巻（注24）九三三号（三三七頁）。

第十二章　四十七人の義士

日本史上、全員ではないにしても、日本人の大半が聞いたことのある事件が存在する。それは雪の降る夜、死んだ主君の仇を討とうと、忠実な義士四十七名が仇敵の屋敷に討ち入り、殺害したことで自害を命じられたという物語である。この事件についての知識は、歴史書よりはむしろ芝居や映画、あるいはこの話を題材とする数多くの小説から得られていることが多い。

終わることのない物語

この劇的な事件が持つ可能性に、演劇界は早くも気づいていた。最初の舞台上演は、元禄十六年（一七〇三）の春、義士が幕府の命によって切腹してから僅か十六日後のことであった。舞台の筋書きは別の時代に設定されていたが、作品が最近の「あの出来事」を表していることにすぐ気づいた幕府によって、芝居はたった三日間上演されただけで中止された。しかし、演劇界はこれにひるむことなく、残る徳川時代百六十年余の間に百二十以上の戯曲が、このテーマで書かれて上演されたのである。

その中で当時、そして今日でも、最もよく知られているのが、『仮名手本忠臣蔵』というタイトルで寛延元年（一七四八）夏に初演された戯曲であり、竹田出雲（一六九一～一七五六）、三好松洛（一六九六～？）、並木宗輔（一六九五～一七五一）によって書かれたものである。初めに大坂で人形浄瑠璃として上演されたあと、すぐに江戸へ移動し、歌舞伎の演目の一つとなった。[1] 演出的な効果を狙って、さらに義理と人情の板挟みに葛藤する人々の逸話が盛り込まれ、愛と死のテーマを巧みに芝居に折り交ぜた『仮名手本忠臣蔵』は、二百五十年以上にわたって多くの聴衆を魅了してきた。二〇〇二年に行われた第二百三十一回歌舞伎公演のプログラムの中の英語による解説には、"the play has been performanced constantly and is considered a sare recipe for full-houses."（この演目は絶えず上演され、大入りにするための確実な手段と見なされている）と記されている。[2]

『仮名手本忠臣蔵』の影響は相当なもので、以来、このタイトルに用いられた「忠臣蔵」という言葉によって、この歴史上の一事件は表現されている。日本に映画が導入されると、映画制作者たちはこの人気のある話に魅了され、一九一〇年以降、これを題材とする映画が四十本以上も上映されている。テレビが一九六〇年代の日本に普及すると、制作映画の内の十五本ほどが放送された。加えて、「忠臣蔵」をテーマとする小説が過去百年の間に八十三点ほど出版され、それらの多くが当初は新聞に連載されていた。[3] しかもこの数字は、例えば役者がすべて女性である宝塚歌劇団の舞台のような、それほど伝統的ではないが人気がある舞台作品、テレビ番組などを含んでいない。初期の浮世絵ブームや、今日の公共交通機関の中の広告に至るまでの、様々な視覚表現についても忘れてはならない。公共交通機関の広告は、退屈な利用客の目を捉え、義士の手柄を思う気持ちを絶えず再燃させるのである。時に、例えば見立て絵に見られるような、この主題を馬鹿にしたように描いたものもあった。そこでは、戯曲の中の最も有名ないくつかの場面が吉原遊郭に設定され、中心となる役が、義士ではなく上品な遊女たちとして演じられた[4]。これらの場面は、劇の中の最も悲劇的な瞬間を軽視するものであるが、その一方で持続性も示している。

歴史研究と記念

歴史家は言うまでもなく、この出来事に関連する文書を探し出すことに熱心であり、このテーマで綿密な研究をしようと思う者には、ゆうに三百を超える検討すべき「史料」がある。それらは、義士自身が書いた手紙や同時代の目撃談から、江戸時代後期になされた、この出来事をめぐる議論に至るまで幅広い。江戸時代後期になると、その出来事に関して芽生えつつあった伝承によって、見解や憶測が著しく歪められていった。実話と作り話が曖昧になった――あるいはむしろ、作り話が実話と見なされた――良い例が、若い時に会った回国僧の語った話をもとに、この出来事について記述したという本居宣長である。これは、大石内蔵助の手紙などの一次史料に基づくとされてきたが、フェデリコ・マルコンとヘンリー・D・スミスの説明によると、そこには、もともとの言い伝えから必ずしもそうとは言えないものまで、様々なものが含まれていた[5]。

今日では、一次史料の大半が全十一巻からなる史料集に収められて出版されている。しかし、この出来事と何らかの関わりを持つ家系に代々伝わるという文書の存在が、依然として明るみに出続けていて、それらはその当時に書かれたものと主張される[6]。このテーマについての歴史家の成果も同様に多作であり、「このテーマに生涯関心を持ち続けている」が、専門の歴史家ではない人々によって生み出された書物も相当数ある。[7] 政治的・社会的パラダイムが大きく変化したことを考えるならば、衰えることのない忠臣蔵ブームは確かに奇妙な現象であり、それ自体が最近、一冊の本になるほどの研究対象となっている。[8]

英語による研究においては長い間、歴史上の出来事よりも舞台芸能に重点が置かれてきた。この状況は、三百周年記念の折に雑誌『*Monumenta Nipponica*』において、一流の学者たちによる一連の論文が公表されたのを機に改善された。それらの論文においては、事件そのものについても、またそこから生み出された文学作品についても、徹底的に論じられている。[9] そこで私は、主として、綱吉の治世を理解する上で関連のある側面にのみ着目する。

この事件を記念する行事は、毎年、義士と不運な主君の本拠地である赤穂城（現在の兵庫県赤穂市）と、仇討ちが行われた東京の双方で執り行われている。東京では、中央義士会の会員が夜明け前に、義士が討ち入った屋敷がかつて建っていた場所（現在のＪＲ両国駅近くの本郷松坂町公園）に集い、当時義士が行ったように、品川の泉岳寺を目指して十キロの道のりを行進する。泉岳寺は、義士たちが敵の首を主君の墓の上に置いた場所であり、また彼らの遺灰を納めた墓地でもある。寺では、記念行事が実際の日より一日前に行われる。入口の門の所で線香が声高に売られ、墓地にはその線香の煙が厚く立ち込めている。最も賑わう時間帯には、拝観者は一列に並び、義士とその主君の墓地にたどり着いて拝むまでに、一時間以上待つことも覚悟しなくてはならない。義士の子孫は記念行事に参加することを強く求められ、四十八人目の子孫においても同様である。四十八人目の義士は、養子縁組の提案を受け入れるよう強要されたのを苦に、討ち入りが行われる前に自害してしまい、仇討ちに参加することができなかった。討ち入りは西暦一七〇三年二月一日のことであったが、和暦では十二月十五日に相当することから、記念行事は今日、十二月十五日に執り行われている。ある程度の真正さを持って毎年その場面を再構成しようと試みる人々の意図が、西暦と和暦の違いに妨げられることはない。

この事件の重要性が依然として失われていないことは、一九九〇年代の赤穂で生じた、市長と、義士のリーダー大石内蔵助を祀った神社の神主との間のにらみ合いに、最も良く表れているのかもしれない。歴史家の八木哲浩が赤穂市の刊行物の中で、幕府に自首しなかった四十七人目の義士を赤穂義士に含めていいのかを問題にしたところ、神社とその後援者から激しく拒絶された。二十一世紀に入ってからも行き詰った状態が続いている。[10]

四十七人の義士の行いが、今日でさえ、日本文化の真髄と、極めて重んじられた伝統的な武士の精神とを反映するとして賛美されることから、このイメージに疑義を挟むような著述は、大多数の人々の反発を招く可能性がある。そして歴史家は、この理想化されたイメージに逆行するような文書記録を強調しないようにした。[11] これらをよく考慮するならば——何人かの観察者が当時やっていたように——次のように結論づけたくなるであろう。つまり、この事件は、武士を美化するというよりは、武士の伝統の衰退について雄弁に語っていると。悪魔の擁護者となる覚悟で、私は以下で、これらの点についていくつか述べることにする。

歴史上の出来事

元禄十四年（一七〇一）三月十四日に、勅使が江戸城において、京都より到着してから三日目の歓待を受けていた。留守居番であった梶川頼照（与惣兵衛）は、御台所からの贈り物を勅使のもとへ運ぶ役割を委ねられていた。頼照の記録は、我々にその出来事について語ってくれる。儀式を取り仕切っていたのは六十歳の吉良上野介義央（一六四一～一七〇二）であり、贈り物の献上が予定より早く行われると頼照に伝言していた。これらの予定について確認するため、頼輝は吉良を捜しながら、大廊下――襖の絵柄から「松の大廊下」として知られている――を進んで行った。[12] 吉良が見つからなかったため、頼輝は、勅使接待役の浅野内匠頭長矩（一六六七～一七〇一）を呼ぶよう頼んだ。二人はいつもの挨拶を交わし、互いに協力し合うことを確認した上で、浅野は自分の席に戻った。そこへ吉良が現れたので、頼輝は儀式のタイミングを確認するために近づいた。二人が立ったまま話し合っていると、浅野が突然、「此間の遺恨覚えたるか」と叫びながら、背後より吉良に斬りかかったのである。驚いた吉良は振り返り、逃げようとしたが、浅野に再び斬りかかられ、倒された。この時点で頼輝は、浅野を取り押さえることができた。その後、浅野は連れ出されたが、その際に、時期と場所は不適切であったが、幾日もの間、吉良に対して恨みを抱いていたので、刃傷に及ばなくてはならなかったと、大声で叫んでいた。[13] その日の晩に浅野は幕府から切腹を命じられた。流血によって大廊下が汚されたため、勅使を迎えての儀式は城中の別の部屋へと移された。[14]

これが、同時代の記録を見る限りで我々に伝えられる、十八ヵ月後に浅野長矩の家臣四十七名の行ったことのきっかけとなった出来事である。その後、彼らは、真夜中に吉良義央の屋敷を襲撃し、義央の首を切り落として、泉岳寺にある浅野の墓の上に置いたのである。家臣のうち四十六名は幕府に自首し、二ヵ月ほどあとに自害を命じられた。[15]

反応

東山天皇は、浅野が吉良を襲ったことについて、江戸の武士は不作法な輩だという自身の認識が確かめられた限りにおいて、いくらか満足感を得たようであった。しかし朝廷も、浅野を早急に処罰した綱吉を称えた。この事件は、朝廷に対する不敬を意味したからである。勅使を迎え入れる際の神聖は儀式に細心の注意を払った綱吉にとって、このような出来事は大いに苦痛の種となったに違いない。[16] 幕府にとっては、単に一人の家臣が襲われたからというよりは、儀式の空間が血で汚されたがゆえに、浅野は罪なのであった。[17]

「民衆の」反応は、少なくとも最終的に仇を討ったところに関しては、かなり違っていたと一般に言われている。人々は熱狂的な議論を展開し、忠実な家臣たちの行動が江戸の人々の間で広く支持されたというのである。その一方で、当時の政治体制下では、そのような公共の場での議論は不可能であったこと、さらには、同時代の史料からはこのような解釈を導き出せないということが指摘されている。朝日重章の日記『鸚鵡籠中記』には、浅野長矩の襲撃とそれに続く死、赤穂城の差し押さえ、吉良の存命が認められたことに対する家臣たちの抗議、十八ヵ月ほどあとの吉良邸への襲撃が、批評を加えることなく記されている。しかし、家臣四十六名の死や、その問題をめぐって行われているはずの議論については全く述べられていない。重章の友人であり師でもある天野信景（さだかげ）（一六六三〜一七三三）の著書『塩尻』には、家臣たちの死についてはもちろんのこと、彼らの仇討ちについてすら述べられていないのである。両者とも名古屋に居住していたが、江戸から入ってくる重大事件の情報や噂話は、彼らの作品の中に忠実に反映されたはずである。[18]

新井白石は、自分の若い時期に起こった「血の復讐」の計画は、後世のために記録するに値すると考えていたのであったが、浅野の襲撃と死については、日記の中で簡単に触れているだけである。家臣たちの仇討ちについても同様であり、その日に起きた最も重要な出来事にすらなっていない。四十六士の運命をめぐる議論が、当時の民衆や学者の間で高まったはずであったが、白石はそれについて述べずに、代わりに、加増された自分の俸禄の支払いをめぐって展開された論争について、詳しく説明することに時間をかけている。義士たちの死についても、日記の中で簡単に触れているだけである。

戸田茂睡の日記においても、これらの出来事については同じように淡々と事実だけが述べられている。仇討ちが行われる前に記述は終わっているが、浅野が襲撃した時期のことは扱われている。茂睡は、堀田正俊の悪行については言いたいことがたくさんあり、貞享元年（一六八四）に江戸城内で若年寄稲葉正休によって殺害されたことを正当化したのであるが、のちに吉良に帰せられた悪行については、いかなることも全く述べていないのであり、これは注目すべきことである。[19]右に挙げた『鸚鵡籠中記』、『塩尻』、『新井白石日記』には、吉良への批判は一切書かれていない。吉良への中傷は大方、四十七士に好意的な者たちにより創作されたもののようである。吉良が貪欲で悪意に満ちていることが、この物語を、違法な暴力の話から武士の美徳のそれへと転換するためには不可欠なのであった。絶えず金を生み出させ、さらには国の神話へと転換させるためには、道徳の力が不可欠であった。おまけに、浅野長矩について記録されている異常なほどの女好きも、この物語の悪役のものとされたのである。

浅野長矩

浅野長矩の極度の女好きは『土芥寇讎記』に記されている。綱吉の下で、この事件が起こるより前の時期に実施された、大名の素行や生活の調査記録である。そこでは浅野の聡明さが認められ、領内での違反行為に対して厳罰をもって対処していることが賞賛の言葉と共に記されているが、その一方で浅野の性的不品行を嘆く記述も見られる。魅力的な女性を見つけてくることで、主君にへつらい、その悪癖に付け込むような悪しき家臣たちは昇進し、多くの褒美が与えられたという。自身の快楽を追求することだけに関心があり、若い時分から藩政を喜んで家臣たちに委ねていたとのことである。[20]

浅野長矩は、延宝三年（一六七五）に父親の早世を受けて、八歳で赤穂藩五万三千五百石と赤穂城を継いだ。[21] 一族は、慶安五年（一六五二）から万治三年（一六六〇）まで藩に登用されていた、儒学者山鹿素行（一六二二～一六八五）と深い結びつきがあった。浅野が生まれる一年前に素行は赤穂に戻ったが、この時は追放の身であった。延宝三年までには赦免されて江戸へ帰って行った。それでも交流は途絶えなかった。素行が亡くなる一年前の貞享元年（一六八四）に、十七歳の長矩と、十四歳の弟長広は、誓いを立てて素行の軍学の門下に入った。[22]

平和時において武士は「任務に献身し高度な模範を示すべき」であり、またすべての行いにおいて、他階層の人々が倣うべき道徳的生活の手本とならなくてはならないというのが、素行の基本的な教えであった。[23] このような道徳的に高度な原則が、赤穂の武士の間に広く浸透し、主君のために生命を捧げるよう説得する際に役立ったと考えられている。しかしながら、浅野長矩にはほとんど影響しなかったようである。なぜなら浅野は、国にとって重要な儀式が執り行われようとしていた広間の近くで吉良を襲撃した時、自分の家系の評判も、家族と家臣の命運も、全く気にかけなかったからである。

儀式の場での流血沙汰が幕府から重罰に処せられることを、浅野が知らないはずはなかった。叔父の内藤和泉守忠勝が二十年ほど前に、増上寺の境内で第四代将軍家綱の法会が営まれていた最中に同僚の大名を殺害した時、生命と所領を犠牲にしていたのである。その際にも同じように、以前の出来事の恨みを晴らすための不意討ちであったと叫んでいたという。[24] また浅野は、幕府の名代として備中の松山城を押収した際に、住居と登用を失った家臣たちの苦難を直接目の当たりにしたはずである。この出来事からは、まだ十年も経っていなかった。[25] 加えて浅野は、素行に弟子入りして武芸の手ほどきを受けたにもかかわらず、吉良を襲撃した際に、武士道精神および武術の欠如を明白に露呈した。同時代の学者佐藤直方(一六五〇〜一七一九)が指摘するように、話し合いに集中している人を背後から襲って殺すことに成功しなかったということは、「無勇無才」なことを示しているのである。吉良を殺害したかったのであれば、せめて公式の任務を完了したあとにすべきであった。[26] 浅野は首の斬り方を堀田正俊の暗殺者稲葉正休から習うべきであったと、浅野の武術の未熟さをからかうような落首も作られている。[27]

浅野が吉良に斬りかかった事件の本質は、浅野が自害を命じられたのに対し、吉良はお咎めもなく生きていることが知られるや否や、問題の争点となった。武士同士の喧嘩ならば成敗が双方に及ぶのが慣例であったが、幕府はこの事件をそのようには捉えず、片方の大名の不始末と見なしたのである。浅野は大名であること、武士としての名誉を失ったに等しかった。浅野の家臣たちは即座に抗議し、吉良が処罰されない限り赤穂城を明け渡すつもりはないとまで言い出した。[28] 最終的に彼らは大人しく城を明け渡したが、このことが原因で仇討ちの挙に出ることとなった。赤穂義士は、主君の名誉を回復するために生命を犠牲にしたとして称えられるが、文書記録を調査する限り、彼らの行動が一般的に言われているほど無欲なものであったのかは疑問である。

『土芥寇讎記』によると、浅野には文武どちらの能力もなかった。そして、主君の幼少期に忠告を怠った家臣たちに、不忠実との烙印を押した。家臣の筆頭に挙げられるのが、のちに赤穂義士のリーダーとして大いに崇拝されることになる、大石内蔵助であった。[29] 浅野の分別を欠いた言動や文武の教養のなさの責任が、大方その家臣たちにあることはほとんど疑う余地もない。浅野は八歳の時に父親を亡くしたが、家臣たちは幼い主君に武芸を仕込み、責任感あるリーダーになるよう教育を施すことに失敗したのである。おそらく彼が成長した時に、自分たちの権限を手放したくなかったからであろう。さらに、家臣たちも慎重さを欠いていたため、どんな代価を払ってでも、国の一大事に彼らの主君が自らの任務を確実に正しく理解するようにしなくてはならなかったのであるが、それを怠った。赤穂義士の手紙が、吉良への仇討ちは彼ら自身の名誉を回復するために必要であったと述べる時、[30] このような主張は、主君の分別を欠いた言動に対して彼ら自身が負っていた責任という観点から解釈されなくてはならない。二人の間に争いのあったことを吉良が否定したため、浅野の行動は一方的な暴力となった。[31] 浅野の襲撃が、武士の言動として許容できる範囲内での失態として釈明されない限り、家臣たち自身が任務を怠ったことは明らかであった。

武士の仇討ちは、負傷した側によって行われるのが慣例であり、加害者の側ではない。[32] しかし、ここでは逆になっている。浅野が負傷した側に、そして吉良が処罰されるべき悪役にならなくてはならなかった。まずは浅野、次いで赤穂の家臣たちを罪から解放するためである。ところが史料からは、このような吉良のイメージを裏づけることはできないのである。

吉良上野介義央

吉良義央は、全く汚点がないということはないかもしれないが、四十年ほどにわたって立派に幕府に奉仕し、儀式を取り仕切ってきた。任務を遂行している最中に襲撃し、最終的に、彼を守ろうとした十六名の家臣と共に暗殺することが十分に正当化されるほど、吉良が悪人であったことを示す同時代の証拠は著しく欠けている。

吉良家は高家に属していた。高家は徳川時代の初めより、幕府の儀式や典礼を司ってきた。清和源氏足利氏流に連なる輝かしい家系であり、また初期の三河徳川家とも遠い姻戚関係にあったことにより、吉良家は儀礼に際しての地位が高く、代々朝廷や主要な寺社で将軍の名代としての役割を果たしてきた。しかし禄高は低く、吉良の場合はわずか四千二百石であった[33]。

吉良は早くから有望視された。わずか二十二歳の時に、まだ家督を継承していない段階であったが、重要な任務を託され、第四代将軍家綱の名代として霊元天皇即位の祝賀のために上洛している。この任務を無事に完了した折、将軍より温かく迎えられ、従四位上に昇進した[34]。さらに翌年、吉良の義兄上杉綱勝が嗣子なくして早世した時、吉良の一歳の息子がその後継者に擁立されている[35]。この出来事からも、家綱の寵愛を受けていたことが窺える。幼い息子を擁立するために吉良が義兄を毒殺したという話は、当時の高い幼児死亡率から考えて、信憑性に欠ける（子供が成長するのを待ってから毒殺したという方が自然である）だけでなく、それを裏づけるような文書が存在しないことからも、のちに吉良を悪人に仕立て上げるために書かれたものに違いない。幕府が吉良を大事に思っていたことは確かであり、延宝六年（一六七八）には、吉良の息子上杉綱憲に、綱吉の義理の息子で紀伊家の後継者であった徳川綱教の妹との結婚が認められている。[36] 吉良がのちの史料に表れるような賄賂を貪る悪漢であったならば、将軍家との結びつきが許されるはずはないであろう。綱吉が就任して間もなく、吉良は昇進を遂げた。[37] そして多くの者が失敗する中、吉良はその後二十年にわたって、この要求の厳しい将軍に仕え、満足のいく働きをしたのである。

吉良を、飽くことなく貪欲で賄賂を貪る悪者にすることが、浅野の暴力を正当化する理由の確立におそらく不可欠であったがために、歴史家はそのことを疑問視してこなかったのであり、詳細な調査を行っている徳富猪一郎でさえ、吉良については「深く穿鑿する迄もなく」賄賂を貪るということができると考えているのである。[38] 徳富は、賄賂は当時においては普通のことであり、組織化されていたと指摘しつつも、吉良がそのようなことで報酬を得ようとするのは、やはり良くないと見なしているのである。[39]

贈り物の献上は、徳川時代の儀式において重要な部分を占め、社会のあらゆる階層で行われた。官位を容易に授けてもらえるよう、将軍やその一族が天皇に贈り物を届けたり、より良い条件で交易が行えるようオランダ人が異国の珍しい贈り物を差し出したりといったことから、出世できるよう見習い通詞が袖の下を握らせるといったことまで、様々な形態があった。[40] それは日本文化の中の、今日においてもそうであるように、与えられた、または期待されるサービスに対する支払いの一形態であり、報酬の体系が公式に定まっていないような場合に用いられたのであった。そこでは贈り物と賄賂の境界が微妙なものとなる。また、『神田記』の記録が示すように、贈り物の出費が腹立たしい場合もあったであろうが、十七世紀末の日本では、贈り物の贈与が社会的交流に欠かせない要素であり、このような枠内で役人が期待した贈り物を賄賂と呼ぶのは恣意的であろう。[41] このような慣習に照らし合わせた場合にのみ、浅野長矩が吉良義央に贈り物を届けたと考えることができる。重要な儀式に際しての知識を授けてもらおうと、浅野は自分の禄高の十分の一以下であった吉良に贈り物をしたということになる。吉良の側も、独占していた重要な儀式に関する知識を、十分でない収入を上げるために、どのように生かすべきかをよく心得ていたことは間違いなく、そのために評判が悪く、貪欲と思われることもあったであろう。浅野の行動が、吉良に帰せられた様々な悪行を理由に正当化されていた時に、同時代の佐藤直方は早くもそのことを指摘していたが、吉良に対するこのような見方が、事実から裏づけられるのかという疑問は依然として残る。[42] 賄賂を要求するという吉良を非難する記述が最初に表れたのは、『義人録』においてであった。そのタイトルからして、著者の室鳩巣が赤穂の家臣たちによる仇討ちを支持したことが窺える。さらには、吉良を襲撃した浅野の正当性を高めるために、吉良が浅野を「田舎大名」と侮辱したという作り話が挿入されている。尾藤正英が指摘するように、鳩巣の著作は「間違いだらけ」であり、おそらく鳩巣の入手できた情報が、すでにそのような架空の要素を含んでいたからであろう。[43]

吉良の殺害を褒め称えるということは、法破りの行為を称賛することを意味する。それゆえに吉良を悪者にするということが、そのような違法な行動を、さらに良くない事態によって引き起こされたものとして正当化するために、必要なのであった。もし吉良が、一般に容認された基準を超えるほどの利益を搾取していたのであれば、将軍の名代として重要な任務を繰り返し委ねられていたということは考えにくくなる。むしろ、綱吉の下で多くの役人が経験したように、譴責され職を解かれたはずである。吉良の悪行を伝える文書の大半は、その典拠が疑わしい。普段は一次史料を突きとめていく徳富でさえ、吉良の悪行を説明するための史料として、『徳川実紀』以上のものを見出していない。[44] 別の歴史家が指摘するように、これらの説明は、単に『徳川実紀』の編纂者によって、この出来事から優に一世紀が経過したあとになされたものであり、歴史的根拠を欠いているのである。[45]

論争

歴史家の田原嗣郎は、元禄十六年(一七〇三)から天保十年(一八三九)までの間に、四十七士の仇討ちの妥当性をめぐって論争した学者のリストを作成している。リストに挙がった二十二名のうち、多数派の十五名が赤穂浪士を称えていた。[46] しかしながら、荻生徂徠や太宰春台による批判的な文章が一時的に彼らの全集から外されたようであり、[47] このことから、後世に残らなかった批判的な文書が、ほかにあとどのくらいあるのかを考えなくてはならないであろう。

赤穂浪士を痛烈に批判したのが、山崎闇斎の門下で崎門学を学んだ、同時代の儒学者佐藤直方であった。儒者の中にこの出来事を支持する者がいるのに啞然とし、早くも宝永二年(一七〇五)に、自身の批判を「四十六人之筆記」というタイトルの文章で展開した。死後に門人の稲葉黙斎が、直方の書いたものを『韞蔵録』にまとめて出版した際に、「四十六人之筆記」は含まれなかった。しかし直方は、同じような見解を、ほかの二人の崎門学の権威、三宅尚斎(一六六二〜一七四一)と浅見絅斎(一六五二〜一七一一)との論争においても表明している。ここで直方が展開した赤穂浪士批判では、彼らを大いに賞賛する三宅と浅見の見解と突き合わせた上で反論が加えられている。おそらくこれにより、刊行されても問題とならなかったのであろう[48]。

佐藤直方にとって、浅野が吉良を襲撃したことは重大な違法行為であり、それゆえに浅野は幕府によって処罰されたのであった。浅野を死に追いやったのは、私的な敵対者ではなく幕府なのであるから、そこに復讐すべきことは何もなかったはずである。四十七士が吉良邸に仕掛けた夜襲もまた、徒党を組んでの討ち入りという犯罪行為であり、幕令に違反するものであった。彼らは故意に法に違反したのであり、そうであるならば、直方の論によると、彼らが犯罪の完了を、次なる指示を待っていますというメッセージを添えて幕府に知らせるということは馬鹿げたことである。このことから直方は、浪士たちが吉良邸を襲撃したのは、亡き主君の仇討ちのためではなく、この忠義な行為が賞賛と敬服を呼び起こし、彼らは赦免され、どこかで再登用されるのではと期待したからであると考えた。もし彼らに生きるつもりがなかったのならば、なぜ仇討ちが完了した時点ですぐに切腹しなかったのであろうか[49]。歴史家たちはこの問いに答えられずにいて、多くの場合、この行動には何か奥の深い底知れぬ意味があると説明される。

直方のような見解は一般的ではなかった。この時代で最も人口密度が高く最大の都市であった江戸においては、無差別の暴力を法の力によって防ぐことが不可欠であったことに異論はないはずであるが、直方は、そのような原則を掲げて幕府側を支持する、了見の狭い法律尊重主義者と批判されるのである。直方は同時代の観察者として、この一件を理想主義的な道徳原則を通してではなく、「客観的証拠」により判断するよう訴えたのであったが、今日においてもなお、「実務的で道徳観念のない合理主義」、「奇想天外で日常生活からかけ離れている」などと批判されている。[50] 綱吉に対する見方と同様に、この人間ドラマの役者も、文学作品においてだけでなく歴史家によっても、悪人と聖人とに分けられてきた。この分け方に反するような史料はすべて信頼できないとして排除されるか、あるいは、それが無理な場合は、浪士たちの行動が、より高度な、そしてしばしば謎めいた道徳原則によって突き動かされたものであったとして、正当化されるのである。

浅野のかつての放縦な振る舞いや、彼を教育した家臣たちへの批判など、『土芥寇讎記』に綴られた内容は偽作として除外されている。その一方で、大名の性格や藩政の評価と一緒に記した大名の石高を示す数値は信頼できると見なされ、歴史家によって幅広く利用されてきた。[51] 重要なのは、『土芥寇讎記』が書かれたのはこの事件の前であり、浅野だけを際立たせる意図はないということである。反対に、幕府の責任ある地位で四十年にわたって仕えたという吉良についての報告は、この事件についての議論の中で全く重視されていない。幕府の役人たちは、これが、吉良が彼らに確信させたように、挑発によるものではない一方的な襲撃であったのか、あるいは伝統的に双方が成敗された「喧嘩」であったのかを、決めなくてはならなかった。彼らにとって、吉良についてのそのような情報はある意味重要であったはずであり、歴史家によって軽視されてはならないのである。

大石内蔵助の当初の優先事項は襲撃ではなく、長矩の弟である長広に赤穂藩を継承させて、浅野家を再興することであった。この事実からも、佐藤直方のような同時代人の打ち出した見解が説明される。この目的のため、大石は繰り返し幕閣に対して嘆願書を送っていた。自藩の浅野家ゆかりの寺の住職に口利きしてもらい、将軍に近いと言われていた僧侶隆光に執り成しを依頼したこともあった。[52]

長広は、兄が切腹を命じられた際に江戸で蟄居させられた。一年以上あとの元禄十五年（一七〇二）七月十八日にこの命令は解かれたが、代わって、広島の浅野家宗家の当主松平綱長のもとにお預けとなった。[53] このことは、長広に兄の後継として藩を継がせる意図が、幕府には全くなかったことを示している。大石が関西にいた十九名の同志を、京都の円山で開催されて大いに盛り上がった会議に呼び寄せ、仇討ちの決定を告げたのは、この新たな命令が下ってから十日後の元禄十五年七月二十八日のことであった。[54] 浅野長広の下で御家再興に成功したならば、家臣に登用を創出したであろうが、吉良への仇討ちは不可能となったであろう。大石はこの矛盾を、家臣たちの名誉を守る別の形として、浅野家再興を宣言することによって説明しようとしたと言われている。[55]

浅野長矩の死から吉良殺害までに一年半ほどが経過していることから、佐藤直方のような同時代の観察者は、この仇討ちが果たして家臣たちにとってそれほど優先すべきことだったのかとも思ったであろう。藩の改易に伴い、仕官先を失った赤穂義士が、リーダーの大石内蔵助を筆頭にふしだらな生活を送るようになったことで知られ、若い妾と暮らすために妻子のもとを離れたことに、直方は気づいていたであろう。のちにこの行状は、吉良を欺くためであったと説明されるようになった。赤穂義士が復讐を諦めたと信じ込ませ、防備を弱めさせるよう、吉良を騙すのに必要であったという。真夜中の急襲に備えた入念な準備は高く評価されてきた。吉良の側近が客人をもてなすのに疲れ果て、また近づく一団の足音が雪で消されていたような時である。しかし、同時代人の中に、佐藤直方やのちの太宰春台のように、そのように策略を練ることは武士に相応しくないと思った者がいたことは間違いない。[56]

あくまで吉良は、旗本の身分である。討ち入りの際に、吉良の家臣は十六名が殺害されたのに対して、襲撃した側はわずか四名が負傷しただけであり、さらにそのあとで、泉岳寺へ向けて十キロほどの道のりを行進するのに支障のないくらいの軽傷であった。この事実は、不公平な戦いであったことを物語る。吉良邸の家臣や従者の間で無実の生命が大量に失われたが、このような事態は、吉良への襲撃が昼間の一般道で、伝統的な武士の恰好をしたわずか数名の者によって威勢よく行われていたならば、回避することができたはずであった。そのように突撃した場合、襲撃した側は直後に斬り捨てられたはずであり、赦免の機会は失われたであろう。

そのような昼間の突撃は、赤穂の家臣たちの武術が武士としてあるべき水準に達していなかったようであることからも、あり得なかったであろう。幕府の告発状には、彼らが「飛道具」を使用したことが明白に述べられている。この言葉は、矢・石弓から小火器に至るまで、幅広い意味に用いられた[57]。史料で使われている「飛」の漢字が間違っていて、鳥の「鳶」でなくてはならないという指摘もある。この場合の「鳶道具」は、多くの挿絵に見られるような、梯子を含む火消の装備品を指すことになる。あるいはまた、薙刀を意味するとも考えられる。義士は通常、薙刀を持った姿で描かれているが、当時の武士の武具としては一般的でなく、江戸時代を通して、主として女性たちが自己防衛のために使用したものであった[58]。赤穂城内の赤穂市立歴史博物館には、義士が討ち入りの際に使用したという薙刀が展示されている。そこに添えられた説明によると、日本の武士の伝統的な剣術である二刀流が身についていなかったため、これらの武具が選ばれたのであった。宮本武蔵が『五輪書』の中で、武士は重い刀をそれぞれの手に一本ずつ持って巧みに操れるようになるまで、訓練しなくてはならないと説いてから六十年ほどが経過していた。武蔵の主張によると、薙刀や斧槍は戦場で用いられるべき武器であり、限られた空間で使用するのは不適切であった[59]。赤穂義士の行動が、武蔵の支持を得られるものであったのかは疑わしい。

最後に考慮されなくてはならないのは、佐藤直方が二十年ほどにわたって、忠義・忠誠を社会に向けて強調した、綱吉の治世を経験したということである。同時代の人々と同様に直方も、時に綱吉が役人の決定を覆し、この理想にとりわけ合致するような生き方をしたと思われる人々に、過剰なほどの賞賛と褒美を与えることがあるということを知っていた。赤穂義士が自害するのではなく、綱吉から同様の賞賛が得られることを期待して幕府に自首したという推論は、当時にあっては全く考えられないことではないのである[60]。

これらのことを考慮するならば、今日の歴史家たちが、単に直方が、後世に出てきた、討ち入った側を英雄と見なす考え方ではなく、当時知覚したことによって動かされたという理由から直方のような賢明で教養ある観察者の見解を「奇想天外で日常生活からかけ離れている」と非難することは理に適っていない。

評定

佐藤直方が提唱したように、四十六士が幕府に自首した際に、彼らの忠誠心あふれる行動が綱吉に認めてもらえるのでは、という期待を幾分抱いていたというのであれば、それ自体全くの見当違いではない。浅野長矩への処罰命令が数時間の内に出されたのに対して、家臣たちの場合にはそのような迅速な決定が下されることはなかった。討ち入りが実行に移されたのは元禄十五年十二月十五日未明であったことから、新年の祝賀とその準備のため、協議に入るのがさらに遅れたのであり、この件に関して決定を下す必要があると、綱吉が考えたほどであった。

ある史料によると、老中は、赤穂義士を非難する派と、彼らの示した忠誠心を称賛する派との間で割れていた。(61) そこでこの件について協議するため、異例にも評定所で会合が開かれた。この会合の終了時に表明された見解は、寺社奉行、江戸町奉行、勘定奉行、大目付の役職にあった十四名のものとして発表された。(62) 綱吉の側用人柳沢吉保や老中ら重臣が、この会合に珍しく欠席していたが、このことはおそらく、彼らの間ではすでに意見が深く割れていて、ほかの役人の純粋な感想が求められたということを意味するのであろう。

評定所の役人たちは、一致した評定に至らなかったか、またはこの扱いにくい問題に関与したくなかったかのいずれかであった。吉良の養子と家臣たちが、主君を救うためのより一層の努力を怠ったと批判した点では、十四名全員が一致していた。しかし、赤穂義士の行動を評定するという肝心な点になると、密かに吉良邸に討ち入ったことを批判しつつ、その忠誠心あふれる行動を称賛したのであった。最終的に彼らは評定の延期を提案し、幕府にすんなり受け入れられた。新年を迎えるための儀式や祝賀が、まさに始まろうとしていたからである。

江戸幕府の儒家である林家の当主であった林信篤の見解も求められた。信篤にとっては、儒教の徳目が統治の理想的なあり方を意味し、中央集権化された政府からの現実的な要請はほとんど問題にならなかった。義士が示したような忠誠心が勝っている限り、政府は何も恐れることはないというのが信篤の主張であった。義士は幕府の法を犯したため、すぐに釈放されないのであれば、赦免の機会が訪れるまで蟄居させることを、信篤は提案した[63]。

信篤の言う忠誠心とは、武士が個人的に仕えている主君に対する忠誠心を意味したのであり、将軍に対するものではなかった。なぜなら浅野の家臣たちは、主君に対する義務を果たすため、幕府の法に背いていたからである。信篤の見解は、武士が第一に果たすべきは直属の上司に対する責務だという、封建社会における優先事項を確認させるものである。それは、王国の隅々まで照らす太陽に自らを例えるような支配者が、共有することのできない見解であった。いくつかの著作によると、綱吉は四十六士に深く共鳴し、彼らを何とか放免しようと模索したのであった。その際に、吉良をお咎めなしにするという当初の決定に彼らが背いたことを、幕府が許したかの印象を与えないようにしたという[64]。綱吉は、彼らの赦免を密かに期待しつつ、公弁法親王に評定を依頼したとも言われているが、親王は沈黙したままであった。

もし綱吉が本当に四十六士の罪を軽くしたいと思ったのであれば、林信篤の助言に従ったはずである。このような方針に則った評定は、第四代将軍家綱の治世に起きた前例によって正当化することができた。この時も、二人の武士の間の喧嘩が、片方の側のみが切腹して処罰される結果となった。それを受けて、切腹させられた側の息子が同じように、真夜中に敵の屋敷を襲撃し、父親の仇討ちを果たしたのであった。裁定を下す任にあった大老井伊直澄は、忠実な息子に好意的な妥協策を示した。息子は夜襲の罰として流罪になったが、六年後に息子が赦免されて大老家に召し抱えられた時、この裁定は、幕府の法の公正さに形式的に従って下されたものであったことが明らかになった[65]。

したがって綱吉は、四十六士の罪を軽減し、最終的に赦免することもできたのであるが、そのような選択をしなかった。綱吉の下した裁定も、井伊直澄が表明したものと同じような妥協策であった。しかし、直澄の裁定とは異なり、武士が国の法から逸脱するという事態を幕府は重大と見なしたのであり、そのことがよく表れていた。浅野の家臣たちは死ななくてはならなかった。彼らが示した忠誠心に正当性を与えるため、切腹することは認められたが、それは大きな譲歩ではなかった。四十六名は武士身分であり、このような罪を犯した武士がこの方法で処罰されるのは普通のことであった[66]。四十六名が一般の罪人と同じ死に方をするのであれば、彼らは武士の身分にすら値しないということになる。これは好ましいことではなかった。忠誠心を大いに強調する綱吉の立場から、彼らの行いはある程度正当に評価される必要があった。しかし綱吉の裁定は、家臣たちの示した主君に対する忠誠心をそれほど評価せず、中央政権の要求を、伝統的な武士の美徳よりも高い位置にはっきりと掲げるものであった。

荻生徂徠の助言

どのようにしてこのような決定に至ったのかについては、論争になっている。側用人柳沢吉保の屋敷で書かれた『柳澤家秘蔵実記』には、吉保が二人の儒学者――志村三左衛門と荻生徂徠――に、この出来事から起こりうる結果について密かに相談したことが記されている。志村は、このような出来事の前例を古典の中に見出すことはできないと確認するにとどまったが、徂徠は詳細に説明する準備ができていた。徂徠は評定所を、この一件の細かな点にとらわれ過ぎて、全般的な問題を見落としていると批判した上で、これを綱吉の政策と関連づけて解釈し、続けた。

聖人の教に候当時忠孝の道は上にて御政務の第一と被レ遊候御儀之処、假にも其趣意にて相目論見候者は、御成敗を盗賊の御取捌とは、さりとは無二御情一儀に候、忠孝を心懸にていたし候もの、盗賊と相成候例に候はゞ不義不忠の心懸之もの、御取捌は如何にて可レ然哉、依レ之異朝の事は先差置、我朝当時の御例を以、御取捌有レ之切腹に被二仰付一候はゞ、彼輩の宿意も相立、如何計世上の示にも相成可レ申儀

柳沢吉保は、この見解を非常に気に入ったようであった。吉保は翌朝、家臣の提唱した賢明な裁定を知らせようと、いつもより早めに綱吉の御前に現れた。そして綱吉は、嬉しそうにそれを受け入れた[67]。赤穂義士に対する裁定が徂徠に基づくものであることを示すさらに別の根拠が、細川家所蔵の文書に見出せる。裁定の背後にある論拠を、より詳細に説明するもので、ここでの議論はすでに、円熟期の徂徠の著作に見られる思想を予感させる。

義は己を潔くするの道にして法は天下の規矩なり。礼を以て心を制し義を以て事を制す、今四十六士其主の為に讐を報ずるは是侍たる者の恥を知るなり。己を潔くする道にして、其事は義なりと雖も、其党に限る事なれば畢竟は私の論なり。其ゆへんのものは元是長矩殿中を不レ憚其罪に処せられしを、又候吉良氏を以て為レ仇、公儀の免許もなきに騒動を企る事、法に於て許さゞる所也、今四十六士の罪を決せしめ、侍の礼を以て切腹に処せらるゝものならば、上杉家[68]の願も空しからずして、彼等が忠義を軽ぜざるの道理、尤公論と云ふべし。若私論を以て公論を害せば、此以後天下の

これは、伝統的な封建的価値である個人の忠誠心に如才なく敬意を表しつつ、法を国全体に一方的に課すことができるという中央政権の権利を巧みに論じている。浅野長矩の家臣たちが吉良を主君の敵と見なしたことは、正しかったのかという問いが依然として残るが、浅野にはない「氏」を吉良に付けることで、吉良の側を有利としている。最後に、切腹を命じられたことによって、家臣たちは武士の流儀でその忠誠心あふれる行動を完結させることができるのだと主張する。四十六士は討ち入りを果たした直後に切腹しなかったのであり、このことを考慮するならば、彼らは忠誠心を貫くことよりも生きることを選んだように思われる。ここに徂徠の皮肉が感じられるかもしれない。

先の引用には、荻生徂徠の才能に基づく巧みな言葉づかいが見られるが、それでもなお、いくつかの部分で、この有名な裁定の著者が本当に徂徠なのかという疑問を歴史家に抱かせている。第一に、徂徠自身の著作の中にこのことが全く述べられていないのである。[70]例えば、年老いた母親を見捨てた農民の一件を徂徠が正しく裁定した際には、柳沢吉保から称賛され、その出来事は徂徠の著作の中に詳細に記録されている。[71]したがって、徂徠がもし、重臣らが成功しなかった中、解決策を見出して綱吉の賞賛を得たのであれば、この件は間違いなく、のちの著作の中で記述されることが想定されるのである。

第二に、『柳沢家秘蔵実記』からの引用文の前段には、評定所が、赤穂義士に一般の罪人と同様の死を宣告したと記されているのである。この議論は審議の一部を構成したが、最終決定ではなく、これでは『柳沢家秘蔵実記』が間違っていると思われる。さらに重要なのは、『柳沢家秘蔵実記』の底本となっている『源公実録』に、この一節が登場しないということである。

この細川家所蔵文書の信頼性も問題である。田原嗣郎は、徂徠が幕府のために思案したことが、どのようにして細川家の所有となったのかを問うている。この文書に日付の記載がないことから、何十年あるいは何世紀にもわたって続くこととなった論争の一環として、単に書かれたものと田原は見ている。この論争に、特に大きな関心を抱いたのは、徂徠の門下生太宰春台であった。[72] 幕府の裁定が公表されたあとで、林信篤も同様にこの決定の背後にある理由を哲学的に考察したのであり、[73] そこで述べられたことが、信篤の当初の見解と異なることから、幕府の裁定を擁護するために書かれたようにも思われる。

入手可能な史料をもとに論拠を特定することができないため、歴史的推論が多少なりとも許されるであろう。『柳沢家秘蔵実記』によると、吉保はこの出来事に関して、お抱えの儒学者たちと密かに協議したのであった。吉保には、前例を古典の中に探し求める時間がほとんどなかったであろうことから、これは大いにあり得ることである。この秘密の会合において、徂徠が吉保にどのような助言を行おうと、最終的な裁定は、新奇な思考を一切含まず、よく知られた幕府の政策を正確に適用させたものに過ぎなかった。当然のことながら、吉保はこの枠内で解決策を見出そうとしたのであろう。徂徠が裁定を練り上げたのであれば、彼は今日の官僚が行う程度のことしかしていないことになる。すなわち、上司から回ってきた問題に、政府の政策を正確に適用させるという技術的な作業である。

再現される過程は比較的単純なものである。吉保は自分の専属スタッフに、その問題の技術的な側面を調査するよう依頼したところ、彼らは吉保が、綱吉の政策の意図を正確に反映すると思うような解決策を見出したのである。それは、綱吉が受け入れることのできる妥協策であった。それ以前の助言が採り入れられなかった理由は、単にそれが幕府の政策を反映するものではなかったからである。徂徠は裁定を練り上げたのかもしれないが、筆者は、従来言われているように、徂徠がそれに影響を与えたとするのは正確ではないと考えている。[74] したがって、徂徠が特別に貢献したわけではないため、そのような徂徠を綱吉が賞賛する必要性は全くなかったのであり、その一方で徂徠の側も、自身の果たした役割を重要なものとは思っていなかったのである。

この事件について吉保と議論をしたことで、徂徠はのちに、細川家のために、この論争をめぐる詳細な論評を書くのに適任とされた。細川邸は、赤穂義士が討ち入りのあとに集結した泉岳寺の近くに位置したため、リーダーの大石内蔵助を含む十七名を預かることとなったのである。義士が切腹を命じられたのも細川邸においてであった。それまでの二ヵ月の待機期間中に、大石らと細川家との間に深い思いやりの絆が生じていた。[75] したがって、細川家が裁定に関する詳細な説明を求めたり、あるいは、徂徠が吉保からこの文書の執筆を委ねられたりしたことがあっても、不思議ではないのである。

加えて、赤穂義士の評判が高まっていたこと、それゆえに徂徠の著作を編纂・出版した弟子たちが、ますます評判の悪くなっていた裁定と彼らの師とを、結びつけないようにするのが賢明と考えたと思われることも、考慮に入れるべきである。

隠された心情

浅野長矩が江戸城で刀の鞘を払った時から一年も遡らない時期に、佐賀藩士の山本常朝は髪を剃り隠棲した。常朝は仏教の誓願を立て、生命の尊さを認めていたが、その後十六年にわたって、先に紹介した『葉隠』に記録されているような哲学を生み出した。そこでは、物事が正しいか否かを長々と審議することなく、即座に生命を奪うことが奨励された。仇討ちを実行した赤穂義士は称賛されているが、自発性に欠けていたことが残念に思われている。ほかの同時代人と同じように、義士が吉良への襲撃を先延ばしにした上、その後すぐに自害しようとしなかったことを非難している。

『葉隠』と赤穂義士は、自負心や自尊心といった個人的な心情を満たすためならば、武士には国の法を無視したり、欺いたり、無実の人々の生命を軽視したりすることが認められているという見解を共有していた。『葉隠』では、同僚を路上の喧嘩で失ったため、法を犯した廉で死刑の宣告を受けることになるにもかかわらず、その喧嘩に加わったという男が優れた人物となり、その法の施行を義務づけられた役人よりも、道徳的に勝っているのである。[76] また、妻が米の不足に不満を漏らした時、死をもって罰せられることを知りながら、農民に刀を突きつけ、年貢米を家まで強制的に持ってこさせたという武士も、同じように扱われている。[77]

この二つが異なっている点、すなわち、襲撃をして死ぬのに自発性が欠けていたと『葉隠』が非難したことには、起こりつつあったパラダイムの変化が表れている。『葉隠』が赤穂義士を、「智慧かしこき故、褒めらるゝ仕様は上手なれども、長崎喧嘩の様に無分別にすることはならぬなり」と非難する点では、批判を展開するに至った思想的立場は異なるが、儒学者佐藤直方との間に一致が見られる。[78]

赤穂義士が捕らえられたのは、価値観が急速に変化していた時代であった。武士の名誉を守るためという伝統的な暴力の概念は、社会の一部で依然として大切にされていた。しかし、政権が打ち出したのは、正反対の非暴力の政治であった。それは忠孝・忠誠を求めるものであり、基本的に儒教の言う意味で理解された。つまり、主君や両親を利するためならば、自身の切望を自制し犠牲にすることを伴った。しかしながら、赤穂義士はこれらの用語を『葉隠』に沿って解釈したのであり、そこでは武士の個人的関心事が優先された。荻生徂徠の作とされている裁定に記されているように、彼らが第一に気にかけたのは、武士としての自分たちの汚名をそそぐことであった。ヘンリー・スミスも、「名前」と「面」を保つことの問題が、赤穂義士にとって重要な部分を占めたと指摘している。[79]

赤穂義士がとった行動は、当時の価値体系に生じていた混乱を反映するものである。吉良が処罰されない限り赤穂城は渡さない、という彼らの立派な決意を幕府が無視した時、彼らは別の手段に打って出ることにした。すなわち、浅野の弟が藩を継承できるよう、官僚政治的な働きかけを行ったのである。赤穂義士たちが、これが成功するとは全く信じていなかったとするならば、なぜ彼らは、復讐に備えることができた時に、このような嘆願に無駄な時間を費やしたのかという疑問が生じる。そして、そのような方法も成功する見込みがないことがわかった時、彼らは、主君の仇を討つために自らの生命を犠牲にするという、伝統的な武士の価値観に回帰したように思われる。しかし、彼らはすべてを『葉隠』のやり方に合わせるつもりはなかった。ここで採用された解決方法には、様々な価値観が入り乱れていた。そこには、主君の敵の生命を奪うことにより、伝統的な武士の忠誠心の概念を堅持し、賞賛を得ようとした努力が見られた。しかし、武士に伝統的に備わった大胆さは失われ、代わって、生命を失うことなく偉業を成し遂げるための準備が慎重に時間をかけてなされたのであり、当局に屈服することによって、最終的なアピールをする余地が残されていた。

ここに浮かび上がるのは、変化の激動の中で生き残ろうとする絶望的な男たちの姿である。伝統的な価値観を突如として拒絶することにより、綱吉はパラダイムを大きく変化させようとしていた。武士の多くが、伝統的な価値体系が根本的に修正されるという環境の変化の中で、何とか道を切り開こうとしたのであるが、彼らは心の中で、どうしようもない無力さと困惑を味わったに違いない。赤穂義士は、ノスタルジックな過去の人間として、さらには、彼らが大切にしてきた価値観を破壊しようとする、時の冷酷な政権に対する戦士として、このような受難の象徴となった。彼らが不人気の将軍から全員の死を命じられたということが、神格化を早めることとなった。英雄的なイメージを完成させる過程において、人間の弱点はすべて取り除かれる必要があった。義士の行動の一部始終が、公益にかなうとして無批判的に受け入れられるようになり、反対に、事実の調査を求めるような動きは、思い違いだとして非難されたのである。

朽ち果てることのない赤穂義士の人気

『葉隠』が「戦前の日本の軍国主義」に「役立ったこと」は、「死の礼賛と、公益への忠実で有効な献身の理想とが結びついたこと」にあると言われてきた。ここで問題となるのは、武士が忠実・効果的に身を委ねてきた「公」とは誰なのかということである。武士が刀を突きつけられて米を奪い取られた農民や、武士の名誉を守るのにたまたま邪魔だったから殺された、無実の人々でないことは確かである。我々が通常「公」と呼んでいるものから受けた不当な扱いを忘れ、その用語を、『葉隠』にあるような死を追い求める中で、「日々の活動により深い意味」を見出す個々人に適用させるには、想像力を大きくかつ感情的に飛躍させる必要がある。[80] この飛躍が成し遂げられ、影響力ある人々に支持された時に初めて、幅広く一般の人々が自らを、実生活において自身の権利を放棄するような者たちと同一視することができるのである。このような現実のつくり直しを経て初めて、この作品を政治目的に利用することが可能となる。

赤穂義士の偉業を今日において祝い続けるためにも、同じような方法で、ある程度の精神的な曲芸が必要である。義士たちが個人的に求める名誉のために、年老いた両親、妻、幼い子供たちの幸福が犠牲になってよいのかという問いとは別に、吉良邸の襲撃計画を立てる中で採用された策略の様々な形態が、武士の理想に適ったものであったのかが問われなくてはならない。無実の人々の苦しみの問題がうまく取り繕われた時、一般の人々は義士の偉業を喜ぶことができるのであるが、義士は、彼ら個人の名誉が望むならば、その同じ一般の人々の権利を無視することなどを深刻に思わないであろう。

これは日本だけに特異なことではない。行動主義心理学の研究者コンラート・ローレンツの指摘によると、文学作品を通して、道徳的に優れた行動と称えられるのは、理性に基づく行動よりもむしろ衝動に駆られての行動なのである。特に広義の仲間、個人がその一員だと見なすグループを守ろうとする衝動がそうである。ローレンツはさらに、人々の最も正当化される行動は、種に本来備わった衝動によってある程度支配されているとまで論じている。例えば、仲間を守ろうとする原始人の衝動であり、それは極めて快適な感情の源泉なのである。大群衆によって国家が斉唱された時の「敬虔な」背筋の震えや、共通の敵に対して行動に出るにあたって、感情が高まる中で立てられたグループ内の誓いを、ローレンツはそのような感情の例と見ている。[81] 団体競技を観戦する人々を包み込む熱狂も、その点を描き出す別の例と言えるかもしれない。

しかしながら、社会化が成功するには、これらの原始的な衝動や快適な感情が、法に服従することによって相当に抑制されることが求められる。その法を作成するのは、上位にあり、そしてますます離れていく、非人格的な権力である。[82] これらの快適さが失われたしるしに、ほとんどの文化において、イギリスのロビン・フッドであったり、アメリカ西部の若くてハンサムのならず者であったり、「無法者」の記憶が大切にされ記念されている。すべての構成員がこのような振る舞いをしたならば、社会は機能することができなくなるのであるが、これら無法者の犯罪行為は概して敵の「邪悪」によって正当化される。敵はたいていの場合、中央集権国家の法を施行する者たちの姿に描かれる。

十七世紀の日本における綱吉の政策は、生死を自由に操るという武士の伝統的な特権を、かつてないほど大規模に抑制するものとなった。主君との間の感情的で快適な結びつき――官能的であったことも稀ではなかった――が武士の情熱を高め、その情熱でもって武士は生か死かの裁定を下したのであったが、このような主君との絆は、中央集権国家の法への服従に置き換えられることとなった。復讐の喜びや、時に生命を犠牲にしてでも物事を正すことの満足感は、『葉隠』の読者の精神を高揚させたが、それらもまた差し控えられることとなり、代わって、ほとんど名前も知らない役人が示した非人格的な裁定の受け入れを余儀なくされた。

抑えが効かないほどに感情を露わにすることは、物理的暴力に行きつくこととなり、まさに綱吉の生類憐みの令のアンチテーゼである。暴力、欺き、殺人を崇高なものとすることは、武士道の表れとして、『葉隠』と赤穂義士の事件双方においてその主たる特徴をなしているが、当初は綱吉の政策に対する異議申し立てであった。しかし、これらの話が今日まで衰えることのない人気を誇っていることの根底には、仲間との衝動的な結びつきや、神のように生か死かの裁定を下すという、人間の原始的な感情に訴えるということがあるように思われる。

赤穂事件を物語化する際に、義士が熱狂的に陰謀を企てる場面に多くの紙幅が割かれていることは、偶然ではない。様々な計略をめぐらす行為は、武士としての立派な行動規範に合致するとは到底見なすことができないにもかかわらず、そのようなことになっているのである。さらにヘンリー・スミスの指摘によると、大石内蔵助直筆の文書には、彼が仇討ちの際に率いた義士の献身ぶりの程度を窘める記述があり、このことから、義士の間に、歴史家たちが言うほどの結束力があったのかという疑問が投げかけられるのである。この文書は、赤穂事件関連の史料集のほとんどに収録されているが、そこから導き出される明白な結論を、あえて公然と指摘する者はいなかった。それどころか、その文書の価値は割り引かれ、ある歴史家は、赤穂義士の「真の」研究者だけがそれを正しく理解することができると警告している。義士たちの結束力については、四十七人目の義士がその低い身分を理由に仲間から排除されたことを記述した史料が、故意に見過ごされてきたというスミスの議論によっても、同様に疑わしいものとなる。そのような差別は、義士の理想と相容れないと見なされ、それゆえに無視されたのである。[83] ローレンツの議論に即して言うならば、人間の感情の深遠に触れるような物語の場合、それに関わる集団の理想が汚されてはならないのである。

そのような感情の激しさと力強さを知って、これを政治目的に利用しようと試みる政府は多い。『葉隠』と赤穂事件の場合、戦時中の日本政府が、天皇を、個人が忠誠心のすべてを注ぎ込んで仕えるべき主君に、嫌われた冷酷な中央政権を、この理想的で感動的な献身ぶりを抑制しようとする世界の国々に転換することを容易にした。日本の敗戦とその後の占領下において、政府が原始的な感情に訴えることによってかけられたその魔法は解かれたが、その力が完全に損なわれることはなかった。このテーマを詳細に扱った三島由紀夫の作品の人気の高さ――日本においても海外においても――が示す通りである。[84]それどころか、集団の統一性が文化的差異のグローバルな観点から再確認されるように、そのような感情は新たな服装を身に纏い続けるのである。武士が名誉を回復するために殺さなくてはならないのと同じように、「文明の衝突」は避けられない、なぜなら「アイデンティティを探し求める人々にとって…敵は不可欠である」から、という議論がなされている。[85]

先進国の多くは、民主主義の自由を誇るが、個人の生活は、中央政権が定める非人格的な法により、かつてないほどの制約を受けている。このことは、将来戦争を挑発する行為が「理性的」だとして正当化されること、そして『葉隠』のような作品や、特に物語化された赤穂事件が視覚的に豪華に演出されたものは、観客が失楽園に代わる経験に没頭するにつれて、ファンを持ち続けることを保証するものである。

赤穂義士、特にそのリーダー大石内蔵助への賞賛が、論拠や歴史的事実よりも感情に基づくものであるということは、財政問題を調査することによっても明らかになる。毎年の貨幣不足を補うため、赤穂藩では藩札が発行されたが、それを譲渡する際には額面の六割ほどの現金しか保証されなかった。藩を信用して――あるいは無理やり信用させられて――藩札を引き受けた者は、資産の四割を失ったのであるが、この事実は歴史記述の中にほとんど見出すことができない。その一方で、金銀の含有量が十分でない純度の低い貨幣を幕府が鋳造したことは、歴史家の主たる批判要因となったのである。

（1）元禄忠臣蔵の会編『元禄忠臣蔵データファイル』（人物往来社、一九九九年）二二八〜二三八頁。いろはが四十七文字であることから、四十七という数字は完璧さ・完全さを示唆し、また「手本」とは、武士の模範的な行動を意味する。David Bell, *Chushingura and the Floating World*, Folkestone: Japan Library, 2001, p.30. この戯曲は、Donald Keene translated, *Chūshingura*（*The Treasury of Loyal Retainers*）: *A Puppet Play by Takeda Izumo, Miyoshi Shoraku and Namiki Senryu*, New York: Columbia University Press, 1971ならびにJames R. Brandon edited, *Chūshingura: Studies in Kabuki and the Puppet Theatre*, Honolulu: University of Hawai‘i Press, 1982において英訳・注解されている。

（2）『仮名手本忠臣蔵』第二三二回歌舞伎公演プログラム（二〇〇二年一一月）。

（3）映画、テレビ番組、小説の一覧は、元禄忠臣蔵の会前掲書（注1）一七〇〜一七六頁を参照。

（4）Bell前掲書（注1）三七〜四三、一一八〜一三九頁。式亭三馬（一七七六〜一八二二）のような滑稽本作家たちも、忠臣蔵の筋を面白おかしく描いている。Conrad Totman, *Early Modern Japan*, Berkeley: University of California Press, 1993, p.421.

（5）Federico Marcon and Henry D. Smith II, "A Chūshingura Palimpsest: Young Motoori Norinaga Hears the Story of the Akō Rōnin from a Buddhist Priest", *Monumenta Nipponica*, 58:4 (Winter 2003), pp.449–461.

（6）例えば、中島康夫『大石内蔵助、最後の密使』（三五館、二〇〇〇年）を参照。一九三〇年代に発見された新たな史料については、Henry D. Smith II, "The Trouble with Terasaka: The Forty-Seventh Rōnin and the Chūshingura Imagination", *Japan Review*, 2004:16, p.36を参照。

（7）歴史史料ならびにノンフィクション作品の一覧は、元禄忠臣蔵の会前掲書（注1）一七八〜二二七頁を参照。

（8）宮澤誠一『近代日本と「忠臣蔵」の幻想』（青木書店、二〇〇一年）。

（9）上述の他に、Henry D. Smith II, "The Capacity of Chūshingura", *Monumenta Nipponica*, 58:1 (Spring 2003):

Masahide Bitō, "The Akō Incident, 1701-1703", *Monumenta Nipponica*, 58:2（Summer 2003）; James McMullen, "Confucian Perspectives on the Akō Revenge: Law and Moral Agency", *Monumenta Nipponica*, 58:3（Autumn 2003）が挙げられる。Eiko Ikegami, *The Taming of the Samurai: Honorific Individualism and the Making of Modern Japan*, Harvard: Harvard University Press, 1995, pp.223-240も参照。

（10）Smith前掲論文（注6）三七～三八頁。

（11）この点についても、同右、四八頁を参照。

（12）略称には一般的に下の名前が用いられるが、ここでは（「長矩」、「内蔵助」、「義央」とするのではなく）、慣習的に「浅野」、「大石」、「吉良」と呼ばれていることに従っている。

（13）尾藤正英『元禄時代』（『日本の歴史』第十九巻、小学館、一九八一年再版）二九八～二九九頁に引用された『梶川氏筆記』。英訳・注釈は、Henry D. Smith IIによるBitō前掲論文（注9）一五〇～一五一頁を参照。浅野長矩を取り調べた目付多門伝八郎による記録である『多門筆記』は、尾藤によると、後に編纂されたもので信頼できないと見なされている。しかしここでも、浅野長矩が吉良義央を殺害しようとした、さらに詳しい理由は記されていない。

（14）『憲廟実録（常憲院贈大相国公実記）』（『内閣文庫所蔵史籍叢刊』第十七巻、汲古書院、一九八二年）元禄十四年三月十四日条（三九四～三九五頁）。

（15）四十七人目はどうしたのかを扱ったのがSmith前掲論文（注6）である。

（16）泉秀樹「忠臣蔵の真実」（『共済だより』七—五号、一九九九年）一二頁、『基熙公記』元禄十四年三月二十日条を引用している。淡野史良「五代徳川綱吉・霊元天皇・東山天皇」（『歴史読本』第四四巻第七号、一九九九年）九五頁、『基熙公記』を参照している。

（17）この点は早くも儒学者佐藤直方が、「四十六人の筆記」（『日本思想大系』第二十七巻、岩波書店、一九七四年）三七九頁で指摘している。

（18）田原嗣郎『赤穂四十六士論』（吉川弘文館、一九七八年）六四頁。神坂次郎『元禄御畳奉行の日記』（中央公論社、一九八四年）一八〇〜一八二頁。朝日重章『鸚鵡籠中記』第一巻（塚本学編、岩波書店、一九九五年）二五五、三〇四頁。吉良邸襲撃についての詳細は、朝日重章とその父親によって書かれた『塵点録』から得られるはずである。研究者たちが熱心に、この出来事に関する一次史料をさらに収集しようとしているにもかかわらず、この文書は一度も印刷されたことがないのである。原本は鶴舞中央図書館（名古屋市）に保管されている。同図書館の説明によると、部分的にはもはや現存していないのであり、また重要史料が、保存された巻の中にまだ含まれているという情報もないとのことであった。この一件が非常な熱意でもって研究されていることを考慮するならば、これは奇妙なことである。

（19）新井白石『新井白石日記』第一巻（東京大学史料編纂所編『大日本古記録』岩波書店、一九五三年）一四六、一七〇〜一八一頁。戸田茂睡『御当代記』（塚本学編、東洋文庫六四三、平凡社、一九九八年）四三三頁。これらの出来事は一般の人々の関心をそれほど惹きつけなかったという指摘は、Bitō前掲論文（注9）一五六頁でもなされている。

（20）『土芥寇讎記』（金井円校注、『江戸時代史料叢書』、人物往来社、一九六七年）三五〇頁。

（21）黒板勝美・国史大系編修会編『徳川実紀』第五篇（吉川弘文館、一九七六年）延宝三年三月二十三日条（二〇五頁）。

（22）徳富猪一郎『近世日本国民史』第十八巻（元禄時代、中巻、義士編、民友社、一九三六年）三八〜三九頁。

（23）R. Tsunoda et al. comps., *Sources of Japanese Tradition*, New York Columbia University Press, reprint 1968, vol.1, pp.385-386.

（24）『葉隠』は増上寺での一件の記述において、浅野が発したのとほぼ同じ言葉を叔父に語らせている。すなわち「信濃守覚えたか」と。山本常朝『葉隠』下巻（和辻哲郎・古川哲史編、岩波書店、二〇〇三年）一四四頁。元禄忠臣蔵の会前掲書（注1）五一頁。この一件については第七章にも述べられている。

(25)『徳川実紀』第六篇(吉川弘文館、一九七六年)元禄六年十二月二十二日条(一八六頁)。
(26)佐藤「四十六人の筆記」(注17)三七九頁。
(27)尾藤正英『元禄時代』(『日本の歴史』第十九巻、小学館、一九八一年再版)三〇六頁に引用・解説されている。英語では、Bitō前掲論文(注9)一五六頁。
(28)田原前掲書(注18)一一頁に引用された『江赤見聞記』。一三頁も参照。
(29)『土芥寇讎記』(注20)三四九頁。
(30)尾藤前掲書(注27)三一一頁、Bitō前掲論文(注9)一六〇頁に引用され解説されている。
(31)尾藤前掲書(注27)三〇三頁、Bitō前掲論文(注9)一五三〜一五四頁。
(32)この点は早くも佐藤直方が「四十六人の筆記」(注17)三八五頁で論じている。尾藤前掲書(注27)三一二頁、Bitō前掲論文(注9)一六〇頁も参照。
(33)徳富前掲書(注22)四三〜四五頁。
(34)『徳川実紀』第四篇(吉川弘文館、一九七六年)寛文三年一月十三日条(四四五〜四四六頁)、寛文三年二月十九日条(四四九頁)。徳富前掲書(注22)四七頁。
(35)『徳川実紀』第四篇(注34)寛文四年六月五日条(五〇五頁)。
(36)『徳川実紀』第五篇(注21)一五五、二八七頁。
(37)『徳川実紀』第五篇(注21)延宝八年十月二十八日条(三八七頁)。
(38)徳富前掲書(注22)五一頁。
(39)同右、五七頁。
(40)Engelbert Kaempfer, *Kaempfer's Japan: Tokugawa Culture Observed*, edited, translated and annotated by B. M. Bodart-Bailey, Honolulu: University of Hawai'i Press, 1999, pp.204-205.
(41)第四章を参照。

(42)佐藤「四十六人の筆記」(注17)三七九頁。
(43)Bitō前掲論文(注9)一五二頁。
(44)徳富前掲書(注22)六一頁。
(45)林亮勝「事件の発端」(元禄忠臣蔵の会前掲書(注1))一三頁。
(46)田原前掲書(注18)六二~六三頁。
(47)同右、一〇九~一一〇頁。荻生徂徠の文章が外されたことについては、McMullen前掲論文(注9)二九九頁、注二五も参照。
(48)田原前掲書(注18)一〇六~一〇七頁。この件をめぐる浅見絅斎の思想についての論評は、渡辺浩『近世日本社会と宋学』(東京大学出版会、一九八七年再版)八四~八七頁を参照。
(49)佐藤「四十六人の筆記」(注17)三七八~三八〇頁。
(50)McMullen前掲論文(注9)三〇〇~三〇一頁。
(51)例えば、金井円『藩政』(至文堂、一九六二年)六〇~七三頁、大石慎三郎「元禄・享保期の経済段階」(古島敏雄編『日本経済史大系』第四巻、東京大学出版会、一九六五年)五二~五五頁。
(52)田原前掲書(注18)二二頁。
(53)『徳川実紀』第六篇(注25)元禄十五年七月十八日条(四七八頁)。
(54)元禄忠臣蔵の会前掲書(注1)五六頁。
(55)Bitō前掲論文(注9)一六一頁。
(56)栗田元次『江戸時代史』上巻(近藤出版社、一九七六年)五八二頁。
(57)『徳川実紀』第六篇(注25)元禄十六年二月四日条(四九九頁)。このことに言及する歴史家は少ないが、田原前掲書(注18)一一一頁、竹内誠『元禄人間模様』(角川書房、二〇〇〇年)六七頁に記されている。漢字が間違っている可能性については、二〇〇五年四月四日の会話の中で、竹内誠から筆者に説明された。

(58)日本国語大辞典刊行会編『日本国語大辞典』第八巻(小学館、一九八〇年再版)二一八頁、「なぎなた」の項。
(59)宮本武蔵『対訳・五輪書』(ウィリアム・スコット・ウィルソン英訳、松本道弘現代語訳、講談社インターナショナル、二〇〇一年)五八～六五頁。
(60)後段で論じるように、そのようなことを「あてにする」武士については『葉隠』にも述べられている。この点については、Smith前掲論文(注6)四八頁も参照。
(61)坂田諸遠『甲斐少将吉保朝臣実記』第三十巻(柳沢文庫所蔵)元禄十五年十二月二十三日条。
(62)同右。飯尾精『元禄忠臣蔵…その表と裏』(大石神社社務所、一九七五年)二六六～二六八頁にも収録されている。
(63)信篤の見解の原典は、飯尾前掲書(注62)二六九頁に引用されている。判決が公式に発表された後に、信篤はこの出来事に関して別の論評を書いていて、ここでは幕府の裁定を正当化する内容になっている。
(64)例えば、『徳川実紀』第六篇(注25)七五〇頁、『続明良洪範』からの引用。
(65)『甲斐少将吉保朝臣実記』第三十巻(注61)。桑田忠親『徳川綱吉と元禄時代』(秋田書店、一九七五年)二四六～二四七頁。
(66)浅野が言い渡されたのがまさにこの処罰であった。別の事例については、『徳川実紀』第六篇(注25)元禄十年八月十三日条(三〇五頁)を参照。Henry Smithは前掲論文(注6)四三、四八～四九頁において、四十七人目の寺坂吉右衛門は武士の身分でなかったため、このことが幕府の裁定に影響するかもしれないと恐れた仲間たちより、討ち入りの後に退けられたと主張する。
(67)『柳澤家秘蔵実記』(甲斐叢書刊行会編『甲斐叢書』第三巻、第一書房、一九七四年)六四～六五頁。英訳は、Olof Lidin, *The Life of Ogyū Sorai, a Tokugawa Confucian Philosopher*, Scandinavian Institute of Asian Studies Monograph Series, 19.Lund, 1973, pp.48–49。
(68)上述したように、上杉綱憲は、幼少期に上杉家に養子入りした吉良の実子である。
(69)『徂徠擬律書』(鍋田三善『赤穂義人纂書』第二、国書刊行会、一九一一年)。この文章は英訳書(Maruyama

Masao, *Studies in the Intellectual History of Tokugawa Japan*, translated by Mikiso Hane, Princeton and Tokyo: Princeton University Press and University of Tokyo Press, 1974, p.74）ならびにLidin（前掲書（注67）五〇頁）においても訳されているが、私は訳し直している。これらの翻訳ではいずれも「義」を“righteousness”としているが、「義」は公の公正な裁判というような西洋的な意味での“righteousness”を意味せず、そこには個人の義務を正しく履行するということが含まれるのである（例えば、Tsunoda前掲書（注23）三八六、四二五頁を参照）。この区別がここでは重要である。なぜなら、徂徠がまさしく明らかにしようとした点は、個人の義務が公の法と衝突し、その場合に後者が優先されなくてはならないということだからである。

（70）Lidin前掲書（注67）五〇頁。

（71）これについての議論は第十六章を参照。

（72）田原前掲書（注18）六八～六九頁。

（73）丸山前掲書（注69）七四頁に収録されている。

（74）Lidin前掲書（注67）五〇頁。

（75）飯尾前掲書（注62）二五八～二六六頁。

（76）Ikegami前掲書（注9）二八五頁。『葉隠』（注24）下巻、一二四～一二六頁。

（77）Ikegami前掲書（注9）二九三～二九四頁。

（78）『葉隠』（注24）聞書第一、五五（和辻・古川編、上巻、四五頁）。英訳はIkegami前掲書（注9）二八七頁。

（79）Smith前掲論文（注9）一〇頁。

（80）Ikegami前掲書（注9）二八八頁。

（81）Konrad Lorenz, *Über tierisches und menschliches Verhalten, Gesammelte Abhandlungen*, Munich: Piper, 1984, vol.2, pp.164, 186-190.

（82）同右、一八八～一八九頁。

（83）Henry D. Smith, "The Problem of the 47th Ronin: A New Look at the Ako Incident and the Chushingura Legend"（講演配布資料、二〇〇一年十二月十三日、国際基督教大学）三頁。Smith前掲論文（注6）。

（84）宮澤前掲書（注8）では、赤穂事件を政治目的に利用することについての詳細な分析がなされている。三島由紀夫と『葉隠』については、Ikegami前掲書（注9）二七九頁も参照。

（85）Samuel P. Huntington, *The Clash of Civilizations and the Remaking of the World Order*, New York: Touchstone, 1997, p.20.

第十三章　財政問題

銭は水のごとくながれ、白銀は雪のごとし。富士の山かげゆたかに、日本橋の人足、百千万の車のとどろくに聞きなしたり。船町の魚市、毎朝の売張、四方の海ながら、浦々に鱗のたねも有る事よと沙汰し侍る。(1)

井原西鶴が元禄五年（一六九二）に刊行した小説の中で語ったこの言葉には、現代的な響きがある。当時は消費が急速に増え、自然からの供給が枯渇してしまうと思われるほどであった。この『世間胸算用』の別の箇所では、ものすごい数の石臼が売られていく様子を、西鶴は「御影山も切りつくすべし」と表現している。(2) 江戸は当時、おそらく世界最大の都市であり、(3) 急速に発展していた。「その道々の棚出して、諸国より荷物、船路・岡付の馬方、毎日、数万駄の問屋づき。ここを見れば、世界は金銀たくさんなるものなるに、これをまうくる才覚のならぬは、諸商人に生れて、口をしき事ぞかし」と、西鶴は記している。(4)

綱吉の治世の中心部分を占める元禄時代（一六八八～一七〇四）は、第二次世界大戦後、昭和時代後半の好景気を迎える以前の日本の歴史の中で、最も繁栄した時期の一つに数えられる。元禄時代の繁栄は広く認められているにもかかわらず、綱吉政権の財政政策は、贅沢を好み、金遣いの荒い暴君の陰謀によって破綻を招いたとして、厳しく非難されてきた。綱吉の治世初期の財政には節度と厳格さがあったと評価されているが、これらの政策――短い天和時代（一六八一～八四）に行われたため、一般に「天和の治」と呼ばれている――は大老堀田正俊の功績とされてきた。正俊が貞享元年（一六八四）に暗殺されたあと、綱吉の側用人が政治上重要な役割を担うようになると、それに続く時期の財政政策については、歴史家によって酷評されてきた。しかしながら、関連文書の調査を通して明らかになるのは、正俊の死後にも政策の継続性が認められるということ、さらには、綱吉自身が陥った財政危機は、必ずしもすべて綱吉自らが招いたものではなかったということである。

幕府の財政基盤

初代将軍家康は相当な富を蓄え、幕府の基盤を固めた。戦で打ち負かした敵の領地を押収し、「幕領」ないしは「直轄領」として幕府の直接支配下に置いたのである。元和元年（一六一五）の大坂夏の陣を経て、このような領地はおよそ二百三十万石に達し[5]、政権に安定した収入をもたらした。家康が国内外の商取引に直接関与したこともまた、蓄財の源となった[6]。しかし、最も大きな富をもたらしたのは、国内の金・銀山に違いない。歴史家の中には、十七世紀前半に鉱山から得た莫大な富がなければ、幕藩体制は確立されなかったと主張する者がいるほどである[7]。

鉱山業については、早くも七世紀の日本の史料の中で述べられているが、日本の鉱山資源が適度に開拓されるほどの技術が知られるようになったのは、十六世紀半ばのことであった[8]。足利時代末期以降、明らかに、鉱山を所有していることが、政治的覇権を決定する上での重要な要素となっていった。豊臣秀吉は、天正大判を鋳造した一年後の天正十七年（一五八九）に国内の鉱山を押収し、それらを「天下の山」と宣言し始めた。貨幣制度に責任を持つにあたって、中央政府には貨幣を鋳造するための金塊が必要だというのが、秀吉の言い分であった[9]。

豊臣政権のあとに政治的覇権を確立するにあたって、家康も同様に、国内の鉱山の所有を主張した。家康にとって幸いなことに、大久保長安（一五四五〜一六一三）という熟練した実務官僚を見出すことができた。長安は、西洋のアマルガム法や新たな経営技術を導入し、国内の鉱山の採掘量をかなり増大させたのである[10]。例えば、生産性の高い佐渡の金・銀山や、同じように産出量の豊富な石見と伊豆の銀山が、慶長六年（一六〇一）に家康の支配下、長安の監督下に入った。長安の優れた経営手腕により、佐渡の銀山だけで、慶長七年（一六〇二）の一億貫をピークに、十七世紀最初の十二年間に六千万貫もの銀を安定して生産し続けたのである[11]。

十七世紀後半になると、オランダ人など外国からの訪問者は、京都の最も重要な寺院への視察が義務づけられるようになった。方広寺の大仏――奈良の大仏に比肩する――もそこに含まれ、日本の豊かな財と文化を印象づけようとするものであった[12]。しかしながら、家康の時代に国が誇ったのは鉱山である。イエズス会準管区長フランシスコ・パシオとその側近が、慶長十二年（一六〇七）に駿河の家康を訪ねた時、家康はその訪問客に、江戸への途上を遠回りして伊豆の鉱山を視察するよう促している[13]。慶長十四年（一六〇九）に駿河を訪れたイエズス会士ジョアン・ロドリゲスの報告によると、ちょうど「家康の財務長官」がそこに貯蔵された金・銀塊を数え上げたところで、銀だけでも八千三百万テールに達し、さらに増え続けていたという。[14] 当時は用語も交換比率も統一されておらず、一貫性がなかったため、その価値を正確に割り出すのは難しい。[15] 仮にテールを十匁として計算し、六十匁で一両とするならば、それは千四百万両ほどの額になる。外国人が日本で目にした貴金属供給は、明らかに驚くべきことであった。十七世紀初頭に日本で生活したスペインの商人ベルナルディーノ・デ・アビラ・ヒロンは、次のように記している。「至る所に鉱山があり、金属は高品質である。金の原石がたいへん豊富で、一鋤掘り起こすたびに十テールの金が得られるほどである。銅や鉄も同じように豊富で、それらは非常に簡単に掘り出される」と。[16]

家康が元和二年（一六一六）に死去した際、子孫に遺した財産に関する完全な記録は存在しない。様々な史料から得られる数値を足し合わせることで、歴史家は二百万両近くになったと見積もっている。加えて、貴重な工芸品や高価な商品も相当数あった。[17] しかしこれは、家康が駿河に蓄えた貨幣や金・銀塊のみの数値であった。後継者となった秀忠は当初、江戸に十分な蓄えがあると考え、駿河の金・銀塊をすべて御三家に分配しようとした。結局は、本多正純の忠告を受けて、尾張藩と紀伊藩にそれぞれ三十万両、水戸藩に十五万両を配付するのみとし、残りは駿河に蓄えておくことが決定された。[18] 駿河の資金は必要ないという秀忠の当初の主張から、辻達也は、江戸にはおそらく四百万両ほどの蓄えがあり、家康が遺した資産は合わせて六百万両に達したと見積もっている。[19] しかし駿河の資金は、江戸に蓄えられた富のごく一部と見なすべきであろう。

第三代将軍家光による浪費とその結末

寛永九年（一六三二）に秀忠が死去した時、三百五十万両ほどを後継者に遺したと歴史家は見積もっている。第三代将軍家光は、自身が資金不足に陥っていると思わなかったことは明らかである。合わせて六十万両を、父秀忠の遺産として、六千人ほどに分配したからである。秀忠の娘で後水尾天皇に嫁いだ東福門院には金二千枚と銀一万枚を贈ったが、亡き父の草履取りにもいくらかの贈り物をしていた。[20]

二十数年の家光の治世時に、国の支出はピークに達した。支出額を包括的に示す数値はないが、様々な同時代の記録からは、家光が異例なほど気前よく出費した様子が窺える。家光の事業の中で最も有名なのが日光東照宮の改築である。元和三年（一六一七）に家康の遺骸が埋葬され、それを家光は、今日でも見応えのある、豪華に飾られた霊廟に造り替えたのである。[21] あまり注目されていないが、ほかにも幕府は、全国各地に十三ほどの東照宮を建設している。[22] 中でも精巧に建てられたのが、寛永十三年に建設が始まった江戸城二の丸の東照宮であった。寛永十七年以降、家光は駿河の久能山東照宮の拡張工事も開始した。最後に家光は、死を迎える前年の慶安三年（一六五〇）に、上野の東叡山寛永寺に東照宮を建設するよう命じた。[23] さらに遺言の中で、自身を日光に埋葬するよう命じたため、幕府はさらに建設費を支出することとなったのである。[24]

家光による、日光東照宮のいわゆる「寛永の大造替」に要した費用は五十七万八千両を超えるものとなった。[25] この初期の支出がもとで、のちのすべての政権は絶えず財政難に陥ることとなった。漆がふんだんに使われ、彩色された彫刻が内外に施された立派な建造物は、定期的なメンテナンスを要し、またしばしば大がかりな修繕を必要とした。地震、火災、そして鼠までもが大損害をもたらした[26]。綱吉の治世の頃には、改築から五十年が経過し、大がかりな総点検が必要な状態にあった。元禄元年（一六八八）から元禄九年の間に、幕府が寺院の修繕に要した支出の六十二％以上が日光東照宮に充てられた。そこに久能山東照宮の修繕に充てた費用を加えるならば、六十五％近くに達した[27]。それより前の貞享二年（一六八五）に、霊廟や周辺集落を焼失させた大火が原因で、幕府の普請関連支出はすでに増加していた[28]。

大野瑞男が提示した資料は、江戸市外の寺院や建物の修理予定が異例なほどに立て込み、その負担が綱吉政権に重くのしかかっていたことを示してくれる。日光のほかに、駿府城、二条城、大坂城も修繕を要し、また熱田神宮と伊勢神宮での普請修復作業もあった[29]。そのような修繕は、幕府が流動性を謳歌した十七世紀前半には、財政上重要ではなかった。しかし綱吉の時代には、建築物の修繕が予算の主要部分を占めるようになった。貞享三年の数値を分析した大野は、普請関連支出が予算額の三十一・八七％を占めたと見積もっている[30]。綱吉は伝統的に、宗教施設に多くの費用を注ぎ込んだと批判されてきたが、これは彼の前任者たちが築いた建物や伝統を維持するためであったことを、歴史家は指摘してこなかったのである。

初期の幕府が寺院建築を盛んに行ったことにより、相当数の僧侶・神官らを扶養することや、将軍家が定期的に執り行った儀式を維持するということも、後継者に委ねられた。家光自身、日光東照宮の参拝のため十一回ほど厳かな行列を進めている[31]。綱吉の時代には、日光への行列に要する費用は十万両と推測されている。綱吉は、将軍就任から二年ほどあとに日光への社参を希望したが、その頃は凶作が続いていたこともあり、延期しなくてはならないという決定を下した。十三年後にも綱吉は、国の財政状況から日光社参のための支出は不可能だと言われている。綱吉は、兄と共に寛文三年（一六六三）の春に日光の霊廟を訪れているが、将軍としては一度も、おそらく徳川家にとって最も神聖なこの場所を目指すことはなかった[32]。しかしながら、将軍の名代を定期的に派遣するための費用は、依然として支払われなくてはならなかった。

家光の気前の良さは、ほかの多くの参詣場所にも広まった。幕府の記録は現存せず、また筆者の知る限り、『江戸幕府日記』や『徳川実紀』から数値を抜き出したり、個々の寺院の記録を調べたりして、このような支出への理解を深めようとした歴史家はいない。そのような調査は本書の範囲を超えるものであるが、京都の清水寺、知恩院、延暦寺といった主要な寺院の歴史に何気なく目をやるだけでも、それらすべてにおいて、主な建築物のための資金の大半を家光から受けていたことが明らかになる[33]。

家光が寛永十一年（一六三四）に京都と大坂を訪れる際に挙行し、二ヵ月にも及んだ、三十七万人を従えた有名な行列もまた、幕府の国庫に大きな損失をもたらすこととなった。家光は三度上洛したが、これが最も豪華なものであった。最初の二回は、父の第二代将軍秀忠と一緒であった。これについても、支出額を示す財務上の記録は残っていないが、家光がこの折に京都と江戸の町人に合わせて銀一万貫を下賜したという事実から、ほかの点でも同様に費用を惜しまなかったと考えられる[34]。大坂や堺でも下賜が行われた[35]。朝廷への献上金は三倍に増加し、下級の公家も追加の収入が得られた[36]。ある歴史家の推測によると、家光の三度の上洛は、毎回百万両の支出を伴ったが、島原の乱鎮圧のために新たに支出されたのは四十万両であった[37]。

家光は、譜代大名や旗本にも、父のように気前よく振る舞った。寛永十二年には、彼らに合わせて五十万八千七百両が配られ、同時に倹約に励むよう命じられている。[38]

家光は「簡単な算数」を理解することができず、また貨幣価値がわからなかったと言われている。ある逸話によると、金を「金庫に貯めておいた」ところで役に立たないと主張したという。[39] 家光が財務管理をそれほど重視しなかったことは、その政権下で築かれた官僚組織にも表れている。しかし、家光が貨幣価値に対する理解を全く欠いていたとするのは、彼の政策の賢明さを過小評価することになると筆者は考える。

寛永九年の秀忠の死をもって、幕府は新たな政治の段階に入った。それまで徳川の支配権は、二重権力の原則の上に成り立っていた。将軍の称号を獲得してからわずか二年後に、家康は将軍職を辞して息子の秀忠に譲っている。こうして権力の座を二重にし、徳川の覇権を固めたのである。秀忠も同様に、将軍の称号を早い段階で家光に譲り、彼自身は第二の権威として政治支配を続けた。秀忠が死去した時、徳川の天下となって以来初めて、世嗣がいないという事態が生じた。家光にはまだ子がいなかったからである。同時に、一六三〇年代初め以降は凶作が続き、自然災害による影響が次第に大きくなっていった。それはやがて、十年後のいわゆる寛永の大飢饉を引き起こすこととなり、すべての社会層の間に不安を生じさせた。このような状況下に、家光がその富を利用し、それを政治的権威へと――ヘルマン・オームスの用語を使うならば――「変容」しようとしたことは、政治的に賢明であった。ほぼ同時代のフランスの太陽王ルイ十四世のように、家光は自身の威力と権力を見せつけるために利用可能な資金を費やした。関ヶ原での両軍を合わせた数の三倍近くにもなる従者を従えて、江戸から京都へ行進し、その途上で人々に多額の貨幣を分配したことは、盾突いた場合、幕府がどのような力を奮い立たせることができるのかを、すべての人々にはっきりと意識させたであろう。徳川の覇権の創始者を崇拝するために行った、大規模な寺院建設や手の込んだ宗教儀礼の創造にも、同じようなプロパガンダとしての価値があった。

高度な経理業務や詳細な財務予測が存在しない中で、家光は過度にお金を使える余裕があると思っていた可能性が高い。何人かの歴史家によると、十七世紀初頭の日本の鉱山からの産出量は、世界の銀の採掘量の四分の一、あるいは三分の一までをも占めたのである。(40) それでも幕府が資源を過剰に消費していたということは、寛永九年から寛永十三年の間に、家康の遺産が駿河から江戸へ移されたという事実に表れているのかもしれない。(41)

赤字へと移行

慶安四年(一六五一)の家光の急死を受けて、十歳の家綱が第四代将軍に就任した時、幕府の財政は、まだ破綻してはいなかった。朝廷、将軍の家族、旗本、そして大奥にいた数多くの女性の間に分配された遺産は五十二万六千四百二十八両ほどであり、父秀忠の死去に際して配られた額と比べても、それほど少ないわけではなかった。しかしながら、二十年も経たない延宝四年(一六七六)には、幕府の財政が破綻し、毎年の不足分を補うため、止むを得ず鋳塊を用いての貨幣鋳造が始まった。鋳塊は家康が、軍事防衛のための臨時費として残したものであった。何が幕府の財政をそのように急激に悪化させたのであろうか。歴史家は二つの主な原因を挙げている。日本の鉱山からの産出量が急速に低下したことと、明暦の大火による荒廃がもたらした多額の出費である。

鉱山の採掘量についての完全な記録はないが、最も重要な銀山であった佐渡の産出高が、寛永十二年（一六三五）に突然三分の一以下に下がったことを我々は知っている。それ以降、不規則なペースで低下し続け、明暦二年（一六五六）には年間の採掘量が時に銀千万貫以下、世紀初めの六分の一しかないこともあった。[42] 同時に幕府は、資金が流出する予期せぬ事態に直面していた。

明暦の大火

家綱の就任から六年後の明暦三年（一六五七）一月に、三日間に及んだ火災により、江戸の町の大部分と将軍の城が破壊された。正確な数値は史料によって異なるが、『徳川実紀』によると、五百町ほどが焼失し、九千ほどの倉廩、六十ほどの橋、三百ほどの神社仏閣、五百ほどの大名屋敷の中の建物、さらには五重の天守を含む江戸城の本丸、二の丸と三の丸が破壊されたという。[43] 合わせて十万八千人が火災で亡くなったと考えられている。[44] 主に天守閣に蓄えられていた幕府の金・銀塊は溶けてしまったが、それでも、お粥を配るなど即座にできる支援を始めるのに十分な資金があった。[45] 一ヵ月も経たないうちに、旗本および所領が十万石以下の大名への貸与・譲渡に関する詳細な計画が発表された。これは所領の大きさに応じて決められ、禄高九万九千石の大名には銀三百貫が譲渡された一方で、百石を有する者は十五両を受け取った。江戸市井には合わせて一万貫の銀が約束された。[46]

これらの救済策を実践するため、金・銀が駿河と大坂にある幕府の御金蔵から直接分配され、金・銀塊の輸送が組織された。[47]（火災から最初の三ヶ月間に、銀一万貫が七隊によって駿河から江戸へ護送された一方、年間で金七万両と銀五万貫が大坂より届けられた。）栗田元次の計算によると、総計九十七万九千九十両ほどになるという。[48] こうして五月初めには、江戸の市民に約束した銀一万貫のうち、最初の半分を支払うことが可能となった。[49] 同時に、二の丸の修繕も進んでいた。四月までに棟上げがなされ、八月には工事が完成していた。[50] 五月には本丸の再建が始まった。[51]

幕府の支払いの時期と建設計画は重要である。なぜなら、明暦の大火に起因する幕府の支出は駿河と大坂の蓄えから賄われたという、栗田の達した結論を裏づけるからである。江戸城の天守閣に蓄えられ、火災により溶けてしまったという金・銀塊の改鋳が始まったのは、あとになってからであった。[52] そして栗田は、それらが被害の救済に利用されたのではないと主張している。万治二年（一六五九）と寛文元年（一六六一）の二つの異なる史料は、それぞれ、改鋳によっておよそ三百九十万両相当が得られたと記録しており、栗田はそれらが、明暦の大火を原因とする支出が支払われたあとにも残っていたと考えている。[53] それにもかかわらず、わずか十年余りで幕府の財政は破綻したのである。したがって、以前には支配権を嫉妬深いほどに喧伝した幕府が、なぜその財政を、財政的ひいては政治的に脆弱とされるレベルにまで弱体化させたのかが、問われなくてはならない。

幕府のバランスシート

家光は幕府の権威を大いに拡大した。大名たちに参勤交代の制度を導入し、幕府への反逆は鎮圧されたにもかかわらず、所領を猛烈な勢いで押収し続けた。さらには、江戸城の防備を大幅に強化するため、かなりの労働力と資材の提供を大名に命じた。[54] 新たな行政組織や支配を確立し、キリスト教の宣教師を追放し、外国との商取引や旅行を厳格に制限した。徳川の覇権の権威を高めようと努力した中で、幕府の財政上の責任を強化するということも、家光は行っている。幕府の気前のよさが、その権威の象徴となった。より一層、物惜しみせずに朝廷や寺社への援助を行ったり、また武士と庶民の双方に気前よく贈り物をしたり、資金を分配したりすることの先例がつくられた。儀式・行事や義務も増加した。『徳川実紀』に目を通すと、家綱の時代には、数多くの霊廟や寺院へ定期的に出向き、種々の儀式にも参加するという予定が過密に組まれていたことがよくわかる。これらの儀礼的義務を将軍自身が果たせない場合には、代わりの者が、相応の壮麗さと支出の下に、執り行わなくてはならなかった。

家光の下で幕府の消費をめぐる新たな伝統が生まれ、政権運営に必要な支出全体が大幅に増加した。もし家光のあとに、政治的支配権と、そのために必要な政権の財政的支払い能力を確実にしようとする意図を持った、強力で専制的な将軍が続いていたならば、幕府の財政を安定させておくことができたかもしれない。しかし、家光の後継者はそうではなかった。病弱な家綱という未成年者が跡を継ぐと、将軍個人の権威は急速に低下した。

幕府の権力構造の変化は、「武家諸法度」で使われる文言に反映されている。寛永十二年（一六三五）の法度には「上意」や「近習」という文言が見られるが、寛文三年（一六六三）の法度では、「奉行所」が「上意」に代わり、あるいは増えている。また、儒教の徳目の内孝を問題とする条項、家業を油断なく勤めるようにとの条項が加わる。ここに、中央では門閥譜代による「公儀」の排他的支配への志向が強まり、地方では大名宗主権の確立が幕閣の支持を得て進行し、「家」および「家中」観念が強化された当時の政権の特徴が見られる。役人たちの忠誠心は、中央政権と彼ら自身の家とに二分された。また役職への任命が、将軍自身による選抜から、主として個人や家が継承した地位に応じて決定されるものへと変化したことを意味した[55]。その結果、財政的思案を要することで決定を下さなくてはならない場合、家の地位、安定化、存続を確かなものにすることの方が、幕府の絶対的権威を維持することよりも優先されたのである[56]。

大火の際に建物を焼失する被害を、幕府自体がおそらく大名よりもはるかに多く受けたと思われ、火災のあとに何人かの大名は、修復のための支援を要請された[57]。しかし全体として家綱の治世には、家光の頃と比較した場合、建設事業を目的とした大名の役負担が著しく減っていることに、歴史家は気づいている。それどころか、幕府から大名や旗本への譲渡や貸与は依然として、当初の救済策を上回る規模で行われていたのである[58]。

歴史家の徳富猪一郎は、幕府の財政問題を、国全体の行政に幕府の財政上の責任を認めるような、家康が確立した当初の構造に内在するものと見ている。徳富が力説するには、大名・家臣が財政的に窮乏した場合、幕府にその責任があったのである[59]。ここにみられる幕府の役割と義務は、家綱の政策によく反映されている。しかし、それが唯一可能な解決策ではなかった。家綱が将軍に就任した当初、幕府は依然として相当な富を有していた。強力で独裁的な将軍の下では、明暦の大火による破壊が幕府の財政基盤の弱体化をもたらすことはなく、むしろ強化したであろう。大坂と駿河に保管された幕府の蓄えは、江戸城をかつてのような壮麗さに再建するために使い、将軍と家臣との距離をより一層明確にできたはずである。しかし実際には、その蓄えを家臣の支援に使うことにし、幕府自体は、その権威の象徴である、天守閣の再建を見合わせたのであった。大名に屋敷の再建ができるよう、家綱の下で幕府から寛大に貸与された「貸付金」は、綱吉が就任した時、未払いのままになっていた。綱吉は、未払い金の返還を求めただけでなく、就任に際して、前任者が遺した資金から分配を行わなかった最初の将軍となった。このような評判の悪いやり方でもって、綱吉は自身の政権の財政政策に新風を吹き込んだのである[60]。

家光も救援金を大名や旗本に分配したが、これを行ったのは資金が豊富にあった時期であり、さらには、この救援金を受けるのは譜代大名に限定されていた[61]。家光が家臣を助けるために、自身の財源を枯渇させたとは考えにくい。家光政権の他局面で見られるように、権力範囲の区分が変化したことによって、それに付随して政治上の優先事項も変化した。初期の幕府は、必要ならば家臣を犠牲にして、その権力を固めるべく励んだが、それが変化し、幕府が犠牲となって、大名家の安定と安泰を気遣うようになったのである。

家光の下では、幕府の財政上の責任が増し、支配者の権力と富を反映するものとなった。家綱の下でこれらの義務の範囲が広がったが、それは大名家の権威と地位を維持するためのものとなった。延宝八年（一六八〇）に綱吉が即位した時、その引き継いだ政権は財政上多くの義務を負ったが、蓄えは枯渇し収入は減っていた。綱吉は、時計の針を元に戻すべく、財務上の支払い能力と幕府の権威を回復させるための様々な試みを行ったが、それらは評判の悪いものとなった。

時計の針を元に戻す

綱吉の政治運営を報告した文書は、彼の政権下で大名から押収した所領の規模が、家綱やその後の将軍によって収用された土地と比べて、相当に大きかったことを指摘し、その政策の苛酷さを記録している。確かに、家綱の下で幕府が押収したのは、年平均二万六千石ほどであり、家宣・家継の下では、合わせて平均一万八千石ほどであった。それが吉宗の下では、年平均一万石ほどに減少した。それに対して綱吉は、年平均六万石ほどを押収した。しかしこれは、それぞれ年平均二十三万九千石、二十四万石、十九万八千石ほどが押収された、家康、秀忠、家光の治世と比べれば、わずかな数値である。[62]

同様に、一人の老中を任命して農政だけを担当させたのも、家光の下でその役職が創設されて以来、前例のないことであった。しかし、実質的には、初期の将軍がやっていたように、幕府の主要な収入源を再び直接の管理下に置こうとしただけのことであった。

幕府直轄領の管理

家康は、幕府直轄領の管理を、少数の代官に委ねた。監視は厳格であり、代官の多くは横領の廉で生命を失った。代官の免職ないしは死去に伴い、彼らが管轄していた区域を分けた。

例えば大久保長安は、関東のかなりの部分を管理していた。しかし、慶長十八年（一六一三）の長安の死と、その後に発覚した疑惑により、長安の管轄下にあった区域は一八の別個の地区に分割された。代官一人の管轄権の及ぶ範囲が減ったため、それに比例して、その役職の重要性も低下した。代官は当初、勘定頭と対等であったが、正保元年（一六四四）に出された命令によると、彼らはこの勘定頭に報告することになっていた。[63] 一六六〇年代の初めには、代官を勘定頭の監督下にしっかりと据えるための新たな措置がとられている。[64]

同時に勘定頭は格下げされた。慶長十四年（一六〇九）に松平正綱（一五七六〜一六四八）は、幕府直轄領全体における税の徴収と会計を担うよう命じられたが、彼を「初代勘定頭」と呼ぶのは正しいであろう。最初の二代の将軍の治世では、正綱がこの役職を単独で担ったと言われている。正綱は将軍と密接に結びつき、幅広く権力を行使した。しかしながら、幕府の官僚機構が複雑になるにつれ、新たに任命された者と行政上の役割を分担するようになり、正綱の権力は低下した。[65] さらには、寛永十二年（一六三五）年に家光の行った幕府の行政組織再編により、勘定頭は老中の管轄下に入ることとなった。老中は月交替で財政問題の監督にあたった。[66]

以前は、二万二千石ほどの禄高を有した松平正綱が、長期にわたって専ら財務行政に専念したことにより、専門的な知識を得ることができた。反対に、家綱の時代になると、代官は勘定頭の管理下に置かれるようになった。勘定頭は旗本であった。[67] その大半が財務における専門的な訓練を受けてはおらず、またその多くが、以前は目付などに登用されていた。[68] その上役であった老中も、彼ら以上に知識を持っていることはなかった。老中は譜代大名が務めたが、政務のより重要な部分に共同で責任を負ったため、国の財務行政についての専門知識を身につけそうにはなかった。彼らは月交替で財政問題に責任を持ったため、特殊な課題に取り組もうという気持ちにはならなかったのである。[69]

しかし、代官たち自身は、その役職が世襲化される限りにおいて、地位と権威を固めることができ、半封建領主としての地位を食い物にすることが可能となったのである。しばしば新たな土地が開拓され、代官の収入と権威を増加させたが、幕府への納付額はそれに応じて必ずしも増えなかった。[70] さらに、家光の死から一年後の慶安五年（一六五二）に出された法令では、正式の決算とそれに続く年貢米の納入を遅らせる特権が代官に付与された。それによって代官は、その間に幕府の収入を自分たちの目的のために使い込む機会がさらに増えたのである。[71]

綱吉は農政専管の老中として堀田正俊を任命し、農政は正俊一個人に委ねられることとなった。しかし、正俊がこの役職に就いていた時にとられた厳しい措置は、彼自身の主導によるものではなかったのであり、このことは、貞享元年（一六八四）の正俊暗殺後も、厳しい措置が変わることなく続いたという事実によって示される。

早くも延宝九年（一六八一）二月に、代官から依然として未払いとなっている年貢米を調査するため、四人の勘定役と三人の補佐役が任命された。[72] 結果は明らかに、全く満足のいくものではなかった。翌天和二年（一六八二）には二人の役人が吟味役に任命されているからである。このような展開を経て「勘定吟味役」の役職が確立したと、歴史家たちは解釈している。[73] 任命された二人はこの役職に適任であった。一人は勘定組頭であり、あと一人は代官そのものであった。五年後の貞享四年に再び、引き続き財務調査を行うよう命じられている。[74] 数ヵ月後に、その勘定組頭と代官に宛てて追加の命令が出され、そこで彼らは、財務記録を詳細につけ、年貢米が即座に納入されるよう特に注意を払えと勧告された。[75]

これらの行政改革が代官に及ぼした実際上の効果は、すぐにも表れた。延宝九年二月に、家康にたいへん気に入られた代官伊奈忠次の孫である代官伊奈忠利は、代官任務を解かれ改易された。[76] 綱吉の治世二十九年間に、合わせて三十四名の代官が免職となり、多くが死をもって罰せられた。綱吉が就任した際の代官の正確な人数はわからないが、この三十四名は少なくとも全体の半数を占めたと考えて間違いない。[77] 堀田正俊の死を受けて、免職が中断されることはなかった。それどころか、正俊の死から五年後の元禄二年（一六八九）に最も多くの代官が職を解かれていて、そこでは一年のうちに十二名が役職から退けられた。[78] ほかにも、多くの世襲代官が、免職の原因となるような所領経営を行っていないにもかかわらず、別の役職に異動させられた[79]。これらの措置を通して綱吉は、幕府直轄領の管理のあり方を、半封建的なやり方で支配する世襲の役職保持者から、幕府の厳格な管理下で任務を遂行する役人へと、変化させたのである。

荻原重秀の台頭

初期に行われた厳格な監視は、堀田正俊の死後も止むことはなく、免職が頻繁になされる傾向は、綱吉自らが支配していたことを示すものである[80]。治世最初の九年間に、綱吉が勘定頭に任命した十名のうち、ほかの役職に昇格したのは二名だけであった。残りの者については、一名が死去し、二名が病気を理由に職務を免除され、四名が管理上の不正ゆえに職を解かれて罰せられた。死去した者と、病気を理由に隠居した二名の内の一名は、それぞれこの役職に十年ほどとどまることに成功したが、ほかの者は、地位を失うまで、平均して二年務めただけであった[81]。

貞享四年（一六八七）九月のある一日のうちに、勘定頭三名と勘定吟味役一名が不適格ゆえに職を解かれ、地位の低い勘定組頭が勘定吟味役に昇格した。彼は長く職に留まり、やがて国の財政政策の主たる責任を担うこととなった。それは綱吉の治世だけでなく、激しい批判や反対があったにもかかわらず、第六代将軍家宣の政権の大半においても同様であった[82]。その人物は荻原重秀（一六五八〜一七一三）である。勘定所の中級役人の次男であった重秀は、自身も十六歳の時に勘定として、財務行政の訓練に入った。天和三年（一六八三）に勘定組頭へ昇格し、そして四年後に、免職された同僚に代わって勘定吟味役となったのである[83]。これは、綱吉が治世二年目ですでに確立していた役職であった。初めは「勘定頭差添役」として知られていたが、それに任じられた者は明らかに、代官だけでなく、彼らの上役や同僚の仕事ぶりも調査することを託されていた。[84] 戸田茂睡の日記の記載も、このことを示している。日記には、綱吉自らが重秀を呼び寄せ、代官の帳簿だけでなく、調査するに値すると思ったものすべてを、自分の分別と才覚に従い、よく調べるよう指示したことが記されている。[85] 将軍が重秀に、直属の上司である老中よりも、自分の才覚と分別に従うよう命じたことは、指揮権の階層的構造を意図的に歪めるものであった。地位の低い個々人を、自分に直接忠誠を尽くすよう結びつけ、そして彼らに、彼らの上役について報告するよう求めることで、綱吉は、最初の三代の将軍が行使した専制的な権力を再確立しようとしたのである。

荻原重秀が、課せられた任務を立派にこなしたことは明らかである。勘定吟味役に就いてからわずか三ヵ月後に、布衣を着用する栄誉が綱吉から授けられたからである。これは通常、従四位ないしはそれ以上の官位保持者に与えられるものであった。[86] 元禄九年（一六九六）に重秀は勘定頭に昇格した。この頃から、この役職は「勘定奉行」と呼ばれるようになり、重要な職務である寺社奉行、町奉行と同等に並べられた。綱吉がこの役職を重視していたことの表れである。[87]

元禄検地

農業からの収入を増やす一つの方法は、土地を再調査することであった。農業経営の新しい方法や米の新しい品種によって収穫高が上がったり、あるいはまた、新たに開拓され、まだ登録されていない田畑や、課税することのできる農産物が見つかったりすることが期待された。

すでにかなり早い時期に、家綱の下で重秀は、畿内での検地の際の働きが評価されて賞賛と褒美を得ていた[88]。天和元年（一六八一）には、真田家が一世紀にわたって支配した沼田藩を押収した際のチームの一員であった。続いて行われた検地があまりにも徹底していたため、追徴税の支払いに反対する組織的な抗議へと発展している[89]。

検地は前の将軍たちの下でも行われたが、綱吉の治世にはその方法に新たな厳格さが加えられた。元禄三年（一六九〇）に信濃の高遠藩で行われた検地のために作成された十七ヵ条から成る「高遠領検地条目」は、新たなレベルでの詳細さと正確さを要求するものであり、またそれが、綱吉の政権下で行われたその後の検地すべての青写真となった[90]。検地の結果、高遠藩のもともとの三万二百石は三万九千三百石に査定し直され、三分の一近くの増加となった。歴史家たちによって「元禄検地」として言及されていることは、綱吉政権の早い時期にも見ることができる。天和元年に高田藩が押収された時、幕府の収入を最大にするため、似たような方法が用いられた。税負担の詳細な記録をつくるという方法は、幕府の収入を増加させただけでなく、大地主によって頻繁に半隷属的地位に陥らされた、小作人の自立性を回復するものとなった[91]。綱吉が役人に対する直接の支配を確立するための方法と同じように、この方法が目指したのは、幕府が生産者をより直接かつ効率的に支配できるよう、行政上の中間層を排除することであった。

綱吉が農政で行った改革は、幕府の所有する土地が増加し、そして元禄五年に、幕府の歴史の中で初めて、四百万石の水準に達した限りにおいて成功であった。しかしながら、幕府直轄領からの生産高の増加は、以前の政権下での金・銀山、またのちには蓄えてあった金・銀塊によってもたらされた収入に、見合うものではなかった。荻原重秀は、幕府の財政問題を克服しようと、一時的に効果はあるが極めて評判の悪い方策、すなわち貨幣の改鋳を提案し監督したことにより、日本史の記録の中に現れることとなったのである。

---

(1)『世間胸算用』(神保五彌校注・訳『井原西鶴集』第三巻。〈『新編日本古典文学全集』第六十八巻〉、小学館、一九九六年)四七一頁より引用。

(2)『世間胸算用』(注1)三五三頁。

(3)ヨーロッパの諸都市との人口の比較は、B. M. Bodart-Bailey, "Urbanisation and the Nature of the Tokugawa Hegemony", in: Nicolas Fiévé and Paul Waley, eds., *Japanese Capitals in Historical Perspective: Place, Power and Memory in Kyoto, Edo and Tokyo*, London: Routledge Curzon, 2003, pp.100-101を参照。

(4)『世間胸算用』(注1)四七〇頁。

(5)『国史大辞典』第九巻(吉川弘文館、一九八八年)一〇四三頁。大野瑞男『江戸幕府財政史論』(吉川弘文館、一九九六年)三一頁では、二百三十万~二百四十万石となっている。

(6)徳富猪一郎『近世日本国民史』第十三巻(家康時代、下巻、家康時代概観、民友社、一九三五年)一九〇~一九二頁。栗田元次『江戸時代史』上巻(近藤出版社、一九七六年)二三四頁。大野前掲書(注5)三三頁。

(7)山口啓二『鎖国と開国』(岩波書店、一九九三年)二〇頁。

(8)『国史大事典』第五巻(吉川弘文館、一九八五年)三五四~三五五頁。

(9)佐々木潤之助・渡辺則文「諸産業の技術と労働形態」(『岩波講座日本歴史』第十一巻、岩波書店、一九七六年)二一二頁。徳富前掲書(注6)一七七頁。

(10)徳富前掲書(注6)一七七~一八一頁。栗田前掲書(注6)一四九~一五〇頁。

(11) 栗田前掲書（注6）一四九〜一五〇頁。長谷川利平次『佐渡金銀山史の研究』（近藤出版社、一九九一年）六二頁。一貫は三・七五キログラム。

(12) Engelbert Kaempfer, *Kaempfer's Japan: Tokugawa Culture Observed*, edited, translated and annotated by B. M. Bodart-Bailey, Honolulu: University of Hawai'i Press, 1999, pp.378-384, 424-428.

(13) Michael Cooper, *Rodrigues the Interpreter: An Early Jesuit in Japan and China*, Tokyo: Weatherhill, 1974, p.213.

(14) Michael Cooper trans. and ed. *This Island of Japon: João Rodrigues' Account of 16th-Century Japan*, Tokyo: Kodansha International, 1973, p.53.

(15) 交換比率を割り出す際に直面する困難については、Kobata Atsushi, "The Production and Uses of Gold and Silver in Sixteenth- and Seventeenth Century Japan," *Economic History Review*, 2nd ser., 18:1-3（1965）を参照。特に二五〇〜二五五頁。

(16) Michael Cooper, trans. and ed. *They Came to Japan*, Berkeley: University of California Press, 1965, p.10. テールは通常十匁と当価値とされ、それは三十七・五グラムに相当した。しかしながら、当時は計量法が頻繁に変化し、また大雑把に適用された。

(17) 辻達也『江戸開府』（『日本の歴史』第十三巻、中央公論社、一九九〇年再版）一七三〜一七六頁。栗田元次の計算（前掲書（注6）二二六頁）によると百九十三万〜百九十四万両になるという。大野（前掲書（注5）三一頁）も百九十四万両という数値を挙げている。George Sansom, A History of Japan, Stanford University Press, 1963, 3:5では百九十五万両となっているが、典拠が記されていない。

(18) 大野（前掲書（注5）三一頁）は別の史料を典拠に、尾張と紀伊への分配額をそれぞれ四十万両、水戸を二十六万両としている。

(19) 辻前掲書（注17）一七六〜一七七頁。栗田前掲書（注6）二二六頁。

(20) 辻前掲書（注17）一七六～一七七頁。栗田前掲書（注6）二三〇頁。

(21)『日光市史』中巻（日光市、一九七九年）二二三、三四二～三四五頁。

(22)『国史大辞典』第十巻（吉川弘文館、一九八九年）一一〇～一一三頁。

(23) 藤井譲治『徳川家光』（吉川弘文館、一九九七年）一九九～二〇一頁。

(24) 田辺泰『日光廟建築』（彰国社、一九四四年）一〇五～一〇六、一〇九～一一五頁。『日光市史』中巻（注21）四一八～四二三頁。

(25)「東照大権現様御造営御目録」、藤井前掲書（注23）一九四頁の引用による。『日光市史』中巻（注21）三九二頁。

(26) 田辺前掲書（注24）四四～四七頁。『日光市史』（注21）四二四～四三七頁。

(27)「竹橋余筆別集」、大野前掲書（注5）二一〇～二一一頁の引用による。

(28) 大野前掲書（注5）一九九～二〇〇頁。

(29) 同右、二〇四、二一〇頁。

(30) 同右、一九九頁。この貞享三年の史料に含まれていない数値については二〇一頁を参照。

(31) 栗田前掲書（注6）二三〇頁。藤井前掲書（注23）一九四頁では九回となっている。

(32) 黒板勝美・国史大系編修会編『徳川実紀』第四篇（吉川弘文館、一九七六年）寛文三年五月四日条（四六三頁）、『徳川実紀』第五篇（吉川弘文館、一九七六年）天和二年三月二十八日条（四四三頁）。B. M. Bodart-Bailey, “A Case of Political and Economic Expropriation: The Monetary Reform of the Fifth Tokugawa Shogun”, *Papers on Far Eastern History*, March 1989, pp.179-180.

(33)「清水寺」（『国史大辞典』第四巻、吉川弘文館、一九八四年、四一二頁）、「知恩院」（『国史大辞典』第九巻、吉川弘文館、一九八八年、三六八頁）、「延暦寺」（『国史大辞典』第二巻、吉川弘文館、一九八二年、四二七頁）。『日光市史』中巻（注21）三四二～三四三頁も参照。

(34) 栗田前掲書（注6）二三〇頁。辻達也『天皇と将軍』（『日本の近世』第二巻、中央公論社、一九九一年）一一〇

〜一一三頁。辻の計算によるとこれは十七万二千両ほどになる。

(35) 徳富猪一郎『近世日本国民史』第十九巻(元禄時代、下巻、世相篇、平凡社、一九三六年)一五〜一六頁。

(36) 辻前掲書(注34)一一一〜一一二頁。

(37) 三上隆三『江戸の貨幣物語』(東洋経済新報社、一九九七年再版)一五〇頁。

(38) 『徳川実紀』第三篇(吉川弘文館、一九七六年)寛永十二年七月七日条(六八五頁)。

(39) Sansom前掲書(注17)第三巻、二六頁。

(40) 山口前掲書(注7)一九頁。岩生成一は、日本を出て海外で取引された銀だけで、国外で生産された銀の総計の三十ないしは四十%に相当したと考えている。岩生成一『鎖国』(『日本の歴史』第十四巻、中央公論社、一九八八年再版)一〇頁。

(41) 栗田前掲書(注6)二三〇頁。

(42) 長谷川前掲書(注11)六二〜六四頁。大石慎三郎『元禄時代』(岩波書店、一九七〇年)七五頁の表も参照、一六一三年から一六九三年の間に佐渡の鉱山から産出された貴金属の量を示している。

(43) 『徳川実紀』第四篇(注32)明暦三年一月十九日条(二〇九頁)。

(44) 『徳川実紀』第四篇(注32)明暦三年二月二十九日条(二一七頁)。

(45) 『徳川実紀』第四篇(注32)明暦三年一月二十九日条(二一二頁)。

(46) 『徳川実紀』第四篇(注32)明暦三年二月九日条(二一四〜二一五頁)。

(47) 『徳川実紀』第四篇(注32)二一五、二一七、二二一頁など。

(48) 「竹橋余筆別集」、栗田元次「元禄以前における江戸幕府の財政に就いて」(『史学雑誌』第三八巻一二号、一九三七年)一一五九頁の引用による。(一貫=千匁、六十六匁=金一両。匁と両の交換比率は時により変化した。)

(49) 『徳川実紀』第四篇(注32)明暦三年五月十一日条(二二七頁)。

(50) 『徳川実紀』第四篇(注32)明暦三年四月二十一日条(二二五頁)、同年八月十五日条(二三八頁)。

（51）『徳川実紀』第四篇（注32）明暦三年五月九日条（二二七頁）。
（52）そのための担当官が任命されたのは万治元年四月九日であった。『徳川実紀』第四篇（注32）二六四頁。
（53）栗田前掲論文（注48）一一五〇～一一五八頁。
（54）江戸城での建設事業についての解説は、藤井前掲書（注23）一一四～一一七頁を参照。
（55）朝尾直弘「将軍政治の権力構造」（『岩波講座日本歴史』第十巻、近世二、岩波書店、一九七一年）三五、三九～四〇頁。辻達也「『下馬将軍』政治の性格」（『横浜市立大学論叢　人文科学系列』第三〇巻二～三号、一九七九年八月）三〇頁。
（56）朝尾前掲論文（注55）四一～四二頁。Harold Bolitho, *Treasures among Men*, New Haven: Yale University Press, 1974, pp.166-167.
（57）例えば『徳川実紀』第四篇（注32）万治元年二月五日（二五八頁）、同年二月十五日（二五九頁）など。
（58）Bolitho前掲書（注56）一六八頁。栗田前掲論文（注48）一一五九頁。『徳川実紀』第四篇（注32）万治元年二月二十六日条（二五九頁）、同年三月十五日条（二六二頁）、同年四月十八日条（二六五頁）、同年四月二十三日条（二六六頁）、同年七月三日・四日条（二七三頁）など。
（59）徳富猪一郎『近世日本国民生活史』第十七巻（元禄時代、上巻、政治篇、平凡社、一九三六年）二四五～二五三頁。
（60）『徳川実紀』第五篇（注32）天和元年十一月二十四日条（四三一頁）。
（61）『徳川実紀』第二篇（注32）寛永十二年七月七日（六八五頁）と、『徳川実紀』第四篇（注32）明暦三年二月九日条（二一四頁）を比較されたし。
（62）これらの数値は、藤野保『幕政と藩政』（吉川弘文館、一九七九年）四二頁をもとに計算されている。初代将軍の時期として一六〇〇年から一六一五年までが計算され（押収された土地は三五九四六四〇石に上った）、第二代将軍は一六一六年から一六三一年までである（三六〇五四二〇石）。これらの数値の内訳は、同、三～九頁。ほかの研究者との数値の違いは、のちに同じ家族の一員に再び与えられた土地を数えるかによって、生じたものである。これらの数値を用いた、John Whitney Hall, "The Bakuhan System", in Hall, ed., *The Cambridge History of Japan, vol. 4: Early Modern Japan*, Cambridge: Cambridge University Press, 1991, p.152も参照。

(63) 北島正元『江戸幕府の権力構造』(岩波書店、一九六四年) 三四八～三四九頁。家康の死後に代官の役割が変化したことについての議論は、和泉清司『徳川幕府成立過程の基礎的研究』(文献出版、一九九五年) 四〇三～四一二頁を参照。

(64) 藤井譲治「家綱政権論」(松本四郎・山田忠雄編『講座日本近世史四　元禄・享保期の政治と社会』有斐閣、一九八〇年) 五九頁。

(65) 北島前掲書 (注63) 三四六～三四七頁。

(66) 藤井譲治『江戸幕府老中制形成過程の研究』(校倉書房、一九九〇年) 五四五頁。

(67) 笹間良彦『江戸幕府役職集成』(雄山閣、一九六五年) 二一一～二一二頁。

(68) 辻達也『享保改革の研究』(創文社、一九六三年) 六三～六四頁。

(69) 同右、六三頁。

(70) 大石前掲書 (注42) 一一六頁。大石慎三郎『享保改革の経済政策』(御茶の水書房、一九六一年) 八〇頁。北島前掲書 (注63) 三四九～三五〇頁。

(71) 辻前掲書 (注68) 六八頁、『御当家令条』第二十三条 (『近世法制史料叢書』第二巻、一五八頁) からの引用。

(72) 『徳川実紀』第五篇 (注32) 天和元年二月十八日条 (四〇一頁)。

(73) 笹間前掲書 (注67) 二四〇頁。大石『享保改革の経済政策』(注70) 八一、八四頁 (注七)。中瀬勝太郎『徳川幕府の会計検査制度』(築地書館、一九九〇年) 九五頁。『徳川実紀』第五篇 (注32) 天和二年六月十四日条 (四五一頁)。

(74) 『徳川実紀』第五篇 (注32) 貞享四年六月二十一日条 (六〇三頁)。

(75) 中瀬前掲書 (注73) 一四五～一四六頁、「御勝手方御定」並諸被仰度書 (上) からの引用。

(76)『徳川実紀』第五篇(注32)天和元年二月九日条(四〇〇頁)。辻前掲書(注68)六六頁。忠次については、村上直『江戸幕府の代官』(国書刊行会、一九八三年再版)一九～四〇頁。

(77)辻前掲書(注68)六五頁。『古事類苑』に従い、代官の数は四十から五十名の間であったと辻は推測する。村上(前掲書(注76)頁番号が付されていない付録)は、延宝元年(一六七三)に七五名をリストに挙げている。

(78)辻前掲書(注68)六四～六五頁。

(79)同右、六七頁。

(80)堀田正俊の後継者が任命されたということは記録に表れないが、貨幣改鋳の時期には、老中大久保忠朝が財政を担当したと言われている。(Bodart-Bailey 前掲論文(注32)一八五頁。)

(81)児玉幸多『日本史総覧』第四巻(新人物往来社、一九八四年)六三頁。

(82)『徳川実紀』第五篇(注32)貞享四年九月九日条(六一〇頁)。

(83)『寛政重修諸家譜』第十巻(続群書類従完成会、一九六五年)一四三頁。『徳川実紀』第五篇(注32)貞享四年九月十日条(六一〇頁)。

(84)松平太郎『江戸時代制度の研究』(柏書房、一九九三年再版)六四〇頁。笹間前掲書(注67)二四〇頁。辻前掲書(注68)六三頁。

(85)戸田茂睡『御当代記』(塚本学編、東洋文庫六四三、平凡社、一九九八年)一四八頁。

(86)『徳川実紀』第五篇(注32)貞享四年十二月二十五日条(六二一頁)。『寛政重修諸家譜』第十巻(注83)一四三頁。この役職保持者への布衣の授与は、そこで担わされる重い役儀により、後に一般的となった(笹間前掲書(注67)二四〇頁)。

(87)『寛政重修諸家譜』第十巻(注83)一四三頁。笹間前掲書(注67)二一一頁。

(88)『寛政重修諸家譜』第十巻(注83)一四三頁。

(89)同右。藤野保『恩栄録廃絶録』(近藤出版社、一九七〇年)二八六頁。横山十四男「礫茂左衛門」(『世界大百科事典』第二十三巻、平凡社）。
(90) 長谷川政次『大名の財政』（同成社、二〇〇一年）二八頁。
(91) 同右、それぞれ三八、二九頁。

第十四章　貨幣生産

「幣者国家所造、雖以瓦礫代之、而且可行（貨幣生産は国の問題である。貨幣の代わりに紙屑が使われたとしても、わずかな違いすら生じないであろう）」。[1] これは『三王外記』の著者が、荻原重秀の発言としているものである。財政問題における重秀の進歩的な考え方を示すのではなく、彼の決定的な悪行ぶりを記録してのことであった。『三王外記』は、綱吉の政治を嘲笑し、貨幣改鋳という財政政策が、非常に馬鹿げた状況を引き起こし得るということを示すために書かれていた。しかしながら、貨幣改鋳が主として行われたのは、綱吉ではなく、後継者である第六代将軍家宣の政権下においてであり、またこのような改鋳は、残る徳川時代の間に十回ほど繰り返されている。[2] それなのに、同時代人だけでなく、のちの歴史家もが、この政策の批判対象に綱吉だけを選び出し、また何人かは、封建史上最悪の策略であったとまで言っている。[3]

貨幣改鋳という前例のない措置を講じることになったのは、要するに、前任者たちの消費によって悪化した財政を綱吉が継承したからであった。将軍に就任してから十年以上が経過した時、綱吉はいよいよ、徳川家一族にとって最も神聖な場所である日光の、父家光と曾祖父家康の霊廟を参詣しなくてはならないと決意したが、財政担当の老中大久保忠朝が、必要な資金が不足していることを告げたのであった。将軍の社参に必要とされた十万両をどうにも工面できなかったのである。この問題の解決にあたって、幕閣たちは「皆一言ヲ発スル者ナク黙然トシテ瘂ノ如シ」だったという。荻原重秀が、勘定吟味役という比較的低い地位にありながら、金・銀貨を溶かして鋳造し直すことを提案したのは、この時である。それを許可することにより、幕府は貨幣を増やすことができ、また財政問題を解決するだけでなく、流通する貨幣が不足する事態も改善することができるのであった。その結果、慶長年間（一五九六～一六一五）に鋳造されたことから、「慶長大判」と呼ばれる大判の金の含有量は、八十四・二九％から五十七・三七％に減り、また銀貨も、銀の含有量が八十から六十四％に減った。ついに宝永五年（一七〇八）には、銅貨も「十文銭（宝永通宝）」という大判に品質を落として改鋳された。[4]

幕府の説明

世間は、幕府の財政苦境について間接的に知らされただけであった。元禄八年（一六九五）に出された改鋳を公式に知らせる御触には、古い貨幣の極印が年と共に剝げ落ちてきたため、また金・銀山の採掘量が減少したことにより、貨幣の需要の高まりに見合うほど十分な金・銀塊が確保できなくなったために、このようなことが必要になったと記されていた。[5] それだけの話ではなかったが、これらは妥当な理由であった。家康の時代に鋳造された慶長金銀は百年近く流通しており、純度が高かったことから、極印が剝げ落ちていたと考えることはできる。元禄時代の好景気は交易の拡大をもたらし、貨幣の使用が国内の遠隔地域においても増えた。急激な人口増加と大都市の急速な発展が、さらに法定貨幣の不足をもたらした。加えて、長崎にいる外国商人を通して、相当量の貨幣が流出したこともあった。エンゲルベルト・ケンペルによると、一六四一年にオランダ人は依然として、彼らが持ち込んだ商品との交換で、八十トンほどの金と、それと同価の銀を携えて日本を去ることが許されていた。綱吉の下で、貞享二年（一六八五）にオランダからの輸入割り当てが金十・五トン（交換比率により、三十万テールないしは三千貫目）と定められた時、その流出が止まった。一方、中国の商人にはその二倍の量が認められていた。[6] さらには、対馬の大名が朝鮮と行った商取引によっても、相当量の金・銀塊が日本列島を離れていったのである。[7]

必要な費用を支払い、高まる貨幣の需要を満たすため、幕府は開府当初から貨幣を鋳造してきた。家康から貨幣の鋳造を委ねられた金座・銀座は、七十年ほどあとにも依然として変わらず操業を続けていた。[8] しかしながら、明暦の大火から数年後の寛文年間（一六六一〜七三）の初めには、金・銀塊の供給が不足するようになり、金座・銀座は幕府に金貨の品質を下げるよう直訴するようになった。しかし、その要請は棄却されている。[9] 大判の金の含有量だけが六十八・一一から六十七・二七％へとわずかに減らされた。[10] むしろ家綱政権は、家康が軍事上の非常事態に備えて貯蔵しておいた、いざという時の蓄えに手をつけることを選んだ。延宝四年（一六七六）に家康の非常用の金分銅七個が貨幣に鋳造され、五万七千八百両が生産された。翌年には、非常用の銀分銅が一部、貨幣に替えられている。[11]

しかしながら、元禄五年にはその最後の蓄えがなくなろうとしていた。そして、再び金・銀塊が不足したため、金座・銀座は幕府に改鋳を求めて直訴するようになった。[12] その二年前に綱吉は、佐渡の鉱山の財務監督を荻原重秀の責務に加えていて、重秀は同鉱山を自ら調査した。[13] 重秀の監督下で、佐渡の鉱山の採掘量は続く十年の間に十％以上も増加したのである。[14] しかし、金・銀塊の供給は依然として、不足を補うために新たな貨幣を鋳造するという、幕府の伝統的なやり方を維持するには、不十分であった。この前例のない状況に直面して、古い貨幣を改鋳するという前例のない方法で、この財政危機を乗り切るよりほかに選択の余地はないように思われた。新井白石によると、のちに荻原重秀は次のような言葉で、家宣へ状況を説明している。

> 前代の御時、歳ごとに其出る所の入る所に倍増して、国財すでにつまづきしを以て、元禄八年の九月より金銀の製を改造らる。これより此かた、歳々に収められし所の公利、総計金凡ソ五百万両、これを以てつねにその足らざる所を補ひしに、同き十六年の冬、大地震によりて傾き壊れし所〳〵を修治せらるゝに至て、彼歳々に収められし所の公利も忽につきぬ。そののち、又国財たらざる事もとのごとくになりぬれば、宝永三年七月、かさねて又、銀貨を改メ造られしかど、なを歳用にたらざれば、去年の春、対馬守重富がはからひにて、当十大銭を鋳出さるゝ事をも申行ひ給ひき。此大銭の事は、近江守もよからぬ事の由申せしと也。[15]「今に至て此急を救はるべき事、金銀の製を改メ造クらるゝの外、其他あるべからず」と申す。[16]

前例のない財政状況を前例のない方法で解決しようという取り組みは、伝統的な考え方をする幕閣の多くから、非常に疑わしく思われたことを重秀は十分に知っていた。新井白石によると、重秀は次のように自らを正当化しようとしたのであった。「初メ金銀の製改造られしより此かた、世の人私に議し申す事どもありといへども、もし此事によらずむば、十三年がほど、なにをもてか国用をばつがれ候べき。殊にはまた癸未の冬のごとき、此事によらずむば、いかむぞ其急難をば救はせ給ふべき。されば、まづ此事を以て当時の用を足され、これより後、年穀も豊かに国財も余りある時に及び、金銀の製むかしに復されん事は、いとやすき御事にこそあるべけれ」[17]。

家宣の下での貨幣改鋳

家宣政権下でも、貨幣の品質を低下させるという重秀の提案は受け入れられた。受け入れられたのは、状況の変化から「金銀の製を改むべき事」が正当化されるように思えたからではなく、単に専門知識を持ち、それに代わる解決策を提案できるほどの者がほかにいなかったからである。白石によると、家宣は、「はじめ金銀の製を改造らる、ごときの事なからむには、天地の災も並び至る事なからむもしるべからず」との想定の下に強く反対したという。また家宣は、貨幣の品質を下げ続けることは、不運な人々の身に、より一層の苦難が降りかかることに等しく、輝かしい徳川家が終焉を迎えることにさえなりかねないという恐怖も口にしたようである[18]。

実際に家宣がそのような懸念を抱いていたのか、あるいは白石がのちに、主人である家宣がこの非道な政策を非難するだけの徳を備えていたということを、後世の人々に確信させることが自分の義務と考えたのかについては、議論の余地がある。しかし、哲学者が道義的観点から異議を唱えたところで、幕府の支出を賄うにはさらに品質を下げることが不可欠という理に適った決定に、もはや待ったをかけることはできなかった。家宣の知らないところで行われたと白石は主張するが、家宣は品質の引き下げについて――認めたわけではないにしても――見て見ぬふりをしたのではないかと考えられる。結果的に、国の運営に必要な資金が得られただけでなく、七十万両を支払い、家宣が強く要求したという、豪華な将軍の御座所を新たに建てることもできたのである。[19] 家宣は、重秀の解任を求める白石の請願を三度、国の財政を担う資質のある者がほかにいないという理由で、退けてきた。数ヵ月に及ぶ病が身体機能を奪い、家宣に死期が迫っていた時、白石はついに重秀の解任に成功した。そして貨幣の改鋳に歯止めがかかった。[20] 家宣の死から一年以上あとに、貨幣の品質を慶長期に戻す公式命令が白石自身によって起草されている。[21] その頃すでに、荻原重秀は謎の死を遂げ、生きてはいなかった。この時点でようやく白石は、最も不快な相手であった重秀を、先祖伝来の法に背くという最大の罪を犯した犯罪者として、公然と非難することができたのである。[22]

改鋳して品質を低下させるという行為を家宣が許可したことは一度もなく、重秀がそれを密かに実行に移したのだということを、白石は主人への最後の奉仕として、世間の人々に納得してもらえるよう尽力したのであった。白石は以前にも、能舞台における家宣の恥ずかしい舞を、歴史に残すまいと決めていた。[23] ここでも同じように、恥ずべき改鋳の責任が死んだ主人に帰せられることのないようにし、また、貨幣の品質を戻すことが家宣の最後の願いであったかのようにしたのである。[24] 白石の奮闘は成功した。家宣は、貨幣改鋳によってもたらされた利益を享受し、また、重秀の免職を促す白石からの提案を繰り返し退けてきたのであったが、歴史家は今日でさえ、貨幣の品質を元の純度に戻すことを、家宣は願っていたと主張するのである。[25]

貨幣改鋳はインフレを引き起こし、米の値段を極端に上昇させたが、社会の多くの人々は作物の商品価値に応じて収入が変動したため、物価の高騰によって利益がもたらされることとなった。世紀の変わり目が近づいていた頃に起きた一連の自然災害にもかかわらず、武士も農民も、綱吉・家宣政権下で、何年かにわたって貨幣改鋳が繰り返された時期の方が、吉宗政権下で、米価が下がり収入が減った時期よりも、財政的に潤っていた。また、貨幣の品質が下がったことは、大名や旗本・御家人らの借入金の実質的価値を低下させることにもなった[26]。それではなぜ、この貨幣改鋳を理由に綱吉は辛辣な批判を浴びることとなったのであろうか。そしてまたなぜ、貨幣改鋳について家宣が知っていたことを否定しようと、白石のような人物が必死にあれこれ試みたのであろうか。

パラダイムの変化

貨幣改鋳もまた、当時かなり嫌悪された、パラダイムの変化の一環であった。半封建的で地方分権的な政治から、綱吉がその治世に樹立しようとした専制的な政治への変化である。第八代将軍吉宗――綱吉とは反対に、善政を敷いたとして大いに賞賛されてきた――は、財政的困難に直面した時、大名に上米を命じることで、この危機を乗り切ろうとした。資金を調達しようとするいかなる政権の場合と同様に、それは評判の良い方法ではなかったが、反道徳的で良くないという批判を集めることにもならなかった。吉宗の措置は、主君が家臣に支援を求める権利を持つという、封建制の伝統的方法に従ったものであった。大名が任意に幕府の米蔵に寄付したのではなかった。しかしこれは、関係者全員で十二分に協議したあとになされたのであり、また上米の埋め合わせに、吉宗自らが譲歩したという事実から、大名も財政上の取り決めに際してある程度の主導権を有したことが示される[27]。

しかし貨幣改鋳は、全国的に、幕府財政への貢献が同じように求められたのと同じであった。しかも、交渉可能ではない、強制的なものであった。その意味で、これは全国的課税に対する初期の権利表明であった。近代の税にも幾分類似して、貨幣改鋳は、第一に個人の財産に比例した負担となった。それは、人々が——幕府直轄領に住んでいようと、あるいは大名の所領に住んでいようと——等しく将軍の臣下であり、将軍が人々の富を利用できることがほのめかされた限りにおいて、道義に反するように思われた。大名は、伝統的に人々と将軍との仲介役を果たしてきたのであるが、切り離された。そして、徳川時代の歴史の中ではそれまで一度もなかったことだが、貨幣や国の財政の問題は、大名の介入なしに、幕府によって扱われるということを言い含められたのである。

紙屑が貨幣の代わり——藩札

荻原重秀は、価値に見合うだけの金・銀を含まない貨幣を生産したことで、嘲笑や非難を受けた。ここでの問題の核心は、名目だけの貨幣を発行したことの道義性の問題ではなく、それを発行する権限が誰に与えられるべきなのかであった。このことは、各藩が独自に発行した紙幣である、藩札の流通について考えると明らかになる。この藩札発行の権限は、例によって、貨幣を独占的に発行してきた幕府の伝統を侵害するものであり、家綱の政権下で諸藩に付与されたのであった。綱吉が就任した頃には、十五の藩で藩札が発行されていた。そこへ八つの藩が加わり、その数は増えることとなったが、宝永元年（一七〇四）を過ぎると、さらに発行が許可されることはなかった。[28]

大名たちは幕府よりも早く、正貨との兌換が十分に保証されないような貨幣を発行することによって、財政不振を上向かせる方法を思いついていたようである。浅野長矩の死を受けて赤穂藩が改易となった時、それまでの十年間に発行された藩札は、その六割の現金しか得られないものであることがわかった[29]。

このような大名の収入源は、宝永四年十月十三日に停止令が出された時、突如として終焉を迎えた。この命令が大名に届いてから五十日以内に、藩札の発行をすべて停止し、代わりに幕府が新たに鋳造した貨幣が使用されなくてはならなくなったのである[30]。

大名は、独自の貨幣を発行する権限を将軍に奪われた上、年貢米を売る際に、その支払いが金単位か銀単位のどちらでなされるかを、自由に規定することさえ認められなかった。金と銀の双方が受け入れられなくてはならないという法令が全国規模で出され、大名個人も、彼らの支配権下にある地域も、その法からの除外を求めることはできなかった[31]。幕府の干渉は、金貨・銀貨・銅貨の交換比率を公式に定めようと試みられた時にも、明らかであった[32]。幕府の財政政策を実施するにあたって、直面したいかなる困難をも、勘定吟味役の荻原重秀に報告するよう命じた法令は、将軍および将軍の任命を受けた者の権威をさらに強調することとなった[33]。これらの新たな法は、旗本身分の者によって厳格に維持されたのであったが、その一方で、別のいわゆる成り上がり者は所領を与えられ、またその所領は伝統的に、幕府の目指す財政の中央集権化から除外されていたため、引き続き独自の貨幣を鋳造することが認められたのである。宝永四年に側用人柳沢吉保は、甲斐において金貨を鋳造する権限が綱吉から付与された[34]。

政策の代償

綱吉は、その評判の悪い政策のために高い代償を払わされた。当時の知識人たちが、ほかの将軍であれば非難されることなく実行できたような措置に関して、激しく批判しただけでなく、今日の歴史家でさえ、浪費家で不道徳な将軍というイメージを維持するために、引用すべき史料を都合よく選んでいるのである。

したがって、綱吉が大名屋敷を訪れたこと、特に側用人柳沢吉保邸を合わせて五十八回訪問したことは、幕府の財政に重い負担となってのしかかったと非難されている[35]。父家光は、たった一年の間に四十二回も大名屋敷へ出向くなど、もっと多く訪れていたが、その事実は無視されているのである。その同じ年に、家光は鷹狩に五十三回出かけている[36]。幕府の財政負担は鷹狩の方がよほど大きかった。大名屋敷訪問の場合は、将軍の御成という栄誉が与えられた大名の側が、その費用の大部分を負担することになったからである。

綱吉が元禄十五年（一七〇二）に前田綱紀の屋敷を訪問した時の支出は、合わせて三十六万両に上ったと言われ、藩の財政にとって痛手となったことは間違いない。しかし、このような苦情をもとに、綱吉の大名屋敷訪問が幕府の財源を枯渇させた主たる要因であったという主張を裏づけることはできない[37]。綱吉はそのような折に数多くの贈り物を与えたが、迎えた側も返礼に贈り物をしなくてはならなかった。献上品の多くは再利用できたり、代金が含まれたりしたので、幕府の支出は、単に贈り物の費用が加わり増えるよりは、相当に減ったはずであった。また、これらの贈り物が度を越していたと言うには、綱吉の前任者や後継者が行った下賜と比較されなくてはならない。筆者の知る限り、この課題に取り組んだ歴史家はいない。仮に、例えば家綱が大名に贈った贈り物の方が少なかったことがわかったとしても、ここで想起されなくてはならないのは、綱吉は家綱よりもかなり多くの所領を大名から没収したということであり、したがって、綱吉が気前よく家臣に与えたことが幕府の財源を枯渇させたと、非難することはできないということである。

家光は、頻繁に遠出をしただけでなく、江戸にいる自分に定期的に拝謁するという曖昧な栄誉を与えたことにより、大名に大きな財政負担をかけた。歴史家は、この慣習を悪として非難してこなかった。むしろ、幕府権力を強化するための手段と見なし、その過程で、幕府が支配権を及ぼそうとした相手の権力を弱めることを意図したのであった。綱吉が大名の屋敷を訪問したことも、同じ範疇に入る。それは、幕府の財政が逼迫する中で、（大名から）気前のよいもてなしを受けることにより、幕府の権威を確かなものにするための手段であった。同時にそれは、前田綱紀のように、御成によって栄誉を与えられた者たちが、幕府に対する抗議行動を組織するための資金を、その先ずっと欠くことを確実にするものでもあったのである。

史料に現れる綱吉のマイナスイメージは、それを記録した人々の階層が負わされた苦痛を反映する。現代の歴史家は頻繁にこの事実を無視し、手に入る史料は、腐敗した将軍の放蕩な浪費ぶりが記録されているに違いないという、アプリオリな確信を持って解釈されるのである。綱吉の下での支出を詳細に記録した二組の断片的な勘定書をもとに、大野瑞男が導き出した結論はその良い例である[38]。

将軍の勘定書

大野は、出処の異なる二種類の文書に含まれる、およそ一六八〇年代初めと一六九〇年代初めに相当する、幕府の年間支出の数値を比較している。これらの数値をパーセントに換算し、四つの項目に分類した上で、切米役料などの俸禄のための支出が早い時期は四十八・三%を占めたが、のちに三十六・五%になったと記している。二条、大坂、大津、駿府を含む、江戸市外の幕府建造物修繕のための費用は、一六八〇年代初めが二十八・四%、一六九〇年代初めが十九・四%であった。将軍家政経費は、そこに大野は納戸や合力金を含めているが、早い時期は十三・四%、のちに十八・一%に達した。最後の区分には様々な建設費が含まれ、早い時期に八・六%、のちに二十四・六%に上った。そして大野は、個々の品目を調査し、細工方、畳、納戸、さらには合力金のための出費が、増加の平均四十四%を超えていたと記している。そしてこの計算をもとに大野は、「造寺造仏などの作事普請経費の急増、綱吉の奢侈による将軍家政経費の支出増もあって、結果は元禄期には収支不足となっている」と記している[39]。

この議論には、いくつかの点で問題がある。第一に、事業ごとの内訳が示されていないため、「作事普請経費」を綱吉による寺院や仏像への出費と結論づけるには、提示された証拠では不十分に思われる。結局のところ幕府は、橋や御蔵（米蔵や金蔵）、番所といった宗教には関係のない数多くの建物にも責任を負っていた。「作事普請経費」という大きな区分の中に、大野は細工方と畳を含め、それらは特に大きな増加を示したと指摘しているが、細工方には、障子などの細かい修理作業と共に、高札などの用具の生産も含まれたのである[40]。大野は、これらの品目が将軍の御座所や宗教施設だけに付随するものであるという証拠を、全く提示していない。したがって、これらは江戸で幕府の管轄下にあるすべての建造物に関わると見なさなくてはならない。結果として、作事普請経費、特に上述の二品目の費用が増加したことから、綱吉が贅沢を愛したことと何か関係があったと結論づけることは問題なのである。

第二に、将軍家の生活水準に最も深く関わると思われる一品目について、大野は言及せずにいる。御賄方は、一六八〇年代初めから一六九〇年代初めまでに、実数においても割合においても、およそ三分の一減少しているのである。

大野がパーセントに換算して比較検討を行ったのは、おそらく複雑なインフレの問題を回避するためであろう。しかしそうなると、調査対象となった数値がどの程度完全なのかという問題が生じてくる。個々の区分は非常に大きく、それぞれが含んでいる支出についての内訳が全くない。加えて、二組の数値が幕府の予算全体を表しているという証拠も全くないのである。そして、あとの時期では項目に挙げられている支出のうち、いくつかは、早い時期には含まれていなかったり、別の予算のところに並べられていたりするのであり、またその逆もある。会計の実務がまだ高度に精巧化していなかった時期でもあり、そのような不整合を考慮せずに済ますことはできないのである。ここでは、二つの文書の出所が異なることに留意しなくてはならない。

最後に、綱吉の浪費癖を、その治世に支出が増加したことをもとに非難することができるのかが問われなくてはならない。綱吉以前の治世については利用できる数値はないが、一六八〇年代初めの支出状況は、――『颺言録』にも記録されているように――極度に倹約が行われた時期を反映し、一六九〇年代のそれが標準的なものであると結論づけることもできるのである。換言すれば、綱吉の支出については、家綱と家宣の場合との関連において見るのでない限り、さらには、その時代の社会政治的な出来事との関連において捉えるのでない限り、我々が正確に知ることのできるのはほんのわずかである。

大名手伝普請

綱吉の浪費については適切な記録がなされていない。逆に適切に記録されているのは、綱吉が大名に、時に家綱による三十年間の治世だけでなく、徳川家が支配した前世紀においても先例がないようなことに対して、負担を求めたということである。綱吉は百年を経て、河川の治水事業に大名が人手と資金を提供するという伝統を復活させたのである。[41]

人口の過密化が急速に進んだことにより、畿内地方の水系が過度に圧迫され、河川の氾濫がますます頻繁に起きるようになっていた。川床は沈泥で塞がれ、豪雨が続くと、淀川や大和川といった主要な河川の堤防が決壊し、生命や財産が失われることとなった。家綱の下でも、時折この状況の改善が試みられたが、幕府がこの問題を熟知し解決できるよう一心に努力したのは、綱吉の治世になってからである。天和三年（一六八三）に重臣と専門家からなる派遣団が、若年寄稲葉正休に率いられ、畿内地方の大掛かりな視察のために送られた。政商河村瑞賢もこの派遣団の一員であった。翌年瑞賢は、水位を下げるために新たな運河を切り開くなど、治水事業の主要な部分を任された。当時、高知や摂津に所領を有した大名が責任を負ったのは、さらに浸食が進むのを防ぐため、川床沿いの山地の開発を止めて植林をすることのみであった。[42]

この初期の事業においては、沈泥で塞がるのを防ぐために、山中や川の河口で新たに開墾された田畑が元の自然な状態に戻された。しかし、元禄十六年（一七〇三）に大和川の堤防沿いで追加の治水事業が必要となった時には、幕府は新たに田畑を開拓して売ることにより、その支出の一部を埋め合わせることにしたのである。そのようにして得られた資金が十分でなかったことが判明した時、大名は事業を支援するよう命じられたのであった。幕府がそのような援助を大名に求めたのは、慶長九年（一六〇四）の初代将軍家康の時以来であった[43]。

関東地方での河川事業は、綱吉の治世の残りの期間を通して着手され、宝永元年（一七〇四）から宝永七年までに七大事業が完成された。幕府が寛保年間（一七四一～四四）に行ったあとの河川事業では、大名は人手を提供しなくてはならなかったが、それとは異なり、ここでは勘定奉行荻原重秀の指揮下に、土木請負業者のための財政支援が求められた。荻原重秀の秀でた組織力がなければ、大名に相当な負担を課すこれらの事業計画は、実行に移せなかったとも推測されている[44]。

荻原重秀は、運上金と呼ばれる、商品の運搬や回転に課される様々な税を確立したことによっても、幕府財政を改善するにあたっての才能を発揮した。貨幣改鋳と同様に、藩の境界に配慮するものではなかった。最も有名で腹立たしかったのは酒への課税であり、最も利益が上がったのは長崎貿易への課税であった。これらの産業に課される税が成立したのは、元禄時代になってからであるが、その時代が終わる宝永元年には、すでに幕府の全収入の二十七・七％を占めていた[45]。

綱吉は、徳川の歴代将軍の中で初めて、前将軍らの支出によって悪化した幕府財政を、頼りにしてきた蓄えのない状態で、継承したのである。綱吉は幕府の財政問題を、「成り上がり者」によって実行に移された専制的な手段で解決しようとした。当然のことながら、それはたいへんに評判の悪いものとなった。特に、これらの戦略の矢面に立った武士の間で評判が悪く、彼らはその不満を、歴史家が依拠する文書に記録したのである。エリート間の憤りの表明と、これらの対策が人口の大部分にもたらした効果との区別が的確になされなかったために、この時期についての全く異なる二つのイメージが出来上がった。すなわち、財政的に非常に困窮した時期と、日本史上前例のない豊かな時期である。

大名は、財政問題に関して「成り上がり者」荻原重秀の指示を受けたが、政治哲学や中国の学問に関しても、多くの場合、同じように身分の低い者たちと討論させられた。したがって、綱吉が徳川の歴史の中で前例のないほど儒教を支持したことがほとんど評価されていないことは、驚くことではないのかもしれない。

（1）『三王外記』（東武野史著、甫喜山景雄、一八八〇年）五頁裏。

（2）伊東多三郎『日本近世史』第二巻（有斐閣、一九五二年）一三四頁。

（3）例えば、内藤耻叟『徳川十五代史』第六巻（人物往来社、一九六八年再版）一〇六頁、徳富猪一郎『近世日本国民史』第十七巻（元禄時代、上巻、政治篇、民友社、一九三六年）二六六頁。

（4）坂田諸遠『甲斐少将吉保朝臣実記』第十九巻（柳沢文庫所蔵）元禄八年八月十一日条。荻生徂徠によると、荻原重秀がこの措置を提案したのは、日光社参だけでなく、京都の天皇訪問をも可能にするためであった。「荻原近江守、『御社参有テノ上、御上洛有テモ、御物入ニ手支マジキ愚案アリ』トテ申立テ」。荻生徂徠『政談』（『日本思想大系』第三十六巻、岩波書店、一九七三年）三三二頁。

（5）大蔵省編『日本財政経済史料』第二巻（財政経済学会、一九二二年）五六八〜五六九頁。

（6）Engelbert Kaempfer, *Kaempfer's Japan: Tokugawa Culture Observed*, edited, translated and annotated by B. M. Bodart-Bailey, Honolulu: University of Hawai'i Press, 1999, pp.213, 215–216.

（7）Conrad Totman, *Early Modern Japan*, Berkeley: University of California Press, 1993, pp.142–143.

（8）家康が金座・銀座を指定したことについては、小葉田淳『日本貨幣流通史』（刀江書院、一九四三年）四七二～四七五頁。
（9）児玉幸多他編『日本史総覧』第四巻（新人物往来社、一九八四年）五一六頁。
（10）「三貨圖彙」、徳富前掲書（注3）二五四～二五五頁、および栗田元次「元禄以前における江戸幕府の財政に就いて」（『史学雑誌』第三八編第一二号、一九二七年）一一六一頁に引用されている。
（11）栗田前掲論文（注10）一一六〇頁。黒板勝美・国史大系編修会編『徳川実紀』第六篇（吉川弘文館、一九七六年）延宝四年十月十三日条（六七二頁）。
（12）田谷博吉『近世銀座の研究』（吉川弘文館、一九六三年）一六二～一六四頁。
（13）『寛政重修諸家譜』第十巻（続群書類従完成会、一九六五年）一四三頁。『徳川実紀』（注11）元禄四年二月十五日条（一〇一頁）。
（14）大石慎三郎『元禄時代』（岩波書店、一九七〇年）七五頁。
（15）「近江守」は荻原重秀のことである。
（16）新井白石『折たく柴の記』（『日本古典文学大系』第九十五巻、岩波書店、一九六五年）二三三頁。
（17）同右、二三四頁。
（18）同右、二三四～二三五頁。
（19）同右、二三八、三〇〇、三〇五頁。
（20）新井『折たく柴の記』（注16）三〇〇、三〇八頁。黒板勝美・国史大系編修会編『徳川実紀』第七篇（注11）正徳二年九月十一日条（二四五頁）。
（21）新井『折たく柴の記』（注16）三六一頁。『徳川実紀』（吉川弘文館、一九七六年）第七篇、正徳四年五月十五日条（三七八～三七九頁）。改鋳を止めたことの責任は白石にあるという噂については、新井『折たく柴の記』（注16）三一九～三二〇頁を参照。

（22）新井『折たく柴の記』（注16）三六〇～三六三頁。

（23）同右、二五一頁。

（24）生類憐みの令を廃止するためにこのような方法が用いられたと白石は説明するが、悪貨の鋳造中止が、家宣の遺書によるものではないことを証明するものは何もない。新井『折たく柴の記』（注16）二二六～二二七頁。

（25）Tsuji Tatsuya, "Politics in the Eighteenth Century", translated by Harold Bolitho, in John Whitney Hall ed., *The Cambridge History of Japan*, vol. 4: *Early Modern Japan*, Cambridge: Cambridge University Press, 1991, p.439.

（26）作道洋太郎『近世日本貨幣史』（弘文堂、一九五八年）九六～九七、一二二頁。Yamamura Kozo, *A Study of Samurai Income and Entrepreneurship*, Cambridge, Mass.: Harvard University Press, 1974, p.43. Tsuji前掲論文（注25）四三六頁。

（27）「上米」という、享保七年（一七二二）に制定された制度。石高一万石に対して百石の米を大名に納めさせた。その代わりに、参勤交代の際の江戸在府期間が半年に短縮された。幕府内での任務により、江戸にいることが求められるような大名は、定められた石高の三分の一のみを支払った。伊東多三郎『日本近世史』第二巻（有斐閣、一九五二年）一二二～一二三頁。

（28）田谷前掲書（注12）一八四頁。日本銀行調査局編『藩札概要』（大蔵省印刷局、一九六四年）二三～二四頁。藩札を発行した藩とその日付の一覧は、二一頁を参照。享保十五年（一七三〇）まで、大名が再び藩札の発行を許可されることはなかった（北島正元『江戸幕府の権力構造』（岩波書店、一九六四年）六二四頁）。

（29）徳富猪一郎『近世日本国民史』第十八巻（元禄時代、中巻、義士篇、民友社、一九三六年）九二頁。児玉幸多『元禄時代』（『日本の歴史』第十六巻、中央公論社、一九九〇年再版）三四八頁。

（30）『徳川実紀』第六篇（注11）六七二頁。

（31）大蔵省前掲書（注5）元禄十四年十二月条（五七四頁）。徳富前掲書（注3）二八二～二八三、二九一頁。

(32) 大蔵省前掲書（注5）元禄十三年十一月条（五七三頁）、宝永五年閏一月条（五八一頁）。
(33) 例えば、大蔵省前掲書（注5）元禄十一年一月条（五七一頁）。
(34) 同右、五七六～五八〇頁。
(35) 例えば、児玉前掲書（注29）二一六頁。
(36) 藤井譲治『徳川家光』（吉川弘文館、一九九七年）二〇八頁の表。
(37) 将軍の訪問に際しての支出の詳細については、児玉前掲書（注29）三八〇～三八一頁。
(38) このことは、藤田覚「元禄期幕府財政の新史料」（『史学雑誌』第九〇編第一〇号、一九八一年）六四頁でも指摘されている。
(39) 大野瑞男『江戸幕府財政史論』（吉川弘文館、一九九六年）二〇〇～二〇二頁。
(40) 笹間良彦『江戸幕府役職集成』（雄山閣、一九六五年）二四四～二四五頁。
(41) 大谷貞夫「宝永期の川普請助役について」（『国学院雑誌』第八〇編第一一号、一九七九年）二七三頁。
(42) 福山昭『近世日本の水利と地域――淀川流域を中心に』（雄山閣、二〇〇三年）六二～七一頁。
(43) 大谷前掲論文（注41）二七三頁。Harold Bolitho, *Treasures among Men*, New Haven: Yale University Press, 1974, p.178.
(44) 大谷前掲論文（注41）二八一～二八二頁。宝永年間に関東で行われた河川事業についての詳細は、大谷論文の残りの箇所を参照。
(45) 大野前掲書（注39）二二三頁。塚本学『近世再考』（日本エディタースクール出版部、一九八六年）一八〇頁。

第十五章　車の両輪

釈迦孔子之道、専二慈悲一、要二仁愛一、勧善懲悪、真若二車両輪一、最可レ篤二恭敬一者也。然学二仏道一者、泥二経録之説一、離レ君遺レ親、出家遁世而欲レ得二其道一。如レ此則世将レ至三悉乱二五倫一。[1] 是可レ恐之甚也。学二儒道一者、泥二経伝之言一、祭式常食用二禽獣一。是以不レ厭レ害二万物之生一。如レ此則世将レ至下悉不レ仁而如中夷狄之風俗上。是可レ恐之甚也。学二儒仏一者、不レ可レ失二其本一矣。[2]

（仏の道と孔子の道は憐みを基盤とし慈悲が求められる。車の両輪に似て、双方とも深く崇敬されなくてはならない。しかしながら、仏の道を学ぶ者たちは経典の教えに惑わされている。仏の道を究めようと、藩主のもとを離れ、両親を追い払い、家を出て人里離れた場所で暮らしている。このようにして、五倫は侵害されつつある。我々はこのことを非常に恐れなくてはならない。孔子の道を学ぶ者たちは古典の格言に惑わされている。祭式では一般に動物の肉が食用に使用されている。生き物の生命を奪うことを、彼らは忌まわしいと思っていない。このようにして、すべての者が異民族の風習を採り入れ、慈悲心を疎かにするようになる。我々はこのことも非常に恐れなくてはならない。人々は、儒教と仏教を学ぶに際して、これらの教えの基盤にある理念を見失ってはならない。）

元禄五年（一六九二）に綱吉が側用人柳沢吉保に宛てた書状の一節には、宗教に対して、政治的に動機づけられた実利を重んじる姿勢が示されている。綱吉は一般に、仏教と儒教の双方に盲目的に傾倒したと非難されるが、これとは全く正反対の立場である。しかし、日本政治史の観点では、このような姿勢は新しいものではなかった。

宗教と政治

古来、神道の神々は天皇の権威を認可するために祈願され、日本への仏教導入には、朝廷内で対立する二派の政治権力闘争が大きく関わった。徳川時代には、全国規模の人口調査記録を保管するのに仏教寺院が利用され、また家康が日光で権現として神格化されたこと――皇室の祖神天照大神の化身――は、宗教の衣を身に纏っての露骨な政治声明であった。[3] しかし、これを単に政治目的のために宗教を軽々しく利用したとして、非難することはできないのである。

「イデオロギー」や「サイコロジー」といった言葉が一般に使われるようになるのは、比較的最近のことであるが、精神的なイメージや思想の持つ力は、人類の歴史を通して理解されてきた。むしろ、不可視的要素が、科学的証明に関心が向けられる今日の我々の社会においてよりも、大きな力を帯びたような前近代の方が、よりよく理解されたとも言えるであろう。イデオロギーの政治利用は、――ヘルマン・オームスが解説しているように――徳川幕府の正当な事柄と見なされなくてはならない。

さらに当時は、国の安全が神々によって守られ、神々の意思で促進されたり損なわれたりするということが堅固に信じられていた。歴史家たちはこれを迷信として切り捨て、満足してはならない。当時はこのように確信することが、今日では軍隊や軍備が国を守るための有効な手段と見なされているのと同じように、現実的で合理的と見なされたからである。我々が今日、徳川時代では国の安全強化のため、宗教関連の事業に資金が割り当てられたことを非現実的と見なすのと同じように[4]、さらに未来においては、国を守るために軍隊や軍備を用いることが、非現実的として疑問視されるかもしれない。また歴史家は、現代の政策を知力のない公金の「浪費」と判断しないのと同様で、綱吉の政策を「浪費」であると判断してはならない。いずれも、その時代の信仰や価値体系によるものであり、時の政府の重大な関心事と見なされなくてはならず、どちらにも等しく、国を守ることにどのくらいの資金を割り当て、またその費用を誰が負担するのかという問題がついてまわるのである。

費用を負担する

徳川最初の三代の政権下では、宗教に多くの投資がなされ、――正確な数値を欠いているが――おそらく、東照宮建立のために大きな出費を伴った、第三代将軍家光の治世にそのピークに達したのであろう。江戸城建設の際には、大名に人手と資金の提供が求められたが、それとは異なり、ここでの支出は専ら幕府の資金からなされた[5]。第四代将軍家綱の政権下では、幕府の支出が大幅に減少した。そして、所領没収が減ったことや、明暦の大火後の財政上の割り当てにみられるように、大名は経済的に優遇された。大火によって三百ほどの神社仏閣が破壊され、いくつかは幕府の命によって元の場所から移されたが、再建のために資金が計画的に割り当てられたという記録はどこに見出せない[6]。

綱吉のように敬虔で善政に身を捧げた人物にとって、神社仏閣を支援し維持することが幕府の義務であることに、疑問の余地はなかった。加えて、家綱の治世に、幕府にとって宗教上重要な建物への支出が減少したため、修復はある程度早急に行わなくてはならないように思われた。しかしながら、幕府の財政状況から、もはや多くの金銭を割り当てることができなかった。そこで綱吉は、寄付を募る――うまくいかない場合は強要する――ことで、この問題を解決したのである。神社仏閣による勧進が公式に許可され、幕府を除けば最大の土地所有者であった大名たちは、それ相応に寄付することが期待された。自発的に寄付しなかった場合は、そうするよう命じられた。その良い例が東大寺の再建である。

東大寺の奈良の大仏は、永禄十年（一五六七）に戦国時代の戦乱の中で焼失していた。豊臣秀吉は京都に自身の大仏を建造することにし――エンゲルベルト・ケンペルはそれに感動しスケッチしている――、徳川将軍たちも好んで宗教施設を保護した。[7] 最終的に、天和四年（一六八四）に僧侶公慶（一六四八～一七〇五）が、全国からの勧進を綱吉から許可され、元禄五年（一六九二）三月に新しい大仏の開眼供養会が行われた。しかしながら、大仏殿のために追加の寄付を集めることはうまくいかず、幕府は代官たちに、幕府直轄領百石につき金一分を徴収するよう命じた。大名には自発的に追随することが期待されたが、そのようにならなかった時、同じ基準で資金を提供することが求められた。[8]

大名の支援

「手伝普請」の制度によっても、幕府は建設事業のための資金を調達することができた。前章で河川事業との関連で考察したように、大名は特定の事業に対して資財や労働力を提供することが求められた。綱吉は範囲を広げて、この制度を宗教関連施設にも利用し、落ち込んでいた幕府の財政を立て直すと共に、大名に対して自身の権威を誇示することを目指した。

慶長八年（一六〇三）の家康の将軍宣下から二百六十五年後の幕府滅亡までの間に、幕府が手伝普請を求めた事例は、大野瑞男によると合わせて三百十一件確認できる。それらを全期間で均すならば、二十九年間の綱吉の治世は、全期間の十七・六％ほどを占め、五十四件あまりの手伝普請に関わったことになるが、実際には六十七回の要請を行っている。合計三百十一件のうち、八十四件は城建設の支援を求めたもので、あとの百四十三件は神社仏閣であった。綱吉の場合は、記録によると、六十七件の要請のうち、四十二件が神社仏閣のためになされていた。支援要請の七十八％ほどが神社仏閣のためであったことになるが、徳川時代の平均は四十六％ほどであった。[9] これらの数値が示すのは、綱吉の大名への支援要請が平均よりも多くなされたこと、そして寺院の建設や修繕のための要請が平均よりも多くの割合を占めたことである。

最初の三人の将軍の下では、大名を財政的に弱体化させ、反乱を防ぐために、そのような支援要請がなされたと記した荻生徂徠は、手伝普請の政治的重要性をよく理解していた。綱吉の支配下では、徂徠の見たところ、頻繁な支援要請によって大名は経済的に破綻したが、将軍の権力を恐れ、要請を拒絶しようなどという者は一人もいなかった。[10] 綱吉の時代には、家康の場合のように、もはや将軍の権力が直ちに武力に基づくものではなくなり、おおかた前任者たちが築き上げた信仰体系に基づくものとなり、そこでは霊界に後押しされ守られた支配権というものが想定された。この霊界は、菩提寺である増上寺、寛永寺、日光東照宮、さらには江戸内外に建立された数多くの東照宮に凝集され、いずれも維持費のかかる大規模な建造物であった。[11] このような信仰体系の枠組みがあり、また大名を富ませると資金不足の幕府に歯向かうことになるとの見方から、幕府の予算ではもはや維持できなくなったこれらの祭祀所を守るため、大名に支援を命じることは綱吉にとって政治的に理に適ったことであった。そこに亮賢や隆光ら僧侶の寺を加えたこともまた、理に適ったことであった。亮賢や隆光らの効験は、将軍が無事に生まれたことや、死亡率の高かった時代にあって、将軍やその一族の者たちが、病から回復したことで実証されていた。[12] 綱吉は大名に、徳川家一族を加護する神々や霊の崇拝に、それぞれの家の守り神に優先して寄与するよう強要したのであり、そうすることによって、俗界だけでなく、霊の領域においても権力の中央集権化を図ったのである。

仏教宗派

『葉隠』の著者は、若い武士に、仏教に精通することのないよう警告した。本能的に襲撃し生命を奪うということを抑制してしまうかもしれないからであった。[13] 反対に綱吉は、自分が継承した社会の中の暴力を減らすため、仏教を奨励することに尽力した。綱吉の世界観においては、仏教に支出することは正当で健全であったが、その費用の大半を負担した大名にとってはそうではなかった。財政負担だけが問題なのではなく、『葉隠』が早くも評判となったことが示すように、そこで奨励された暴力が、依然として多くの人々にとって武士の理想なのであった。「近代の出家皆あらぬ事を取り持ち、殊勝柔和になりたがり」という近頃の僧侶たちは、見下されていた。[14] したがって、綱吉が過度に敬虔であったとして批判されたことは、驚くに値しないのである。

とりわけ綱吉が、通常言われているように、僧侶を無批判的に尊敬し盲目的に仏教に帰依したというのであれば、綱吉の熱心さは保護の下に称えられたはずである。しかし、綱吉はそうではなかった。綱吉が役人の上に敷いた厳格な監視体制が、仏教宗派に対する扱い方にも表れていた。

前任の家綱と同様に、綱吉も寺院や神社に朱印状を与え、自らの政権下での運営を許可した。ただ家綱の場合と異なったのは、綱吉はこの朱印状を、五十石にも満たない小規模な寺社にも与え、それらの運営も政権の監視下に置いたことである。[15] その後の元禄五年（一六九二）、綱吉は新たに建立された百四十六の寺院を承認したが、それ以降の新たな寺院建立を禁じた。[16]

諸宗派は厳格な規定が定められ、それらが守られなかった場合には叱責を受けた。綱吉の側用人柳沢吉保もこの任務を積極的に遂行している。[17] 宗派間の争いは処罰された。元禄五年に高野山の僧侶の間で意見の相違が生じた際には、千人ほどの僧侶が追放されることとなった。何人かの僧侶が誤った教えを理由に破門され、天和三年（一六八三）には、扱いの難しい山伏を含む多様な宗派からなる陰陽師が、京都の土御門家の下で管轄され支配されることになった。[18]

綱吉は、寺社に気前よく加増をし過ぎたと頻繁に批判される。しかし、二十九年の治世に行われた寺社への加増の合計は一万六千石を下回る程度であり、それは、大名から没収して幕府直轄領に加えた所領の一％以下であった。[19] このうちの三百石を、僧侶亮賢のために建立された護国寺が、天和元年の創建の際に受け取っている。綱吉の母桂昌院は、息子が無事に生まれたのは亮賢のおかげと信じていた。護国寺の収益は十四年ほどあとに倍増し、さらに百石が三年後に与えられた。創建から二十年以上が経過した元禄十六年に、新たに五百石が加えられ、ようやく千二百石の収益が得られるようになったが、当時の信仰体系における僧侶亮賢の重要性を考慮するならば、依然として少額であった。

歴史家は、綱吉の宗教施設への支出を重視するが、ほかの将軍がこの部門へ投資した額との比較を行っていない。例えば、菩提寺である上野の寛永寺に気前よく浪費したと、綱吉はしばしば批判される。しかし寛永寺は、その名前が示すように、寛永年間、つまり寛永二年（一六二五）に天台宗の僧天海によって創建された。天海はかつて、家康の相談役として働いたこともあった。創建の目的は、比叡山の大寺院が京都を守ったように、江戸を守ることであり、それゆえに山号を東叡山としたことが知られている。家光政権下で建立が始まり、家綱と綱吉からも寄進を受けたが、最大の寄進を行ったのは第八代将軍吉宗であった。吉宗によって、寛永寺の所領は一万二千石にまで増え、大名の支配する小規模な藩に匹敵するほどとなった[20]。綱吉は、境内に新たに根本中堂を建立するよう命じたが、費用の一部は、建設事業の支援を求められた島津家が負担した[21]。

さらには、綱吉の母桂昌院の抱いた、いわゆる心得違いの宗教的熱情により、宗教施設への支出に歯止めがかからなくなったとも頻繁に言われている[22]。実際にはそうではなく、また、桂昌院の気に入っていた僧侶たちも、綱吉の勢力が及ぶ範囲内において、ほかの者たちと同じ、厳格な統率下に置かれていたのであった。このことは、僧侶隆光の日記の一節に記録されている。それによると、元禄六年八月に隆光は綱吉に呼び出され、八王子成就院という僧侶について尋ねられた。成就院の祈禱が見事に火災を防いだようで、桂昌院はその教えに信頼を置くようになったのであった。しかし、成就院に幕府の資金を提供し寺を建てさせたいとの桂昌院の要請は、綱吉によりしっかりと拒絶されている。さらには、寺社奉行を含む役人に成就院の素性調査が委ねられ、その結果、その教えが人々を惑わす不適切なものであることが判明し、成就院は出羽亀山藩主の岩城重隆に大名預けとなったのであった[23]。

支配者たちは歴史を通じて、聖職者を腹心の相談役として利用してきたのであり、マックス・ウェーバーはこれを、権力を中央集権化する際の重要なパターンと考えるほどであった。学者としての聖職者の利点は明らかである。彼らは道徳的水準が高いと信じられ、世俗の富の蓄積は許されず、また武士階層の関心事とは一線を画したからである。前任の足利将軍たちと同様に、家康は聖職者の能力を最大限に利用した。僧侶崇伝（一五六九〜一六三三）は、家康から重要な政治上の任務を任され、また秀忠、家光にも仕え、黒衣の宰相として歴史に名を残している。[24] 最初の三代将軍が大きな信頼を寄せたもう一人の僧侶が、長生きをした天海（一五三六〜一六四三）であった。天台宗への将軍家の保護を確実にし、また、家康の死後に権現として神格化し祀ったのも天海である。そして、幕府に大寺院を建設させ、徳川の覇権を存続させるために崇敬の儀式を課した。[25]

僧・隆光（1649〜1724）。護国寺（東京）所蔵。

亮賢と隆光は、綱吉が過度な宗教的熱狂でもって保護したと非難されるが、崇伝や天海と比べればそれぞれの果たした役割は小さい。隆光の寺である護持院は、収益が千五百石の小規模なものであった。[26] 隆光の日記からは、江戸城での仏教や儒教の講釈・討論に頻繁に参加したことや、能舞台の他、厳かに執り行われる様々な儀式や催しに招かれたことが窺える。政治の分野に大きく関与した形跡は認められないが、綱吉が甥の家宣を後継者に擁立しようと決意したことは、老中や御三家がこの重大な決定について知らされたよりも幾日か前に、隆光の日記中に現れるのである。[27] 綱吉の信望があったことから、隆光の下には、赤穂義士のリーダーが改易となった藩の再興を懇願したように、[28] 聖職者のネットワークを使ってそれぞれの案件を綱吉に訴えようとする者たちが近づいてきた。隆光の評判の悪さは、その支持を得るのが難しかったことや、あまり成果が得られなかったことにあるのかもしれない。ただ間違いないのは、この隆光に対する悪いイメージによって、すでに早い時期から、そのような証拠が全くないにもかかわらず、動物、中でも特に犬を保護するという非常に嫌悪された綱吉の政策の責任が、隆光にあるとされたことである。隆光の日記では、生類憐みの令については触れられていない。もし隆光が、自身の勧告によって政策が決定されるほどの影響力を綱吉に対して持っていたならば、生類憐みの令のことは間違いなく誇らしげに日記に記録され、その法令についての詳細な記述が多少なりとも見出せるはずである。[29]

綱吉の信頼を得ていたことから、隆光は大奥への立ち入りが許可されていた。ここで隆光は、人間の姿に化けて女郎のふりをする狐の霊を追い払ったと言われているが、徳富猪一郎が主張するように、彼はラスプーチンではなかった。そのような狐の霊は江戸内外にも出没し、儀式や祈禱を通してそれらを追い払うことが、仏教僧に求められた役割の一つであった。[30] このような魔術的な力を発揮してもらうために呼び寄せたというよりは、隆光の日記が明らかにするのは、綱吉が討論を非常に重視したということである。江戸城で隆光は、儒教の古典に関する綱吉の講釈と、ほかの者たちによる討論を定期的に聴くことが求められた。綱吉が桂昌院のお供をして護持院の隆光のもとを訪れた時ですら、そのような事の成り行きとなった。

例えば、元禄六年十月三日の雨の日、綱吉が朝四つ時、つまり午前十時から十二時の間に到着した。桂昌院は二時間ほど前に到着していた。しかるべき儀式が執り行われたのち、隆光は、自身が属する真言宗系の密教の教えである三密についての議論を含む、仏教の経典について解説した。綱吉はこれらの解説を聴いたあとで、自らも講釈したが、仏教についてではなく、儒教の経典『大学』のいわゆる三綱領のテーマである「修身」と「治国」について講義した[31]。桂昌院の弟本庄宗資と側用人柳沢吉保もこのテーマで順番に講じた。この訪問は仕舞で締めくくられ、綱吉は夕七つ時に帰途についた。しかし桂昌院は居残り、隆光の和歌に対する返し歌を詠んでいる[32]。隆光は綱吉に注目されたことを誇らしく思ったであろうが、綱吉の訪問には苦しい面もあった。真言宗の開祖空海（七七四〜八三五）がその著作『十住心論』の中で、当時の日本に見られた様々な思想を等級づけし、儒教を下から二番目に位置づけていたからである。それは、いかなる信仰形態にも無知な動物のような心の状態よりも、わずかに一つ上の段階であった[33]。綱吉は、そのような信条的に上であることの表明に対する不快感を、仏教寺院で儒教の講釈を行うことを通して露わにしたのである。

また別の折、元禄十年九月十二日に隆光は、綱吉の柳沢邸訪問のお供をするよう要請され、そこでも桂昌院や一般の聴衆の前で、若い儒学者荻生徂徠から三密についての質問を受けなくてはならなかった[34]。攻撃的な若い儒者に対して真言宗の神聖な教えを防御しなくてはならなかったこと、さらにはそれを多くの一般聴衆の前でやらなくてはならなかったことは、隆光にとって、侮辱でないならば、たいへんな難題であった。したがって、日記にこの時のことは、儒学者が禅僧に質問を浴びせたことも含めて記されているが、隆光自身が参加したことについての記述は全く見出せない。しかしこのこと自体、驚くことではない。[35]隆光は、将軍に近い特権的地位にとどまりたいと思うならば、このような出来事に耐え、自身の信仰をできる限り守っていくよりほかなかったのである。聴衆の多くが、討論の内容よりも、これらのお偉方が困惑し苦しむ様子の方に興味を抱いた——そしておそらく楽しんだ——であろうことは、想像に難くない。

このような小規模論争が、当時の学識者の間で、一般聴衆を前に繰り広げられた結果、儒教を「もてあそんだ」という悪評が綱吉にもたらされることになったのは間違いない。綱吉自身もこの学術的な闘鶏試合を楽しんだかもしれないが、仏教や儒教の宣伝を綱吉が深刻に受け止めなかったと結論づけることはできないのである。暴力を減らし、教育の行き届いた社会を築くという綱吉の政策には、仏教と儒教の双方が不可欠であった。綱吉を強烈に批判した新井白石でさえ、儒教が綱吉の政権下に大いに利することとなったと認めている。「此御代よりして儒といふ道も世の中にその一筋のある事とはほとりの国のいやしきが類も心得候事にはなり来り候」。[36]綱吉の治世では儒教が重要な役割を果たしたのであり、また綱吉が儒教を奨励したことが、徳川時代の日本に、この思想が広まるのに重要な役割を果たしたのであったが、綱吉の信奉した儒教についての研究はほとんどなされていないのである。

綱吉の儒教

農民の道入(どうにゅう)に対する裁決が下った時期に、綱吉が中国の儒学者朱子（一一三〇〜一二〇〇）の信奉者となっていたと荻生徂徠が記していることは、よく知られている。[37] しかし、誰が綱吉に中国の古典を紹介し、初期の儒学研究へと導いたのかについては、公表された研究が全くない。一般に使用される史料は、この点について沈黙している。綱吉に剣術や絵画を教えた師の名前は記されているが、彼を文芸の世界へと導いた者についてては何も伝えてくれないのである。ただ七歳の綱吉に、当時十二歳であった家綱から、自身の手で書かれた写本が贈られている。弟が早くも文字に興味を持ったことを評価してのことか、あるいは勤勉に学ぶことを奨励するためなのかはわからない。写本のもとになっていたのは儒家経典の格言であったことから、それらを通して綱吉が儒教に触れたと想定することはできる。しかし、綱吉の学問を指導し、それらの作品に書かれた処世訓の複雑さや重要性を彼に説明したのは誰なのであろうか。

将軍就任からわずか一週間後に、綱吉は二人の人物に、儒教の討論を定期的に開くよう命じている。一人は予想通り、林家の当主で、父春斎（鵞峰）の死を受けてその地位を継承したばかりの林信篤（鳳岡）であり、もう一人は儒学者の人見友元であった。[38] 友元とその父親は綱吉の神田屋敷を、綱吉が将軍となるかなり前から頻繁に訪れていた。

人見友元

人見友元（竹洞、宜郷、一六三七〜九六）は、京都の医者人見玄徳（一六〇四〜一六八四）の息子である。小児科医として名を上げた玄徳は、天皇家の相談を受け、また家光から、娘の千代姫や病気がちであった家綱の治療にあたるよう、江戸に呼ばれている。[39]

玄徳の息子友元は早熟な子供であった。九歳の時に家光から、当時四歳であった家綱の小納戸に任命され、共に江戸城三の丸に暮らすようになった。[40] 友元の才能は早くも林羅山に認められ、羅山の息子春斎の門下に入ることとなった。寛文元年（一六六一）の二十四歳の時には、春斎と「おなじく勤仕すべき」命じられている。[41] この地位に就くにあたって友元は、林家のほかの者たちと同様に剃髪し、法名である友元を名乗った。のちに彼は法印に叙せられ、寛文十二年には法眼の僧位を授けられている。[42] 友元は春斎の息子たちと共に、藤原定家の『明月記』の写本づくりや歴史書『続本朝通鑑』の編纂など、林家に委ねられた作業計画に従事し、同額の報酬を得た。[43] また春斎の長男春信と共に、御朱印の管理などの重要な役目を任された。[44] 家光の十七回忌の法要が日光で執り行われたあとには、これを成功裏に終了させたとして褒美を賜っている。その際に、関東郡代の伊奈忠常に次いで二番目に友元の名前が挙げられた。[45] 林春信と共に幕府の書記役にも任命され、その任務には、増上寺の霊廟で営まれたような仏教の儀式についての報告作成も含まれている。[46]

友元は、綱吉邸と綱重邸の記録もつけており、それらが七四ページで説明した『神田記』と『桜田記』である。慶安五年（一六五二）の日付の入った綱吉邸の記録の最初のページには、友元の父玄徳が、おそらく小児科医として、若い綱吉のもとを訪れているのが窺える。[47] のちに綱吉が綱重のもてなしを受けた際には、玄徳が栄誉ある「相伴」の役割を担っていた。家綱の弟たちが玄徳に尊敬の念を抱いていたことの表れである。[48] 友元の家は、神田の綱吉邸の近くという便利な場所にあり、[49] 記録作成の情報を集めるために、友元は綱吉邸を定期的に訪れていたに違いない。また様々な折に江戸城へ綱吉のお供をし、年賀などの重要な儀式に居合わせていた。[50]

綱吉が将軍に就任した際に、家綱の石槨（せっかく）に銘を書いたのは、林信篤ではなく友元であった。[51] 天和二年（一六八二）に朝鮮通信使を迎えた際にも、友元は重要な役割を果たし、その詩作の技能は使者から惜しみない称賛を受けた。翌年には新しい「武家諸法度」の作成を任さると共に、綱吉によって歴史書『武徳大成記』の編纂を命じられ、貞享三年（一六八六）に木下順庵、林信篤と共に完成させている。友元は詩人として有名になり、多くの文学作品を遺した。もし友元に、綱吉との重要な会見や政権内での自身の働きすべてを、長期にわたって書き続ける時間と理由があったならば、その記録は新井白石のそれよりはるかに優れたものとなったであろう。ほかの多くの者とは異なり、一度たりとも将軍の愛顧を失うことはなかった。友元は元禄九年（一六九六）の在職中に死去し、その跡を息子の行充が継いだ。行充も、友元の孫の美在のように、儒学者として幕府に奉仕し続けた。[52]

林春斎の日記には、中国古典を講じる友元が頻繁に登場する。友元は、江戸のいくつかの大名屋敷で、大名の子息に教えたことでも知られている。[53] 儒教の経書はわかりやすく教えられなくてはならないと考えた友元は、理解しにくい用語や文書を用いる林家の学者たちを、下手な講師だと批判したと言われている。これは明らかに、友元の師である春斎を相当に怒らせることとなった。「広範なしっかりとした教育」を学者たちに受けさせることが林家の任務であり、山崎闇斎の崎門学のように、講釈に秀でることではなかった。もし友元の助言が受け入れられ、講釈することによって多くの注目が集まるようになるならば、「家ノ学問ハ頓テ可シレ廃ス」と、のちに荻生徂徠は、春斎の言ったこととして引用している。[54] この逸話は、綱吉が延宝八年（一六八〇）に将軍となる前の出来事でなくてはならない。春斎が死去したのは、まさにその時だったからである。

中国からの亡命学者・朱舜水（1600～82）。公益財団法人徳川ミュージアム（水戸）所蔵。

友元が春斎に非難されたのと同じように、綱吉はのちに、学問の一層の発展を奨励するよりも、広く一般の聴衆に向けた儒家経典の講釈を重視したがために批判された。友元は綱吉よりも九歳上で、教師として有名であり、神田の綱吉邸を頻繁に訪れたことから、友元こそが綱吉を中国古典の世界へと導いたのであり、また、未来の将軍が儒教の役割を理解したのもこの学者によるところが大きいということは、可能性として極めて高いように思われる。そうであるならば、友元はいかにして、庶民のための道徳教育としての儒教という思想を展開するようになったのであろうか。師春斎による偏狭で排他的な学問へのアプローチとはあまりにも異なる発想であった。そして、友元が学問の手ほどきを受けた師に、どのようにして大胆にも挑戦することとなったのであろうか。友元が自信を持って春斎を批判できたのは、より高いと思われた儒教の権威に対する敬意に支えられていたからと、筆者は考えている。この権威とは、中国からの亡命学者朱舜水（一六〇〇～一六八二）であり、徳川光圀の客人として寛文五年（一六六五）に江戸へ到着した。

朱舜水の儒教

中国からの亡命学者朱舜水の教えの顕著な特徴の一つに、儒教への実利的なアプローチがあり、これはのちに綱吉の姿勢を特徴づけることとなった。儒教とは第一に道徳の教えであり、すべての人がそれに従えば社会はよくなるはずであった。山鹿素行に宛てて、朱舜水は次のように記している。「門学如何。徴㆓乎素行㆒。素行如何。希㆑賢希㆑聖。匪㆓敢僭踰㆒。勉承㆓来命㆒。堯舜可㆑為。人皆此性。儒道非㆑難。養至徳盛。（学問とは何か。それを私は素行に説明しよう。熱心に英知を追い求め、熱心に聖人のような気高さを追い求めることである。そこに限界は存在しない。堯や舜のようになることである。これはすべての人々にとって可能である。孔子の道は難しくない。自己修練を通して徳が増進する。）」[55]

朱舜水にとって儒教は、政治における「仁」の実践として表れ、そこでは庶民の必要なものが与えられた。舜水は、明滅亡の要因を、善き統治の原則よりも、随筆の構想や抽象的な学問により多くの関心を抱いた士大夫にあると考えた。舜水は、ジュリア・チンが述べるように、「儒学者であったが、古典学者や哲学者としての専門家という意味においてではなく、むしろ『ユニバーサリスト』としてであった」。日本の大半の学者による学究的態度とは一線を画した。舜水は、伊藤仁斎の学問を絹の上に施された刺繍に例え、木製の道具とした自身の学問と対比させている。このような関心事の根本的な違いから、舜水はすでに有名であった仁斎との対面を拒んだ。舜水は仁斎の学問を礼儀正しく称えつつも、「世界への貢献という点ではほとんど役に立たない」と断言している。仁斎が「『道』だとするものは、私の『道』ではない」と述べる舜水は、この点で明確であった。[56] 舜水は、あらゆる面で実用的であり、その門下に入った日本人をたいそう驚かせた。それは幅広い学識を身につけていただけでなく、田畑の耕し方や家の建て方も知っていたからであり、酒食の貯蔵に関する知識まで持ち合わせていた。[57]舜水も綱吉と同様に、日本の武士には儒教教育が非常に必要とされていると考え、そのような理由から、徳川光圀の申し出を最終的に受け入れたのである。江戸でも水戸藩でも公の場で講釈し、それを聴こうと集まってきた大群衆に誇りを持った。[58]

舜水の儒教は、その教えの内容においても、また語りかけようとした聴衆においても――さらには自身を「忠実な庶民」と呼んだことからも[59]――、林春斎の、より専門的でエリート的なアプローチとは相容れないものがあった。春斎の門下生であった人見友元は、舜水が江戸に到着するや否や、懸命にそのお世話をしたのである。

朱舜水と人見友元

朱舜水は、寛文五年（一六六五）七月十一日に江戸へ到着した。到着後まだ日の浅いうちに、舜水が水戸の屋敷へ移るために宿所からまだ出ていない時に、友元はこの中国の学者と連絡をとったのであった。友元と舜水との間で交わされた書簡からは、友元が敬意を持って門下の立場となり、親しい間柄へと急速に発展したことが窺える。相互訪問にはしばしば丸一日が費やされ、議論は深夜まで続いた。「我ハ筆ヲ以テ舌ト為シ、他ハ眼ヲ以テ耳ト為シ」と、友元は水戸の屋敷にいた学者小宅生順に宛てて書いている。中国からの亡命学者に会った時のことが情熱的に語られ、また共通の口語を欠いたことから、二人は筆談しなくてはならなかったことがわかる。友元は友人の生順に、舜水が水戸の屋敷に移り住んだことから起こった面会の難しさという問題に、助けを求めたのであった。中国の学者に一刻も早く再会したいという気持ちが、その手紙に溢れている[60]。

友元は、外国から来た舜水に贈り物をして喜んでもらおうと努力を惜しまなかった。日本では通常贈られることのない、馬乳一籃が贈られたこともあり、明らかに中国の学者の味覚に合うよう入念に選んだものであった。関係が深まるにつれて友元は、衣服から銀の箸に至るまで、様々なものの借用を求めるようになり、それらを慎重に複製した。舜水が身に纏った伝統的な儒服を複製した際には、特に入念な注意が払われた。綱吉がこれらの儒服の着用を許可するのであるが、おそらく友元が、舜水より獲得した知識をアピールしたことが大きく影響したのではないかと、推測することもできる[61]。

二人の間で議論された主要なテーマは、儒教の本質についてである。夜通しかけた長い議論――それを友元は、十年間の灯に勝る啓発的なものであったと称えている――のあとに、友元は舜水の教えに謝意を表明している。舜水の説明によると、儒教の道とは、大牢八珍のようなものではなく、生活に欠かせない五穀や毎日いただく緑茶や餅のようなものであった。それらはこの世において、宮廷での選り抜きの料理よりも重要な役割を果たすのである。儒教はつましい平凡な食事のように、もっと人々の日常生活の一部でなくてはならないとの提唱を、友元は熱狂的に取り上げ、「便チ道ノ腴ハ其ノ味ヲ味ハフナルカ。多謝多謝」と興奮して記している[62]。別の折に友元は、舜水の行った『大学』の「正心誠意」の注解に対しても感謝の意を表している。中国の学者の説く実践的応用と、そうすることでもたらされる「日用ニ便有リ」に感激したのである[63]。友元は、実用的な儒教という新たな類を発見していたのであり、それは、林家が価値を置いた知識層向けの詭弁にはないものであった。

友元が中国の学者の教えに熱狂していることに、師春斎が気づかないはずはなかった。春斎は、間もなく舜水が水戸藩への最初の旅に発つという寛文五年九月七日に、友元の家で初めて舜水に会った。春斎の日記には、いかに友元が舜水の中国式に魅せられ、本国を追われた学者を頻繁に招いて会っていたかが綴られている。春斎によると、二人はちょうど一ヵ月前に初めて会ったばかりであったが、「相睦如故人（旧知の仲であるかのように親密であった）」という。[64] 六日後に春斎は、水戸へ発つ舜水に別れを告げるため、友元と共に息子春信を派遣した。そして日記に、「信早帰、元留談（春信は早めに戻ってきた。友元は話をするために留まった）」と記している。[65] 明らかに春信は、友元ほど舜水の教えに関心を持たなかったのである。

友元と舜水の間に特別な信頼関係が急速に芽生えたことは、友元が舜水に対してかなり率直に、師春斎のもとでの任務についての不満を漏らしていることにも、はっきりと表れている。林家の史館での任務には暇が全くないことを友元はぼやき、「魚ノ鉤ニ中ルガ如シ」と感じていたのであった。[66]

水戸で舜水は、友元の弟で、伯父の人見壹の養子となっていた人見懋斎（伝）と会うようになった。弟との年の差はわずか一年であったが、友元は懋斎を、自分よりはるかに後輩の単なる学徒としか見ていなかった。[67] 歴史家は一般に、舜水と人見家とのつながりについて述べる場合、友元ではなく懋斎の名前を挙げる。[68] 徳田武だけは例外で、友元と舜水との間で交わされた書簡を慎重に分析し、それらの手紙に日付を設定すると共に、二人の間の友情について、より明確な描写を可能にした。この分析を通して、ある手紙のやりとりが注目されることとなった。それによると、徳川光圀が朱舜水の宿ところを最初に訪れたのが寛文七年、つまり舜水の江戸到着から二年後のことになるからである。このように想定することは、光圀が最初に舜水を訪ねたのは一年前の寛文六年という、ほかの史料から読みとれる内容と矛盾することになる。加えて、寛文七年に訪問したことを裏づけるような証拠は全く発見されていない。それらの手紙は高貴な訪問者の名前を記していないため、筆者はむしろこの寛文七年の訪問者を、光圀ではなく綱吉であった可能性が高いと主張したい。

舜水と友元の間でやりとりされた手紙の中に、「上公」という一般的な称号が出てくる。歴史家は一般に、これや似たような尊称が常に光圀を指すと考えるのである。しかし、日付だけでなく、ここでの手紙のやりとり以外の部分においても、この折に舜水を訪ねたのは誰か別人であることが窺える。高貴な人の訪問についての知らせを舜水から受けた友元は、返信の中で、この訪問が舜水個人にとってだけでなく、国全体にとってもたいへん重要な出来事になると示唆している。この訪問をきっかけに、日本の「卿大夫」の間で、学問の奨励と聖職者の養成が慣例づけられるかもしれないと喜んだ。[69] 光圀の訪問が、このような言葉で表現されるのは適切でないように思われる。光圀は、自分が登用した舜水としばしば接し、常に相当な敬意を持って扱ったのである。さらには、ほかの大名もこれより前に、同じような形で中国からの亡命学者を登用していたのであり、光圀の訪問を、新たな慣習が国にづ付きつつあることを示すしるしとして喧伝するというのは、理解し難いことである。新たな慣習というのは、訪問者が将軍の弟、つまり舜水の雇い主である光圀よりもさらに高い地位にある人物であったならば、納得のいくことである。舜水は友元への返信の中で、このような訪問は前例がなく、国全体にとっても重要であるという友元の示唆した点を取り上げた上で、「今　上公　高才博学」とつけ加えている。先に述べたように、舜水は当時すでに二年間、光圀に登用されていたのであり、また二人は頻繁に接していたのであるから、光圀の徳の高さを、あたかも発見したばかりであるかのように友元に説明するということは奇妙に思われるのである。さらには、「今」という言葉には「新しい」というような意味があることから、光圀ではないほかの誰か「新たに訪れる主君」について言及している可能性が高い。したがって、これが綱吉の訪問を意味することは十分にあり得るというのが筆者の考えである。綱吉は、批判的な人々からもその学識の高さが称賛され、ほかの大名よりも中国の学問に精通していたはずである。

綱吉は好奇心旺盛であり、外国からの亡命学者のことを、彼のもとを頻繁に訪れていた友元から聞いていたに違いなく、その者のところへ即座に非公式に訪問するということは、十分に考えられる。そのような訪問の仕方は、綱吉のオランダ人との接し方に通ずるものがある。将軍となる前には、事前の準備なしに突然の視察を行い、使節団を驚かせたり、将軍に就任してからは、彼らを調べるため、非公式の謁見を特別に設けたりした。この様子はエンゲルベルト・ケンペルが存分に伝えてくれる。

これらの史料は、綱吉が舜水を敬い、訪問したことを強力に示唆するが、決定的な証拠を我々に提示するものではない。確かなのは、友元が舜水を敬い、舜水の提唱する庶民的でわかりやすい儒教を尊重したことであり、少数の者だけに精通させるような師春斎のアプローチを批判するまでになったことである。友元が幼い家綱の小姓として、家綱の弟たちとも親密であり、綱吉が将軍となる前に頻繁に綱吉邸を訪れていたということも、我々は知っている。

友元は、何ヵ所かの大名屋敷で儒教を教えたことでも知られている。さらには、綱吉が政権を継承したその日から、友元が林家の長よりも優先されるようになり、家綱の棺の石槨に公式の銘を書いたのも友元であった。儒学者木下順庵（一六二一～九八）も舜水を尊敬し手紙を交わした。そして二年後に綱吉に登用された[70]。結局のところ、舜水の説く、道徳を向上させて安定した政権をもたらすための手段としての実用的な儒教と、綱吉が日本で初めてこの思想を、舜水の奨励するやり方で用いたこととの類似性は、単なる偶然の一致ではないのである。綱吉は、政治の展開を不安そうに傍らから見つめていたと言われるが、そのような者が、人口の大部分を占める農民の苦境への配慮を怠った政権に対するの舜水の警告を、気づくことなくやり過ごすとは考えにくいのである。

綱吉が儒教を後援したことは、ケンペルのような訪問者から大いに称えられたが、歴史家の間で評価されることは稀であった。政治的経験の豊富な朱舜水の教えとのつながりを辿ることは、綱吉の奨励した儒教の背後にある理論的根拠を説明するのに役立つ上、わかりやすい儒学を考案した人は単純な頭の持ち主ではなかったことを示してくれる。加えて、朱舜水は「忠実な庶民」として、社会を良くするため、実用向きの政治的儒教を喜んで宣伝したが、それは、社会的卓越性を維持することに関心を抱く日本の儒学者の、はるかに理論的でエリート的なアプローチとは異なっていた。そのような違いは、綱吉の後援した儒教が、儒学者の間でさえ、遭遇することとなった反対や批判を予示するものであった。

儒学者

綱吉が道徳教育として儒教を用いたことは、人見友元と林信篤が月に三回、幕府の役人たちが集まる中で講釈するという、早い時期に出された命令に表れている。キリスト教の道徳が日曜日に説教壇から説かれるかのようであった。この点で綱吉のとった方法は、熊沢蕃山を家老と同格の地位に登用して三千石という高い俸禄を与えた、池田光政の場合とは根本的に異なっていた[71]。儒教を技能というよりは道徳的教訓と捉える綱吉は、儒者を行政官として雇うのではなく、幕臣の教育者として利用したのである。ここでの儒者の扱われ方は仏教僧の場合と似ていた。また、儒者の任務の中のこの局面は、公開討論における仏教僧との議論に対して、道徳原理や哲学思想を擁護しなくてはならなかった時に重要視された。

綱吉が儒教の経典を、仏教の経典と同じように、平信徒にとって利用しやすいものにすることを目指したということもまた、早い時期に出された命令に表れている。ここで綱吉は、四書五経のほかに朱子の『近思録』や『小学』の句読法の改訂を指示した。[72] これらの注釈書は、朱子による四書の解説とともに印刷され、寺社や江戸城での講釈に参加した者たちに進呈された。[73]

それから間もなく、綱吉は小納戸の柳沢吉保を儒学の弟子とした。[74] これは、自分が有能な儒学教師のレベルに達していて、知識を伝授することのできる状態にあるなどと思い込んだ、綱吉の自惚れと解釈することもできる。しかしこれを、綱吉が儒学研究の新たな形態の必要性を感じていたことの表れと理解することもできる。林家の学者やその弟子たちとは異なり、全生涯を中国古典の研究に捧げることのできない者に適した形態である。綱吉が、儒家経典の知識は専門の学者に限定されないことを示そうと意図したことは、天和二年（一六八二）の年始の賀で、吉保に『大学』を講じるよう命じたことにも同様に表れた。吉保は、年賀に儒教の経書を講じるという任務を、綱吉の残りの治世を通して担うこととなった。[75]

綱吉がその教えに倣おうとした朱子は、遠く隔たった古代を黄金時代と見なした。道徳教育が高水準で普及し、成功したからであった。[76] 綱吉は、政権を担う役人だけでなく、全住民を教育することにより、この黄金時代を自身の国に再び創造しようとしたのである。これに向けた一つの試みとして、忠孝の実践を人々に促す高札が国全体に発布された。

忠孝札

辻達也の指摘によると、綱吉の有名な高札の文言は全体として新しいものではなかった。天和二年（一六八二）に綱吉の出した高札を、寛文元年（一六六一）に家綱の下で発布されたものと比較すると、新しいのは最初の四ヵ条のみであったという。すなわち、それぞれ忠孝、倹約、各自の家業の誠実な実践、犯罪の告発について述べたものである。これらの四ヵ条が、これまで公の高札に登場したことはなかったが、似たような文言が、寛文三年に旗本・御家人の行動を規定した諸士法度に含まれていた。綱吉はこの先例のない方法で、下級武士と庶民の間の区別を、双方に同じ命令を発することによって消し去ったのであった。

綱吉はさらに一歩先へと進んだ。諸士法度を廃止し、以前は大名だけに適用された武家諸法度を、旗本と大名の双方を拘束するものとすることにより、法に関して旗本と大名の間の区別も消し去ったのである。それまでは武士階層のみを対象とした行動の規定が、今や庶民に対しても直接発せられるようになったのであり、また延宝八年（一六八〇）に代官に向けて出された農政に関する命令も含めて、このことが辻に、次のように結論づけさせたのである。すなわち、一般の人々に対する評価に重大な変化が起きていたのであると。それまで彼らは、役人に支配・監督されるだけの「愚民」と言われてきたが、今や教育に値する人々と見なされるようになったのである。[77]

綱吉の忠孝札に続いて、さらに四つの高札が立てられた。それらは駄賃の定め、偽貨幣の鋳造と毒薬・

偽薬の販売の禁止から、火災現場の取り締まり、キリシタンと疑われる者の報告義務に至るまで、数多くの規制を打ち出したものであった。[78] このような高札が立てられたことを、綱吉の下で幕府の締め付けが強化されたと解釈することもできるが、庶民の解放と見ることも可能である。同様の規制は以前にもあり、必要に応じて実施されたが、「愚民」に向けて法の詳細を説明するという試みはほとんどなされてこなかった。マックス・ウェーバーの指摘によると、法規範とは、処罰が「便宜や恣意性、寛大さや恣意的な好みによって下るのではない」という公正さを保証するものである。[79] しかし法規範が、それによって統制される人々に知られていなければ、権力者たちは恣意的な権力を持ち続け、臣民を、法に違反してしまう不安に陥れ、怯えさせることを可能にする。綱吉の高札は、庶民が法を理解できるほどに賢いことを認めただけでなく、彼らに、何が許されるのか、また有罪判決が正しいのか、知る権利をも与えたのである。このような意味で、高札は役人の権威を低下させた。

高札の中で命じられたことの一つに、認可されていない書物の出版禁止があり、それは全く先例がないことと思われる。[80] 出版業は常に幕府の厳格な統制下に置かれ、綱吉の治世の前に処罰された事例が数多くある。そのような法が庶民にも公表されたということは、書物を利用する――そして結果として学問をする――層が広まっていたことを示している。

綱吉の政権下では、「学問」の広まりが政治の手段となり、[81] 儒教の経書研究はもはや学者の領分ではなくなった。儒教に基づく行動の規定は、もはや「殿方」だけでなく庶民にも適用されるものとなったのである。

それでも綱吉にとって、儒教は二輪車の一輪であり、忠孝礼には、召し仕える者に「憐愍」を持って接しなくてはならないという文言が付け加えられた[82]。高札のあとには生類憐みの令が続いた。それは、生命の尊さを説く仏教の教えの影響を受けていた。しかしながら、法の発布が頻繁に繰り返されたこと――効果がなかったことの表れである――が示すように、仏教に基づく憐みの令の実施は、当時の武士社会にあっては容易でないことが明らかになった。その理由の一つに、役人の協力が得られなかったことがある。役人たちの不従順の問題が貞享四年（一六八七）頃にピークに達したあと、綱吉が再び儒教に目を向け、幕臣を教育するための手段として、より一層の可視性と重要性を付与することに決めたのは、偶然ではないであろう。江戸城で催された講釈が、明らかに綱吉が望む結果をもたらさなかったこともあり、城外にある儒教施設を、その権力によって綱吉が支援することに決めたのであった。

元禄元年（一六八八）十一月に釈奠を祝うため、綱吉は家臣と共に上野の忍岡にある林信篤の聖堂に向かった。将軍が林家の私塾と孔子廟を訪れるのは、半世紀以上も前に家光が寛永寺からの帰途に短時間立ち寄って以来初めてであり、また将軍が、孔子とその弟子を記念する式典を公式に祝うのも初めてであった[83]。将軍に就任してからこの出来事が実現するまでに八年かかったのであるが、このこと自体、綱吉においては、儒教の儀礼的側面よりも、その思想の本質にある実利や教育が優先されたことを示している。この綱吉の訪問が同時代の人々に与えた印象は、徳川光圀が林信篤に宛てた感情あふれる手紙から判断する限り、意義深かったに違いない。そこでは、ついに儒教の明かりも日本で光り輝くことになったと、この出来事を称えている[84]。

綱吉自身もその効果を喜んだようであり、わずか三ヵ月後の元禄二年二月二十一日に再度の訪問を行っている。その頃には、綱吉自らが関与することの重要性に気づいていたのかもしれない。翌三年の八月二十一日には、綱吉自らが老中を含む幕閣に向けて、『大学』を講じている。この催しはその後毎月行われることになり、四書が次に論じられた。[85] 一ヵ月後に綱吉はさらに範囲を広げ、番頭や寺社奉行などを含む、六位以上の官位の者を自分の前に集めた。そして彼らに、文芸と武芸の双方の習得が、治国の道には欠かせないと常に考えられてきたことを想起させた。これ以降、文芸の習得を志し、学問に専念しなくてはならなくなった。この指示を実行に移すため、江戸城の謁見の間の隣の部屋を確保し、そこですべての役人――自身の講釈に参加する幕閣を除く――が毎月、林信篤の講釈を聴くよう命じた。[86]

湯島聖堂

元禄三年（一六九〇）七月に命じられた湯島聖堂の設立は、この文脈の中で捉えられなくてはならない。幅広い層の人々が学ぶには、聖堂を江戸城の外に移すのが望ましかった。しかし忍岡の孔子廟は、もともと尾張藩主の徳川義直によって林家のために建てられたものであり、寛文元年（一六六一）に幕府の資金で拡張されてはいたが、その設備では間に合わなかった。[87] 林家の私塾は、学ぶための公的な機関となることとなり、そのために前より江戸城に近い神田に敷地を確保した。今日もなお湯島聖堂が建っている場所である。儒教の複合的施設の建立を命じた元禄三年七月九日の通達では、儒教に傾倒する綱吉にとって、林家の私的な設備では不十分であり、また旧来の場所は仏教寺院に近接し、それ以上の拡張が不可能であったとの説明がなされた。綱吉が信頼を置いた側衆の松平輝貞がこの建設工事の担当となり、大名の蜂須賀飛騨守隆重が必要な人手を供給することとなった。[88] 綱吉自らが本殿入口の上の額の文字を記し、地名は孔子の生まれ故郷を記念して「昌平坂」と改名された。その年が終わる前に工事は完成された[89]。

翌元禄四年初めに出された命令により、儒学者は、武士の髪型と服装をすることで、自分たちを仏教僧と区別することが認められた。このこともまた、この思想の一般的なイメージを良くするために、綱吉が新たに付与した重要性を示すものである。先述したように、これは人見友元に教唆されてのことであったかもしれない。おそらく朱舜水の要請を受けて、徳川光圀は延宝四年（一六七六）のかなり早い時期に、儒学者に剃髪や法服を押しつける慣習を、戦国時代の悪しき名残と公然と非難し、自らが登用した儒学者に世俗の服装を許可している[90]。林家の体制をさらに強化するため、綱吉は林信篤に大学頭の称号を与え、従五位下に昇格させた[91]。

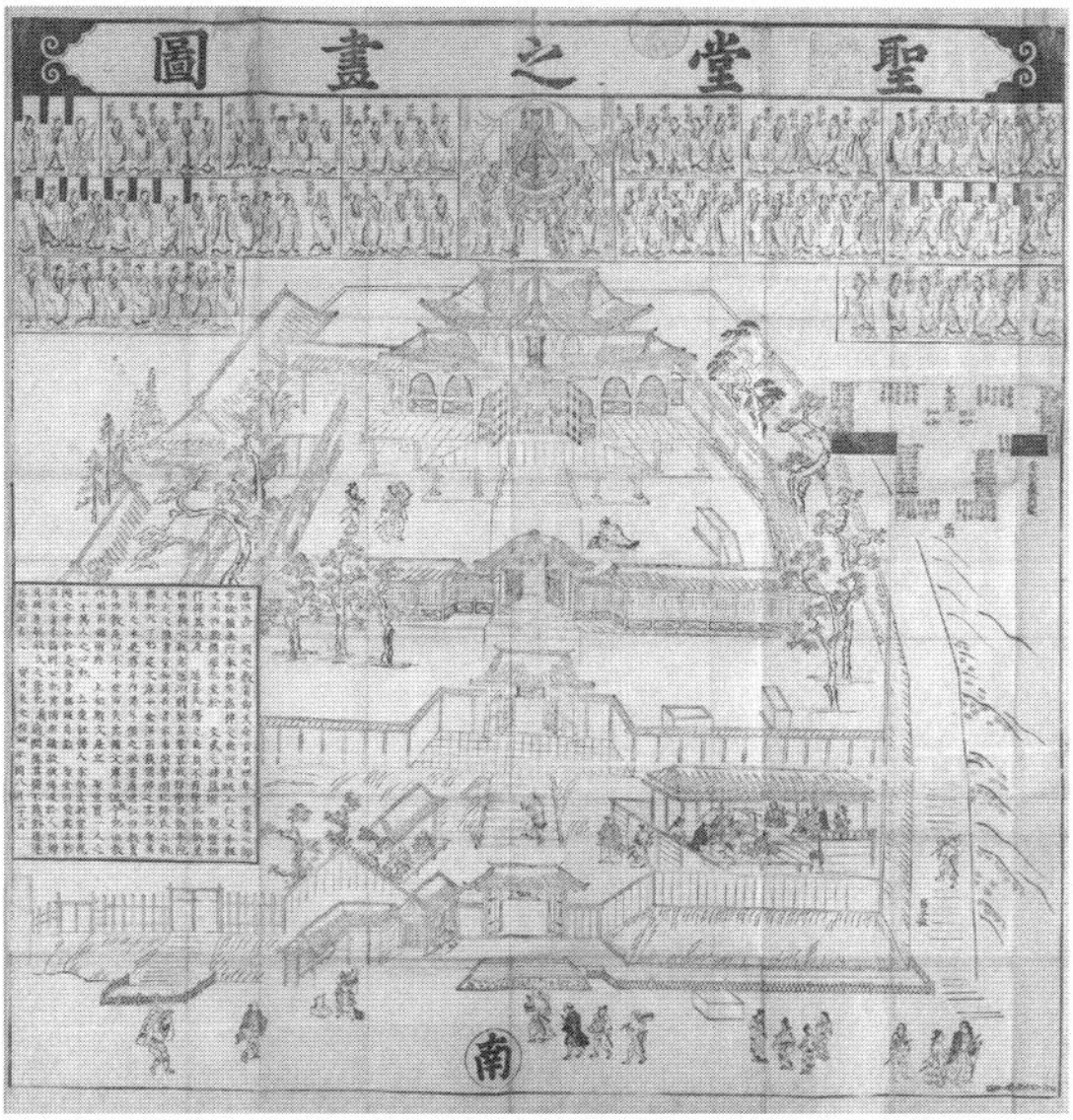

元禄４年（1691）に完成された湯島聖堂。国立国会図書館（東京）所蔵。

元禄四年二月七日に、入念に練られた行列が営まれ、林家の孔子廟にあった聖像が運び出された。それと同時に賢人十人の彫像が新たに作製され、重要人物七十二人の絵画が狩野家に発注された[92]。綱吉が新しい聖堂を訪れたのは三日後であった。そこで伝統的な釈奠がしかるべき壮麗さをもって執り行われ、豪勢な公式の場となった。生命の尊さを強調する綱吉に合わせて、動物ではなく野菜が捧げられた。あとで綱吉自らが大勢の聴衆を前に儒教の経書を講じた。それに酒宴と能の上演が続いた[93]。

同じ儀式がその翌年に再び執り行われ、オランダ人がこの催しについて耳にしたのはまさにこの時であった。元禄五年（一六九二）に江戸へ派遣されたオランダ代表団の一員であったケンペルは、のちに次のように記している。

この頃に我々は、昨年将軍が宮を建てたことを聞いた。治国の術を説いた中国の偉大な政治家孔子を記念するものであった。そして今年は同じ宮に講堂を建てたのであり、そこを将軍が、我々が到着した前日に訪れたそうである。一昨日には、将軍が重臣を前にこの治国の術（すべ）について講話した。そこでなされた講話ないしは講釈が素晴らしく、御前にひれ伏した者は感服したそうである[94]。

ケンペルに情報を提供したのは長崎の通詞や、彼の門下で西洋医学の訓練を受けていた今村源右衛門であり、これらの者は皆初めに中国古典を学んでいた。彼らは儒学に幅広く精通していたのであり、したがって、ケンペルに伝えられた情報の中で、政道や政治が強調されていたことは注目に値する。綱吉の意図したことを同時代の人々が観察し理解したことの表れとして、儒教を学ぶことが政権運営に欠かせないとする綱吉自身の見解が確認されるのである。この本質的に実利を重視する姿勢は、綱吉の儒教への関心が信心深さによるものであったというのちの主張と対立する[95]。このような姿勢は、この大規模な建造物と国の教育機関としてのその使命に対して、綱吉の貴信が千石という比較的少額であったことにも反映されている。元禄十六年十一月の地震で多くの建物が破壊された時、それらは小規模ながら再建されたが、綱吉が私的に使用していた御成御殿は二度と再建されなかった[96]。

政権による財政面での貢献が比較的わずかであったのに対して、儒家経典の講釈に対する綱吉の個人的献身ぶりは、それと正反対であった。元禄三年夏に役人たちを前に話をしたのが最初であったが、支配者より届けられる講釈の数は、聴く人の数が増えるのと共に増加したことが窺える。江戸城や湯島聖堂だけでなく、家臣を訪問した際にも行われ、それと共に訪問の頻度も増加した。元禄六年に綱吉は月に八回、中国古典より『易経』の講釈を始め、記録によると、元禄十三年までに『易経』の講釈が二百四十回行われていた。元禄七年二月には『中庸』についての講釈が、多くの大名を含む三百四十二名の聴衆を前に行われ、翌八年三月には四百十四名の人々に向けて『易経』についての講話がなされた。宝永五年（一七〇八）十二月二十九日には、病のために講釈を取り止めにせざるを得なかった。その死の十一日前のことである[97]。

綱吉が儒教の経書についての講釈に献身したのは、単に自分の声を聞くことに魅了されたからではなかった。このことは、常に相当数の人々が、同様の講釈を行い討論に参加するよう求められたという事実から明らかである。専門家である儒学者だけでなく、大名や門跡までもが、綱吉とそこに集う家臣を前に講釈し、儒教の経書に関する知識を披露するよう要請されたのである。例えば元禄五年三月には、京都西本願寺の門跡が江戸を訪れた際に、『大学』を講じなくてはならなかった[98]。また同年六月三日には、有力大名が将軍に講釈するため一堂に会した。綱吉の義兄尾張藩主の徳川光友とその息子綱誠、紀伊藩主の徳川光貞とその息子綱教、のちに家宣となる綱吉の甥、徳川光圀の世嗣綱條、加賀の前田綱紀がそれぞれ、『大学』からの一節についての論評を発表した。前田綱紀には、『中庸』の第一章について論じるという栄誉も与えられた。これらの講釈が終了すると、彼らは祝宴と仕舞のもてなしを受けた[99]。

この出来事を評価するにあたって、そこに居合わせた人物のほとんどが、その父親が綱吉の年上の親族であり、早くから熱心に儒教を後援していたことを記憶にとどめておかなくてはならない。光友の父親義直は、中国からの亡命学者陳元贇を含む卓越した儒者を招き入れ、（第五章で説明したように）すでに早くから自藩に先聖殿を建立していた。光貞の父親頼宣も同様に早くからの儒学の後援者であり、儒学者那波活所（一五九五～一六四八）の指導を受けた。光圀は朱舜水を後援し、舜水は幼い綱條の教育の手助けをした。前田綱紀は光圀の甥であり、彼自身も学問を大いに奨励して、書籍の収集や、木下順庵、室鳩巣といった学者を自邸に招いたことで有名である[100]。

これらの者たちにとって、儒教の経書について論じることは新しいことではなかった。ただ、儒教教育や討論が将軍によって主催されたということは、先例のないことであった。その前の世代は、儒教の支援を幕府に抑制され、儒教教育を普及させるための学校を自藩に設立するにも、その権利を認めてもらえなかった。儒教は、慈悲深い専制君主と、能力に応じて選ばれた行政官がその君主を支えることを理想としたため、家綱の下で進められた、権力の分散化と生まれながらの権利に従って昇進する体制に、真っ向から対立するものであった。綱吉が儒教を後援したのは、家綱政権下で抵抗を受けたパラダイムの変化を成し遂げるための政治的手段としてである。儒教を教育の手段とすることの意図は、政治のプロセスに、自分自身の関心や局地的な利益を促進するのではなく、儒者たちが、彼らの主君とすべての人々に負っていると信じている任務のために参与するような役人を多数生み出すことであった。仏教は、このような役人とその配下の者たちに、理想的な政治世界秩序を生み出すための思いやりを教え込むであろう。

綱吉は、社会の病を治療することに、自らの使命があると見ていた。仏教も儒教も綱吉にとっては、いずれも個人の救済へと導くものではなかった。どちらも政治という名の車の両輪なのであった。綱吉による儒教の政治利用が正しく理解されない限り、おそらく日本最大の政治思想家である荻生徂徠の著作について、綱吉政権下における柳沢邸での「徒弟期間」が大きく関係しているという事実を、見えなくしてしまうのである。

（1）儒教の五倫とは父子の親、君臣の義、夫婦の別、長幼の序、朋友の信である。

（2）『楽只堂年録』第十三巻（柳沢文庫所蔵）元禄五年九月二十二日条。栗田元次『江戸時代史』第一巻（近藤出版社、一九七六年）五九〇頁にも引用されている。

（3）Herman, Ooms, *Tokugawa Ideology: Early Constructs, 1570–1680*, Princeton: Princeton University Press, 1985, pp.175-177で、このテーマが詳細に扱われている。

（4）神々の御利益を信じた綱吉は、迷信を信じやすいと批判されるのに対して、同じように信じた新井白石や荻生徂徠ら学者は、「合理的」な思想家と見なされるのは、興味深い。白石については、例えば第一四章を参照。徂徠については、Ogyū Sorai, *Master Sorai's Responsals*, translated by S. H. Yamashita, Honolulu: Hawai‘i University Press, 1994, p.50を参照。

（5）藤井譲治『徳川家光』（吉川弘文館、一九九七年）一九四頁。

（6）三百両が寺社奉行より割り当てられたが、これは亡くなった十万人以上もの人々を埋葬するためであった。黒板

勝美・国史大系編修会編『徳川実紀』第四篇（吉川弘文館、一九七六年）明暦三年二月二十九日条（二一八頁）。

（7）京都の大仏については、Engelbert Kaempfer, *Kaempfer’s Japan: Tokugawa Culture Observed*, edited, translated and annotated by B. M. Bodart-Bailey, Honolulu: University of Hawai'i Press, 1999, pp.380-384、栗田前掲書（注2）九八頁を参照。東大寺については、高埜利彦『近世日本の国家権力と宗教』（東京大学出版会、一九八九年）一一九頁を参照。

（8）塚本学『徳川綱吉』（吉川弘文館、一九九八年）一九七頁。

（9）大野瑞男『江戸幕府財政史論』（吉川弘文館、一九九六年）二一二頁。

（10）荻生徂徠『政談』（『日本思想大系』第三十六巻、岩波書店、一九七三年）三二一～三二二頁。原書で述べられているのは、最初の三代将軍ではなく、彼らが支配した慶長・寛永年間（一五九六～一六四四）である。

（11）大野による分析を参照。大野前掲書（注9）二一〇～二一一頁。

（12）塚本前掲書（注8）一八五～一八七頁。

（13）山本常朝著『(対訳) 葉隠 HAGAKURE The Book of the Samurai』（ウィリアム・スコット・ウィルソン英訳、松本道弘、大宮司朗現代語訳、講談社インターナショナル、二〇〇五年）一五八頁より引用。

（14）同右。

（15）大野前掲書（注9）二二〇頁。『徳川実紀』第四篇（注6）貞享三年六月十八日条（五七九頁）。

（16）黒板勝美・国史大系編修会編『徳川実紀』第六篇（吉川弘文館、一九七六年）元禄五年五月九日条（一四一頁）。塚本前掲書（注8）一九二頁。

（17）塚本前掲書（注8）一九二頁。正親町町子『松蔭日記』（甲斐叢書刊行会編『甲斐叢書』第三巻、第一書房、一九七四年）一五一頁。柳沢吉保『柳澤吉保公参禅録』（中尾文雄編、永慶寺、一九七三年）一四～一五、二八頁。

（18）高埜利彦『近世日本の国家権力と宗教』（東京大学出版会、一九八九年）二八一頁。山伏についての解説は *Kaempfer’s Japan*（注7）一二三～一二六頁を参照。

(19) 大野前掲書（注9）二一八～二一九、二二三頁。

(20) 高埜利彦「寛永寺」（『世界大百科事典』第六巻、平凡社、二〇〇一年）。

(21) 戸田茂睡『御当代記』（塚本学編、平凡社、一九九八年）三八四、三八八頁。児玉幸多『元禄時代』（『日本の歴史』第十六巻、中央公論社、一九九〇年再版）三八五頁。

(22) 例えば、徳富猪一郎『近世日本国民史』第十七巻（元禄時代、上巻、政治篇、民友社、一九三六年）一九三～二〇〇頁を参照。

(23) 護持院隆光『隆光僧正日記』第一巻（永島福太郎・林亮勝校訂、続群書類従完成会、一九七〇年）元禄六年八月八日条（七六頁）。塚本前掲書（注8）一八八頁。『徳川実紀』第六篇（注16）元禄六年八月十二日条（一七五頁）。ここで、この僧侶は「八王子成就院」と記されている。

(24) 辻達也『江戸開府』（『日本の歴史』第一三巻、中央公論社、一九九〇年—再版—）二七五～二七七、二八八頁。

(25) このテーマについての詳細は、同右、二九二～三〇三頁およびOoms前掲書（注3）五九～六〇、一七三～一八六頁を参照。このテーマを扱った研究書に、曽根原理『徳川家康神格化への道』（吉川弘文館、一九九六年）がある。

(26) 大野前掲書（注9）二一八頁。『徳川実紀』第六篇（注6）元禄八年一月二十五日条（二二〇頁）。

(27) 護持院隆光『隆光僧正日記』第三巻（永島福太郎・林亮勝校訂、続群書類従完成会、一九七〇年）二九〇頁。

(28) 第十二章を参照。

(29) 第十章を参照。

(30) 戸田『御当代記』（注21）一八一～一八二頁。塚本前掲書（注8）一八五～一八六頁のコメントも参照。徳富前掲書（注22）一九四頁。

(31) Fung Yu-Lan, *A Short History of Chinese Philosophy*, New York: The Free Press, reprint 1967, p.182.

(32) 『隆光僧正日記』第一巻（注23）八一頁。

(33) Tsunoda R., et al. comps. *Sources of Japanese Tradition*, New York: Columbia University Press, reprint 1968,

1:136.

(34)『徳川実紀』第六篇（注16）三〇七頁。平石直昭『荻生徂徠年譜考』（平凡社、一九八四年）四五頁。

(35)『隆光僧正日記』第一巻（注23）二六〇頁。

(36) 新井白石『本佐録考』（『新井白石全集』第六巻、国書刊行会、一九〇七年）五五〇頁。第五章も参照。

(37) 第一六章を参照。

(38) 黒板勝美・国史大系編修会編『徳川実紀』第五篇（吉川弘文館、一九七六年）延宝八年九月十一日条（三八一頁）。『憲廟実録（常憲院贈大相国公実記）』（『内閣文庫所蔵史籍叢刊』第十七巻、汲古書院、一九八二年）同日条。

(39)『人見竹洞詩文集』（人見捨蔵、一九九一年）九頁。

(40) 黒板勝美・国史大系編修会編『徳川実紀』第三篇（吉川弘文館、一九七六年）七〇四頁。

(41)『寛政重修諸家譜』第十七巻（続群書類従完成会、一九六五年）二一八頁。『徳川実紀』第四篇（注6）寛文元年閏八月六日条（三九六頁）。『人見竹洞詩文集』（注39）一〇頁。

(42)『寛政重修諸家譜』第十七巻（注41）二一八頁。

(43)『明月記』については『徳川実紀』第四篇（注6）寛文二年七月十一日条（四二九頁）。『続本朝通鑑』については『寛政重修諸家譜』第十七巻（注41）二一八頁。『本朝通鑑』の作成については、Kate Wildman Nakai, "Tokugawa Confucian Historiography: The Hayashi, Early Mito School and Arai Hakuseki", in Peter Nosco ed., *Confucianism and Tokugawa Culture*, Princeton: Princeton University Press, 1984, pp.71-72、Ooms前掲書（注3）二一二〜二一三頁、Peter Kornicki, *The Book in Japan: A Cultural History from the Beginnings to the Nineteenth Century*, Honolulu: University of Hawai‘i Press, 2001, p.385を参照。

(44)『徳川実紀』第四篇（注6）寛文四年三月十七日条（四九五頁）、寛文四年六月二十八日条（五〇六頁）。

(45)『寛政重修諸家譜』第十七巻（注41）二一八頁。『徳川実紀』第四篇（注6）寛文七年五月十六日条（六一〇頁）。

(46)『徳川実紀』第四篇（注6）寛文四年一月十五日条（四九〇頁）。儀式が増上寺で営まれたとの情報は、人見求編

『人見私記』第六巻（国立公文書館内閣文庫所蔵）『厳有公記』の同じ日付の記載の中に含まれている。
(47)『神田記』（人見求編『人見私記』、国立公文書館内閣文庫所蔵）慶安五年九月十五日条、慶安五年十月二十八日条、慶安五年十一月七日条および同月十一日条ほか。
(48)『人見私記』第六巻（注46）寛文七年八月十一日条。
(49) 石川洋他編『江戸文人辞典』（東京堂出版、一九九六年）三二四頁。
(50) 例えば『神田記』（注47）延宝三年三月三日条および同年五月五日条、延宝八年一月一日条および同年三月三日条。
(51)『徳川実紀』第五篇（注38）延宝八年六月二十六日条（三三八頁）。
(52)『寛政重修諸家譜』第十七巻（注41）二一八〜二一九頁。
(53) 林鵞峰『國史館日録』第二巻（続群書類従完成会、一九九九年）七五、九一頁ほか。石川前掲書（注49）三二四頁。
(54)『政談』（注10）四四二〜四四三頁。徂徠はこの主題についてより詳細に『学寮了簡書』（島田虔次編『荻生徂徠全集』第一巻、みすず書房、一九七三年）五六六〜五六七頁で論じている。
(55) 朱舜水が山鹿素行に宛てた書状、徳富猪一郎『近世日本国民生活史』第十六巻（徳川幕府上期、下巻、思想篇、民友社、一九三六年）五六五頁の引用による。
(56) Julia Ching, "The Practical Learning of Chu Shun-shui (1600–1682)", in W. T. de Bary and I. Bloom, eds., Principle and Practicality: *Essays in Neo-Confucianism and Practical Learning*, New York: Columbia University Press, 1979, pp.192, 197, 200, 204, 208, 214.
(57) 徳富前掲書（注55）五六八頁。
(58) Ching 前掲論文（注56）一九八、二〇〇頁。石原道博『朱舜水』（吉川弘文館、一九六一年）一四二、一五二頁。
(59) Ching 前掲論文（注56）一九一頁。
(60) 徳田武「人見竹洞・朱舜水往復書牘年時考証」（『明治大学教養論集』日本文学・二五九号、一九九三年）四〇〜

四五頁。

(61) 同右、四七、五九頁。

(62) 同右、四六～四七頁。

(63) 同右、六七～六八頁。

(64) 林鵞峰『國史館日録』第一巻（続群書類従完成会、一九九九年）寛文五年九月七日条（一二二頁）。

(65) 同右、寛文五年九月十三日条（一二三頁）。徳田前掲論文（注60）五九頁も参照。

(66) 徳田前掲論文（注60）六〇頁。

(67) 同右、六二、六四頁。

(68) 石原前掲書（注58）二四一、二四三頁。Ching前掲論文（注56）二一一頁。

(69) 人見友元からの手紙、徳田前掲論文（注60）八一～八二頁の引用による。友元は「国ノ卿大夫」という表現を用いているが、これは『春秋』に由来する。

(70) 大石慎三郎『元禄時代』（岩波書店、一九七〇年）九三頁。Ching前掲論文（注56）二一三頁。綱吉のもとでの順庵の経歴については、『徳川実紀』第五篇（注38）天和二年七月二十八日条（四五五頁）、天和二年十二月二十三日条（四六八頁）、天和三年十一月十二日条（四九九頁）、貞享三年九月十八日条（五八五頁）、および第六篇（注16）元禄十年一月二十八日条（二八三頁）、元禄六年二月五日（一八三頁）ほかを参照。

(71) 第五章を参照。

(72)『憲廟実録』（注38）天和元年二月の最後の記載（三五頁）。四書は『大学』『中庸』『論語』『孟子』、五経は『易経』『詩経』『書経』『春秋』『礼記』。

(73) 徳富前掲書（注22）一二〇頁。『徳川実紀』第六篇（注16）元禄元年十一月一日条（二五頁）。

(74)『楽只堂年録』（注2）天和元年六月三日条。

(75)『徳川実紀』第五篇（注38）四三五頁。

（76）Julia Ching, *To Acquire Wisdom: The Way of Wang Yang-ming*, New York: Columbia University Press, 1976, pp.15-16.

（77）辻達也「『政談』の社会的背景」（荻生『政談』（注10））七七八～七八一頁。綱吉の代官への命令については第八章を参照。

（78）『徳川実紀』第五篇（注16）天和二年五月晦日条（四四九～四五〇頁）。

（79）Max Weber, *Economy and Society*, edited by Guenther Roth and Claus Wittich, Berkeley, University of California Press, 1978, 1:315. Max Weber, Wirtschaft and Gesellschaft, Tübingen: J. C. B. Mohr, 1976, p.184.

（80）今田洋三『江戸の禁書』（吉川弘文館、一九八一年）六二頁。

（81）辻前掲論文（注77）七八一頁。

（82）同右、七七八頁。『徳川実紀』第五篇（注38）四四九頁では、同様に「憐み」を意味する「仁恕」という言葉が使用されている。

（83）『徳川実紀』第六篇（注16）元禄元年十一月二十一日条（二七頁）。徳富前掲書（注22）一二五～一二七頁。塚本前掲書（注8）一六四～一六五頁。

（84）徳富前掲書（注22）一二七～一二八頁。

（85）『憲廟実録』（注38）元禄三年八月二十一日条に、「執政執事等ノ為ニ」と記されている。『徳川実紀』第六篇（注38）八二頁、同日条に、この説明はない。

（86）『憲廟実録』（注38）元禄三年九月二十一日条。『徳川実紀』第六篇（注16）八四頁、同日条。

（87）橋本照彦「江戸時代の教育」（内山知也、本田哲夫編『湯島聖堂と江戸時代』、斯文会、一九九〇年）頁付なし。図像はセクションF二番を参照。和島芳男『日本宋学史の研究』（吉川弘文館、一九八八年再版）五〇〇～五〇一頁。

（88）『徳川実紀』第六篇（注16）七九頁。

（89）それぞれ『徳川実紀』第六篇（注16）元禄三年十一月二十一日条（九〇頁）、同年十二月十六日条（九二頁）、同年同月二十二・二三日条（九三頁）。
(90) 徳富前掲書（注55）五一七～五一九頁。
(91)『徳川実紀』第六篇（注16）元禄四年一月十三日条（九五頁）。
(92)『徳川実紀』第六篇（注16）九七頁。
(93)『徳川実紀』第六篇（注16）九八～一〇〇頁。
(94) *Kaempfer's Japan*（注7）四〇七～四〇八頁。
(95) 徳富前掲書（注22）五二一頁。
(96) 橋本前掲論文（注87）頁付なし。
(97) 塚本前掲書（注8）一六八～一六九頁。
(98)『徳川実紀』第六篇（注38）元禄五年三月二十八日条（一三六頁）。塚本前掲書（注8）一六八頁。
(99)『憲廟実録』（注38）元禄五年六月三日条（二三八頁）。『徳川実紀』第六篇（注16）一四三頁。塚本前掲書（注8）一六八～一六九頁。『中庸』第一章の主題である「性道教」の解釈は研究者間で異なる。Leggeは、その概念を含む第一節を次のように訳している。「天が与えたものは本性と呼ばれる。この本性に従うことを本分の道筋という。この道筋の統制を教えという。（What Heaven has conferred is called The Nature; an accordance with tis nature is called The Path of duty, the regulation of this path is called Instruction）」(James Legge, *The Four Books*, Hong Kong: Wei Tung Book Store, n.d., p.2 of chapter "The Doctrine of Mean")。Yu-Lan Fung（前掲書（注31）一七四～一七五頁）は、「天が与えるものは本性と呼ばれる。この本性に追従することを道という。この道の育成を精神文化という。（What Heaven confers is called the nature. The following of this nature is called the Way (Tao). The cultivation of this Way is called spiritual culture.)」としている。この説明の中でFungは、「一般的で普通であることの重要性」を強調する。舜水や綱吉の解釈ともよく合致する観念である。
(100) 児玉前掲書（注21）三一二頁。

第十六章　荻生徂徠の「徒弟期間」

「憲廟学を好み、海内風に嚮ひ、読書を闤闠にし、講帷雲の如し」[1]と儒学者荻生徂徠は記し、庶民の学問への関心、特に儒教への関心を高めることに綱吉が成功したことを記録している。徂徠自身も、雲のように町中に現れた者の一人であった。元禄五年（一六九二）に綱吉が赦免した中に医師で父親の荻生方庵が含まれ、十年以上にわたる地方への追放が赦された時、徂徠は、増上寺の前で講釈して生計を立てようと江戸へ戻った。[2]若い学者が儒教の講師として生計を立てようとしたとは、将軍の後援による突然の講釈要請でもない限り、考えにくい。またそうでない限り、数年後に柳沢邸に即刻登用されることもなかったであろう。徂徠自身は、柳沢邸に登用されたことを、増上寺の住職の推挙を受けたためと説明するが、歴史家はこれを疑問視し、徂徠の父方庵が、綱吉の侍医として復職したことが決定的要因であったと主張する。[3]徂徠が柳沢邸に登用されるためには、父親の復職が必要であったことに間違いはないが、このことだけで徂徠が、柳沢吉保邸に集ったエリート学者グループに加わるだけの資質を得たとは想像し難い。おそらく、この若い学者の儒家経典へのアプローチの方法が、綱吉の好みに合致することに住職が気づいたのであろう。

徂徠は十年以上にわたって、人生の人格形成期の大半を地方で過ごしたのち、二十六歳頃に江戸へ戻った。そこで感じたのは、都市の垢抜けた武士とのズレであった。徂徠の考え方は生涯を通して素朴であると主張した[4]。徂徠の中国古典へのアプローチや理解には、正規の教育を受けた形跡がほとんど見られなかったが、このことが、徂徠の登用を確実にしただけでなく、柳沢邸での早急な出世や、さらには綱吉の注目を浴びることも可能にしたのである。徂徠が「末座」より早急に出世を遂げた背景には、農民道入をめぐる裁定があった[5]。

農民道入をめぐる裁定

道入は柳沢吉保の所領である川越藩の農民であったが、あまりにも貧しかったため、まず妻と離縁し、のちに母親を捨てた。そして親不孝を働いたとして告発された。徂徠の説明によると、適切な処罰を決定するに際して、吉保はお抱えの学者に先例を調査するよう求めたが、明の法典にもほかの文書にも、この事例に関する情報は含まれていなかった。道入はあまりにも貧しかったがゆえに、数日前に妻と離縁したのだから、学者は、彼を浮浪者と見なすべきであるとの決定を下したという。浮浪者としてならば、面倒が見られなくなるまで母親を連れ歩いたという彼の行為は褒めるべきものであった。そして母親を見捨てる意図は元来なかったのだから、道入をこの罪で告発すべきではないという見解が示された。しかし吉保は、たとえ極貧の者であっても、親を捨てるという行為を大目に見ることはできないと主張し、この決定に満足しなかった。このことが何らかの事情で綱吉の知るところとなり、吉保は綱吉に相談することが賢明と考えた。当時の綱吉は、徂徠によると、中国の思想家朱子の信奉者であり、この世

のすべてのものにはそれぞれに特有の「理」が注がれているという朱子学を信じていたのである。(6)

朱子によれば、すべての人は共通して同じ「理」ないしは人類に特有の本質を持っているが、個々人に授けられた「気」は様々であり、それがその人の心の状態を決定する。したがって悪とは、悪い「気」によって汚染された心と説明される。(7) 徂徠によると、綱吉はとりわけ心の状態を突きとめることに関心を抱いており、これは道入の一件との関連で、親を捨てる悪の根源を探るという意味に解釈されなくてはならない。その一方で吉保は、禅宗の信奉者であり、理学には普段あまり重きを置いていなかった。このような状況において、徂徠は現実的な手法を採り、次のような見解を発した。

> 世間飢饉ニテモ参ラバ、箇様ナル者他領ニモ幾程モ出べシ。親捨ト云ハ有間敷コト也。是ヲ親捨ニシテ、如何様ノ刑ニモ行タラバ、他領ノ手本トモナルベシ。某存候ハ、箇様ナル者ノ、所ヨリ出ルヤウニ致スコト、第一代官・郡奉行ノ科也。其上ハ家老ノ科也。其上ニモ科人可シレ有ル。道入ノ咎ハ甚軽キコト也。

末座からの発言であったが、吉保は「尤也」と述べたのである。(8)

このような成果を上げた理由を、徂徠は三つの点から説明している。第一に、徂徠が地方の人々の苦難を直接に体験したからであり、第二に、田舎者ゆえに話し方が率直であったからであり、第三に、十年以上も江戸を離れていたため、その間に起きた政治の変化に気づいていたからである。ほかの人々はその変化を見落としていた。(9) このような事情により、徂徠は綱吉の政治路線の変化を極めてよく理解し、徂徠の提案した裁定は、単に綱吉の政治方針を忠実に応用した結果であった。

「代官の輩常に民の辛苦を察し。飢寒の愁なからむやうはからふべし」と、綱吉が治世初期に出した命令の中で最も重要なものの一つに記されていた。徂徠は田舎で人々の「辛苦」を直々に目撃していたのであり、また彼の同僚とは異なり、その田舎者の実直さでもって、恐れることなく、自分より上位の者に責任を負わせることができたのである。そしておそらくもっと重要なことに、徂徠は、綱吉政権による政策路線の変化を存分に理解していたのである。かなり初期の頃に堀田正俊は、大老として、彼自身が最も悲惨な状態にある浮浪児にまで責任を持たなくてはならないということを、容易に理解することができなかった。政策路線の急進的変化に、決して柔軟に対応しようとしなかったため、正俊は早すぎる最期を迎えることになったのかもしれない。

国が人々の苦しみを緩和しなくてはならないという考え方は、捨て子や病気の旅人など支援の必要な人々への対処に責任を負った役人をも拘束した。しかし、このような「公僕」としての役目は、武士にとって気持ちよく受け入れられる観念ではなく、吉保が意見を求めた学者も、この場合の役人の責任については見て見ぬふりをした。綱吉が儒教を後援したのは、特殊事例について古代中国の古典の中に先例を見つけることではなく、古典の権威を用いることで、武士が刀剣をかざして庶民を優越的に支配するような伝統的なあり方をぶち壊すことに関心があったからである。徂徠は、そのことを理解していた。

徂徠は、農民道入の一件で自分の下した裁定が、主君からの注目を浴びるのに役立ったと考えたのであったが、同じ話が柳沢吉保の家臣薮田重守の記録である『源公実録』に記された時、徂徠の名前はどこにもない。ここでは同じように、この一件が綱吉の耳に入ったと記されているが、続いて述べられているのは、林信篤が意見を求められたということであり、信篤はこれを、親を捨てた事例として、通常であれば綱吉によって厳格に処罰されるべき罪と判断したということである。また柳沢吉保がすでに対策を講じ、御救米を川越に運んだことも記されている。ここで、親を捨てることを大目に見てはならない、これが農民の罪と判断されるならば、そのような事例は飢饉がほかの地域を襲った場合に増えることになると吉保は主張している。換言するならば、役人たちは、そのようなことがさらに起こらないよう責任を負わなくてはならなかったのであり、より一層、御救米を現地へ送ったからこそ適当な考え方であった[10]。

『政談』と『源公実録』は、いくつかの点で異なっているが、相互に矛盾することなく、むしろ補い合うものである。柳沢邸に登用された学者たちの任務は、吉保が情報に基づいて決定を下せるよう助言を与えることであった。今日の官僚が政治家のために、政府の政策に基づいて助言を行い、演説の原稿を書くのとよく似ている。徂徠にとって注目すべきは、この折に吉保が、新参者にもかかわらず、自分の見解を受け入れたということであった。それに対して藪田重守が重要と見なしたのは、吉保が従おうとした原則であり、また吉保が、林信篤ほどの学識ある人物に対して、自らの見解を擁護したことであった。徂徠の助言には新しいことはなく、単に吉保の考え方と嚙み合うものであり、それはまた綱吉の政策に沿うものでもあった。これが、『源公実録』で徂徠の名前が欠落している理由として考えられる。

綱吉の将軍就任以来起きていたパラダイムの変化を理解したことにより、徂徠は流星のごとく頭角を現し、名声を獲得するに至った。寺院の門外で教えを説いた放浪の講釈師は、半年のうちに、綱吉が講釈を行う際に臨席することが求められるほどの学者となった。無知な者に知識や教えを売るのではなく、儒学者や綱吉および幕閣の御前で討論するという栄誉を手にしたのであった。学界に頭角を現したこの新しいスターのことは、桂昌院までもが知るところとなり、徂徠は、彼女の御前で討論する先輩学者たちに加わるよう求められた。数ヵ月前までは食物を慈悲深い豆腐売りに頼っていた一文なしの若者が、今や将軍の祝宴に臨席し、能に招待され、褒美を与えられていたのであった。[11]

第五代将軍が奨励した儒教と徂徠

綱吉の儒教との関わりを、現代の歴史家たちは一般に、娯楽ないしは上品ぶった嗜みと捉えている。このような判断は、学術的な議論が行われたこと——ほとんど研究されていない状態にある——に基づくものではなく、そのような議論のあとに続いた行事との関連でなされている。[12] 徂徠自身はそのような見方をしなかった。徂徠にとっての綱吉は、一般に知られているような、半ば気の狂った物好きなどではなく、[13] 古代中国の名君と比較するに値するほど、崇敬すべき人物であった。

徂徠は、弟子の山県周南（一六八七〜一七五二）に宛てた二通の手紙の中で、非常に感情的な言葉でもって、綱吉の御前に定期的に臨席した十四年間について語っている。徂徠は綱吉の前で講釈することが認められ、その質問に答えた。弟子であり友である周南に宛てたこれらの手紙の中で使用された敬語や表象は、いかに徂徠が綱吉に対して畏敬の念を抱き、大いに尊敬していたかを示す証拠である。柳沢吉保の側室町子が『松蔭日記』で行ったように、徂徠は綱吉の死を中国の伝説に登場する黄帝の昇天と関連づけた。徂徠は、綱吉から賜った栄誉について述べた際に、通常天皇に対して用いられるような語彙を使用している。このことは、のちに勤皇派から激しい非難を浴びることとなった。[14] 重要なのは、そのような仰々しい語を用いることに言外の動機はないということである。それらの手紙は幕閣宛てではなかった。幕閣宛ての手紙であれば、将軍への深い敬服の念を表明することは、良い慣習ないしは愛顧を得るために必要と見なされたであろう。そこに見られるのはただ、敬服する人物からの大切な後援が失われたことに対する悲嘆の思いであり、徂徠が将来への不安を抱いた時にその思いが高まったことは間違いない。のちに徂徠が学者として有名になり、将軍の後援を必要としなくなった時には、綱吉の下に仕えていた頃のことを語る時でも、これらの手紙に表現されたような、過度に熱烈な称賛ぶりは幾分失われたであろう。しかし人生の末期にあっても、徂徠が自らの学問の重要性を誇らしげに語った際に、綱吉の奨励した儒教や政策を否定したことは一度もなかったのである。

徂徠と綱吉との関係は、徂徠の生涯に関する家の公式記録である『親類書由緒書』の中で明らかになる。徂徠は二度、綱吉の講釈を聴いている時に懐疑的な表情ないしは「不心得」を表したことがあった。綱吉は即座に徂徠を自分のもとに呼び寄せ、何が問題なのかを問うた。同意できない理由を徂徠が詳細に述べると、綱吉は喜び、いずれの時にも徂徠へは直々に特別な贈り物が授与された[15]。ここで我々が目にするのは、専制的な将軍が、たとえ自分の側に間違いのあることが明らかにされようと、心から楽しんで討論を主催する様子である。徂徠が、早急に罰せられることへの恐怖をものともせず、綱吉への不同意を表明した事実は、学者が綱吉の御前で、恐怖を感じることなく反対の見解を口に出すことに慣れていたことを示している。さらには、徂徠が二度にわたって不同意を表明したということは、綱吉の講釈内容に純粋に関心を抱いたことの表れである。またこのエピソードからは、徂徠が綱吉に賛同できなかったのは稀であったことも窺える。このような催しは、綱吉を喜ばせるために設定された「ショー」

であったと盛んに言われているが、徂徠はそうとは捉えず、むしろ真に学問的な討論の場と見なしたのである。

またこの情報が、『親類書由緒書』という簡潔な記録に収められたということは、この情報をもたらした徂徠や、この記録を編纂した子孫が、いずれも恥じることなく、学問上、徂徠を綱吉と結びつけたことをも意味する。このようなスタンスは、のちの歴史家とは異なる。彼らは徂徠の学問を、何かと批判され嘲笑されることの多い綱吉の政治と関連づけることのないよう、相当な努力をしたのであり、その結果、双方の間の明らかなつながりを見落としてきたのである。例えば、綱吉が『易経』について二百四十の講釈を行ったことはしばしば嘲笑の対象となるが、この作品は、徂徠にとっても重要であり、儒教政体の基盤を根本から教説すると考えられた[16]。筆者は、徂徠が一貫して綱吉の政策を支持したと主張するつもりはないが、徂徠の展開した批判は、――後述するように――歴史家が批判する領域に関わるものではないのである。

歴史家は、史料を評価する際に、それらが書かれた目的、時期、場所について十分な注意を払わなくてはならない。これがなされた時、綱吉の奨励した儒教について、徂徠が批判的な立場をとらなかったと一般に解釈されるのだが、そうではないことが明らかになる。

例えば、徂徠は円熟期の著作の中で程朱学を大いに批判したが、別の折には程朱学について、道入の一件が起きた当時に綱吉が賛同した思想であったとも説明していた。また、綱吉の死から五年ほどが経過した正徳四年（一七一四）までは、徂徠自身も程朱学の信奉者であったことを包み隠さず明らかにしている[17]。さらには、綱吉が程朱学を信奉したことに言及する際、徂徠が「その当時」という文言を慎重に付け足したことにも留意しなくてはならない。このことから導き出される結論は、綱吉が常に程朱学の支持者であったのではなく、徂徠自身と同様に、立場を変えたということである。

将軍の講釈と無学な学者

徂徠が綱吉の政治に極めて批判的であったと主張する歴史家は、徂徠の著作に頻繁に登場する、綱吉の始めた講釈に対する批判と思われるような文言を指摘する。例えば『政談』の中で、徂徠は次のように記している。

然ルニ、御先々前御代［綱吉］ニ講釈ヲ専ニ被レ遊サタルヨリ、儒者ドモ外ノ学文ハセズ、講釈ヲ役目ノ様ニ覚タル事ニ成テ、今ハ何レモ無学ニ成リ、御用ニ立ヌコトニナリタリ。且又内記［林信篤］父子計リニ御用ヲ被レ仰セ付ケ一、各別ニ結構ニナリタル故、外ノ儒者ドモ自カラ御用ナキ者ニ成テ、学文ヲセヌ筋モ有ベシ(18)。

丸山眞男はこの箇所を、綱吉の「半ば大名芸的な講釈好み」に対する徂徠の「手痛い批判」の一例として引用した。丸山の著書の翻訳者Hane Mikisoが原文の中の敬語、動詞「遊ばす」に「遊ぶ」という現代的な意味を付与して次のように訳したのは、徂徠の言葉に対する丸山の解釈を受けてのことに違いない。将軍綱吉の治世に、将軍は講釈を聴くのを楽しんだため、儒学者たちは他の学問や文芸を軽視し、儒教について講じることが彼らの唯一の任務であるかのように振る舞うようになった、と(19)。

徂徠が綱吉に批判的であったに違いないと直観的に推定することは、この箇所の翻訳に、ほかの面でも影響を及ぼした。学者がほかの学問を軽視し始めたのが、綱吉の治世の最中なのか、あるいはその後なのか、この文章では曖昧である。そのあとの「事になりて」や、それに続く「今」という文言から、後者と解釈する方が望ましい。また、林家だけが政務に関する助言を求められたという徂徠の不満からも、そのように読む方がよいであろう。綱吉の時代はそうではなかったからであり、むしろ林信篤よりも徂徠の判断の方が、政治的に重要な四十七士の一件で受け入れられたくらいであった。林家に属さない学者に、幕府から課せられた唯一の義務が講釈することというのは、「かつて」ではなく「今」のことなのである。そしてそれは、徂徠が述べるように、学者がそれを唯一の任務と見なしたという論理的帰結を伴うのである。引用箇所の最後の文で徂徠は、学者が学問をしなくなったのは、今やほかに何も求められなくなったことの結果なのではないかと問うたが、このことからもそのような解釈が裏づけられる。

批判することの危険

先に引用した文章の意味を十分に捉えるには、曖昧な言葉の意図だけでなく、それが書かれた状況や目的についても慎重に吟味しなくてはならない。この場合に重要となるのは、『政談』は吉宗に宛てた秘密文書であることに留意することである。そこで徂徠は、幕府の政策や統治を改善するための提案を行っている。「改善する」ことの前提にあるのは現状批判である。しかしそのような批判は、徳川時代の日本においては危険な企てであった。このことを頭に入れると、学問についての徂徠の率直な批判が実に痛烈に響いてくる。「学文ノ事、上［吉宗］ノ御世話ニテ、昌平坂・高倉屋敷ニテ儒者講釈スレドモ、御旗本ノ武士ニキク人絶テナシ。唯家中ノ士・医者・町人ナド少々承ル。此輩ガ為ニ計リ御世話遊サル、ハ無キレ詮事也。是仕形不ルレ宜カラ故、上ノ思召ト相違スルト見ヘタリ」[20]。

吉宗は講釈の聴衆の範囲を、綱吉の時よりもはるかに広げた。吉宗は将軍就任後間もなく、林信篤に湯島の孔子廟で毎日講釈することを命じた。そして前例のないやり方で、すべての人が、たとえ農民や商人であっても、これらの講釈に「心のままに」参加することを許可するよう指示したのである。月末には参加者の一覧が吉宗に手渡された[21]。二年後の享保四年（一七一九）には、高倉邸を講釈のために解放し、この武士と庶民とを一緒に教育するという計画をさらに拡大させた。室鳩巣を含む、林家に属さない儒学者三名がそこで公開の講釈を行うよう命じられた。そこでも身分に関係なくすべての人が対象となった[22]。講釈が聴衆の身分に関係なく行われるということを、いかに徂徠が嘆かわしく思ったかは、徂徠が身分にこだわり、徂徠の面前が武士層だけに許可されていたことを考慮すれば、見当がつく。自分の門下であっても、武士身分でない者は徂徠の教えを部屋の外で聴かなくてはならなかったのである[23]。

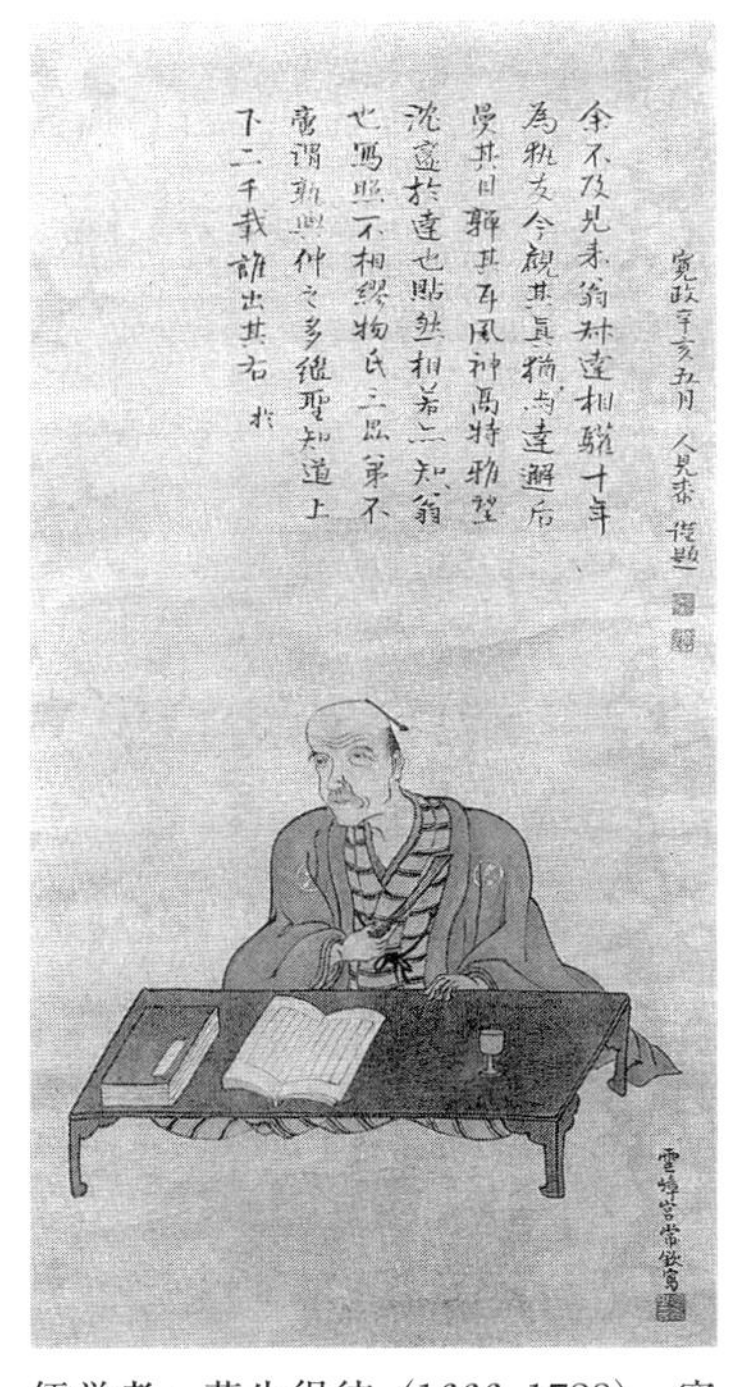
儒学者・荻生徂徠（1666-1728）。寛政3年（1789）製作。到道博物館（山形県鶴岡市）所蔵。

減じられた文化財の価値

吉宗は、聴衆に下級武士だけでなく庶民も含めたことで、綱吉の開始した講釈の社会的評判や学術的内容を大きく変化させると共に低下させたのであった。ただ、吉宗自身は参加しなかった。もはや儒教の経書についての講釈は、国中で最も尊敬された学識ある人々が熱意ある討論を展開するような、政権の最高レベルで行われるものではなくなっていた。今や鈍い民衆へと格下げされたのである。再び鷹狩が支配者の「スポーツ」となった。学問の価値は減じられ、もはやステータスシンボルではなくなった。儒教を講ずることは、もはやブルデューの言う意味での「文化財」ではなくなった。「手前ノ信仰ナル師ナレバ、附届ニ物ヲ入テモ、稽古ヲスル心ナレバ稽古スル也。是人情ノ心有事也」[24]と徂徠が述べる時、そのブルデューの思想が想起される。

綱吉が直々に儒学者の講釈を聴いた時、彼らの言葉に権威が付与された。綱吉が学問を優先したため、人々はその重要性を信じ精進したのである。今や人々は、そのようにはしない。しかしこの解釈は、徂徠の『政談』の別の箇所と矛盾しないであろうか。そこで徂徠は吉宗に対して、漢詩会の方が、綱吉を夢中にした講釈よりもはるかに勝っているようだと語ったのである。

将軍の漢詩会

御先々前御代［綱吉］ニ学文ヲサバカリ御好ミ遊バサレタリ。依リレ之ニ学問モ流行ル様ニ成シカドモ、講釈ヲ重ニ仕テ、詩文章流行ラザル故、文学ノ取廻シナキニ依テ、何ノ益モナシ。夫ヨリ御家ノ儒

者モ皆不学ニナリタル事ナリ。サレバ詩ノ御会ナド有ンハ、御先々前御代ノ御講釈ヨリ遥ニ増ルベシ。(25)

『政談』の中のこの文章を英訳する際に注意しなくてはならないのは、「講釈ヲ重ニ仕テ」、「詩文章流行ラザル行らない」、「文芸ノ取廻シナキ」の箇所の原文には敬語が使われていないということである。これらの行為の主体が綱吉ではなく、ほかの人々であることを意味するものであり、したがって英訳に際しては「人々」を意味する単語"people"が挿入されたのである。時間の要素はさらに曖昧であり、これらの出来事を綱吉の時代のこととしてぴったり当てはめることはできない。そのような解釈には異論が多くあるのである。

綱吉の学問的関心が講釈に限定されるものではなかったこと、そして御前で学問に欠ける者が寛大に扱われることはなかったことを、徂徠はよく知っていた。徂徠は別の箇所でも、無学な聴衆に向けて講釈することは害悪であると強い口調で申し立てているが、それらはいずれも、学問とは何であるかについての誤解が吉宗の時代に生じたという解釈を導くものである。徂徠は吉宗に、間違った結果を招いたことや、単に講釈の聴衆の幅を広げるだけで、綱吉を超えることはできないことを伝えようとしたのであろうか。もし吉宗が綱吉に勝りたいと思うならば漢詩会を開いてみるようにという、徂徠による幾分奇妙な提案は、この説を裏づける。この提案が奇妙なのは、綱吉が京都の詩人北村季吟のために、幕府内に歌学方を設けるという、前例のないことを成し遂げているからである。またそれだけでなく、徂徠はすぐ前の箇所で、漢詩を作ることは無益であるとしばしば批判されるが、儒教の経書を読むための準備段階となる中国語を学ぶためには良い方法かもしれないと説明しているからである。[26] 詩作を古典講読に向けた第一歩とし、これによって吉宗は綱吉に勝ることができるという徂徠の記述は、自ら直接学問に取り組もうという野望を持たない吉宗に、せめて中国の学問を少し楽しむ形でやってみるよう説得するための計略に過ぎなかったことを示している。

賢帝

かつては将軍自身が頻繁に政務について儒学者に助言を求めたが、今や儒学者は――まるで僧侶のように――広く大衆に向けて講釈するよう幕府から命じられている。この変化は儒学者にとって、著しい地位の低下を意味した。したがって、このことが徂徠の著作の中に繰り返し現れるのは驚くことではない。

『太平策』の中でも徂徠は、無学な聴衆に向けて講釈を公開で行うことは、今日の害悪であると指摘した上で、今や学者を敬う気持ちが低下し、何人かの武士に至っては、学者を部屋の外に座らせて自分が中で講釈を聴くほどであると不満を述べている。徂徠が武士身分ではない者を門下に受け入れた時の状況とは、まるで逆であった。徂徠はこのような扱われ方を賢帝の場合と対比させた。賢帝は学者たちに助言を求めて彼らの屋敷を訪れたのであり、威厳も何もないようなやり方で彼らを呼びつけるようなことはしなかった。[27] 綱吉が頻繁に家臣の屋敷を訪れ、学者の講釈や討論を聴いていたことを、当時覚えていない者はいなかった。しかし、このことの意味が十分に理解されるよう、徂徠はやや明示的に次のように付け加えている。

ナニトナク習ハシニナリテ、僧ヲバ平僧ナリトモ尊ブモノナリト云テ、モト儒家ニ徳ヲ尊ブ遺法ト云コトヲシラズ、却テ儒者ヲバ俗人也トテ、貴賤ノ位階ヲ以テアヒシラフ故ニ、茂卿［徂徠］ナドハ、王公大人ニ向テ道ヲ説くト云コトハ、今ノ世ニハカツテスマジキコトナリト思ヒ究メ侍也。(28)

学者たちがその学識を、受容する資格のない大衆の間に広めるという要請にうんざりした徂徠は、彼自身が一度も経験することのなかった理想を懐かしく思い起こした。すなわち、選ばれた一団の門下が師と共に朝から晩まで生活したような、林春斎の下での状況であった。学者は講釈が下手であり、また彼らの使用する言語はたいへん複雑で、門外漢がその講話を追うことは不可能であった。(29)皮肉なことに、そのような状況下では、徂徠が、自らを他者から際立たせて有名にしたような、学びの場を越えた生活の知識や独自の発想を身につけることにはならなかったであろう。ただ徂徠は、生涯の終わりが近づく中で、そのような理想を築き上げようとした。その頃の徂徠は、少数の門下生や学識ある友人たち以外との交流を極力控えていたのである。(30)

ほかにも個人的な事情があった。徂徠は、おそらく神経質になり過ぎたことで体調を崩していて、講釈することが難儀になっていた。「一日束帯三日僵牀（一日正装すると、次の三日は病床にいた）」と、のちに徂徠は記している。公の場で話すことは容易ではなかった。「興至。数百千言勃勃衝口出（何かひらめくと、自分の口から数多くの言葉が早急に流れ出る）」が、「吾且不能有以自解於世君子之前（これらのことを世の主人の前で説明する）」のは難しかった。徂徠は、綱吉に引き立てられて喜んだことを隠さずに記し、当時、この「奇疾（奇妙な病気）」のせいで上級職への昇進が妨げられたというのである。[31]

しかし、そのような障害がなかったとしても、徂徠が上級職に就くことができたのかは疑問である。綱吉は、儒学者を幕府の役人にするつもりはなく、幕府の役人が儒教の道徳規範を採り入れることを目指したのである。儒学者に高額な報酬が与えられたことは一度もなく、徂徠が綱吉の死に際して、「嘗説漢家恩沢疎（漢の皇帝からの賜物はわずかであったとかつて言われていた）」と嘆くことになったのは、このことによるのかもしれない。[32]

荻生徂徠や林春斎のような学者にとって、儒教とは全人生をかけて学ぶべき複雑な学問領域であり、詩作や文筆に集中的に取り組むことで磨きをかけた、十分な中国語の知識を必要とした。綱吉も、中国の僧侶と共に、歌人として評判の高かった北村季吟とその息子湖春（一六四八〜九七）を後援したことが示すように、幅広い学問的関心を欠いていたわけではなかった。[33]しかし綱吉においては、学術上の理念が政権にとって実際に必要なことへと転換していかなくてはならなかった。そして行政を担う者には、儒教と結びついた学問よりも道徳規範を採り入れることが求められた。幕府の役人――あるいはこの点では将軍――には、中国古典の原文を読むのに必要な学問を身につける時間も必要性もなかった。平易に読める版を作るのが学者の任務であった。結局、必要とされたのは、政権を担う者が任務にあたる際に正しい考え方をするということであった。学校が大衆化した現代と同じように、これは学問の水準低下を意味した。徂徠のような専任の学者にとっては、当然のことながら嘆かわしいことであったが、徂徠が生活の保障を得られたのも、政権にこのような意向があったからである。

徂徠の考える儒学者の役割は、綱吉の考えと根本的に異なっていた。しかし徂徠の側のあらゆる不満は、彼が柳沢邸に登用されたことや、綱吉の下で突如として昇進を遂げたという背景があったにもかかわらず、出てきたと解釈されなくてはならない。もし儒教が、林家で行われていたような狭い範囲に限定され、門外漢には理解できない講釈に留まっていたならば、徂徠がこのような出世を遂げることはなかったのである。また柳沢邸に登用されなかったならば――そして学問のための設備や、機会を与えてくれた天下の主の前で、同等の者たちから抜きん出ようと挑戦することがなかったならば――徂徠がのちに彼を有名にした数々の著作を書くことができたのかも疑問である。

徂徠による中国の学問

徂徠の学問と文筆の基盤となっていたのは、古代およびその当時の中国語の知識であり、これは柳沢邸で身につけたものであった。今中寛司は、徂徠の経歴の中のこの一面が軽視されてきたことを、深刻な誤りであり大過失であると強調する。今中が詳しく述べているように、徂徠は吉保に仕えた期間に長崎から来た中国語の流暢な学者と屋敷を訪問した中国の名士――その高官の多くが黄檗宗の高僧であった――から中国語の手ほどきを受けたことについて、詳しく述べている。今中に倣うオロフ・リディンも同様の詳述を行っている。のちに徂徠は、この初期の人脈を用いて、中国の友人・知人の輪を広げて中国研究を続けたのであった[34]。

柳沢吉保は、早くから禅宗の信奉者であったが[35]、中国からの亡命学者が黄檗宗の高僧であったことに見られるように、中でも黄檗宗に関心を抱いたことは、綱吉の中国および中国語への関心と大いに関係があった。黄檗宗の高僧は、日本人も中国人も招かれ、綱吉の御前で講釈するよう要請された。吉保自身も中国語をマスターしようとし、記録によると、時折講釈が中国語でなされた時、日本語の通訳が入る前にその内容を理解することができたという。[36] 中国出身の悦峯道章（一六三五～一七三四）はそのような高僧の一人であった。道章は京都の黄檗宗萬福寺の八代目住職となり、宝永三年（一七〇六）には朝廷から紫衣を賜っている。江戸にも何度か来ていて、綱吉の御前での討論に招かれた。また吉保は、さらに多くの時間をともに過ごそうと、道章に六義園に滞在するよう求めた。[37] 徂徠は宝永四年に柳沢邸で道章に初めて会ったあと、道章に宛てた書状の中で、高尚な気質、学問、地位を備えた方と会話したことは、自分にとって貴重な経験であり、たいへんに光栄であったと、その時の喜びを感動的に表現している。[38] ほかにも黄檗宗の高僧に宛てた数多くの書状があり、そこでも徂徠は、彼らの講話がまるで音楽のように耳に響いてきたとか、彼らの中国語の手ほどきにいかに感謝しているかといったことを、感情を込めて語っている。僧香国に宛てて徂徠は、中国語を用いることにおいて、柳沢邸にいた同僚の学者の多くがいかに「例外的で稀であり、人々は彼らの話を聴くたびに拍手喝采し、机を打ち鳴らした」と誇らしげに語っている。[39]

「例外的で稀な」学者たちが存在したことにより、時折綱吉の御前での講釈を中国語で行うことが可能となった。

『徳川実紀』には「唐音」で行われた討論のことが時々記されているが、それほど頻繁ではなく、『常憲院贈大相国公実紀』もしくは『憲廟実録』と呼ばれる綱吉の治世の記録では全く言及されていない。この記録は、柳沢邸の学者たちの協力を得て、江戸城に保管された記録をもとに編纂されたものである。最後の清書は徂徠によってなされたが、柳沢邸にいた同僚の学者服部南郭は手紙の中で、この記録は柳沢吉保によって書かれたもので、自分はその手伝いをしたと主張している[40]。その草稿は正徳四年（一七一四）に完成されたが、第八代将軍吉宗がそれに満足しなかったため、享保二年（一七一七）、将軍に就任してから間もなく改訂版が作成された。これが今日影印本として刊行されているものである[41]。

しかし、柳沢邸には『楽只堂年録』という別の記録も保管されていた。その前書きによると、元禄十五年（一七〇二）の火災で多くの文書が破損したため、吉保は過去の出来事を集めた新たな記録の作成を命じ、それ以降、日々の出来事が詳細に記述されるようになった。例えばここには、宝永二年二月五日に綱吉が柳沢邸を訪れた際に、徂徠が弟子の鞍岡蘇山（元昌、一六七九〜一七五〇）との間で交わした「唐音」での問答が一語一句そのままに記録されている。中国語の発音も丁寧に仮名で記されている[42]。蘇山は長崎通詞の息子で中国語を話し、中国人の落胤と噂されるほどであった[43]。討論が中国語で行われたという事実は、その出来事を記述した『徳川実紀』にも、『憲廟実録』にも登場しない[44]。換言するならば、一般に使用される記録においては、綱吉が柳沢邸を訪れた時の出来事の学術的な面が十分に描き出されていないのである。肴の箱や布地の束など、将軍の御成に際して慣例となっていた献上物について、一つ一つが詳細に記されているという事実から、御成は社交行事で、そこでの学問を形式的な添え物とする解釈が有力となる。しかし、ここでの学問の水準に関して判断を下す前に、今日、高等教育機関に属する者たちの内の何人が、同じような討論を外国語で行うことができるのかを思い起こす必要がある。

リディンの説によると、徂徠の開いた蘐園塾の初期のカリキュラムは、「柳沢邸で探究された学問の延長・継続」に過ぎなかった。綱吉の御前で中国語の討論を行ったことは、結果として、徂徠の中国語会話サークル「蘐園唐話」の基盤を整えることとなった[45]。

加えて完璧な中国語の知識は、宋の時代の学者たちが行った中国古典の解釈は正確でないと主張した徂徠の古文辞学派の基礎となった。これを徂徠は、柳沢邸で身につけたのである。学者が登用されたことの主たる目的は、将軍ならびに将軍に付き従う重臣たちの御前で、中国古典の知識でもって異彩を放つことであった。それゆえに徂徠は、古典で言われていることの意味の探究に深く没頭したのである。徂徠が宝永二年に柳沢邸で行った、いわゆる『中庸』における「中」の定義をめぐる議論には、平石直昭の指摘によると、新味は全くなかった[46]。しかし、この主題での講話が十年以上にわたって頻繁に行われたことにより、最終的に『弁道』に見られる、この語のより高度な説明に行きついたことは想像に難くない。儒教用語の意味と使い方に懸命に取り組むことによってのみ、日本の思想家伊藤仁斎だけでなく、宋代の中国の専門家たちもこの重要な概念の解釈を誤ったと、徂徠は自信を持って主張できるようになるのである[47]。柳沢吉保に登用されていなかったら、徂徠がこれほど多くの時間を割いてそのような学問に献身することもなかったであろう。

徂徠は、その優れた知識で詩作にも乗り出した。そこでも徂徠は、宋代の漢詩を、あまりにも教訓主義的で正道から逸れ、叙情性に欠けると批判した[48]。徂徠の漢詩の技術も、中国語を話す「例外的で稀な」者たちを交えて、柳沢邸で頻繁に開かれた歌会・漢詩会を通して磨かれたのであり、時折有名な歌人北村季吟が居合わせることもあった。季吟は柳沢吉保を門下に受け入れていたからである[49]。のちに徂徠が立ち上げた詩のサークル「草堂小集」は、多くの点で、彼が柳沢邸に登用されていた時期に学び尊重した優雅な慣習を受け継いでいた。

徂徠は、「正装して」の奉仕は体力を消耗すると不平を漏らしたが、そこで出会った学問に関する批判を口にしたことは一度もなかった。徂徠の学問は、最終的に柳沢邸で会った人々を超えることとなったが、この時期にその基盤が整えられたことに間違いはない。続いて問題となるのは、徂徠の政治思想も同様に、この「徒弟期間」中にその土台が形成されたのかということである。

徂徠の政治思想

丸山眞男は、荻生徂徠の政治思想研究の中で、農民道入と赤穂義士の一件に対する徂徠の裁定に、「まさしくこの政治性の優位こそ、後年の徂徠学を金線の様に貫く」「徂徠の思惟方法の特質」が示されると指摘する。丸山は続けて、徂徠にとっての儒教は、天をめぐる抽象的な思索によって成り立つものではなかったと説明する。「聖人の道」とは単に「国天下を治め候道」なのである。[50]

宗教や思想の実利面を重視することは綱吉の世界観の基本であり、前述の二つの事件に対する徂徠の有名な裁定は、綱吉の政権下に確立された政策を正しく適用させた結果に過ぎなかった。いずれの裁定も、刀による支配ではなく仁政が敷かれるためには、戦国時代の暴力的であった武士の振る舞いに、変化が必要であるという発想の下になされていた。

変化の必要性

徂徠は、このような考えを『答問書』の中ではっきりと表明している。[51] 徂徠の記述によると、戦国時代に文事はないがしろにされ、国は武力によってのみ治められた。しかし、戦乱が終わったにもかかわらず、この状況は変わらなかった。「官職も軍中の役割を其儘に用ひ。政治も軍中の法令を改めず候。是によりて武威を以てひしぎつけ」。「武」という文字が、単に反乱を鎮圧するという意味に間違って理解されるようになったと徂徠は説明する。その真の意味は、「民を安ずる仁心より乱逆を静めて国土を安んじ候為に而」なのである。[52]

『憲廟実録』の最後に、綱吉の採った政策の動機づけがほぼ同じ文言を用いて解説されている。すなわち、「戦国の旧俗士太夫の道となり、残刻を認て武とし、意気を以て義とし、世人不仁の所為お丶くして人道の本然にそむくと」。[53]『憲廟実録』の最後にまとめられた綱吉の政治の特色と、徂徠の政治思想との類似性は、その他の面でも見受けられる。平石直昭は、『憲廟実録』の最後に、綱吉の朝廷への敬意について解説された箇所と、徂徠が円熟期の著作の中でこの主題について論じたこととの間には、使用された文言に類似性が見られると指摘している。[54]

『憲廟実録』と、徂徠の後年の著作との間の類似性については、いずれも同じ手によって書かれたからであり、のちに徂徠の政治思想を基礎づけることとなった諸原則を、徂徠が最初に表明したものに過ぎないと論じることもできるであろう。しかし、徂徠が責任を負ったのは、この文書を清書することのみであった。文体や言い回しを変えることはできたかもしれないが、そこに表現された根本的な諸原則は無理であろう。さらに、この文書の重要性を考慮するならば、これが柳沢吉保によって書かれたのではないにしても、少なくとも吉保が細かいところまで精読することにはなったであろう。そして綱吉の政治が、実際とは異なる描き方がされていた場合、許容するはずはなかったであろう。その類似性は、綱吉の政策の根本にある政治の諸原則の理論形成を、徂徠の功績とすることによって説明できるかもしれない。このように説明することは、これらの諸原則を徂徠が、自身の考え方に合致し、後年の著作の中で発展させ、詳述すべき事柄と見なしたということを伝えるものである。

仁政

徂徠にとって、平和時の政策の鍵となるのは「仁政」であった。徂徠はこの語を、『答問書』の最初の手紙の中で、その意味を詳細に説明しつつ強調する。「仁」は一般に「慈悲」と注釈されたが、徂徠にとっては、「民之父母」というのが最良の定義づけであった。[55] このような説明は、『太平策』の中でも詳細に何度も繰り返されている。

綱吉の政策の中に「仁政」の用語が頻繁に登場するが、動物虐待に対する重い処罰が定められた法を考慮すると、このように発することは一般に空虚な明言と見なされてしまう。そのような反論を未然に防ぐかのように、徂徠は『太平策』の中で、処罰の持つ役割を仁政の枠内で論じ続ける。処罰が科されたのは罪人への憎しみからではなく、罪人の行いにより人々の慣習が大いに損なわれたからであった。徂徠の見解によると、人々に平和をもたらすために処罰が科されたのは仁政であり、またそのような慈悲は常に人殺しを伴うものであったとまで断言する。

綱吉は治世当初より、事件の裁定を下す際に、単に善悪を判断するだけでなく、そうすることによって、人々の振る舞いが善くなるかを考慮して行うよう、役人に指示していた。[56] これは生類憐みの令が目指したことでもあった。綱吉が継承したのは、残虐さが武として正当化されるような社会であり、その価値体系を早急に変化させるには、非暴力的な振る舞いを法によって強制する必要があった。しかし、勝手気ままな個人的暴力がかなりの程度寛大に扱われていたことから、慣例的に行われていた重罰による補強がない限り非暴力的な振る舞いを執行することは難しかった。その結果生じたのは、非暴力という新たな規範が、伝統的に暴力的な処罰の形態によって強化されるというパラドックスであった。十七世紀の日本の社会状況を考慮すると、生類憐みの令に定められた重罰は、徂徠が「民ヲ安ンズベキコト」のために必要で好意的な処置と見なしたことの範囲内に、十分に入るものであった。生類憐みの令について言及するかのように、徂徠は議論を、「サレバ人君タル人ハ、タトヒ道理ニハハヅレ、人ニ笑ハルベキコトナリトモ、民ヲ安ンズベキコトナラバ、イカヤウノコトニテモ行ハント思フホドニ」と締めくくっている[57]。

「道理ニ」外れることと、「人ニ笑ハルベキコト」とが競合する法として、犬を傷つけたために重罰が科されるというもの以上に良い例を見つけるのは難しい。徂徠は、自分が支持する政策固有の矛盾に気づいていたのであり、またその矛盾ゆえに綱吉は激しく批判されたのである。『弁道』の中で徂徠は、その明らかな矛盾を次のように正当化する。「政禁暴　兵刑殺人　謂之仁而可乎　然要歸於安天下已（政権は暴力を禁じながらも、人を処刑するのに兵法を用いる。これを慈悲と呼べるであろうか。しかし重要なのは、世に平和をもたらすということである）」と[58]。

政略は、道徳的に完璧な状態という高尚で純粋な理想とは併存し得ない。綱吉が、徂徠が自分の考えを著作で述べるより三十年以上前に、「水至清則無魚」[59]と表現した通りである。綱吉と徂徠双方にとって、政権が優先すべきは人々の福利であり、個々人の懸念は二の次であった。将軍や幕府の役人たち、さらにはその時々の社会を構成する個々人は、それぞれの個人的な道義、栄誉、評判を公益のために犠牲にしなくてはならなかった。この原則は、動物保護を定めた法の制定を可能にしただけでなく、義士に対する裁定もこれに基づいていた。この裁定において徂徠は、道入に対する裁定と同様、綱吉政権の既存の政策を単に適用させせただけで、斬新な思想を採り入れたわけではなかった。そのような斬新な思想は、自身の考える善き統治のあり方を堅固に確立していた綱吉のような支配者にとって、受け入れ難いことであった。これらの裁定には、徂徠の後年の思想の指導原理が含まれるという丸山の説を受け入れるならば、綱吉政権の基盤となった政治理論が、徂徠の政治思想の指導原理となったということも、我々は認めなくてはならない。

言葉の裏の意味

徂徠が政治意見書『政談』を書いたのは、吉宗政権下であった。第十八章で述べるように、吉宗は綱吉の役人の多くを呼び戻して政策の一部を再び採用したが、ひどく嫌われた綱吉の専制的なやり方を真似ることがないように気をつけていた。このような状況に直面した徂徠は、評判の悪い綱吉の政権を褒めることなくその政治観念を弁護するには、どのようにするのがよいのかという問題に悩まされた。徂徠は様々な戦術を駆使して、このジレンマに対処した。例えば、貨幣改鋳について論じた際に、徂徠はそれを称えるのではなく、その方針転換を非難した。加えて徂徠は、貨幣の改鋳を完全に正当化するような考えを表明した。例えば、貨幣に含まれる金属の価値がその貨幣価値に見合うものではないと主張した上で、税を農民からしか徴収しないのはなぜかと問うている[60]。前に論じたように、綱吉政権下で行われた貨幣改鋳は、個人の財産に比例した負担を全国的に課すのと同じであった。課税の対象を広げるという徂徠の要請はこのようにして応えられた。綱吉政権下で全国に向けて導入された運上金も同様である。貨幣の改鋳と財政改革は、いずれも吉宗政権下で、幕府の財政問題を緩和するために採用された。綱吉政権を称えることは、政治的に賢明ではなかったが、神格化された家康の行動についてであれば、そのような自制は必要なかった。しかしながら徂徠は、本当に家康について言及しているのかと、読者に疑いの念を抱かせるような文学的表現を用いている。称賛を記録するより前に、徂徠は決まってまず批判を列挙するのである。神々の域に入った人物について言及するには、ある種不適切なことであった。このようにして徂徠は、家康が特別に優れた能力を持った大久保長安に、その間の彼の悪行を一切考慮せずに、自らの政策の実施を委ねたことについて、非難するような見解を跳ねつけている。

御出頭故ニ様々ノ悪事ヲモ御構ナシト知ラヌ人ノ申セドモ、サニハ非ズ。小過ヲ許サネバ人ノ器量ハ伸ヌ物故、御構ナキ也。其者後ニ大悪事仕出シタルハ各別ノ事也。唯人ノ使ヒ様、遊シ方、後ノ世ノ例トナル、少々ナルコトニ非ズ。此段万世ノ手本タルベキ也。後ノ世ニハ瑣細ナル気遣ハ強クシテ、大キナル益アルコトヲ不レ知ラ。是御器量ノ各別ニ違セ玉ヘル所也。(61)

同時代の人々は、ここに描かれた状況が、もっと最近の過去、すなわち綱吉が荻原重秀をひいきにしたことと非常によく似ていることを思い起こすであろう。重秀は貨幣の改鋳を考案し主導した、地位の低い勘定方の役人であった。長安と同様に、重秀も幕府の鉱山や貨幣鋳造を担当していた。私的な利益を容易に上げることのできる分野である。しかし、特に荻原重秀の場合、既存の貨幣を改鋳するという方策を考案し、それによって絶望的と思われた国の財政問題が解消されたのである。それまでに試みられたことのない、当時としては全く新しい方策であった。重秀の革新的な政策のおかげで、国が自然災害に見舞われた直後には救援のための資金が捻出された。「後ノ世」――「世」が単数か複数かは曖昧である――とは、新井白石が重秀に対して陰謀を企て、そして家宣が死の床にあった時に失脚させることに成功したという、家宣の治世を指しているのかもしれない。興味深いのは、身分の低い者が、将軍の愛顧を受けたからではなく、その才能ゆえに昇格したという主張であり、徂徠が他の箇所でも、特に綱吉について言及する際に論じている主題である。

徂徠の文章の次の段落は、このことがより一層明らかである。徂徠は、またもや家康を大いに賞賛することへの謝罪から始めている。正式に権現ないしは神と称される人物について言及するのであれば、そのような謝罪は不要であろう。家康について徂徠が称賛に値すると見なすのは、下級役人でさえ御前に呼び出し、政務について相談したことであり、これは綱吉においてもよく見られた行為である。さらに家康については、地位の低い人々にも酒が振る舞われる栄誉を与えたことや、庭の岩石に至る小さなことにまで幅広く関心を抱いたことが称賛されている。別の折に徂徠は、自分のような地位の低い陪臣でさえ、綱吉からそのような行為に与る栄誉を与えられたと喜んでいた。綱吉が幅広くいろいろなことに関心を持った人物であったことは、例えば、オランダの使節団との二度目の非公式な謁見に際して、彼らのことを近距離で調査したいという先例のない要請によく示されている。そのような折に、時計やペンといったオランダから持ち込まれた道具は、綱吉が入念に調査できるよう、御簾の後ろの綱吉のもとへ届けられなくてはならなかった。綱吉は自分の周囲の状況にも注意を払った。そのような事例として、祝賀行列を城内に招き入れたことから、江戸城の堀を自らが調査したことまで、様々なことが挙げられる。徂徠はさらに、家康が、すべての慣行に反して、事前の準備なしに行動したことを称賛しつつ語っている。下位の者までも、とっさの思いつきで訪ねたのである。同じような行動はオランダ人によっても語られている。彼らは綱吉が将軍になる前に、二度にわたって、このような即興的な形で対面したのであった。

これに続けて徂徠は、家康についてのさらに別の悪い噂を、単に家康の行動を正当化するために引用している。「『最初御小身ヨリ天下ヲ知召タル故、御行儀ハ得ト遊サレズ』ト舌ノ長キ儘ニ評判スル者モアリシカドモ、唯神慮ノ奥深ク坐シマシタルコトヲ感ジ奉ル也」と[62]。

もうこの頃には、神格化された家康に輝かしい血統が結びつけられていた。そして、もし徂徠が、家康の例に倣うことの正しさを主張したいだけであったならば、「舌ノ長キ儘」の批判を引いてくることは明らかに不要であり、実に非礼なことであった。家康には正当化の必要はなかった。しかし、綱吉には必要であった。徂徠が言及する、将軍としての作法についての知識を欠くこととなった「御小身」とは、綱吉が家光の四男として生まれたに過ぎなかったため、将軍の後継者として訓練されなかったという事実を指すのかもしれない。あるいはまた、母親が低い身分の生まれであることを指しているのかもしれない。

徂徠の『親類書由緒書』では、綱吉の母桂昌院についての言及に続いて、その素性が説明されている。公式記録では通常、桂昌院は本庄家、つまり養子となった下級の公家の出身とされているが、ここでははっきりと八百屋の娘と記されている。徳川時代の日本において、母方の素性はそれほど重要と見なされなかったが、桂昌院の果たした役割が目立ったことから、綱吉の体内には八百屋の血が流れていたということが、常に思い起こされることとなった。綱吉が生まれの賤しい者たちと親しくしたことは、当時、その階層の出身であった母親を綱吉が愛し敬服したことによって説明されたが、おそらくその説明は正しかった。

身分の低い者

「重立タル御役人」にだけ相談を持ちかける将軍が、いかにして、自分で何も知らない事項についての決断を下すことができようか。最後にこのように問うことによって、徂徠は議論を締めくくっている。様々な事柄に関して誰を御前に呼ぶのかを、どのようにして決めることができようかと淘汰上で、今一度家康を、身分の低い者とも親しんだとして、称えている[63]。

治世当初より綱吉は、身分の低い者に直接相談するという方針をとったのであり、そのことを徂徠は大いに称賛した。綱吉は歴史家たちによって、気に入った者や同性愛の相手を昇格させたと頻繁に批判されるが、徂徠はこの事態を異なった目で見ていた。綱吉が身分の低い者を登用したことについて、徂徠は堂々と擁護する発言を行っている。徂徠によると、大名には「平人」の学問すら身についていなかったのである。綱吉が小姓や小納戸、さらには坊主までをも政権の補佐として登用したことに賛同し、「其御物書部屋ヲ勤タル輩、何レモ事ニナレテ、今ニ重役ニ召仕ル、輩多シ」と、彼らの貢献を称えている[64]。

有名な吉宗の目安箱は、才能ある人々の登用に代わるものではなかった。「唯今迄上ニ立タル人ヲバ其儘置キ、下ヨリ申出ル善言ヲ用ヒヌレバ、聖人ノ賢才ヲ挙ヨト仰ラレタルト同ジ道理ニナル」と、徂徠は明確である(65)。

数段落後に、徂徠は再び綱吉を例として引いている。治世当初、伝統的に特定の役職に従事する権利を有していた旗本には、任務に対する熱意がほとんど見られなかった。それゆえに綱吉は役者のような人々を登用したのであり、彼らはよく働いていたので、より上級の役職へと昇進した。しかし吉宗政権下の徂徠によると、「当時ハ御奉公ノ筋替リタルコト故、其精ヲ出シテハマリタルモ、何ノ詮モ無コト也」なのであった。今日では、綱吉の下で低い地位から昇格した者たちは、その地位を剝奪されるべきであると考える歴史家もいるが、「下賤ナル人ハ貴人ヨリモ有ル二才智一者也」なのに、綱吉の下で低い地位から昇格した者は、その地位を剝奪されるべきであると考える人もいると徂徠は嘆いた(66)。

徂徠は繰り返し、上級の役職に就けるか否かを決めるのは家柄ではないことを主張している。そうではなく、学問を身につけた者が登用されるべきなのである。そのようになれば、「学文ハ流行ベキ事也」(67)。続けて徂徠は、例として平安時代のことを引き合いに出しているが、同時代の読者には、徂徠が誰のことを称賛しているのかは明らかであったに違いない。わずか数段落後に徂徠は、同じ表現を用いて、学問が「流行ベキ事」となった望ましい状況が綱吉政権にあったと見なしているからである(68)。

徂徠の理想とする統治のあり方は、綱吉政権でさえ実践することのできなかった、一連の細かな条件を満たさなくてはならなかった。しかし徂徠は、繰り返し、本質において綱吉による統治は意に適ったものであると強調する。徂徠は次のように記している。

御先々前御代〔綱吉〕ノ時分ヨリ、公辺ノ勤方ニ脇ヲ見合セ、例ヲ聞合セスルコトヲ肝要トシ、物毎ニ念ヲ入ルヲ善トス。衣服大小ノ拵へ、髪ノ結様迄目立事ヲ嫌ヒ、世間並ヲ見合セ、中分ヲスルヲ善トス。是ヨリシテ、格式作法ノ様ナル物モ世ニ連テ多ク出来タル也。[69]

幕府の重臣について言うならば、徂徠の記述は次のようであった。「元禄ノ比迄何レモ此嗜ミ有テ、言語・容貌モ見事ナリシニ、正徳ノ比〔一七一一～一六〕ヨリ此風衰ヘテ、今ハ重々シキ身持ノ人ナシト承ル」。[70]

元禄時代の重臣とは、徂徠が家臣として仕えた柳沢吉保のことであった。徂徠の元禄時代についての見解が好意的なのは、この事実をもとに説明されてきた。[71] しかしこのことでもって、徂徠の記述がまがいものと証明されるわけではない。『政談』は吉宗に宛てた秘密文書であり、通読後に燃やされるはずであった。したがって、今や亡き吉保を褒め称える必要は全くなかった。[72] 徂徠が吉宗政権下で受けた扱いと違って自分が出世した綱吉政権に称賛の意を表すことを恐れたと考える方がより自然である。吉宗の下ではおおかた認められないような地位を政権の中枢に獲得した者たちや、それを可能にした政権への称賛である。このことを考慮するならば、綱吉の政権が後代の人々によりことごとく批判されたことから、徂徠の著作にもそのような批判が記されているはずという歴史家の推測は弁護できないのである。

もし徂徠の著作が、綱吉の政権は腐敗していたのだから、徂徠もそれを非難したに違いないという先入観なしに読まれたならば、綱吉の政権を絶対的として称賛する事例が、数えきれないほど頻繁に出てくることになる。現在の将軍が政務に携わろうとしないということが、徂徠の政治についての著作における一貫したテーマである。家光の時代までであれば、江戸城の警備役にまで将軍が直接相談をもちかけるということもあったと、徂徠は記している。しかし家綱は将軍となった時に未成年であったため、老中は、そのような行動をとるのは適当でないと考えたのであった。こうして地位の低い旗本は、将軍から格式上、大きく隔たってしまった。このように上の者と下の者とが離れてしまったことが、徂徠によると、人々がそれぞれの任務にもはや心血を注がなくなった理由なのである[73]。続く綱吉の治世で起きたことについて、徂徠は何も語っていないが、上の者と下の者との間にいっさいの隔たりがあってはならないというのが、綱吉が出した命令の一貫したテーマであったことはよく知られていたであろう。

まさに綱吉が、上の者と下の者との間の隔たりを埋めようと試みたことは、時に徂徠の許容できるレベルを超えるほどであった。例えば徂徠は、綱吉の『易経』の講釈を聴くために初めて城に呼ばれた時、下級武士としての自らの地位に相応しい服装で登城した。しかし、徂徠が広間を見渡すと、老中も若年寄も、大名も旗本も、役職にある者もない者も、すべて自分と全く同じ服装をしていることに気づいたのである。「是ヲ見テ、余リノコトニ涙コボレテ茫然トナリシ也」と徂徠は『政談』に記し、平等とはいえ、あまりにも慣習から逸脱した状態を目にした時の嘆かわしい気持ちを表現した。徂徠はまた、お金さえあれば庶民であろうと、大名と同じ服装をしてもよいという事態にも不満を表明している[74]。徂徠は別の折に、庶民を蔑んだり、地位によって差別されたりしてはならないと嘆いているにもかかわらず、綱吉は平等や倹約といった事柄を、徂徠の理解をはるかに超えたところで実践してしまったようである。

独裁政権

歴史家とは異なり、徂徠は綱吉を、その浪費癖ゆえに批判したりはしない。しかし、大名の財政を枯渇させたことに対しては、綱吉を酷評している。数々の建設事業への協力（「御手伝」）を要請された大名は、大坂や京都の商人から、自らの返済能力をはるかに上回る借金をした。彼らが結果を顧みずにこのようなことをした理由は、「上ノ御威勢ノ烈キニ恐テ」のことであった(75)。

それでも、将軍が専制的な権力を有することは、徂徠にとって、善き統治が行われるための前提条件であった。「日本国中ハ上ノ御心ノ儘成様ニナサレ置レザルトキハ、時ニ取テハ政道ノ指支ユル所アル」と、徂徠は記している。丸山眞男が「幕府的絶対主義の下での『平均化』」と解釈する観念である(76)。綱吉の専制的な政策は、大名の領地を制限したり、武士を田舎に定住させてその地位を低下させたりするなど、徂徠の気に入るものばかりではなかった。しかし綱吉は、家綱の弱小政権のあとに将軍の権威を大いに高めたのであり、またそのあとに続いたどの将軍よりも権力を集中させたのである。綱吉と徂徠は、根底にある政治的理想――支配者が自らを、帝国の最も離れた片隅をも照らし出す空の太陽に例える――において一致していることに、疑問の余地はないのである。

徂徠は、綱吉政権の方針に全面的に賛成してはおらず、いくつかの問題に対する批判も見受けられる。しかし、徂徠が賛成しなかった点は、綱吉が請願について書かれた『大学』の原文解釈を誤ったといった、重大ではないことに限られた(77)。そのような細かな点での批判は、全体的な論点については合意していたことを意味する。徂徠は、吉宗の政権運営に対しては徹底的な批判を展開しているが、そのような徹底ぶりを、綱吉政権に対してはどこにも見出すことはできない。吉宗の治世に徂徠は、「上ナル人ニ学問ナク、聖人ノ道ヲシラザレバ、世界早ク老衰シテ、末々ニ至リテハ、権勢下ニ移リ」と、暗い気持ちで行く末を見通している(78)。

専制的な統治の基本原則において、民衆の利益、政権の詳細に将軍が関わること、そして身分にかかわらず役人を将軍が直接選ぶことを強調する徂徠は、綱吉の統治に賛同していた。腐敗、倫理に反する行い、浪費癖といった批判はいっさいなされていない。歴史家はこれらを、特に堀田正俊暗殺後の綱吉政権の特質と見る。反対に綱吉は、倹約や平等を実践する上で行き過ぎたのであり、人々に仁政を施そうと、それまでは大名に限定されていた贅沢をも彼らに認めたのである。将軍が学問を奨励したおかげで、徂徠は低い身分の出身でありながら、学者として無類の名声を得るまでに出世できたのであった。そのような人物であれば想像できるように、徂徠は、状況が許す場合は綱吉への称賛と敬服の念を堂々と表現し、そうでない場合は、同時代の人々には十分にわかるような言葉で表現したのである。

綱吉は、その専制的な振る舞いゆえに歴史家から批判されるが、徂徠からすると、大名の権限を制限するところまでいかなかった。この点に関して徂徠の提案を無視したことは、吉宗にとって幸いであった。もし徂徠の提案に従っていたならば、間違いなく、綱吉以上に評判の悪い将軍となっていたであろう。歴史を記述した武士が、徂徠の急進的な政策に苦しめられることにはならなかったのであり、それゆえに徂徠の美名は汚されることなく、そして日本のマキャヴェリとして誇らしげに語られるのである。

徂徠と太宰春台

徂徠は綱吉を大いに尊敬した。綱吉政権の邪悪さを題材にした著作が最も頻繁に引用されていたことが、逆に徂徠をそのようにさせたのかもしれない。弟子の一人であった太宰春台に『三王外記』を書かせうと思わせたのは、徂徠が綱吉について言及する際に、中国の支配者に用いられるような敬称をつけたためとも考えられる。春台は、徂徠が綱吉の死後間もなく開設した私塾に、門下生としてはやや年長の三十一歳の時に入った。師弟関係は常にぎくしゃくしたものであった。徂徠が名を上げた政権の将軍を、春台はパロディー化したのであるが、それは師に対する風刺の意味があったのかもしれない。のちに春台は、徂徠と張り合おうとしたが、徂徠以上に輝くことはできなかった。

徂徠の思想の特色の一つに、繰り返し「先王の道」について言及していることが挙げられる。先王とは伝説上の三賢帝、堯・舜・禹を指す。徂徠は儒教政体が、のちに儒家経典に対して加えられた解釈ではなく、「先王の道」を基盤に確立されることを求めた。これは徂徠の著作『弁道』の主たるテーマの一つでもあった。のちの注釈者たちを批判する徂徠にとって重要だったのは、「内聖外王」という概念であった。徂徠の説明によると、後代の儒者は老子や荘子の著作に影響され、第一に「自得」が重要と誤って信じており、将軍が聖人のようである限り、政権それ自体はうまく運営されるという間違った主張をしていたのである。徂徠が、個人の成長を強調する伊藤仁斎を批判するのはこの点においてであり、逆に徂徠がほかの学者たちから批判されるのもこの点であった[79]。生類憐みの令に言及しつつ検討した、政略対道徳的完璧さの論点もこの問題と関わる。最終的に、四十七士に対する裁定の根底にあったのもこの論点であり、そこでもまた、武士としての個人の道徳の問題が、政治的懸案と比べて重要でないと判断されたのである。

徂徠の「内聖外王」否定は、綱吉の功績を評価する際にも見出される。徂徠は綱吉について言われていることを、中国の皇帝たちを引き合いに出しながら正当化する。綱吉の政権下で、国はこれまでに例のないほどの豊かさを経験したのであり、武士は冷酷な扱いを受けたが、大規模な暴動や陰謀をはじめ、民衆の間での不穏な動きは一切起きなかった。徂徠にとっては、これこそが世に平和をもたらすという、政権の最も重要な任務を果たすことなのであった。このような統治を行う者が、その行動の道徳性を問われようと、「先王の道」に正しく従ったことになるというのが、徂徠の思想であった。春台が自身の書いた風刺文書につけたタイトルは、徂徠や綱吉が重要と見なした中国古代の「三王」を連想させるだけでなく、「内聖外王」を構成する漢字四つの内の二つが混ぜ合わさったものである。このことは偶然ではないのかもしれない。この概念を論破することにより、徂徠は綱吉への尊敬の念を示すことができたのであるが、春台も逆にこの言葉遊びを通して、「内聖外王」の原則が完全に拒絶された場合に、三人の将軍がどのような行動に出る可能性があるのかを説明したと、遠回しに語ったのかもしれない。

綱吉の治世の大半は、運命の女神が微笑みかけていたので、元禄時代と言えばよく知られているように、「良い生活」を送ることができたのである。しかし、その世紀が終わりを迎えるとともに、自然の力が再び不幸な人々に襲いかかった。四年の間に江戸とその周辺は、今日までに日本で起きた中で最大の地震と津波に見舞われ、それに富士山の噴火が続いた。火山灰が広範な地域を厚く覆い、当初は火災、のちに洪水を引き起こし、そして広大な農地を破壊した。徂徠が評価している通り、綱吉の政権運営能力の高さによって、幕府はこれら未曾有の災害に、飢饉や暴動を引き起こすことなく、対処することに成功した。綱吉の下で成し遂げられたことは、世紀後半に起きた大飢饉や暴動とはあまりにも対称的であった。それゆえに、歴史を記録した武士たちは、当時の政権がとった対策について詳説したくなかったのかもしれない。結果として公式の歴史記録は乏しく、社会経済的に重要なこれらの出来事は、多かれ少なかれ、多くの歴史書において無視され、その分析と解説は専ら地震学者の領域にとどまっている。[80]

綱吉の実施した行政改革は、この危機的な時期にその真価を発揮したのであったが、綱吉自身にとってこれらの自然災害は、神々が満足されていないことの表れ以外の何物でもなかった。綱吉の晩年は深い悲しみに覆われた。それは、これらの自然災害で多くの人々が亡くなったからだけでなく、綱吉自身が病の犠牲となるまでの間に、最も親密であった家族や家臣を相次いで亡くしたからであった。

（1）荻生徂徠『訳文筌蹄』（『荻生徂徠全集』第二巻、みすず書房、一九七四年）五四六頁。荻生徂徠『訳文筌蹄』（『日本の名著』第十六巻、中央公論社、一九七四年）二四一頁も参照。

（2）『憲廟実録（常憲院贈大相国公実記）』（『内閣文庫所蔵史籍叢刊』第十七巻、汲古書院、一九八二年）元禄五年六月二日条（二三七頁）。黒板勝美・国史大系編修会編『徳川実紀』第六篇（吉川弘文館、一九七六年）同日条（一四三頁）。岩橋遵成『徂徠研究』（関書院、一九三四年）一一七頁。徂徠が父親とともに江戸に戻ったのか、あるいはその二年前に戻っていたのかについては論争になっている。これをめぐる議論は、辻達也「『政談』の社会的背景」（『日本思想大系』第三十六巻、岩波書店、一九七三年）六〇二頁、および平石直昭『荻生徂徠年譜考』（平凡社、一九八四年）一七三～一七四頁を参照。『神田記』（人見求編『人見私記』、国立公文書館内閣文庫所蔵）延宝六年九月二十日条によると、父親は一六七八年に追放されているが、徂徠は追放されていた期間を十三年とも十四年とも述べている。

（3）徂徠の述べたことについては、Olof Lidin, *The Life of Ogyū Sorai, a Tokugawa Confucian Philosopher*, Scandinavian Institute of Asian Studies Monograph Series, 19. Lund, 1973, pp.34-35を参照。疑問視することについては、今中寛司『徂徠学の基礎的研究』（吉川弘文館、一九六六年）六四～六五頁。

（4）平石前掲書（注2）四〇～四一頁。

（5）荻生徂徠『政談』（『日本思想大系』第三十六巻、岩波書店、一九七三年）二九〇頁。

（6）荻生『政談』（注5）二八九頁。朱子の「理」の思想の解説は、Yu-Lan Fung, *A Short History of Chinese Philosophy*, New York: The Free Press, reprint 1967, pp.296-297、および野口武彦『荻生徂徠、江戸のドン・キホーテ』（中央公論社、一九九三年）四六～四八頁を参照。徂徠の読者は朱子の「理」の理論をよく知っていたはずであり、「理学」を、Maruyama Masao, *Studies in the Intellectual History of Tokugawa Japan*, translated by Mikiso Hane, Princeton and Tokyo: Princeton University Press and University of Tokyo Press, 1974, p.70や、Ogyū Sorai, *Ogyū Sorai's Discourse on Government (Seidan)*, annotated and translated by Olof Lidin, Wiesbaden: Harrassowitz Verlag, 1999, p.115にあるように、"rationalistic"と訳すのは適当でないと考える。編者（辻達也）による本文中の注も参照（『荻政談』（注5）二八九頁）。

（7）Fung前掲書（注6）三〇一頁。源了圓『近世初期実学思想』（創文社、一九八〇年）七三頁も参照。「理」と「心」の関係は熊沢蕃山によっても論じられた主題であった（二三七頁）。

（8）荻『政談』（注5）二八九～二九〇頁。

（9）同右、二九〇頁。

（10）藪田重守『源公実録』（『柳澤史料集成』第一巻、柳沢文庫保存会、一九九三年）三四～三五頁。

（11）平石前掲書（注2）四二～四四頁。Lidin前掲書（注3）三三一～三三三頁。

（12）例えば今中前掲書（注3）六七頁。平石前掲書（注2）一七七～一七八頁に議論の簡単な抜粋が引用されている。

（13）例えば野口前掲書（注6）五九頁。

（14）尾藤正英「国家主義の祖型としての徂徠」（『日本の名著』第十六巻、中央公論社、一九七四年）二二一～二二三頁。荻生徂徠『徂徠集』（平石直昭編集・解説、『近世儒家文集集成』、ぺりかん社、一九八五年）二二一～二二二頁。正親町町子『松蔭日記』（甲斐叢書刊行会編『甲斐叢書』第三巻、第一書房、一九七四年）二八五～二八六頁も参照。

（15）荻生徂徠『親類書由緒書』（今中寛司『徂徠学の基礎的研究』（注3））六五～六六頁。Lidin前掲書（注3）一七五頁。

(16) 田原嗣郎『徂徠学の世界』(東京大学出版会、一九九一年) 九〇～九九頁。
(17) 藪震菴に宛てた書状、今中前掲書 (注3) 一一四頁の引用。
(18) 荻生『政談』(注5) 四四三頁。
(19) 丸山眞男『日本政治思想史研究』(東京大学出版会、一九五二年) 一一八頁。Maruyama 前掲書 (注6) 一一四頁。
(20) 荻生『政談』(注5) 四三九頁。
(21) 黒板勝美・国史大系編修会編『徳川実紀』第八篇 (吉川弘文館、一九七六年) 享保二年七月晦日条 (八二頁)。辻達也『徳川吉宗』(吉川弘文館、一九五八年) 一六五頁も参照。
(22)『徳川実紀』第八篇 (注21) 享保四年十月二十八日条 (一七四頁)。辻前掲書 (注21) 一六七頁も参照。綱吉が講釈した時、「関心のある者は誰でも歓迎され参加することができた」というWai-ming Ngの翻訳 (The I Ching in Tokugawa Thought and Culture, Honolulu: Hawai‧i University Press, 2000, p.66) からは、綱吉もそのような広い層の聴衆の参加を歓迎したかのような印象を受ける。しかし歓迎されたのは、特別に選ばれた人々の一団だけであったことが、『憲廟実録』(注2) 二四七頁より明らかになる。
(23)『蘐園雑話』、岩橋前掲書 (注2) 一四九頁の引用。庶民出身の門下生の一人が盲目になった時にのみ、徂徠は哀れに思い入室を許可した。
(24) 荻生『政談』(注5) 四三九頁。
(25) 同右、四四二頁。
(26) 荻生『政談』(注5) 四四二頁。準備段階としての詩作については、湯浅元禎『文会雑記』第二巻 (国会図書館古典籍資料室所蔵)、Lidin 前掲書 (注3) 一六二頁の引用も参照。
(27) 荻生徂徠『太平策』(『日本思想大系』第三十六巻、岩波書店、一九七三年) 四五五～四五六頁。
(28) 荻生『太平策』(注27) 四五六頁。
(29) 荻生徂徠『学寮了簡書』(島田虎次編、『荻生徂徠全集』第一巻、みすず書房、一九七三年) 五六六～五六七頁。

(30) 僧侶香国に宛てた書状、Lidin前掲書（注3）一三七〜一三八頁。荻生『徂徠集』（注14）三一四〜三一五頁。

(31) 山県周南に宛てた書状（『徂徠集』（注14）二二三頁）、Lidin前掲書（注3）七九〜八〇頁。

(32) 徂徠の詩、Lidin前掲書（注3）七二頁。『徂徠集』（注14）四七頁。岩橋前掲書（注2）一一八頁。儒学者への報酬の低さをめぐっては、Kate Wildman Nakai, *Shogunal Politics: Arai Hakuseki and the Premises of Tokugawa Rule*, Harvard East Asian Monographs 134, Cambridge, Mass., 1988, pp.32-33も参照。

(33) 徳富猪一郎『近世日本国民史』第十七巻（元禄時代、上巻、政治篇、民友社、一九三六年）一二四〜一二五頁。

(34) 今中前掲書（注3）七六〜九〇頁。Lidin前掲書（注3）一一二〜一三〇頁。

(35) 正親町『松蔭日記』（注14）一三八頁。柳沢吉保『柳澤吉保公参禅録』（中尾文雄編、永慶寺、一九七三年）一六〜一七頁。

(36) Lidin前掲書（注3）一一四〜一一六頁。Helen J. Baroni, Obaku Zen: *The Emergence of the Third Sect of Zen in Tokugawa Japan*, Honolulu: University of Hawai・i Press, 2000, p.78.

(37)『徳川実紀』第六篇（注2）宝永三年四月二十八日条（六一九頁）。Baroni前掲書（注36）一三七頁、注四六では一七〇七年となっている。Marius B. Jansen, *China in the Tokugawa World*, Cambridge, Mass.: Harvard University Press, 1992, p.57、Marius B. Jansen, *The Making of Modern Japan*, Cambridge, Mass.: Harvard University Press, 2000, p.89および正親町『松蔭日記』（注14）二七二〜二七三、二七六〜二七七頁も参照。

(38) 荻生『徂徠集』（注14）三一四頁。Lidin前掲書（注3）一一六〜一一七頁。Jansen, *The Making of Modern Japan*（注37）八九頁にも書状の一部が引用されている。正親町『松蔭日記』（注14）二七二〜二七三頁には、柳沢邸を訪れた時のことが記されている。

(39) Lidin前掲書（注3）一一八〜一一九頁。

(40) 平石前掲書（注2）二一〇頁。服部南郭の手紙、日野龍夫『徂徠学派——儒学から文学へ』（筑摩書房、一九七五年）一八二頁の引用。

（41）『憲廟実録』（注2）四頁。平石前掲書（注2）二一〇～二一三頁。Lidinが記述している元禄十六年二月十三日条の記載（前掲書（注2）一一三頁）は、『内閣文庫所蔵史籍叢刊』第十七巻に収録された内閣文庫本には含まれていない。

（42）『楽只堂年録』（柳沢文庫所蔵）宝永二年二月五日条。平石前掲書（注2）一七七～一七八頁には問答が引用されているが、それに続く徂徠による最後のまとめは引用されていない。

（43）今中前掲書（注3）八〇頁。

（44）『徳川実紀』第六篇（注2）五六七頁。『憲廟実録』（注2）四五八頁。後者の記載内容は非常に短く、将軍が柳沢邸を訪れたと記されているのみである。

（45）Lidin前掲書（注3）一一五頁、一二二頁。

（46）平石前掲書（注2）一七八頁。

（47）Ogyū Sorai, *Ogyū Sorai's Distinguishing the Way: An Annotated English Translation of the Bendo*, translated by Olof G. Lidin, Monumenta Nipponica Monograph, Tokyo, 1970, pp.10, 22.

（48）Lidin前掲書（注3）一二八頁。

（49）漢詩については、例えば平石前掲書（注2）五三頁の引用を参照。北村季吟については、『楽只堂年録』第八十七巻（注42）元禄十四年九月十三日条および第九章を参照。

（50）丸山前掲書（注19）七六、八二頁。

（51）Ogyū Sorai, *Master Sorai's Responsals*, translated by Samuel Hideo Yamashita, Honolulu: Hawai‘i University Press, 1994.

（52）荻生徂徠『徂徠先生答問書』（『荻生徂徠全集』第一巻、みすず書房、一九七三年）四六五頁。

（53）『憲廟実録』（国立国会図書館古典籍資料室所蔵）。

（54）平石前掲書（注2）二一二頁。

（55）*Master Sorai's Responsals*（注51）三五～三六頁。『徂徠先生答問書』（注52）四二六頁。
（56）堀田正俊『颺言録』（『続々群書類従』第十三巻、国書刊行会、一九〇九年）三二頁。
（57）荻生『太平策』（注27）四六七頁。英訳はMaruyama前掲書（注6）八二頁。
（58）日本語の原文は*Ogyū Sorai's Distinguishing the Way*（注47）四七頁。ここではHaneの英訳（Maruyama 前掲書（注6）八二頁）が部分的に使われている。
（59）第八章を参照。
（60）McEwan前掲書（注27）一〇〇頁。
（61）荻生『政談』（注5）三八八～三八九頁。
（62）荻生『政談』（注5）三八九頁。
（63）荻生『政談』（注5）三八九頁。
（64）*Discourse*（注6）一九七～一九八頁。『政談』（注5）三五一頁。
（65）荻生『政談』（注5）三六八～三六九頁（筆者自身の訳、*Discourse*（注6）二二三頁）。
（66）荻生『政談』（注5）三七〇頁。
（67）荻生『政談』（注5）四四〇頁。
（68）荻生『政談』（注5）四四一頁。
（69）荻生『政談』（注5）三一六頁。
（70）荻生『政談』（注5）三五八頁。
（71）編者辻達也による注解、荻生『政談』（注5）三五八頁。
（72）文書を燃やすというのは徂徠の要請であった（荻生『政談』（注5）四四五頁）。
（73）荻生『政談』（注5）三八六頁。
（74）荻生『政談』（注5）三一四頁。

(75) 荻生『政談』(注5) 三三二頁。

(76) 丸山前掲書(注19) 一三七頁、荻生『政談』(注5) 四一一頁からの引用。*Discourse*(注6) 二七五~二七六頁のLidinの英訳を読む限り、徂徠が明治維新を予期していたかのような印象を受けるかもしれないが、原文にそのようなことは書かれていない。

(77) 荻生『政談』(注5) 四〇七頁。

(78) 荻生『太平策』(注27) 四五三頁。

(79) 田原前掲書(注16) 一三五~一三七頁。

(80) 松尾美恵子「富士山噴火と浅間山噴火」(大石学編『享保改革と社会変容』、『日本の時代史』第十六巻、吉川弘文館、二〇〇三年) 一四七~一七六頁は、数少ない例外である。高埜利彦『元禄の社会と文化』(『日本の時代史』第十五巻、吉川弘文館、二〇〇三年) では一頁半(六九~七〇頁) がこのテーマに割かれていて、これもほかの歴史家と比べて多い方である。地震学者の著述については次章を参照。

第十七章　晩年

此頃大なるふりて、いとおどろ〳〵しき事いへばおろかなり。霜月廿日あまりの暁いみじうさむき頃、屋のうちにもをらず、さわぎまどひたる心地、何にかは似む。むかし耳に聞きつたへたる事はあれど、まのまへにいとかく天地くつがへすばかりの事はまだしらず。あさましうめづらかなりと思ひまどふ。[1]

上品な公家の世界に属する町子には、元禄十六年（一七〇三）十一月二十二日午前二時頃に江戸を襲った、マグニチュード八・二の地震の恐怖を十分に説明するには、必要な用語が欠けていたようである。

崩壊する天地

新井白石は、家が「小舟の大きなる波に、うごくがごとくなる」ことに気づいた。そして家族を外に連れ出し、地面が割れるかもしれないので、壊れたよろい戸のようなものの上にしゃがませてから、主人である綱吉の甥、のちの家宣の屋敷へと急いだ。激しい揺れが続くと共に、地面が粉々に砕けて亀裂が生じる中で進むことは困難であった。水はどんどん流れ出し、塀は倒壊した。悪夢のような光景全体が塵の雲に包まれた。「家々の腰板のはなれて、大路に横たはれる、長き帛（きぬ）の風に飄（ひるがえ）りしがごとし」状況であった。そこかしこで火災が発生し始め、その炎の明かりが、瓦礫の下から引っ張り出された負傷者や瀕死の人々を照らし出した。このような状況であったにもかかわらず、夜明けと共に家宣は、綱吉の無事を確かめるために城へ向かうことにしたのである。(2)

城と櫓門は大きな被害を受けていた。門や番所のほとんどが、石塀や建物と共にひどく破壊された。堀の土手にはひびが入り、中には幅五センチほどに達するものもあった。城内の三十七ヵ所ほどが、壊れ方が特にひどかったとして報告された。綱吉によって特別に設立された江戸城桐之間は完全に壊滅し、綱吉自身も亡くなったとの噂まで流れた。実際は、綱吉は側近と共に、江戸城内の安全な場所に避難したのであろう。(3)

江戸の荒廃ぶりは凄まじかったが、地方から入ってくる情報はさらに悲惨であった。小田原城とその城下町は、最初に地震、次いで火災によってほぼ完全に破壊され、生き残った者はわずかなようであった。津波が南東から内陸を通過し、沿岸の安房・上総・下総、伊豆、相模（それぞれ現在の千葉、静岡、神奈川県）では、家々や場合によっては村全体が押し流された。死者数を計算するのは不可能に思えた。のちに、記憶を基に作成された文書や回想録では、房総の沿岸で人口の九割以上が失われたことになっている。二キロ内陸にある村々ですら、繰り返し川を上ってくる、高い山のような大きさの波に襲われた。これほどの規模に近いような地震を経験したのは慶安二年（一六四九）以来であり、今回はすべてにおいてその二倍もの強さに思えたと、幕府の日々の記録には記されている。(4)

同時代の認識は正しかった。マグニチュード八・二と推測されるその地震は、日本の歴史に記録された中では最大であった。科学者は一九二三年（大正十二）の関東大震災との間に、地震の規模（マグニチュード七・九）と震源地（相模湾）の双方に、多くの類似点を見出した。しかしその二つを比べると、元禄地震の方が、そのあとに続いた津波も含めて、すべての点でより悲惨であった[5]。オランダ人が最初に聞いた死者数は三十八万人であったが、三ヵ月後に江戸を訪れた時にこの概算は二十七万人に下方修正された。この数字は、江戸城と小田原城の外塀内に居住する人々の間に生じた、相当数の犠牲者の数を除外したものであった。この犠牲者数は幕府によって秘密にされたのである。同時代の朝日重章は死者数を二十二万六千人ほどと記している[6]。興味深いことに、日本史上において最も破壊的であったこの自然災害については、学校の教科書の中では稀にしか触れられていないのである。一般に歴史家たちが、ほとんど注目してこなかったという事実がそこには反映されている。地震の発生場所はほとんど、一九二三年の時と同じであるが、「関東大震災」という名称は、十四万人ほどが死亡したその一九二三年の地震のためにとっておかれた。しかし、一七〇三年に発生した元禄地震の方が、壊滅状況や死者数においては、はるかに上回っていたのである。

幕府の反応

このような危機的状況にあった時、権力が将軍の手中に集中していたことは幸いした。政権側の迅速な行動や、大災害を受けた側の求めに応じた柔軟な政策を可能にしたからである。余震が日夜相当な頻度で続き、綱吉が側近と共に庭園に設けた仮の住居で生活していた時でさえ、命令が発せられた。そして、綱吉が直接、役人の任命を行い委譲する任務の詳細を伝えたのである。見張りなど役人たちの最初の義務は、以前であれば勤務場所にいることであったが、今や第一の責務として、彼ら自身の安全を確保するよう指示された。加えて、彼らに求められたのは、指示を待つことなく火消しに努めること、視察で巡回する際には、できることの限界を超えた主導権を発揮すること、そして揺れの激しい時は、恐れたり躊躇したりせず城内の庭園に避難することであった。屋敷が深刻な被害を受けたという役人には休暇が与えられ、国中の寺社には祈禱が命じられている。屋敷が破壊された者には様々な手段が講じられ、その中には綱吉の娘鶴姫も含まれた。嫁ぎ先の紀伊藩主の屋敷も相当に深刻な被害を受けていた。[7]

地方から届いた報告の詳細は、部分的に柳沢邸の記録の中に筆写され、今日まで保管されている。死者と物質的被害が地区ごとに挙げられ、そして「不残潰」という表現があまりにも頻繁に登場する。小田原の町だけでも、最初期の報告の中で二千二百九十一名の死亡を伝えている。[8]

幕府が被害の状況を調べ、それ以上の拡大を防ごうと努力していた時に、さらに悪いことが起こった。十一月二十九日の夕方少し前に、小石川の水戸藩上屋敷で火災が発生したのだ。火は強風に煽られ、瞬く間に本郷を越えて上野、浅草、湯島、御茶ノ水、神田へと広がり、さらに広小路、両国橋、深川にまで及んだ。町子は、江戸の三分の一以上が破壊されたと記録している。長崎にいたオランダ人は、江戸の三分の二が廃墟と化したと聞いていた。湯島天神、神田明神といった大規模な神社や、綱吉が新たに建設した昌平坂の先聖殿が火災の犠牲となった。地震と火災のことは、故郷ドイツのレムゴーに戻っていたケンペルの耳にも入っていて、二十万人以上が亡くなったとの情報を得ていた。しかし、江戸の人たちにとっての最大の悲劇は、両国橋が、逃げまどう人々の群れの重さに耐え切れずに倒壊した時に起きた。何百人もが、燃え盛る瓦礫によって沸騰する温度にまで達した水の中で、亡くなったのである[9]。

これらの出来事がもたらした経済的大損害が、間もなく明らかになった。京都では商取引が行き詰るようになった。商人が、今需要のある品々を大幅に値下げした価格で売ることを拒んだからである。江戸では逆に、食料、建築材、労働力が確保不能となった。また江戸では、周辺の山々から新鮮な水を供給するために木製の導管が張り巡らされていたが、それらがひどく破損して給水が滞った。それゆえに水が高価な値段で売られたと、オランダ人たちは聞いていた。また、幕府は大名に対して、それぞれの所領から食料、建築材、大工を江戸へ送るよう命じている。しかし東海道では、いくつかの区間、特に箱根と小田原の間がひどく破壊し、崩れた土砂で塞がれていたため、旅は難儀なものとなった[10]。

長崎でさえ極寒と地震に見舞われているのに、江戸では未だ余震が続き、大名らが依然として「桐油紙のテント」で暮らしているという情報が届いていたため、オランダ人たちは毎年の江戸参府に出発するのをためらっていた。江戸へ向かう途上の町や宿屋の多くが破壊されたという情報も得ていた。しかし、旅の許可が公式に下りていたため、出発しないわけにはいかなかった。

オランダ使節団は、一七〇四年三月二十八日に箱根峠に到着した。日本の暦では元禄十七年二月二十二日に相当する。災害から三ヵ月が経っていたが、小さな村の被害は依然として、あまりにも明らかであった。「すべてが逆さまであり、ほとんどの家が焼け落ちていた」と、オランダ側の記録には記されている。火災を免れた建物は倒壊していた。オランダ人がいつも昼食をとっていた宿屋も完全に倒壊し、宿の主人の子供たちは亡くなっていた。箱根村だけでも四百人が亡くなったのである[11]。

小田原までの山道を下るのは困難を極めた。地滑りによって何ヵ所かが破壊され、別の箇所では倒れた木々が横たわっていた。また、ほかの区間では、巨大な岩によって通行が妨げられた。そのまま除去するにはあまりにも大きく重たかったため、職人たちが岩を細かく砕こうと忙しく作業していた。

小田原でオランダ人たちがいつも一泊していた宿屋も破壊されていたため、大磯へと旅を進めなくてはならなかった。地元民たちは仮説の小屋などを建てて暮らしていた。幕府は城壁内の死者数を秘密にしていたが、小田原城内だけで四万人もの男女や子供たちが亡くなったと考えられた[12]。大磯でも宿屋の大半が破壊されていた。翌日の旅路では、いつものように藤沢で昼食をとることができなかった。藤沢の町も、その手前の平塚も廃墟と化していたからである。昼食は戸塚でとることができた。そこでは倒壊した家がわずか半数ほどであった。一行が一夜を過ごした神奈川では比較的被害が少なかったが、神奈川に到着する前に通過した保土ヶ谷の町は、同様に廃墟と化していた[13]。

「江戸の光景は痛ましかった。どこもかしこも、目にする場所は地震で家が倒壊し、火災で焼き尽くされたため、平らになっていた」とオランダ側は記している。一行の宿屋も被害を免れず、江戸に入る前から彼らは地面の揺れを感じた。この揺れは、強かったり弱かったりしたが、二週間の滞在中ずっと続き、断続的に発生した火災が、さらに町を破壊した。このような折に彼らの荷物は、逃げる必要が生じた場合に備えて、梱包されていた。オランダの一行が、このような状況下に食べたり眠ったりする気になれなかったのも、驚くことではないであろう[14]。

オランダ人たちは、綱吉が当初、彼らを城に迎えることを拒否したと聞いていた。「ひどく破損し、多くの場所が瓦礫の山でしかないような城を見ることは、異国の人たちにとって大いに体面を失うことになるのでは」と考えたからであり、贈り物は京都所司代に届けるように求めた。しかし、最終的に綱吉は、長崎奉行を含む数多くの役人たちから、謁見を通常通りに行うよう懇願されて態度を軟化させた。地震によって多くの財産が失われた中で、彼らは謁見がないとオランダ使節団から謁見後にもらっていた贈り物がもらえなくなると恐れたのかもしれない。屋敷が破壊されたため、彼らの何人かはオランダ人を接待することが出来なかったが、それでもなお贈り物は通詞が届けることを提案した。

城の防備施設は気の毒な状況にあった。一行の代表であった商館長G・タントは、次のように記している。

我々はいつもの経路に沿って進むことができなかった。城への入口にある橋や番所が地震で破壊され、倒壊していたからである。遠く離れた外堀も破壊され、人々が密かに語っていたところによると、大きく頑強で重たい塀がまだ倒れずに残っているのは、わずか一区画のみであった。おそらくそうであろう。瓦礫の山に過ぎないような場所があまりにも多く、すべてが逆さまで、塀の区画の多くが堀の中に崩れ落ちていた[15]。

仮設の橋を渡り、一部が崩れ落ちた門をくぐって、オランダの一行は内堀と外堀の間の区域に到達した。そこでは「何千もの職人」が修繕に勤しんでいた。この辺りには有力大名が豪華な屋敷を構えていたのであるが、今や壁が破壊されて多くの家が崩れ落ちていた。頑丈な壁や大きな建物をこのように破壊してしまう地震の強さに、一行は驚いた。オランダ人たちが、いつも将軍との謁見を前に待機していた内堀の内側にあった百人番所も完全に破壊されたため、代わりに島原藩主の屋敷がその目的のために使用された。同じく仮設の橋を通って内堀を渡ったあとに、彼らはかつて百人番所が建っていた場所を見せられた。人夫たちが門の一部であった大きな石を、忙しそうに積み上げていた。ここもまた多くが廃墟と化していた。地震で崩れなかった建物も、大きなひびが入って傾いたため、至るところが添え木で支えられていた。ついに一行は、将軍の邸宅に通じる幅の広い通路を進んだ。建物に入る前に、つい最近建設されたばかりの門――同じように新しい扉もついていた――を通過した。

このような状況にあったため、謁見に伴う儀式はかなり省略された。綱吉への贈り物の献上が簡単に行われたのち、オランダ人たちは直ちに退去するよう言い渡された。桂昌院のもとを訪れようとしていた綱吉が、同じ廊下を通らなくてはならなかったからである。通常であれば、謁見が無事に終了したことを祝す長々とした祝辞を、老中から受けるのであったが、そのような暇は全く与えられなかった[16]。本丸の一部は全く使用することができなかった。

天罰

江戸城がひどく破壊されたとの第一報が長崎に届いた時、オランダ人たちが耳にしたのは、この惨事を人々が、将軍や幕府の役人に下された天罰と見なしたということであった。貨幣を改鋳して劣悪な貨幣を流通させたことに対する天罰である[17]。町子が、政権に咎められるべきことは何もないのであるから、これらの惨事がもたらされたのは偶然に過ぎないと述べる時に、そのような噂のあったことが示唆される。そして町子は繰り返し、幕府の政策には非の打ちどころがなかったのであるから、「さかしき人」はこれ以上事が悪くなることはないと言っていたと強調する[18]。町子が「さかしき」とは表現しないであろう人々が、反対の見解を口にしていたのである。

別の噂によると、天文学者の渋川春海（一六三九〜一七一五）が星座の位置の異常を発見し、これを最高位にある人物に対する天の不快感の表れと解釈したというのである。最高位の人物とは、綱吉の母桂昌院を指すと考えられた。桂昌院は前年に、綱吉の意向を受けて最高の官位を授けられていた。庶民出の女性がこのような昇進を遂げたことに、天は怒ったのである。桂昌院の側近の相当数が生命を失ったとの噂もあり、これもまた彼女の昇進に対する天の怒りの表れであった。幕府は早急に対処し、このような噂を広めると罰せられることとなった[19]。

ここで特筆すべき重要なことは、そのような噂話の出どころが武士の日記であり、したがって、書いたとされる「人々」が表現しているのは武士層の感情であって、必ずしもすべての人々に関わるものではないということである。庶民も当然のことながら大きな損害を受けた。しかし復興のための事業は、生き残った人々に雇用の創出と賃金の増加をもたらした。そして、商人の多くが災害の結果、一財産を築き上げることとなったのである[20]。安政二年（一八五五）の地震のあとに出回ったかわら版や錦絵には、日本列島の地下にいて、揺れの元凶とされた鯰が、貧しい人々の英雄として描かれていた。ある図柄では、大工が「鯰さん、お前のお陰でこの節は金もうけがたくさんで、礼のしようがない」と述べている[21]。一世紀半前に江戸が荒廃した直後も、心情としてはそれほど大きく変わらなかったのではないだろうか。

先例がないほどの生命の損失と破壊とを経験した綱吉は、いずれにしても、自分の政権運営に神々がお怒りになっている部分があるのではと、恐怖を抱いたに違いない。揺れと火災が続いたため、災害の連鎖を断ち切ろうと元号が変更されることとなり、元禄十七年の三月に宝永元年と改められた[22]。

天が快く思っていないのは処罰が厳格であったことと考えたのかもしれない。綱吉は、当時蟄居させられていた者たちに対して赦免を施したり、規制を緩和したりした。登城の回数は減らされ、将軍への儀礼的な贈り物も一時的に廃止された[23]。しかし、母親への崇敬の念は変わらず、武士層に直接課せられた財政負担も、綱吉は変更しようとはしなかった。人道的な立場から、犬の収容施設のために徴収された税や、最近導入された運上金が一時的に停止された。但し酒税は維持され、おそらく武士層が最も腹を立てたことの一つであろう[24]。大名たちにとってさらに重大な結果をもたらしたのは、建設事業に大名の支援を求めるという政策を綱吉が存続したことである。まさに大名がそれぞれの屋敷を修繕しようとしていた時に、このような負担を課されることは、とてつもない重荷であった。特に、綱吉がひいきにしていた僧侶の寺の修繕や、湯島の先聖殿の再建のための支援を求められた時には、怒りが頂点に達したことは間違いない[25]。綱吉に関して、狂気と言ってよいほどの信心深さが噂されたことは、当時の大名たちの憤りを良く反映しているとも言えるであろう。

このような政策を、有能な政権を樹立するには強力な中央権力が不可欠との観点から分析するならば、これは決して狂気を示すものではない。当時信じられていたことによると、国の繁栄には宗教と学問が不可欠と見なされた。そのような要請を受けることは、大名にとっては生活水準の下落を意味したが、政権にとっては、自らの権力と臣下のそれとの間のギャップを広げるのに効果的な方法であった。

元禄期の災害時における幕府の対応には、明暦の大火時と比較した場合、幕府の政策にはっきりとした変化が認められる。明暦三年（一六五七）の大火のあとには、相当な額の金銭が再建支援のため、大名や旗本、さらには江戸の町民に分配された。また、それらの費用を賄うために、蓄えられていた金塊・

銀塊が、駿河と大坂にあった幕府の御金蔵から運送された。江戸城修繕のために、大名の支援が小規模ながら求められたが、最も重要で高価な建物である天守閣の再建は断念された[26]。

元禄期の災害のあとには、金銭の分配が、被害がほかの大名と比べて甚大であった小田原藩主の大久保忠増や、水戸藩主の徳川綱條といった限られた大名に対してのみ行われた[27]。幕府自体が修繕に向けて積極的に動いた。貨幣改鋳の立案者である荻原重秀が被害状況を調査し、その間に下級の役人が、一時的に修繕の仮奉行に任命されて様々な事業を監督することとなった[28]。公共の事業のため、大名は資材と労働力の提供を求められた[29]。厳格で詳細な倹約令が、宗教上の式典に使用する香料などの物質に至るまで、日常の生活を規制した。役人に対して金銭や高価な物を贈ることは違法となった[30]。

このような変化は、政治の権限が大名の集合体から専制的な将軍へと移行したことを示すものであり、武士層からの不満や批判が出るのは驚くことではない。批判的であるがゆえに、この先例のない危機的状況に幕府が効率よく対処したことについての称賛は全く記録されていない。そのようなことをすれば、綱吉が身分の低い熟練者を昇格させたことを称え、再建支援の負担を大名に課したことを容認することになるからである。しかし幕府は、法と秩序とを維持し、江戸に飢饉や疫病が発生するのを防ぐことに成功したのである。当時の江戸が、百万ほどの住民を抱え、極度に人口の密集した都市であったことを思えば、これが行政上重大な成果であることに間違いない。現地の記録には、何週間もの間、遺体が海岸に打ち上げられていた様子などの、ぞっとするようなことが詳細に書かれている。このことからも、主として食料を海産物に頼っていた人々が健康的な生活を送れるようにするために、例えば衛生の問題に取り組まなくてはならなかったことが、ある程度窺える[31]。

後継者の指名

綱吉が模範的な支配者として治めようとしていた国は、大規模な災害によって荒廃した。それについて綱吉が、神々が大規模災害という形で怒りを表されたのではないかとの不安を抱いたのであれば、大切な人を失う不幸に見舞われた時、そのような懸念をますます強めたに違いない。災害の連鎖を断ち切ろうと、幕府が元号を宝永に変更してからちょうど一ヵ月後に、綱吉の一人娘鶴姫が死去したのである。[32]

鶴姫は、延宝五年（一六七七）に綱吉の側室於伝との間に生まれた。於伝は二年後に息子徳松も産んでいる。鶴姫は、幼少期に紀伊徳川家の世嗣綱教に輿入れした。弟徳松が早世したのち、綱吉には子供が生まれなかったため、この婚姻によって誕生する息子が、後継者を得る唯一の望みとなった。したがって鶴姫の死は、たった一人の子供を失った個人的悲しみにとどまらず、政治的な敗北でもあった。天は綱吉の子孫に国を支配して欲しくないのではと、人々に邪推させることになった可能性はあった。

六十歳を目前に綱吉は、甥綱豊（のちの第六代将軍家宣）を後継者に指名することとした。綱豊は兄綱重の息子で、第三代将軍家光の孫の中で唯一の生き残りであった。綱重の死が謎に包まれたものだったことが思い起こされる。綱重は病弱であったが、兄である第四代将軍家綱や、家綱を支えていた幕閣たちと、金銭をめぐって衝突したことがきっかけとなり、自殺したとの噂もあった。[33] 綱重は伝通院に埋葬されていたが、そこは家康の母親や将軍家の親族が眠る場所であったため、息子が将軍の後継者に指名された今、増上寺に改葬された。[34] 一人息子の綱豊は、綱重が身分の高い相応しい女性と正式に婚約するよりも前の早い時期に誕生した。したがって、その誕生は秘密にされ、綱豊は家臣に育てられた。綱豊が綱重の息子であり後継者として認知されたのは、公家出身の妻が死去したあとの寛文十年（一六七〇）になってからである。先述したように、この話は『三王外記』に記された噂と類似する点がある。『三王外記』によると、綱吉が同じように息子の誕生を秘密にし、彼を柳沢吉保の息子として養育させたというのである。

この風刺文書の数多くのエピソードと同様に、もっともらしい話を作り上げるため、事実と作り話とが巧妙に織り合わされている。柳沢吉保は綱吉の後継者指名に大いに関与したが、自身の息子を擁立してはいない。選ばれた人物は、唯一生き残っていた家光の孫であり、武士層の同意が得られたに違いなかった。しかし、この問題を処理する方法に対して武士層は明らかに満足していなかった。『三王外記』は、綱吉がこの時の吉保の見事な働きぶりを褒め称え、報酬を与えたことを巧妙にパロディー化している。後継者を指名するという重要な任務を吉保は一人で成し遂げたのであり、褒美として、それまで綱豊が所有していた甲府の城と領地とを与えると、綱吉が述べたのであった。これらの所領はそれまで将軍家の所有であったが、綱吉の説明によれば、吉保を家族の一員のように思っていたため、それらを彼に授けるということであった。[35] このような拝領とその時に発せられた言葉は、将軍とは真の親戚関係にあった御三家を侮辱するものであった。『三王外記』は、成り上がり者の側用人が徳川家の一員であると述べた綱吉の言説を批判・嘲笑し、それを文字通りに受け取った場合、どのような結果がもたらされるかを巧みな想像力でもって示している。

同時代の人々は、二十四年ほど前に綱吉が将軍の後継者に指名された時と、その決定に至った過程との間の違いが、あまりにも大きいことに気づいていた。その時は、国内で最も有力な大名としての地位を確立していた大老や老中が、誰を後継者にすべきかを話し合ったのである。しかし綱吉は、誰にも相談しなかった。さらに踏んだり蹴ったりであったのは、この政治的に重要な決定を、御三家や幕閣に伝えるよりも前に、母親と、ひいきにしていた僧侶の耳に入れたことであった。後継者に誰を選ぶかは、御三家にとって長期に影響の及ぶ重大なことであった。[36]御三家という伝統的な権力保持者を、後継者指名の過程から完全に排除したことは、綱吉の政権下で政治権力の移行があったことを示すものである。

対照的に綱吉の、京都の公家に対する扱いは、前任者たちと比べて寛大であった。宝永二年（一七〇五）の初めに綱吉は、天皇家への手当を一万石に増やした。[37]その頃に綱吉が右大臣、家宣が大納言の官位をそれぞれ授けられたのも、決して偶然ではない。[38]

死の喪失

これらの祝賀が終わるとすぐに、死が再び大切な人を奪い始めた。宝永二年五月に、亡くなったばかりの綱吉の娘鶴姫の夫であった紀伊藩主徳川綱教が死去した。[39]

一ヵ月後には、歌人の北村季吟が死去している。綱吉は元禄二年（一六八九）に季吟を、その息子湖春と共に自らのもとへ呼び寄せていた。季吟はその時六十五歳であり、すでにその学識の高さが評判となっていて、数々の作品が彼の名前で出ていた。綱吉は、季吟のために歌学方を設け、幕府に仕えたほかの学者や芸術家と同じように僧侶と同様の格づけをした。当初の俸禄二百俵は室鳩巣といった学者たちと同じであったが、翌年には引き上げられた。元禄四年年には五百石に加増され、また法眼の僧位を授けられた。季吟は綱吉を取り巻く側近の一人として、歌や文学について綱吉に講釈するよう頻繁に求められた。そして最終的に法印の栄誉が授けられた。季吟は八十一歳で死去したが、晩年においても精力的に教化活動を行っていた。柳沢吉保を五年前に門下に受け入れ、死の三年前にも依然として柳沢邸を訪れていたのである(40)。

そのわずか一週間後に母桂昌院が七十八歳で死去した時、綱吉は究極の喪失感に見舞われることとなった。桂昌院の健康はかねてより心配な状態にあった。前年の秋には左手足が突然麻痺した。おそらく軽い脳卒中の表れであろう。綱吉はこの事態を深刻に受けとめ、直後の五日間ほどは毎日桂昌院を見舞っている(41)。

綱吉は、桂昌院のもとを訪れる予定にしていた日の朝に、娘の死を告げられた。この悲しい知らせが、桂昌院の健康に悪影響を及ぼすことをたいそう心配した。僧隆光に相談したのち、その朝は風邪気味であることを理由に退出した。そして桂昌院には、まずは孫娘が重病だと告げ、悪い知らせに向けて徐々に備えさせることにした(42)。

僧隆光は、病気の時には加持祈禱のため、悲しい時には慰めを与えるために呼ばれた。隆光の日記には、めったに見出すことのできない、綱吉と桂昌院との間の温かい関係を垣間見ることができる。お腹と背中を按摩すると桂昌院が特に喜ぶことを知った綱吉は、桂昌院を見舞った時には直々に按摩するようになった。一度は、桂昌院が床に横たわっていた四時間半もの間、按摩し続けたこともあり、隣室ではその間、リラックスさせるための音楽が奏でられた(43)。能の一場面を上演して楽しませようとしたこともしばしばであり、桂昌院の気分が良い時には、二人で碁を打つこともあった。桂昌院付きの医師と相談をし、見舞いに訪れた時にはいつも綱吉自身が食事の配膳をした。綱吉の里親であるかのようだとケンペルが記している牧野成貞は、すでに七十一歳となっていたが、頻繁に同じ時に桂昌院の部屋を訪れていた。[44]

綱吉は三日に一度、江戸城の三の丸にいる桂昌院のもとを訪れる習慣になっていた。しかし、梅雨に入った六月初め以降、桂昌院の健康状態が悪化すると、綱吉は見舞いの回数を二日に一度に増やしている。ただ桂昌院は、自分の死の時を息子に見られたくなく、綱吉のいなかったその月の二十二日に、冥福を祈る僧侶たちに囲まれて死去した。[45] 綱吉は打ちのめされ、『松蔭日記』によると、国全体が悲しみに包まれた。[46] 桂昌院が最高位の官位を賜ったりしたせいで、先例のない地震に見舞われたと考えた人々は、間違いなくそのような感情ではなかったであろう。しかし、これで神々の怒りが宥められたと彼らが思ったのであれば、それは間違っていたことが明らかになるのである。

富士山の噴火

綱吉の治世初期には自然災害が目立った。暴風と大量の降雨による洪水が収穫を台無しにし、飢饉をもたらした。天和三年（一六八三）の日光大地震では、日光にある家康霊廟の石灯籠が倒れ、江戸城も多少の被害を受けた。しかしその後は、元禄七年（一六九四）に再び大災害に苦しめられるまで、十年以上にわたって比較的平穏な時期が続いた。[47]

その間に、日本で一度も地震が発生しなかったわけではない。エンゲルベルト・ケンペルは、日本に滞在した二年間（一六九〇～九二）で、何度か「恐ろしい」地震を体験した。一度は「大きな音とともに」江戸の宿屋が揺れ、また一度は強い揺れのために、長崎の碇泊地にいた船の水先案内人が寝台から転げ落ちるほどであった。しかし、日本人にとってその程度の揺れは日常茶飯事であり、西洋人が激しい雷雨に遭った時と同程度の反応しか示さなかった。そのような折に人々は、「また鯨が地面の下を這っているよ、大したことはない」と述べている。(48)

鎌倉と江戸に大規模な損害をもたらした元禄十年の地震は、「大したことはない」で済まされるものではなかった。(49) 続く何年かは、洪水や暴風による不作と飢饉に見舞われたが、異常な揺れを感じることはなかった。

元禄十五年に戸田茂睡は、富士山から不吉な白い蒸気が上がり、東の方向に漂うのを見た。細い帯状の雲は江戸でも、日が暮れてから夜遅くまで見ることができた。同じ現象が二月末にも再び観察され、この時は白い帯状の蒸気が西の方向に漂った。(50) それでも翌元禄十六年、日本史上で記録に残る最大の地震が関東地方を荒廃させた時、富士山は静かであった。震源地が相模湾内の海であり、品川で海から火の玉の上がるのが見られたことは、海底で噴火があったことを思わせた。(51)

およそ四年後の宝永四年（一七〇七）十月四日の朝、尾張藩士朝日重章の記録によると、名古屋の北東の方向に不思議な赤い雲が出ていたのであり、夏の日没のようだと思ったという。その日の夕食時に最初の酒がひと通り振る舞われると、北東からものすごい轟音がしたかと思うと家が揺れ始めた。歩くことができなくなったが、居合わせた仲間は何とかその場を逃げ出せた。重章は被害状況を調べに行く前に、一人でさらに三杯の酒を飲んだ。これは重大であった。寛文二年（一六六二）以降、尾張ではこれに匹敵するようなことは何もなく、またこの地震は、それまでに起きたどの地震よりも大きく長かった。(52)

江戸では、この地震活動による影響をそれほど強く受けなかったが、土佐、豊後、長門に至る西日本一帯が、地震の揺れと津波によって大きく破壊されたとの情報が、間もなく江戸へ届いている[53]。駿府城と久能山の家康の霊廟にも被害が出たと伝えられた。若年寄の稲垣重富が、被害状況を報告するよう、役人の一団と共に即座に派遣された。また、僧侶たちは加持祈禱を命じられた[54]。

江戸では誰一人として、富士山に表れていた、さらに悪いことの起きる前兆に気づいていなかった。十月二十一日には富士山の麓で、大きな、底なしと思われる穴が開いた。好奇心旺盛な農民たちが五百メートルほどの縄を下に向けて入れてみたが、底にたどり着かなかった。轟音が聞こえていた[55]。

一ヵ月後の十一月二十三日の朝、柳沢吉保と公家出身の側室町子との間に生まれた四男と五男、十三歳の経隆と十一歳の時睦に、年少であったにもかかわらず、官位が授けられた[56]。

早朝から僧隆光は、家の襖や障子がガタガタ鳴っているのに気づいた。風に揺られたかのようであったが、風は全く吹いていなかった。地震かもしれないと思ったが、地面は揺れていなかった。隆光は、このおめでたい日に能の上演が予定されていたため、登城したが、ここでも扉や障子が、どうしてかわからないが、ガタガタ鳴っていた。最終的に揺れを感じるようになった。正午間もなく、空に黒い雲が現れ、夕暮れが近づいているかのように暗くなった。綱吉は能の上演を中止し、代わりに僧侶たちを加持祈禱に向かわせている。

午後二時には砂が降っていて、家々の屋根に七センチほども積もった。雷鳴のような音が聞こえ、稲光が見えたかと思うと、続いて灰が至るところで雪のように降り積もった。その時に空から降った小石は、今もなお堆積物の中にはっきりと見ることができる[57]。

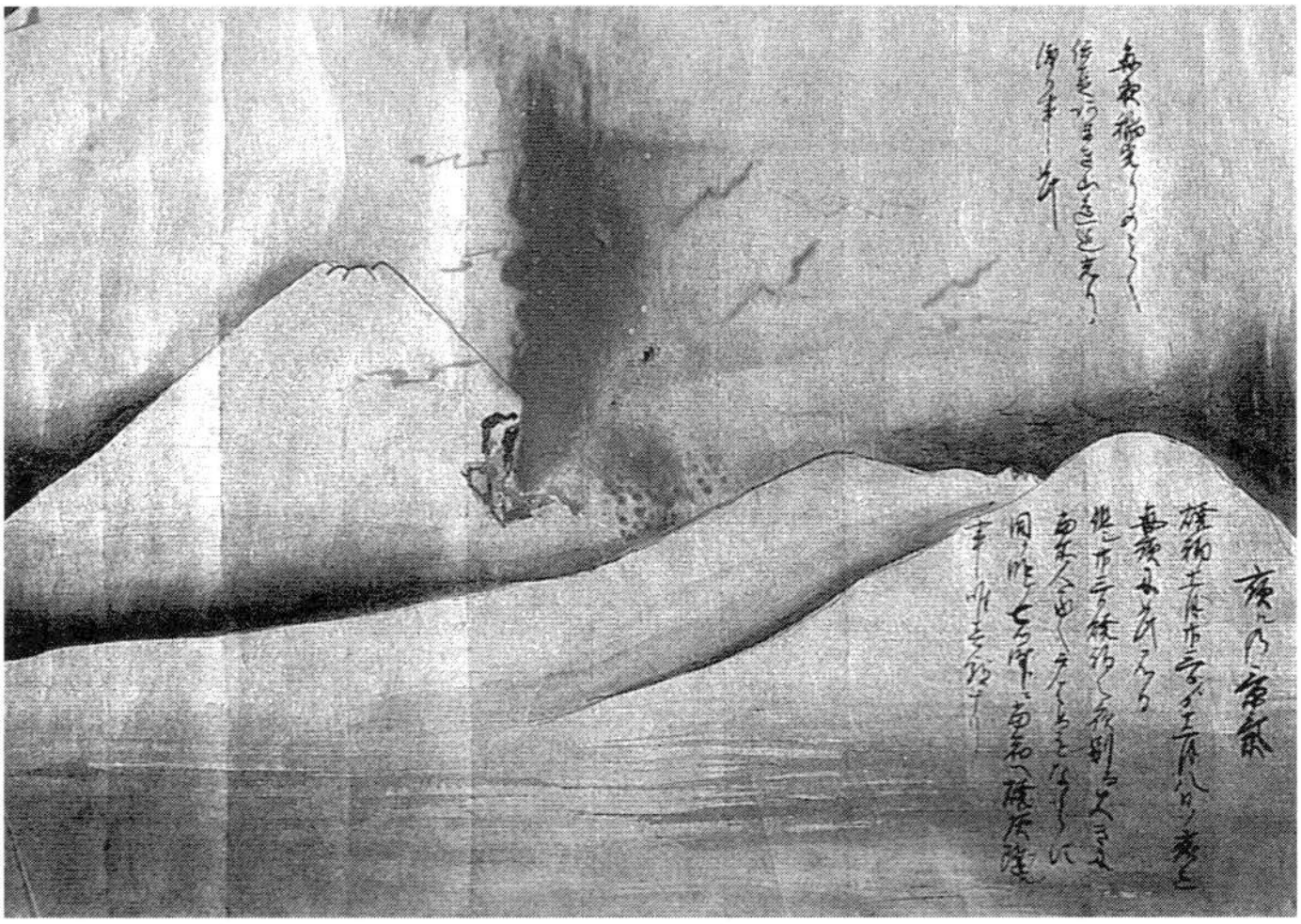

宝永４年（1707）に噴火した富士山の夜の光景。静岡県立中央図書館（静岡市）歴史文化情報センター寄託「土屋家文書」。
この絵画は沼津周辺から見た噴火の様子を描いている。文字で記されているのは次のようなことである。11月23日から12月８日まで、毎夜赤い火が現れ稲光のようであったが、最初の夜に、この絵画が描かれた宿屋に灰が降った時は、特に強烈であった。

今も富士山の端正な稜線から突き出している宝永山が誕生するきっかけとなった、富士山の噴火史上における最大の噴火――その兆候と推移について、同時代の人々の記録が数多く残っている。科学者たちの見積もりによると、噴火による降下火砕堆積物は富士山の東側の地域で四億五千六百万立方メートルに及んだ。灰の厚さは平均七十六センチと計算されているが、東側の麓の御厨では、あたり一面が三メートルもの火山灰に埋もれた[58]。噴出物の吹き出しと灰の降下は、十二月初めまで続いた。宝永五年一月九日に、江戸に堆積した灰が最終的に雪で覆われた時、新井白石によれば「此ほど世の人咳嗽（がいそう）をうれへずといふものあらず」ということであった[59]。今日では、火山の煙に含まれる汚染質を吸い込むと、咳が出るだけでは済まされない、長期に及ぶ健康被害を受けることが知られているのに、歴史家たちはこれまで、歴史史料を見る際に、その事実をほとんど考慮してこなかったのである。

富士山から百キロほど離れていた江戸にいたおよそ百万人もの人々は、煙が健康に及ぼす影響に対処しなくてはならなかったが、地面を覆っていた灰は比較的簡単に掃き集めることができた。しかし富士山に近い地域では、はるかに深刻な打撃を受けていた。ここでは家々が真っ赤に燃える岩石によって焼かれ、広範囲が何メートルにも及ぶ灰に覆われた。綱吉は、災害の報告を受けると、徒目付らを派遣し、幕府の直轄地だけでなく大名の所領での被害状況を調べさせている。[60] 普請奉行は、被害状況を調査するため、久能神社や東海道沿いの宿駅に派遣された。いずれも修繕が必要であったため、大名は即座に支援を命じられた。[61]

元禄十六年の大地震の時と同様に、旗本が必要となる修繕作業の規模について綱吉に助言をし、大名にどの程度の支援を求めるかを決定した。作業自体はここでもまた、旗本の管轄下に置かれた。庶民の苦しみを緩和するために適切な救済処置がとられているかを見極めようと、大名の所領で起きた被害の状況を調査するという幕府の動きは、大名の権威と地位をますます危うくするものであった。

武士側の史料にはこのことに言及するものがほとんどないが、農村に保管された文書を調査していくと、綱吉の政権下で先例のない苦しみを味わったという話がはっきりと伝わってくる。しかし、その苦しみを味わったのは庶民ではなく、彼らと関わっていかなくてはならなかった大名と、藩の行政担当者たちであった。異議を申し立てれば、藩主と行政担当双方にとって悲惨な結末をもたらすことになるということがよくわかっている農民に、彼らは対応しなければならなかった。

農民は、この幕府の政策の利点を生かして、自分の要求を藩の役人に認めさせようとしたのであり、このことは噴火で甚大な被害を受けた小田原藩領の足柄郡の農民と、藩主であった老中大久保忠増（一六五六〜一七一三）の役人との間で展開された、救済をめぐる折衝に描き出されている。この経過は一般に、綱吉政権について論じる際には注目されてこなかったので、折衝の背後で交わされた書状から読みとれるこの事例を、ここである程度詳細に検討しておく。

小田原の代官に宛てた、救済を求めた最初の願書は、わずか三ヶ所の村の名前で、日付の記載はないが、今も砂石が降っているということが書いているので、恐らく噴火が終わった十二月八日以前の文書であろう。家が埋もれて、住む場所がなく、雑穀や米、飲み水さえ不足していると訴えている。その月の半ばに柳田九左衛門が被害調査のために藩主から派遣されたのは、それに応えてのことであろう。十二月二十六日には、救援を求める声が相当の広範囲から上がっていた。今や、百四ヵ村の名主が藩主への直訴に加わっていたのであり、それを柳田九左衛門は十二月二十八日に江戸へ持ち帰らなくてはならなかった。

しかし、藩主からの直接の回答はなく、農民は、新年のお祝いを挟んでのいかなる遅延も大目に見るつもりはなかった。わずか五日後の宝永五年一月三日には、百四名の名主が集まり、江戸へ向けての抗議の行進を決定した。翌日、彼らは小田原城の外に結集し、その翌日に江戸へ発つことと、そのような行動に出る理由を知らせる書状を藩の役人に手渡した。四年前の地震と不作によって藩の財政が不安定な状況にあることを知りつつも、農民たちは、灰を除去するための支援なしには生き残れないと主張した。こうして彼らは、要求を幕府に突きつけようとしていたのである[62]。

藩の役人は行進を止めようと必死であり、数日の延長について交渉した。藩は救援の食料供給を申し出たが、農民は、それでは不十分だと主張した。灰を取り除くための支援も必要なのであった。これは急を要した。さもないと、新しい作物の植えつけが遅れてしまうからである。そこで彼らは、直接幕府から援助を求めようとした。名主はようやく説得に応じ、小田原で回答を待つことにしたが、農民は説得されなかった。宝永五年一月八日に藩の役人たちが目を覚ますと、四千から五千ほどの農民が江戸へ向けて出発しようとしているのに気づいた。何人かは夜の内に旅立ち、すでに江戸への途上にあった。藩の役人たちは彼らのあとを追い、一月十日まで待ってくれるならば、すべての男性に米五合、女性に二合という即座の救援を約束した。名主たちはこれを良い提案と思ったが、農民は、男性には一人五合、女性には一人それ以下という米の量の少なさを嘲笑い、ものすごい音を立てて騒ぎながら江戸への道を進み続けた。農民は明らかに、藩の役人に恐怖心を起こさせるにはどのようにすればよいかを知っていた。江戸で大きな音を立てて平穏を乱すならば、そのようなことを許した役人は、例外なく重い処罰を受けることになるからであった。最終的に、名主だけが江戸へ赴き、この件を願い出るということで合意に至った。その間に、何千もの騒がしい農民が自宅へ戻ることとなった[63]。

名主一行が、一月九日に相模国高座郡の茅ヶ崎村へ達した時、江戸から藩主名代として来ていた高槻勘助と会見した。ほかの役人も交えて、高槻勘助は名主たちを小田原へ戻るよう説得しようとした。江戸からの一団が伝えたのは、農民たちの直面する困難な状況を藩主は十分に認識し、同情しているということであった。藩主は食料の配給を命じたが、その救援計画の詳細が知らされるのは、名主たちが小田原に戻ってからということであった。勘助は、名主たちをさらに宥めようと、当初の調査を担いながら折衝を十分に行わなかった柳田九左衛門について、藩主の意向を正確に伝えなかったこと、それゆえにこの担当から外されたことも告げている。

しかし名主たちは、そう簡単に従うようなことにはならなかった。協議が重ねられたのち、名主たちは次のように回答した。藩主の命令に従う意志はあるが、手ぶらで戻ったならば、農民たちが再び江戸へ向けて行進し、大変な騒動になることを恐れていると。彼らが救援計画についてこの場で知らせてもらえないのならば、江戸へ赴き、そこで藩主の命令を伺うとも語った。このような圧力を受けて、藩の役人たちは、救済米二万俵を支給することにした。これは藩主が貯蔵していたすべてであり、藩主自身が相当に生活を切り詰めなくてはならなくなることを意味した。一方、火山灰を除去する件で名主たちが保証されたのは、農民に対する藩主の同情のみであった[64]。

名主たちは救済米二万俵をありがたく受け入れた。しかし、もし灰を除去する件で何の確約もないまま戻ったならば、農民たちは再びあの騒々しい抗議行動に出るであろう。それゆえに彼らは、このまま藤沢に向けて進むと言い張った。名主たちが藤沢に到着した時、ようやく江戸から派遣された加納郷助が、灰の除去に二十七万両を提示した。しかも、さらに援助が必要な地域は、のちに再び支援を要請することができるという但し書きが付いていたのである。

この提示を受けて、名主たちは宝永五年一月十日に小田原へ戻った。そこには、すべての農民が夕方から夜にかけて集まっていた。一月十一日までに彼らは、交渉内容を詳細に記録した文書を作成し、合意事項を明確にした。すなわち、藩主は救済米二万俵と灰の除去に二十七万両を提供することになったのであり、また柳田九左衛門は以後、この件に関与しないことが保証されたのである。この文書は、江戸の藩主名代であった高槻勘助と加納郷助に宛てて提出された[65]。

しかし翌日、名主たちは呼び出され、加納郷助から、提示した内容を誤解していると告げられた。灰を除去するための二十七万両という額は単に概算であって、約束ではないというのである。それに対して農民が騒ぎ出して激しく抗議したため、名主たちは再び江戸へ向けて出発しようと決心した。彼らの行進は品川まで来たところで終わった。そこで藩主から寄せられた同情の言葉と約束は、これまでにない劇的なものであった。藩主は御宝物の正宗の太刀を売り、朝夕に食事も節制し、そして必要ならば、自らが農民たちに代わって、灰を取り除くための資金を将軍に願い出るというのである。藩主はこれらすべてを、武士の名誉と数々の神々の名において誓った。名主たちは、これらの堅い約束によって安心させられ、宝永五年一月十五日に品川を出て小田原へ戻っても大丈夫と感じた[66]。

名主たちが品川を去った翌日、幕府は声明を出し、武蔵・相模・駿河の各国において、大量の火山灰を除去するための作業が全く進んでいない現状を嘆いた。春の種まきに向けて土地を掃き清めるには、「地頭」が早急に行動を起こす必要があった。農民たちを促して、それぞれで灰を除去させるべきであったが、それが不可能な地域には援助が与えられなくてはならなかった。その間に飢饉を発生させないための対処も必要であった。詳細は勘定奉行の荻原重秀から得られることとなった[67]。

これは藩政への公然たる干渉であり、自藩の受けた被害が最も深刻であった大久保忠増が老中職に就いていたことから、事態はより一層重大であった。国全体の行政を将軍が管轄するという権限は、翌月に将軍が先例のない手段に出た時に、ますます明らかになった。最も甚大な被害を受けた地域が、一時的に幕府の直接の支配下に置かれ、当該の三大名には別の地域が割り当てられることになったのである。救援活動のための資金は国全体から徴収されることになり、ここでも幕領と藩領との区別はなかった。領主は一律に、算定された収穫高百石につき金二両を納めることとなった。噴火の被害を受けた地域と寺領だけが課税を免除された。[68]

噴火の被害を受けた地域の復興は、関東郡代伊奈忠順に委ねられた。その功績を記念して、恩恵を受けた農民たちがのちに神社を建立し、忠順は今日においてもなお崇敬されている。

関東郡代伊奈忠順

記録に残る中で最悪の噴火をした富士山の火山灰に苦しめられ、絶望的になっていた農業人口を支援する上で、深い思いやりと高い能力を示したとして称賛されるその人物は、綱吉の下で順調に任務を成し遂げた。

伊奈忠順は関東郡代伊奈忠常の次男として生まれた。書院番の一員としてその経歴をスタートさせ、任務の遂行にあたっては、綱吉を満足させるような働きをしたに違いない。次第に綱吉自身が設けた桐之間番や、近習番に選出されるようになったからである。のちに綱吉の小納戸に昇格した。元禄十年（一六九七）に、死の床にあった兄忠篤と養子縁組をし、関東郡代の地位を継承することとなった。忠順の生年は不明であるが、兄が元禄十年に二十八歳で死去していることから、当然それよりは若いということになる。[69]二十五万石近くに及ぶ地域を支配下に置いた忠順は、幕府の地方役人の中でもはるかに有力で重要な人物となった[70]。

綱吉が忠順を大いに信頼したことは明らかであり、その証拠に忠順は、関東郡代に任じられてから間もなく、幕府の公共事業における重要な任務を割り当てられている。任務を引き受けてから三ヵ月ほどで、江戸深川に、船が下を十分に通過できる高さに橋を建設する事業の責任者となった[71]。永代橋で知られるその橋は、わずか四ヵ月で完成し、その働きに対する褒美が綱吉から与えられている[72]。

関東郡代としての忠順の権力は広範囲に及び、公共事業や武家屋敷の土地を割り当てる権限をも有した。このような立場にあって、仕事上は荻原重秀とも密接に関わった。重秀は、のちにさんざん中傷を浴びることとなるが、忠順が関東郡代を継承したのとほぼ同じ時期に、勘定奉行に任命されていた。今日の東京湾に注ぎ込む川の氾濫を防ぐという主要な公共事業においても、二人は協力し合った[73]。

富士山の噴火によって被災した地域に向けた幕府の復興計画においても、その根底には忠順と重秀の協力関係があった。忠順が被災地を見回り、何がなされる必要があるかを見極める間に、重秀は政権の中央で積極的に動いた。先述したように、この緊急事態に対する小田原藩の対処に不満を表明した宝永五年（一七〇八）一月十六日の命令や、その後に出された命令から裏づけられるのは、重秀がこの件に対処する責任を負わされていたということである。復興に必要な財源を確保するため、全国に向けて税を課すという政策にも重秀が大いに関与していた。重秀は税の徴収にも責任を負い、それを彼は詳細な指示を出すことで成し遂げた。支払日やお金が集められる箱のラベルまで、細かく指示された。大名を含むすべての領主が、重秀の命令に従うこととなったのである[74]。

相模湾に注ぎ込む川の、流れが複雑に入り組んだ山間部の復興は容易ではなかった。一つの地域から取り除かれた灰は、雨が降ると谷間や小川へと洗い流され、そうなると川床は繰り返し塞がれ、土手は破壊され、洪水が引き起こされるのであった。享保元年（一七一六）になって、ようやくいくつかの地域が藩に戻せる状態となった。すべての地域が、農業に適した状態で藩に戻せるようになるまでには、さらに二十年以上を要した。[75] これよりはるか前に、伊奈忠順と荻原重秀は共に死去していた。二人は、綱吉の死から三年後に、六ヵ月ほどの間隔を空けて、やや不可解な状況下で亡くなっている。

重秀による財政管理は、新井白石の著作の中で激しい批判を受けるようになった。白石は、綱吉の死後、第六代将軍家宣の側用人間部詮房の学問上の助言者として働いていた。十年後に吉宗が第八代将軍に就任すると、寵愛を失った白石は、それからさらに十年ほどを生き、その年月を、政治の事柄に関与した思い出に耽り、記録することに費やした。それを白石は詳細に行い、おそらく彼の記録は、この時代に関して唯一最もよく引用される史料となった。[76] しかしながら、白石の著作に表れるのは、話の全体の片面だけであることを忘れてはならない。それらは、綱吉の政策とそれを実践した役人たち、とりわけ荻原重秀に激しく反対した人物の記憶と見解である。家宣が、この利口で有能な財務・行政官僚の職を解くことに気が進まなかったことは、重秀が家宣の下で引き続き責任を伴う任務を任され、五百石の加増を受けたことなどからも明らかである。

家宣の将軍就任を祝う朝鮮通信使の応接も、重秀の任務の一環であった。これは外交上重要な事柄であり、白石が、儒学者としての自身の見解が聞かれるべきと感じた分野でもあった。しかし、白石がその回想録の中で、使節の訪問に備えるにあたって、自分の助言がいかに役に立ったかを示そうとしたところで、幕府の勘定奉行の指令の方がはるかに重視されたことはほぼ間違いないのであり、白石にとってはさらに腹立たしいことであった。正徳元年（一七一一）七月に、重秀は評定所での精勤ぶりを称えられ、家宣から熨斗縮絹紬、越後縮などを授与された。重秀の十三歳の次男が、その年の十二月に初めて家宣に謁見したことも、依然として重秀が家宣に気に入られていたことを示している。そして、正徳二年九月に家宣が死の床についていた時、白石はようやく重秀を没落させることに成功したのである。[77]その年の二月に伊奈忠順が突然死去したことが、そのことに有利に働いたのかもしれない。いつどのようにして亡くなったのかは、よくわかっていない。ただその二ヵ月ほど前に、忠順は十五名の代官と共に家宣に迎えられ、朝鮮からの使節団にうまく応接したことを褒め称えられている。

綱吉の死後、荻原重秀と伊奈忠順は共にその役職に留まったのであったが、富士山の噴火によって被害を受けた地域への幕府からの資金援助は、一ヵ月のうちに止まってしまったようである。ある苦情によると、食料の配給があったのは宝永五年三月から宝永六年二月までの間だけで、その後は散発的に配給があっただけであった。農民は家を離れることを余儀なくされ、日雇い労働者として雇ってもらうか物乞いをするしかなかった。村には相当数の老人、病気の者、そして子供しか残っていなかった。[78]忠順と重秀は依然として復興事業に関わっていた。記録によると、二人は様々な折に家宣から、川床の浚渫やその他の事業を成功裏に終わらせたとして褒美が与えられているからである。[79]忠順が個人的に関わっていたことは明らかであり、必要な金銭支援について直接話し合うため、村の代表者たちを江戸の重秀の屋敷へ連れて行ったこともあった。[80]しかしながら、最終的に忠順は、幕府からの援助が、自分の担当地域の人々にとって十分であったとは明らかに思っていなかった。地元の言い伝えによると、しまいには、広範囲が飢饉の脅威にさらされた時、忠順は幕府に無断で、駿府の紺屋町にある幕府の米蔵を開け、飢民に一万三千石の米を分配したのであった。地元の農民には感謝されたが、忠順は罰として職を解かれて切腹したと言われている。[81] 忠順を記念する神社が建立されたのは、徳川幕府が間もなく崩壊しようとしていた慶応三年（一八六七）になってからであったという事実は、幕府に嫌われたことを示しているのかもしれない。

幕府側の記録は、この件について沈黙している。さらには、大反乱や飢饉を発生させることなく、地域の復興に成功したことについても、驚くほど沈黙を保っている。この時の幕府行政の成果は、七十六年後の浅間山の噴火に伴う出来事と好対照をなす。後者の場合、幕府が動き出したのは、絶望した農民たちが暴動を起こして打ちこわしに発展したあとであった。それでも幕府は、請願を受けたにもかかわらず、被災地の直轄化を拒否したのである。[82] 反対に綱吉は、荒廃した藩領を直接幕府の管理下に置いた。しかもその前から、藩の役人の動きをよく観察していた。暴動を起こさせるような役人は幕府によって処罰されることを知った農民は、先例のないほどの交渉力を身につけることとなったのである。この交渉力は、老中大久保忠増が、農民を宥めるために、御宝物の正宗の太刀を売ると約束するほどにまで強化されたのであり、このような屈辱的な状況が武士側の記録に全く記されていないのは、驚くことではない。

富士山の噴火を受けての、幕府の救援事業が成功したことについても、記録が残されていないのは、同じ理由によるものであろう。綱吉が死去したあとは、当初計画された通りに継続されなかったことは確かであるが、この事業は、初期の最も困難であった時期に、人々は危機の時代に国の支援を受ける権利があるという、綱吉の信念に従って行動した役人によって遂行されたのである。

庶民に新たな重要性を付与するこの政策に、武士層の大半が激しく抵抗したのはごく自然のことであった。白石は回想録の中で、勾留を逃れて自らの名誉のために闘うのであれば、必要に応じて年老いた二人組を斬り捨てると誇らしげに語っている。そのような人物は、老中の大久保が農民との間に、当時記録されたような約束を交わすなどという憐れな惨状に、ぞっとさせられずにはいられなかった。白石が、綱吉の有害な政策を実行に移した荻原重秀に反対したというのは、よく理解できる。しかし理解し難いのは、歴史家が今日その一連の出来事の説明をする際に、重秀に批判的な白石の路線に留まるのはなぜなのかということである。例えば、現存する農民への支払いの記録が、合計六万両ほどにしかならないことから、重秀か幕府のいずれかが、救援事業として徴収された四十八万八千七百七十両の大半を横領したとされている[83]。しかし、最初の年に幕府が救援のために支出した額として、白石が挙げる数値を足し合わせても十六万両にはなるのであり、現存する記録が完全でないことは明らかである[84]。加えて、尋常でない量の火山灰の除去が、たった一年で成し遂げられることではないため、宝永六年一月に綱吉が死去するまでに、徴収した額のすべてが支出されたのではなかったとしか考えられない。驚いたことに、荻原重秀と綱吉政権を、救援資金を浪費したとして非難する歴史家は、家宣が「本城之御座所」を建設するのに七十万両ほどを支出したことについては、非難の声を全く上げていないのである。これは京都で御所の再建に費やされた額と同じであり、宝永五年の大火によって全焼した、付随するすべての建物と共に再建されたのである。白石でさえ、この浪費には批判的であった。新邸宅の建設工事が重秀の奨励の下に進められたとの主張は、何とかして主人の評判を落とさないよう努力したことの表れと認識されなくてはならない[85]。換言するならば、救援事業として徴収された資金の大部分が、家宣の新邸宅のために費やされたのである。伊奈忠順が最終的に、飢民を養うには駿府にある幕府の米蔵を開けるよりほかに方法がないと考えたのも、おそらくこのことが原因であろう。対照的に綱吉は、その就任時に新しい厠を要求しただけであり、さらには、追加の設備建設のために出費しないこととなった際は、食事の量を減らそうと提案したほどであった[86]。

富士山の噴火に手際よく対応したことは、綱吉の三十年間の治世を通して、早い段階で表明した政治の理想を実行に移すのに、いかに成功したかを示している。その理想とは、支配者が臣民の一人一人に対して、武士であろうと庶民であろうと、幕府の直轄地に住んでいようと大名の所領に住んでいようと、責任を負うというものであった。それは、「幕府的絶対主義の下での『平均化』」という、丸山眞男が荻生徂徠の著作の中に見出した観念に近づくような政策であった[87]。武士にとっては、経済的見地においても社会的見地においても、権威と地位が低下したことを知らしめるものであった。したがって、ついに綱吉が死去した時、大いに歓喜したというのは驚くに値しない。あるいは少なくとも、筆を巧みに使うことに熟達していた者たちの記録によると、大変に喜ばれたというのである。

将軍の死

「やう〳〵秋風ひやゝかなるまゝに、世の中はしかといふものおこりて」と、町子は側用人柳沢吉保の屋敷で記している。吉保の長男吉里は、麻疹に罹ったが回復した。末の息子六郎も同様であった。吉保自身も体調を崩して任務をこなすことができなくなった。しかし十二月には、公家出身の家宣の側室が出産するにあたって、事前準備を指揮するまでに回復していた。ところが、赤ん坊がいつ産まれてもおかしくないという時期に、家宣が麻疹に罹った。次いで妻も同じ病気に罹った。いずれの場合も深刻ではなかったが、彼らの病床を訪れた一連の見舞客によって江戸城は混乱状態に陥り、この病の蔓延に歯止めがかかることにはならなかった。その年が終わる前に、ついに家宣に健康な男子が生まれた[88]。

子供の誕生は、しばらくの間秘密にされた。それは人々が、この慶事に祝辞を述べるため、参上しなくてはならないと思って押し寄せるのを阻止するためであった。僧隆光は、男子の誕生について密かに知らされた。事情を察した隆光は参上したりせず、代わりに綱吉へ祝辞を述べた。幾人かの高位の武士や僧侶がこの病気に罹ったため、隆光の日々の予定は忙しいものとなった。隆光は病人たちを見舞い、ほかの僧侶と共に祈禱をし、またいつものように綱吉の御前に出頭している[89]。

この伝染性の病は、中国の僧侶たちによって、日本にもたらされ広まったとの噂が流れていた。僧侶たちの到着地点である長崎では、一万人ほどがすでに麻疹によって亡くなっていると言われていた[90]。江戸では、ちょうど前年の富士山の噴火で生じた有害な煙によって、人々の健康はすでに蝕まれていた。江戸で、この伝染病が僧侶たちを通して広まったというのは、あり得ないことではないであろう。僧侶たちは、隆光のように日々相当数の人々と接したのであり、病気の人と健康な人、双方の世話をした。これは綱吉の側近も例外ではなかった。初めに綱吉の側室の一人が麻疹に罹り、次いで宝永五年（一七〇八）十二月二十八日に綱吉が頭痛と発熱を引き起こした。僧侶たちは即座に、しかるべき経典を唱え始め、これらの症状が麻疹の始まりでないことを祈った。これは効果があったようで、翌日、綱吉の具合はよくなった。しかし熱は下がらなかった。ただ少なくとも、僧侶たちに季節の贈り物を進呈するほどの元気はあった。翌日、その年の最後の日に、有力大名たちから祝辞を受けることができた。隆光のような僧侶が最後に一団に迎えられた時は、午後になっていた。長い儀式が体に負担をかけたせいで、病気の進行は明らかに早まった。「将軍の顔色は昨日より悪いように見えた」と隆光は記している。綱吉が依然として頭痛がするのと、間もなく咳をし始めたことが、伝染病に罹ってしまったのではと隆光を恐れさせた。その午後は、病を追い払うための加持祈禱に費やされた。

宝永六年の元日、綱吉の具合は少しよかったが、その日に行われる長々とした儀式に出席できるほどの体力ではなかったため、一連の儀式は甥の家宣によって執り行われた。翌日にも、幾分回復の兆しが見えたため、病気は結局のところ、単なる風邪だったのではと楽観視するほどであった。しかし三日の朝には再び熱が出て、ついに麻疹であることを示す赤い斑点が現れたとの情報が即座に広まった。四日と五日に、隆光は綱吉と直接会うことが許されず、閉じられた障子の外で加持祈禱を執り行わなくてはならなかった。六日に再び綱吉に謁見したが、そこで綱吉の皮膚が麻疹に覆われているのを目にした。しかし病状は軽かったようで、九日に綱吉は回復を祝う酒湯を浴びている。したがって、十日の朝に容態が急変したのは全く予期せぬ事態であった。西ノ丸にいた家宣に即刻知らされたが、家宣が到着する前に綱吉は亡くなってしまったのである。(91)

病状が軽いように見えたためか、綱吉の病気についての情報は公にされず、国は将軍の死に全く備えていなかった。当初は至るところで信じてもらえなかった。町子は日記に「世の中には、さばかりとだに深くしらねばやう〳〵かたへにうちひそめくをも、『猶あやし。さるやうこそうけられぬ。大かたをこのもの丶、ともすればか丶事いひ出でて人の心騒がするわざなるを』」と記している。(92) しかし、多数の死者を出していた麻疹の流行に無関心でいられる者はいなかった。尾張では朝日重章が綱吉の死因について記していた。重章は、回復したことを示す酒湯を浴びた翌日に綱吉が突然死去したということだけでなく、「女中の膝を枕として」亡くなったとも聞いていた。重章はまた、綱吉が若い頃に梅毒に苦しめられていたこと、そして梅毒を患う人々にとって麻疹は命取りになるということも知っていたという。綱吉が火山灰を除去するために資金を集めたことは、自らの死を予感してのことであったという辛辣な当て擦りには、綱吉の実施した課税に対する武士の憤りとその死に対する悲しみの欠如が表れている[93]。柳沢邸で養育された私生児が将軍の跡取りとなるのを防ぐため、綱吉が正室に殺害されたという『三王外記』の話は、綱吉の死を一段と嘲笑するためのものであった。伝染病が広がっていたこと、また、甥が正式に後継者として擁立され、綱吉が病気の間は代わって将軍としての職務を遂行していたことから、このような話には全く信憑性がない。同時代の人々にとっては、有力な側用人が政治を優位に動かした体制の終焉をひどくなじる、巧みな表現に過ぎなかったであろう。

柳沢邸での雰囲気は全く異なっている。そこでは、綱吉の突然の死を受けて、大変な戸惑いと悲しみに襲われていた。町子は思い出に耽りつつ、次のように記している。

かけまくもかしこさ御世たまたせ給うて、此みそとせあまり、日のもとのひろき御まつりごと、つゆあやまつ事おはしまさず。霜雪のふかき朝つとにおきても、まづ民のうへにかけて寒く飢ゑざらむやうをおぼしわすれず、うば玉のよはも猶はたおほとのごもらで、いにしへのひじりの文の巻々くりかへし、まつりごとをのみ御心にかけてをこたらせ給はず。みな此くろきかしらつどへたる国のうへをおぼしみそなはし給ふなるべし[94]。

（1）正親町町子『松蔭日記』（甲斐叢書刊行会編『甲斐叢書』第三巻、第一書房、一九七四年）二二三頁。

（2）新井白石『折たく柴の記』（『日本古典文学』第九十五巻、岩波書店、一九六五）

（3）朝日重章『鸚鵡籠中記』第一巻（塚本学編、岩波書店、一九九五年）三三二～三三四、三三七頁。天和元年（一六八一）七月十日以降、桐之間番に配置換えとなった者についての言及が頻繁に見られるようになる（黒板勝美・国史大系編修会編『徳川実紀』第五篇〔吉川弘文館、一九七六年〕四一九頁）。第六代将軍家宣の死後、正徳三年（一七一三）五月十八日に桐之間番が廃止された時、六十六名から成っていた（廃止を綱吉の死後とする『日本国語大辞典』第三巻〔小学館、二〇〇一年〕九三六頁の記述は誤りである）。

（4）『柳営日次記』（国立公文書館内閣文庫所蔵）元禄十六年十一月二十三日条、『楽只堂年録』（柳沢文庫所蔵）元禄十六年十一月二十三日条（関東地区災害科学史料センター編『楽只堂年報』〔一九八一年〕一頁にも収録されている）。『徳川実紀』第六篇（注3）元禄十六年十一月二十二日条（五二〇頁）。小山真人「墓碑が明かした元禄地震津波被害」（『科学朝日』一九八八年）一二五～一二七頁。

（5）都司嘉宣「元禄地震・津波（1703―XII―31）の下田以西の史料状況」（『地震』第三十四巻、一九八一年）四一〇頁。都司嘉宣「地震火山災害部門」（二〇〇〇年度地震研究公開講義（一）元禄十六年（一七〇三）の関東震災、URL:http://www.eri.u-tokyo.ac.jp/KOHO/KOHO/30/30-3.html (2003/10/11))。

（6）*The Deshima Diaries: Marginalia 1700-1740*, edited by Paul van der Velde and Rudolf Bachofner, Tokyo: The Japan-Netherland Institute, 1992, pp.40, 45、それぞれ一七〇四年一月十九日と三月三十日の記載事項。*The Deshima Dagregisters*, folio 212では、小田原と江戸の間の地域での死者数として二十七万という数値が挙がっている。外国人たちは、房総の沿岸地域でも大きな被害が発生して多くの生命が失われたことについては知らなかったようである。*Marginalia* の翻訳は不完全なため、必要に応じてもとの手稿史料を使用している。『鸚鵡籠中記』第一巻（注3）三四〇頁も参照。『小田原地震覚書』は二十万七千三百十三名の死者数を記録している、高埜利彦『元禄の社会と文化』（『日本の時代史』第十五巻、吉川弘文館、二〇〇三年）六九頁の引用。
（7）『徳川実紀』第六篇（注3）元禄十六年十一月二十四日条〜二十九日条（五二〇〜五二一頁）および『柳営日次記』（注4）同日条。
（8）『楽只堂年録』（注4）元禄十六年十一月二十三日条。関東地区災害科学史料センター編前掲書（注4）二頁。
（9）正親町『松蔭日記』（注1）二三三頁。*Deshima Diaries: Marginalia*（注6）三九頁、一七〇四年一月十七日。Engelbert Kaempfer, ms., Sloane 3063, British Library, London, folios 56, 58. Engelbert Kaempfer, *Briefe, 1683-1715*, edited by Detlef Haberland, Munich: Iudicum, 2001, pp.585, 588.
（10）*Deshima Diaries: Marginalia*（注6）三九〜四三頁、一七〇四年一月十五日〜三月十四日条。
（11）*Deshima Dagregisters*（注6）一七〇四年三月二十八日条、二〇四丁。
（12）同右、二〇五〜二〇六丁。この数値は、町の区域に限定している『楽只堂年録』の数値をはるかに上回るが、後者の数値もこの時期にはもっと増えていたかもしれない。また小田原の住民の大多数が、城の外塀の内側に住んでいた。そこには、女性や子供について明確な言及がなされる家族が含まれていた。ケンペルは、一六九〇〜九一年に町には一千軒あったと試算するが、そこの住民は「身分が高くて裕福、俸給で生活していた」とも説明する。その町の「快適な立地条件と自然な空気」に惹かれて、そこに定住していたのであった（Engelbert Kaempfer, *Kaempfer's Japan: Tokugawa Culture Observed*, edited, translated and annotated by B. M. Bodart-Bailey, Honolulu: University of Hawai'i Press, 1999, pp.346-347）。これもまた武士人口の高さを示すものである。
（13）*Deshima Dagregisters*（注6）一七〇四年四月二十八、二十九日条、二〇七〜二〇八丁。
（14）同右、一七〇四年三月三十日条、二〇八〜二〇九丁、一七〇四年四月一日条、二一六、二二一丁、一七〇四年四月四日条、二三五丁。
（15）同右、一七〇四年四月一日条、二一七、二一九〜二二〇丁、一七〇四年四月二日条、二二二丁。
（16）同右、一七〇四年四月二日条、二二二〜二二七丁、*Deshima Diaries: Marginalia*（注6）四七頁では文章がかなり略記されている。地震が起きる前の江戸城の様子については、*Kaempfer's Japan*（注12）三五三〜三五四、三五八〜三五九頁。

（17）*Deshima Dagregisters*（注6）一七〇四年一月十六日条、一一七〜一一八丁。

（18）正親町『松蔭日記』（注1）二二三頁。

（19）朝日『鸚鵡籠中記』第一巻（注3）三四三、三四六頁。

（20）大石慎三郎『元禄時代』（岩波書店、一九七〇年）二〇四頁。

（21）Conrad Totman, Early Modern Japan, Berkeley: University of California Press, 1993, p.446.［引用箇所の日本語は、コルネリウス・アウエハント著、小松和彦他訳、『鯰絵　民俗的想像力の世界』（せりか書房、一九八六年）五七頁より］。宮崎ふみ子「鯰絵は何を語るのか」（国立歴史民俗博物館編『ドキュメント災害史一七〇三〜二〇〇三』国立歴史民俗博物館、二〇〇三年）一四二〜一五一頁。

（22）『徳川実紀』第六篇（注3）宝永元年三月晦日条（五三四頁）。

（23）『徳川実紀』第六篇（注3）宝永元年六月晦日ならびに六月に関する記載（五四二頁）、同年七月六日条（五四三頁）。

（24）朝日『鸚鵡籠中記』第一巻（注3）三四七頁。

（25）『徳川実紀』第六篇（注3）宝永元年五月二十九日条（五四〇頁）および宝永元年七月四日条（五四三頁）、それぞれ護持院と湯島の先聖殿について。

（26）B. M. Bodart-Bailey, "The Economic Plight of the Fifth Tokugawa Shogun", *Kobe University Economic Review* 44（1998）, pp.46-47で検討されている。

（27）『徳川実紀』第六篇（注3）元禄十六年十一月二十九日条および十二月一日条（五二一頁）。

（28）『徳川実紀』第六篇（注3）元禄十六年十一月二十九日条（五二一頁）。

（29）例えば、『徳川実紀』第六篇（注3）元禄十六年十一月二十五日条（五二〇頁）、元禄十六年十二月二日条（五二一一頁)、宝永元年一月二十二日条(五二九頁)などを参照。*Deshima Diaries: Marginalia*(注6)一七〇四年一月二十六日条(四〇頁)。

(30)『徳川実紀』第六篇(注3)宝永元年二月十三日条(五三一頁)。『江戸町触集成』第二巻(近世史料研究会編、塙書房、一九九四年)三八五六号(四八六頁)。

(31)小山前掲論文(注4)一二八頁。いくつかの村では、災害による環境の変化によって生計の手段を失った。太田尚広「江戸城『御肴』上納制度の展開と関東郡代」(『地方史研究』第四十巻第二号、一九九一年四月)三三頁を参照。

(32)『徳川実紀』第六篇(注3)宝永元年四月十三日条(五三五頁)。鶴姫の病気と死についてのより詳細な記述は、『松蔭日記』(注1)二三〇〜二三三頁。

(33)第六章を参照。

(34)『徳川実紀』第六篇(注3)宝永二年閏四月十四日条(五七八頁)。

(35)『徳川実紀』第六篇(注3)宝永元年十二月二十一日条(五五九頁)。

(36)護持院隆光『隆光僧正日記』第二巻(永島福太郎・林亮勝校訂、続群書類従完成会、一九七〇年)宝永元年十二月一日条(二九〇頁)。

(37)『徳川実紀』第六篇(注3)宝永二年一月二十八日条(五六七頁)。

(38)『徳川実紀』第六篇(注3)宝永二年三月五日条(五六九頁)。当時江戸で実践されていた武家への官位叙任の制度については、松澤克行「近世前期の武家官位叙任手続きと朝廷」(橋本政宣編『近世武家官位の研究』続群書類従完成会、一九九九年)の、特に三〇五頁を参照。

(39)『徳川実紀』第六篇(注3)宝永二年五月十九日条(五八一頁)。

(40)『常憲院殿御実紀』、徳富猪一郎『近世日本国民史』第十七巻、(元禄時代、上巻、政治篇、民友社、一九三六年)一二四〜一二五頁の引用。戸田茂睡『御当代記』(塚本学編、東洋文庫六四三、平凡社、一九九八年)二二九頁。

正親町『松蔭日記』（注1）二四八頁。石倉重継『北村季吟伝』（三松堂、一八九七年、再版はクレス出版、一九九五年）一九～二一頁。竹内誠『江戸と大坂』（『大系日本の歴史』第十巻、小学館、一九八九年）六七頁。

(41)『隆光僧正日記』第二巻（注36）二三一頁。塚本学『徳川綱吉』（吉川弘文館、一九九八年）二五三頁。

(42)『隆光僧正日記』第二巻（注36）宝永元年四月十三日条（二五八～二五九頁）。塚本前掲書（注41）二五四頁。

(43)『隆光僧正日記』第三巻（永島福太郎・林亮勝校訂、続群書類従完成会、一九七〇年）宝永二年四月二十一日条（二六頁）。塚本前掲書（注41）二五七頁。

(44)『隆光僧正日記』第三巻（注44）二六～三三頁。

(45)同右、宝永二年六月二十二日条（三六頁）。

(46)正親町『松蔭日記』（注1）二四八頁。

(47)西山松之助編『江戸町人の研究』第五巻（吉川弘文館、一九七八年）四六八～四七〇頁。

(48)*Kaempfer's Japan*（注12）五六頁。江戸での地震については三五六頁、長崎での地震については三九四頁、ケンペルが体験した別の地震については三九五、四〇八、四一六頁。

(49)西山編前掲書（注47）四七〇頁。『徳川実紀』第六篇（注3）元禄十年十月十二日条（三〇九頁）。

(50)戸田『御当代記』（注40）四四四頁。

(51)朝日『鸚鵡籠中記』第一巻（注3）三三六頁。

(52)朝日重章『鸚鵡籠中記』第二巻（塚本学編、岩波書店、一九九五年）九〇～九二頁。

(53)関東地区災害科学史料センター編前掲書（注4）二三～七七頁。正親町『松蔭日記』（注1）二七三頁。西山編前掲書（注47）四七三頁。

(54)『隆光僧正日記』第三巻（注44）一一五頁。『徳川実紀』第六篇（注3）宝永四年十月四日条および十月六日条（六七一頁）。

(55)『伊東志摩守日記』宝永四年十一月十五日条、小山真人ほか「富士山宝永噴火の推移を記録する良質の資料『伊東志摩守日記』」(『歴史地震』第十七号、二〇〇一年)八七頁の引用。この話は、つじよしのぶ『富士山の噴火』(築地書館、一九九二年)一九七〜一九八頁にも記されているが、著者は『伊東志摩守日記』」の中の縄三百尋(一尋＝一・八二メートル)についての詳細な説明に気づかなかったようである。つじは、この長さをおよそ四百五十メートルとしている。

(56)正親町『松蔭日記』(注1)二七三頁。『徳川実紀』第六篇(注3)宝永四年十一月二十三日条(六七五頁)。

(57)『隆光僧正日記』第三巻(注44)宝永四年十一月二十三日条(一六八頁、日記に砂の層が二十三分とあるのを、一分＝三・〇三ミリとして計算している)。『伊東志摩守日記』、小山他前掲書(注55)八三頁の引用。小山真人「富士山の宝永噴火」(国立歴史民俗博物館編『ドキュメント災害史一七〇三〜二〇〇三：地震・噴火・津波、そして復興』二〇〇三年)六五頁。

(58)角谷ひとみほか「富士山宝永噴火(一七〇七)後の土砂災害」(『歴史地震』第十八号、二〇〇二年)一三三〜一三四頁。地震の詳細については、朝日『鸚鵡籠中記』第二巻(注62)九八〜一〇一頁および新井白石『折りたく柴の記』(『日本古典文学大系』第九十五巻、岩波書店、一九六七年再版)二二二〜二二三頁も参照。震災予防調査会編『日本噴火志』(有明書房、一九九一年再版)九三〜九六頁には一次史料の概略が出ている。『松蔭日記』はこの出来事を無視している。おそらく、町子の息子たちの昇進を神々は好意的にご覧にならなかったのだと、のちの世代に思わせることになりかねなかったからであろう。

(59)『折りたく柴の記』(注58)二二三頁を参照。

(60)『徳川実紀』第六篇(注3)宝永四年十一月二十五日条(六七五頁)。徒目付については、笹間良彦『江戸幕府役職集成』(雄山閣、一九六五年)三五七頁を参照。

(61)普請奉行と小普請奉行は、宝永四年十一月二十六日に久能神社に派遣され、十一月二十八日に戻った(『徳川実紀』第六篇(注3)六七五頁)。宝永四年十二月一日に二人の目付が宿駅の調査のために派遣された(『徳川実紀』(注3)第六篇、六七五頁)。宿駅修繕の支援を求められた大名は、酒井忠真、本多忠孝、真田幸道であった。

(62) 鈴木理左衛門「富士山砂降り訴願記録（相模）」（『日本農書全集』第六十六巻、農山漁村文化協会、一九九四年）三四～四二頁。一七〇三年の地震を四年前ではなく六年前としているのは、おそらく書き写した際の間違いであろう（四一頁）。

(63) 同右、四二～四四頁。

(64) 同右、四四～四六頁。

(65) 同右、四六～五三頁。

(66) 同右、五四～五九頁。

(67)『徳川実紀』第六篇（注3）宝永五年一月十六日条（六七九頁）には、荻原重秀の箇所を除いたすべての命令が再録されている。命令の全文は、高柳真三・石井良助編『御触書寛保集成』第二十五巻（岩波書店、一九五八年）七四五～七四六頁、『文露叢』第五巻（内閣文庫所蔵史籍叢刊、汲古書院、一九八五年）宝永五年一月二十一日条に収められている。村上直「幕府政治の展開と関東郡代――伊奈半左衛門忠順を中心に」（『徳川林政史研究所研究紀要』一九七二年三月）三二八頁にも再録されている。

(68)『徳川実紀』第六篇（注3）宝永五年閏一月三日条（六八一頁）、同年閏一月七日条（六八二頁）。

(69)『寛政重修諸家譜』第十五巻（続群書類従完成会、一九六五年）四四頁。

(70) 郡代によって支配された地域の一覧については、藤野保編『天領と支配形態』（『論集幕藩体制史』第一期　支配体制と外交・貿易、第四巻、雄山閣出版、一九九四年）二二一～二二三頁を参照。

(71) 戸田『御当代記』（注40）三七四頁。

(72)『寛政重修諸家譜』第十五巻（注69）四四頁。『徳川実紀』第六篇（注3）元禄十一年七月二十八日条（三三八頁）。

(73) 村上前掲論文（注67）三一六～三二二頁。海老原恵『関東郡代伊奈氏』（筑波書林、一九八〇年）一〇二頁。

(74)『徳川実紀』第六篇（注3）宝永五年閏一月十四日条（六八三頁）。荻原重秀に関わる別の命令については、村上前掲論文（注67）三二八～三二九頁。

(75) 村上前掲論文（注67）三三六頁。海老原恵『伊奈家の業績』（新々堂印刷所、一九六一年）五二頁は異なっている。
(76) 新井白石についての標準的な西洋の史料は、Kate Wildman Nakai, *Shogunal Politics: Arai Hakuseki and the Premises of Tokugawa Rule*, Harvard East Asian Monographs 134, Cambridge, Mass., 1988。
(77) 『寛政重修諸家譜』第十巻（続群書類従完成会、一九六五年）一四三頁。荻原重秀が第六代将軍家宣から褒美を賜った事例については、黒板勝美・国史大系編修会編『徳川実紀』第七篇（吉川弘文館、一九七六年）宝永六年五月七日条（三三頁）、同年七月二十一日条（四八頁）、同年十一月二十五日条（六七頁）、宝永七年七月二十八日条（一一一頁）、同年十二月十一日条（一三八頁）。新井白石は『折りたく柴の記』の中で、頻繁に朝鮮からの使節について言及しているが、特に新井白石『折たく柴の記』（注2）二六二～二七四頁。荻原重秀の失脚については、『徳川実紀』第七篇（注77）正徳二年九月七日条（二四五頁）。家宣の病と死が間近であるとの噂は正徳二年三月（西暦では四月）より記録に表れる。朝日『鸚鵡籠中記』（注52）第二巻、二一〇頁。*Deshima Diaries: Marginalia*（注6）一四五頁、一七一二年四月五日条。
(78) 海老原前掲書（注75）四二頁。
(79) 『徳川実紀』第七篇（注77）宝永六年七月二十一日条（四八頁）、宝永七年七月二十八日条（一一一頁）、宝永七年十二月十一日・十五日条（一三八頁）。
(80) 松尾美恵子「富士山噴火と浅間山噴火」（大石学編『享保改革と社会変容』、『日本の時代史』第十六巻、吉川弘文館、二〇〇三年）一六〇頁。
(81) 本間清利『関東郡代――伊奈氏の系譜』（埼玉新聞社、一九八三年）一八九頁。伊奈神社のホームページ。
(82) 松尾前掲論文（注80）一七二、一七四～一七五頁。
(83) 例えば、大友一雄『富士山砂降り訴願記録』（『日本農書全集』第六十六巻、農山漁村文化協会、一九九四年）七七頁、高埜利彦『元禄・享保の時代』（『日本の歴史』第十三巻、集英社、一九九二年）二〇七頁。
(84) 新井白石『新井白石日記』第二巻（東京大学史料編纂所編、岩波書店、一九五三年）八三頁。

（85）新井白石『折たく柴の記』（注2）二三八頁（注2）一〇〇～一〇一頁。京都での破壊の程度については、『徳川実紀』第六篇（注3）宝永五年三月十一日条（六九〇頁）、遠藤元男『近世生活史年表』（雄山閣、一九八二年）一五二頁。

（86）堀田正俊『颺言録』（『続々群書類従』第十三巻、国書刊行会、一九〇九年）三三頁。

（87）丸山眞男『日本政治思想史研究』（東京大学出版会、一九五二年）一三七頁。

（88）正親町『松蔭日記』（注1）二七九頁。

（89）『隆光僧正日記』第三巻（注44）二三九～二四四頁。

（90）『鸚鵡籠中記』第二巻（注52）一三八～一三九頁。Ann Bowman Jannetta は *Epidemics and Mortality in Early Modern Japan*, Princeton: Princeton University Press, 1987 において、この証拠に依拠することなく、この病は流行が収まった間に消滅し、そして繰り返し長崎や対馬を経由して日本に上陸したという結論に達している（一二六頁）。

（91）『隆光僧正日記』第三巻（注44）二四六～二五三頁。正親町『松蔭日記』（注1）二八〇～二八二頁。綱吉の症状は、ほぼその病の通常の進行過程をたどっている。特に咳がその兆候を示していて、隆光は綱吉が麻疹に苦しんでいることを、発疹が出るよりも前に疑うこととなった。麻疹が収まったあとの突然の死は、Bowman Jannetta 前掲書（注90）一一一～一一二頁の二次感染の説明とよく合致する。

（92）正親町『松蔭日記』（注1）二八二頁。

（93）『鸚鵡籠中記』第二巻（注52）一四四、一四六頁。その辛辣な言葉を述べるにあたって、将軍が火葬されたのではなく石棺に埋葬されたという事実は無視されている。除去すべき遺灰などなかったのである。

（94）正親町『松蔭日記』（注1）二八五頁。

第十八章　遺産

「東に三十万両の小判の内蔵を造らせ、西に銀の間枕絵の襖障子、都よりうつくしきをあまた取りよせ」[1]。元禄時代の有名な小説家井原西鶴は、小説の主人公の生活をこのように描いている。

元禄時代

綱吉の治世のかなりの部分を占める元禄時代（一六八八～一七〇四）は、町人文化が日本史上、ほかに例を見ないほどに開花したことで知られている。今日の世界における日本の伝統文化のイメージは、ほとんどがこの時代に完成したものである。元禄と聞いて思い出されるのが、尾形光琳による壮麗な屏風絵、尾形乾山による非常に独創的で極めて斬新な陶芸、あるいは宮崎友禅により見事に染め上げられた着物であり、複雑な文様は「友禅染」として知られるようになった。さらには、陽気に騒ぐ庶民を楽しませる豪華な歌舞伎芸能や、菱川師宣（一六一八～一六九四）によって確立された浮世絵も思い浮かぶ。舞台の花形や遊郭の有名な美女が浮世絵に描かれた。元禄は、日本の歴史の中で初めて娯楽が庶民にも手の届くものとなったのであり、浮世を思い起こさせる。

活気に満ちた元禄文化については、民衆文化としてもエリート文化としても、これまで多数の著作の中で扱われているので、ここでそれを十分に論じる余裕はない。ここでは、日本文化の古い要素を、広く庶民を対象とする粋な娯楽に転換した「元禄ルネサンス」に功績がある三人の文人について簡単に触れるだけでよいであろう。(2) それぞれ、ここで重要なのは、一般の男女に提供された庶民の娯楽が、書き言葉や話し言葉に基づいていたということである。つまり、それらを楽しむには読み書きの基本を習得している必要があった。三人とは、小説家の井原西鶴、劇作家の近松門左衛門、俳人の松尾芭蕉であり、いずれも北村季吟の門下であった。季吟は、綱吉の下で幕府内に公式の地位が与えられた歌人であった。

ほとんどの歴史家は元禄文化の繁栄をパックス・トクガワに帰する。妨げとなるような事件もわずかながら局地的に発生したが、十七世紀初めより続いた平和な時期である。戦争のなかったことが人口の増加、商業の発展、そして繁栄をもたらしたというのである。しかしそれならばなぜ、町人文化が栄えるまでに八十年ほどかかったのであろうか。なぜ、第三代将軍家光の治世（一六二三〜五一）に起きなかったのであろうか。当時はまだ日本の鉱山が大量の鉱石を産出していた時期であり、また将軍が、例えば三〇万人ほどの従者を引き連れて、見物人に金貨を配りながら上洛したように、壮麗な行列にお金をかけることもできたのである。家光の下で参勤交代の制度が正式に発足した結果、街道が急速に整備されることとなり、新たな商取引の機会が、複雑な道路網の沿道に位置する田舎の地域にもたらされた。それ以降、大名は定期的に財産のかなりの部分を旅に費やさなくてはならなくなり、途上で二千人にも及ぶ行列の世話をする庶民には、雇用の機会と利益をもたらすこととなった。参勤交代は、二百五十ほどの大名家とその家臣が江戸に収容されることをも意味した。大名家は通常、上・中・下の屋敷をそれぞれ江戸の市中や郊外で管理し、このこともまた庶民に新たな収入源をもたらした。これらの影響は、少なくとも第四代将軍家綱の治世（一六五一～八〇）までに明らかになっていたはずである。

Daniel Chirot は著書 *"How Societies Change"* の中で、啓蒙運動へと導いたヨーロッパにおける進展は、「ヨーロッパ人固有の優位性」によるものではなく、「機会の構造が異なっていたこと」によるものと主張する。つまり、「商業や独立した都市生活のためのゆとりがより多くあったのと同じように、独立した思想家たちによって多くの可能性と報酬がもたらされた」のである。[3] 徳川時代の日本において独自の思想は歓迎されなかった。しかし筆者はここで同様の議論を展開したい。すなわち、元禄時代の日本人がほかの時代の人々より優れた才能を備えていたのではないが、教育、学問、そして芸術に「より多くの可能性と報酬がもたらされた」のであり、そのことが、商取引の好機と同様に文化的繁栄につながったのである。エリートだけでなく、広く庶民を相手に活動する歌人、劇作家、小説家が増え続けていたが、日本の歴史の中で初めて、彼らに十分な報酬を金銭で支払うことができたのである。それによって彼らは、作品だけに集中し完成させることが可能となった。

入手できる書籍の数が急増した時、出版業の「元禄革命」が起きた。寛文十年（一六七〇）に印刷された本の数は年間三千八百二十六冊であったが、わずか二〇年後の元禄五年（一六九二）には、その数が七千百八十一冊とほぼ倍増した。書籍の需要は都市に限定されなかった。地方でも販売されていたのであり、このことは、地方でも読書をする能力と時間、さらには本を購入するためのお金が増えたことを示している。今やますます多くの農家が、子供に労働させるのではなく、教育を受けさせるために寺子屋へ行かせる余裕ができた。『才蔵記』や十五巻から成る『百姓伝記』といった本が、農民によって、また農民のために書かれたのは、綱吉の治世においてであった。いずれも農業や灌漑に関する込み入った事情を説明している。元禄十年には、中国の農書から得た知識を盛り込んだ『農業全書』が、宮崎安貞(一六二三〜九七)という農民に転向した武士によって出版された。今や学者肌の者ですら、農業に関する主題を価値の劣ったものとはみなさなかったのである。関孝和(一六四二〜一七〇八)という数学の天才もいて、同時代のイギリスを生きたニュートンと業績を競い合った。また、天文暦学者の渋川春海は暦の改良を行い、それが貞享二年(一六八五)に採用されることとなり、幕府の天文方に任じられた。(4)

このような発展を遂げたことが、学問と庶民の生活を重視した綱吉の政策に合致するということを、考慮しないのは困難である。綱吉の催した学術的な討論を歴史家は疑問視するが、学問への要求が空の中の雲のように急速に増大したという、荻生徂徠の報告を無視することはできない。庶民を統治するにあたって綱吉の指示したこと、すなわち彼らが飢えや寒さに苦しむことのないようにというのは、空言でなかったことが窺える。元禄時代に突然、田舎の地域においてすら、本など生活に必須でないものに対する購買力が高まったことは、綱吉がそれらの地域の生活水準引き上げに成功したことを示す。(5)

武断主義から文治主義へ

庶民が豊かになり、余暇が増えるまでに八十年ほどかかったが、長期に及んだ徳川時代の平和に固有の武断主義から文治主義への移行は、それよりもかなり早い時期に表れた。早くも一六二〇年代に『三河物語』の著者は、時代遅れの武士が口先だけの新しい役人にとって代わられたことへの不満を述べている。[6]

家康の死から五十周年となる寛文五年（一六六五）には、幕府はこれらの変化を認めていた。戦国時代とはかなり時代が異なってきているのであり、新たな政策の必要性を言明した。幾世代にもわたって平和が支配していたことから、殉死は禁止、大名証人制度は廃止されることとなった。これらの変更を幕府は「尤一大美事」と見なした。歴史家は、政策を自賛する幕府に倣い、それに末期養子の禁の緩和を加えて「三大美事」と称している。[7]

この過程に学術的説明を加えるべく、栗田元次は武断主義から文治主義への変化の理論を打ち立てた。栗田にとってこの変化の根本的要因は、幕府が友情と敬意に賛同し敵意を拒んだこと、啓蒙教育に賛同し抑圧を拒んだこと、儀式と音楽に賛同し兵力を拒んだこと、正しい支配に賛同し力による支配を拒んだことにあった。幕府自身が行ったように、栗田はこの傾向の始まりを家綱の治世に位置づける。幕府の政策が、末期養子を認めたことや没収される領地が減ったことに代表され、武士に対して前例のないほどの寛大さが示された時であった。栗田は、この傾向が綱吉の下でも続いたとみる。そして生類憐みの令のような、武士にとって有害な政策はすべて、綱吉の邪悪な性格に起因する逸脱現象と断言する。[8]

武断主義から文治主義へというこの理論は、変化のペースが、幕府の政策の中でも、武士層を構成する全人口のおよそ七％の人々に対して施行されたものの分析を通してのみ、計られていることに問題がある。武断主義から文治主義へと展開していくには、庶民の権利を拡大し、それと引き換えに支配するエリートの武士層には相当な犠牲を強いるという、変化が要請されるのであるが、その事実を無視してしまっているからである。庶民を意のままに支配するという、武士層に属する一人一人に与えられていた権限は剝奪されたのである。結果として生類憐みの令は、即座に斬り捨てる権利を武士から奪うものであり、邪悪と見なされ、「文治化」の手段とは認識されないのである。

全体主義の体制下において、政権に反対を表明する記録はわずかなのが常である。しかし、家光の死後間もなく、反政権の陰謀が発覚したことや、有力な大名の間からでさえ批判が発せられたことから、不満の高まっていたことを裏づける記録が残ってしまった。[9] 若い家綱に代わって将軍の権力を行使していた大名の採った対応は、幕府の支配を揺るぎないものにすることであった。末期養子の禁の緩和、殉死の禁止、所領没収の減少など、栗田が「文治化」政策と定義づけるものは、むしろ既存の武士の秩序を強化するものであった。幕府の役職を規定の家に限定することと合わせて、これらの政策は権力の座にある「内輪」に譲歩するものであり、現状のいかなる変革をも阻止し、促進しないことを目指すものであった。

一六七〇年代に宗門改めが施行されたことも、この政策路線に沿ってのことであった。一人一人についての完璧な登録簿を政権に提供させることにより、庶民に対する支配を強化しようとするものであったた。これが、教育や生活のための方策を考案するというよりは、武断統治を目的とするものであったことは、政治の実権を握っていた酒井忠清と池田光政との対立の記録からも明らかである。

強硬派と穏健派

綱吉が将軍に就任する前から、支配層の間に、国の直面する諸問題にどのように対処するかをめぐって、強硬派と穏健派と呼べるような分裂が生じていた。変化に直面しても、武士の権限は武力による支配を強化することで維持できるとする派と、武士が庶民を支配する体制から、すべての人が臣民となる、慈悲深い儒教的な専制体制への移行の必要性を認める派との分裂であった。政治的右派と左派の分裂のように、この二派を隔てる境界線をきれいに引くことはできない。個人や派閥の間で様々な確執があったり、また熊沢蕃山のように、個人の信念に双方の要素が結びついたりしていたからである。しかしながら、『葉隠』で鮮明に描かれているように、旧秩序の消滅に憤る者たちと、武士の役割には変化が不可欠と考える者たちとの分裂を、無視することはできないのである。

後者の政治路線は、伝統的な武士の生活と、それに付随する特権とを破壊する方向に向かうものであった。支配するエリートにとっては有害であり、そのような政策が武士層から大幅な支持を得られるとは思えなかった。綱吉の地位が、生まれながらに半分庶民であっただけでなく、庶民出身の女性と密接に結びつくことが許されたような人物に渡ったことは、運命の急転回であった。結果として綱吉は、前任者たちの社会に蔓延していた優越主義に批判的な世界観を展開し、武士にとっては大変な痛みを伴うものであっても、変化の過程を加速させることに同意した。

男女と陰陽

「医道に男女を陰陽に当て、療治の差別有る事に候。脈も替り申し候。然るに五十年以来男の脈が女の脈と同じ物になり申し候。……さては世が末になり、男の気おとろへ、女同前になり候事と存じ候」[10]。『葉隠』の著者は、綱吉が死去した頃に、日本の社会に起きていた変化を受けてこのように記している。

平安時代末に政権が武家へと移り、武士たるものの道徳的理想が形成されることとなった。幾世紀にも及んだ戦乱が、男性を社会のエートスにおける圧倒的に重要な地位へと押し上げた。祖神で太陽の女神である天照ですら、男神の天照大神として崇拝されるようになった。[11] このような信念体系にあって、それを『葉隠』が言葉に秘めようとしたことによると、女性は男児を産む限りにおいて重要なのであった。第一子を除いて、娘は誕生と同時に殺すよう『葉隠』は助言する。[12] 赤穂義士への称賛にも表れているように、この価値体系において重要とされたのは特権を持つ男性個人の名誉であり、それは、社会にとっていかなる損害になろうと、自己陶酔的な殺害によって取り戻すものであった。

この時代より前の徳川家の周辺には、政治的に活動する幾人もの強い女性がいた。豊臣秀頼の母淀君は、家康の策謀に抵抗した。淀君の妹は、夫である第二代将軍秀忠に非常に恐れられた。第三代将軍家光の乳母として有名な春日局は、家光の将軍就任を確実にしたと言われている。しかし綱吉の場合は、ただ単に時折女性の願いを聞き入れるのではなく、その政策の基盤が女性的な思考によって形成された最初の政権なのである。綱吉は単に、母親の望みを物質的に満たそうとしたのではなかった。綱吉は母親の保護下に残されたがゆえに、その価値体系は早い段階から、憐みや、弱者を保護し養うことの必要性といった、典型的に女性特有の考え方に影響された。このような発想はまさに、武力による支配や、徳川の秩序形成の基盤となった「勝てば官軍」に対するアンチテーゼであった。家光が綱吉の教育を疎かにしたことが、綱吉の母親に、男性優位の社会の反乱者を育てることを可能にしたのである。母子の強い絆を通して、桂昌院と綱吉は、桂昌院が一介の八百屋の娘として子供の頃に苦しめられた不公平さを正してくれる、理想の支配者像を創造し共有することとなった。

綱吉は、抑圧された者の擁護者としての支配者の理想を、儒教の古典の中に確認できることを発見した。中国古代の賢帝堯・舜の世界には、庶民の生活を脅かす武士や、支配者の計画に反対する大名はいなかった。そこは農業社会であり、有能な官吏が、慈悲深いが専制的な支配者の命令を実行に移した。綱吉が中国古典を研究し、また儒教を熱心に保護したことは、母と息子が早い段階で創造した理想への到達を目指した、という枠組みで見なくてはならない。綱吉の熱情は、儒教そのものよりも、理想の国ユートピアに向けられた。綱吉は、理想像に達するための手段として、儒教と同様に仏教も熱心に保護した。綱吉が柳沢吉保に宛てた書状の中で説明したように、車のバランスをとるのに必要な第二の輪である。寺院建築や国家のために祈禱する僧侶の扶養は、神のご加護によって災いが効果的に抑止されると見なされた当時の信念体系において、目的に到達するための政治活動であった。生命のある創造物すべてを保護する生類憐みの令も、同じカテゴリーに分類される。生命を奪ってはならないという仏教の教えは、日本の武士社会の慣行と矛盾していた僧侶たちが常々来世での報いを説いて脅かし、守らせようとしてきたことを、綱吉の定めた法は、この世での罰で達成しようとしただけである。

綱吉は、自らが理想とする政治の正しさを、儒教の古典や仏教の教えだけでなく、幼少期から青年期にかけて展開した政治的な出来事の中にも見出した。この時期に中国の明王朝は、主として不満を持った農民が、外敵の侵入を受けた際に支配者の支援を拒んだがゆえに、崩壊させられたのである。大陸での戦闘が長引き、日本への亡命を求める中国の学者たちが、庶民を抑圧する明の邪悪さについて雄弁に語った時、庶民の権利を拡大するという綱吉の政策に正当性が与えられたのである。

母親の保護下で、綱吉は自身のために野心的な目標を綿密に打ち立てた。おそらく二つの全く異なる遺伝的流れが組み合わさったことにより、綱吉には肉体的活力や精神的機敏さが備わったのであろう。

子供として兄たちとは違っていたのであり、このような気質は、いずれ兄たちの支配に挑戦するようなことになるのではと、父親を恐れさせたのであった。そして、ひとたび将軍となるや、綱吉はこのような気質を活かして複雑な策略や政策を考案したのであり、そして財政上の蓄えがない状態で武力に頼ることなく、自身の命令を遂行し、伝統的な権力保持者にとっては不利となるような、重大なパラダイムの変化をもたらしたのである。

ユーピテルの頭からミネルヴァが生まれる

没収した所領の規模を基準とするならば、綱吉が、徳川の将軍十五名の中で最も厳格であったということにはならない。最初の三代の将軍の方が、この点では綱吉をはるかに上回った。しかしながら、政治の細かい事柄にまで自らが直接関与する権利を主張したという点で、綱吉は徳川の歴代将軍の中で例外的であった。「才知発明にてぎんみ過候」と、熊沢蕃山は、役人たちの働きぶりに細かく立ち入る綱吉を批判する。(13) 綱吉がこのような権利を主張したことは、前近代の日本の歴史においては例外的であるが、ヨーロッパにおいてはそうではない。フリードリヒ大王は一七五二年に次のように言明した。

ニュートンが、ライプニッツやデカルトとの共同研究では重力の法則を発見できなかったのと同様に、政治制度が立案されて確実に実施されるには、一人の頭脳から発せられたものでなければならない。それは、武装したミネルヴァがユーピテルの頭から生まれるという、支配者の精神に由来しなくてはならない。つまり、王侯自らが独自の政治制度を構想し、そしてそれを自身で実践していくということである。自身の思想は、他者の思想よりも切実な問題となるため、成功するのに必要な熱意を持って計画を進めていくであろうし、また彼をその仕事に縛りつける自己愛が祖国を利することになるのである。[14]

二百年以上も前にニッコロ・マキャベリが、フリードリヒ大王の求めていたような政権の自立性などのようにして確保されるかについて、支配者に助言をしていた。それによると、自らの権力基盤を築くことのできない者たちの中から相談役を選び、彼らに栄誉と富を与えるのがよいという。間違いなく支配者のおかげで新たな地位と富が得られたのであるから、そのような者は私欲に突き動かされ、完璧に忠実であろうとし、政体を揺るがすいかなる変化にも反対するであろう。[15]

ハロルト・ボリトはその著書 *“Treasures among Men”* の中で次のように述べている。もし徳川将軍たちがそのような政策に従い、「役人を家格の低い幕臣から補充し続け、彼らに気前よく報酬を支払うとともに、徳川将軍家の影響下に近い関東に所領を与え、そしてその所領を保有し続けられるかどうかは、彼らがいかに幕府の政治上の任務に参加するかに関わることを明確にしていた」ならば、政治権力の中央集権化が起きていたであろう。[16] 例外の一人としてボリトが挙げるのは柳沢吉保である。綱吉は、事実上マキャベリの助言に従い、有力な家系とのつながりを持たない者を雇い入れ、多くの報酬を支払うと共に、そこにとどまっていられるかは、綱吉に気に入られるか否かによって決まる、というような地位に据えたのである。

ヨーロッパでは、特にいわゆる絶対主義の時代に、有力な大土地所有者の政治への干渉を支配者が排除しようとする傾向が頻繁に生じたため、社会学者マックス・ウェーバーはそれを普遍的なパターンと見た。

マックス・ウェーバーによる政治的・財政的収用

ウェーバーは、政治的に支配するということは、人的資源と物的資源を統制することであると断言し、物的資源を部分的あるいは完全に個々人が所有しそれぞれが管理する国家と、物的資源を中央権力が所有し、中央から委託された代理人が管理する国家とを区別する。“Ständish” gegliederter Verband（土地所有を基盤とする集合体）である前者は、封建的と称されてはいないが、封建制に見られる多くの要素を共有している。“Stände”（大土地所有者）は、兵力やそのほかの統治手段を私的に所有する者と定義づけられ、中央の政治においては常にではなく、選択的に役割を担った。支配者はその権力を大土地所有者と分け合い、大土地所有者は支配者の王国の一部を独自に統治する。二つ目のタイプの国家では、支配者が彼自身のみに従属する代理人を用いて、完全に支配者の所有する物的資源を管理させる。ウェーバーはこのような政治的支配形態を、家父長制国家、世襲国家、専制国家、さらには近代の官僚国家の特徴と見る[17]。

変化の過程を始動させるのは、もはや同輩中の首席としての役割にとどまらず、自らに権力を集中させようとする支配者の野望である。補佐役には、社会経済的理由から独力で権力や富を手に入れることができず、それゆえに、支配者の権力を拡大するためならば無条件の忠誠心を持って闘う用意のある者が雇い入れられた。彼らはそうすることで、より有利な地位に就けることに気づいていた。地元の権力保持者を排除し、政府の権限を新しい地域へと広げるには、高度な統治機構を発展させることが不可欠となる。またそれを作動させるのに求められる専門知識はますます複雑になり、専門の官僚を必要とする。中央政権の込み入った事情に、どれだけ独占的に精通できるかによって昇進が決まるため、彼らは喜んで、ますます複雑になっていく政権を補佐するのである。

この政治プロセスは、同時に富の中央集権化ももたらす。大土地所有者から富がどんどん奪い取られ、支配者に従属する専門家によって管理される。熟練した専門家の導きの下、個人的でその場限りの財政貢献に代わって、一定の額が全国的規模で徴収されるようになる。専門知識を欠いた大土地所有者は、政権内で自身の伝統的役割を維持したり、自身の利害に反するような政治展開の波に抵抗したりすることができない。それどころか、彼らの権威は、支配者によって新たに養成された「職業政治家」に強奪される。新たに養成された面々の経歴は多様であり、聖職者や学者、さらには没落した貴族やジェントリ（下級地主層）も含まれた。ウェーバーによると、このような人々が、支配者の「もっとも重要な権力と政治的収用という戦いのための道具」を構成するのである。[18]

近世ヨーロッパについては、ウェーバーは上記のモデルが家父長制的家産制に当てはまると見る。ここでは“Landesvater”（国父）が慈悲深い専制君主として臣民を治める。ウェーバーは次のように説明している。

一切の形態の封建制は、少数者―武装能力者―の支配である。家父長制的家産制は、唯一人の個人による大衆支配である。それは、原則として、支配の機関としての「官吏」を必要とするが、これに反して、封建制は、官吏の必要性を極小化する。家父長制的家産制は、それが外国人から成る家産制的軍隊に依拠しているのでない限り、強度に臣民の善意に依存せざるをえないのに反して、封建制は、大体、このような臣民の善意なしにもやってゆける。家父長制は、それにとって危険な特権的諸身分の野望に対しては、大衆を動員することによってこれに対処する。大衆は、常に、家父長制の所与の帰依者であったのである。(19)

綱吉の政策がウェーバーのモデルのプリズムを通して分析されるならば、それが、気の触れた一個人によるでたらめな計略ではなく、普遍的なパラダイムの変化のルールに沿ったものであることが明らかになる。

ウェーバーの言う大土地所有者とは、徳川時代の大名である。綱吉は将軍就任直後に、最有力者の大老酒井忠清からその権威を剝奪した。代わりに綱吉が慎重にその地位に据えたのは、大土地所有者ではあったが自分の命じた通りに動いてくれそうな堀田正俊である。しかし、正俊が綱吉の治世四年目に暗殺されると、綱吉は十分な自信を持って社会経済的地位の低い人物を任命した。いかに綱吉が、自分の任命した面々に高いレベルの専門性を要求したかについては、第九章で検討した。そして柳沢吉保のような、晩年には行政全体を取り仕切っていた人物は、ウェーバーの「職業政治家」に十分匹敵すると言える。荻原重秀のような人物に、我々は専門性に熟練した官僚の姿を見出す。その高度な専門知識が、大土地所有者、すなわち大名の蓄えた富を次第に手中に収めていくような政策を、中央政府の支配下に展開することを可能にするのである。高い地位にもかかわらず、知識を欠いていたがゆえに、大名ははるかに地位の低い役人による財政政策に、挑戦するだけの術を持ち合わせていなかった（第十四章）。ウェーバーのモデルの通り、政府の富が、地位は低いが熟練した官僚によって統制されている。僧侶や学者も、大名を綱吉に服従させるにあたって、一定の役割を果たした。綱吉が、御前での仏教の経典や儒教の古典についての討論に社会的価値と地位を付与した時、大名はこれらの専門家と競い合わなくてはならず、学問や討論の技能において劣っていることが露呈された。綱吉の場合も、社会的地位の低い新たな人材が、行政官ないしは教育者として、支配者の「もっとも重要な権力と政治的収用という戦いのための道具」となっているのである。

慈悲深い専制君主として人民を直接治める、古代中国の賢帝堯・舜を綱吉が理想としたことも、家産国家を率いる「国父」というウェーバーのモデルによく当てはまる。半封建的・地方分権的国家は軍事力に頼るが、家産国家は民衆を慈悲深く統治することで争いを回避しようとするという、ウェーバーの導き出した結論もまた、綱吉政権下で起きた変化と合致する。綱吉は非常に残酷であったと非難されてきたが、そのような非難について調べてみると、綱吉の厳格さは庶民よりもむしろ武士に向けられたものであったことが明らかになる。大名廃絶や、役人の処罰などの数多くの事例は、この範疇に入る。熊沢蕃山が綱吉を「無慈悲」と非難するのは、行政を担う武士に対する徹底的な監視を行ったことについてであり、庶民に対するいかなる政策もここでは問題にされていない。

綱吉政権下での、このパラダイムの変化を認識していたことにおいて、荻生徂徠は名を上げた。徂徠は、あまりの貧しさゆえに母親を見捨てなくてはならなかった農民ではなく、そのような惨めな貧困状態を生じさせた役人に罪があると主張し、他の者には理解できなかった綱吉の政策への理解を示した。

綱吉の役人に対する「無慈悲」な政策がもたらした変化は、宝永四年（一七〇七）の富士山噴火後に明らかとなる。農民たちは、抗議の行進を許した役人が調べられ罰せられたことを知っていて、自分たちの要求を押し通すのに、幕府のこの政策を巧みに利用したのである。老中の大久保忠増が最終的に、農民の要求に応じるには、御宝物の正宗の太刀を売ると申し出るよりほかに方法はないとみるや、この出来事はより象徴的な意味を帯び始める。武士の最も大切な所有物が、人口の大半を占める庶民に必要なものを与えるという綱吉の現実的政策のため、犠牲にされようとしていたのである。

問題の生類憐みの令についても、ウェーバーのモデルを通して説明することができる。綱吉は、その治世初期に堀田正俊を驚かせた。将軍の家臣として、最も憐れな路上の浮浪児にまで責任を持つよう求めたからである。妊婦が中絶させられたり、子供が見捨てられたり殺されたりしないよう、それらを保護するための法を綱吉が考案したことも、「国父」のモデルに忠実である。動物、そして特に犬を保護したのは、これらの理想に合致する。法を施行することは幕府にとって、法の運営と順守に関する武士の特権をめぐる権力争いであった。犬を殺害したために罰せられるというのは、武士に嫌悪感を抱かせた。武士が将軍の権威に完全に服従することと、気の向くままに刀を使用するという武士の特権を失うことの両方を意味したからである。鷹狩の廃止と同様、生類憐みの令は庶民を利することになったと思われるが、この件に関して史料は大方沈黙している。あたり一帯の野良犬を犬小屋へ移送するよう求めた請願書のように、幕府の行動が地元民に歓迎されたことを示す史料も、時折明るみに出る。加えて、犬を捕まえようと奮闘する武士への冷やかしを禁じる法が必要となる時、生類憐みの令によって武士の受けた心情的苦痛が明らかになる。つまらない新たな任務に勤しむ中、それを嘲る者たちに対して、もはや武士は刀を使用することができなくなるからである[20]。

綱吉は間違いなく、武士の扱い方においては厳格で「無慈悲」であった。しかしウェーバーのモデルにより、権力を支配者の下に集中させること、またその過程で武士から権力と特権を奪い、一方で庶民に対する政治を改善することは、パラダイムの変化がたどる通常の道筋に過ぎなかったことが示される。さらにウェーバーによると、この分権的支配から官僚制的支配への移行は近代国家の誕生に不可欠なのである。国を治めるため、伝統的な大土地所有者と権力を分かち合うことなく、支配者が創り上げる複雑な統治機構は、そこに存在する民主主義の程度に関係なく、近代国家にいっそう求められるそれと同じである。

「恐れられるよりも慕われる方がよいか、それとも逆か」

恐れられるよりも慕われる方がよいか、という問題を論じる中で[21]、マキャベリは確信を持って恐れられる方がよいと結論するに至った。特に新しい君主の場合、「新しい政体に危険が付きまとうゆえ、冷酷の名前を逃れることは不可能である」と戒める[22]。

最初の三代の将軍は、恐れさせることで権力を確立し国を統治した。将軍職を継いだ時、まだ子供であった家綱は、このような恐れを家臣の心に植えつけることができず、逆に何でも役人の意向に従ったため、「左様せい様」になるという代償を払うこととなった。覇者としての恐怖政治を再度確立するという綱吉の行動は、最初の三代の将軍の方針に忠実に従ったという点で、非難されるものではない。徳川の将軍たちが好んで、政権が終わりを迎えたその時まで、庶民からだけでなく家臣たちの住居からも隔たった、迷路のような高い塀や堀の背後で生活したことを考慮するならば、大名は権力を奪い取るための機会をただひたすら待っていただけ、というケンペルの見解は、正しいようだ。徳川の歴代将軍は、ヨーロッパの君主が行ったように、自分の居城への可視的・物理的アクセスを可能にする大きな街路を敷設することに、十分な安全性を感じたことが一度もなかった。寺社には、両側に木や門や灯籠を配置した長い参道が見られる。このことから、その長い通りを通して、その終わりに設置された目標物を眺めることで、崇敬する気持ちが高まるという可視的効果については、よく理解されていたことが窺える。しかし江戸城の枡形の門を通しては、扉が開いた時にその背後にある一帯の光景すら目にすることができなかった。[23] 熊沢蕃山は、徳川の将軍たち、とりわけ綱吉は恐れられるよりも愛される方がうまくいった主張するが、現実性を欠いている。それどころか蕃山自身が、その政策に対する抗議の声が上がったことを理由に、藩政から強制的に引退させられたのであり、この勧告の実践に失敗していたのである。[24]

熊沢蕃山が辛辣な将軍批判を著述に記したという、まさにその事実が、家光の治世以降、いかに時代が変わったかを示している。もし綱吉が、兄の「左様せい様」ではなく、父家光の跡を継いでいたならば、間違いなく、浴びせられた批判ははるかに少なかったであろう。所領の没収件数は、増加ではなく、明らかに激減したであろうし、新たな人材を幕閣などに昇格させることは、新しいことでも何でもなかったであろう。綱吉のいわゆる「性的逸脱」など、批判対象となる点についても、ハロルト・ボリトの指摘によると、綱吉が、守旧派の犠牲の上に新たな人材を昇格させたことに対する怒りに過ぎなかった。守旧派は、その前の三十年間に享受した特権が永続するものと思っていた。ほかの将軍においては、そのようなことが悪行として非難されることはなかった。[25] 特権を失ったことに同時代の大名が怒るのは容易に理解できるが、歴史家が同様の主張をし続けてきたという事実は理解不能である。

例えば、綱吉の性的慣習や品行に関しては、捏造が明らかな『三王外記』に記述されていることのほかに、いかなる証拠も存在しないのである。同性愛的傾向は綱吉にあったかもしれない。同性愛は当時、一般に認められた行為であり、それを井原西鶴は褒め称えてさえいた。しかし、それが役人の選出や、最終的には政権の規範に影響を及ぼしたという歴史家たちの結論は、そのような同性愛的振る舞いに関する証拠が存在しない以上、認めることはできない。そもそもアルコールを嫌い、客人を僧侶や儒学者による説教でもてなしたという綱吉が、性的快楽に溺れたとは考えにくいのである。加えて、『土芥寇讎記』に見られるような大名の性的乱行についての報告も、それを正常な慣行と見なした綱吉が、その命によって集めさせたとは考えられない。家光については、重臣たちとの性的関係を示す証拠があり、またその死を受けて、家光が江戸城の奥に集めた三千人ほどの女性を別の場所に住まわせなくてはならなかったのであるが、そのような振る舞いについては一般に問題にされることはない[26]。

徳川時代の初期に関しては正確な文書記録を欠いているが、家光の浪費癖が、同じように息子の綱吉のそれをはるかに上回っていたことに疑いの余地はない。それにもかかわらず、家光が徳川家の蓄財から大量に消費したことが、政権の財政苦境を招いたとされることはめったにない。また、例えば何かにつけて引用されることの多い荻生徂徠の著作に、綱吉の倹約政策のことが記されているが、それが歴史書に登場することもほとんどない。綱吉が能を好んだことも批判されるが、この舞台芸能に同じくらい傾倒したほかの将軍については、一般に非難されないままである。綱吉が儒教を普及させようとしたこともまた、綱吉に対して個人的に反発した新井白石ですら、その重要性を認めたにもかかわらず、しばしば嘲笑された。この分野の専門家は、綱吉の登用した新たな人材が、最初の三代の将軍がそれぞれの政権で利用して大名の地位に引き上げた者と、全く違わないことに気づいている。しかし柳沢吉保は依然として、祖父が大坂の陣で徳川家の支配確立のために戦ったにもかかわらず、不当な成り上がり者として広く知られている。反対に、家宣の側用人で、かつて能役者であった間部詮房は、そのような批判を免れている。史料からは綱吉に対する否定的なイメージが伝わってくるのであるが、それらの本質に十分な考察を加えることが歴史家の任務なのである。

「筆削」と『徳川実紀』

「むかしは孔子、魯史によりて、筆削の事ありしなどいふ事は、いかにやきゝ給ひぬらむ。又人主のなし給ふ事は、故-事となるとも中伝へ侍り。されば、史筆を執らむものは、其心得のある事にこそ侍れ。これらの事、後代に伝へたらむに、なにか国家の美事には候べき」。儒学者で歴史家の新井白石は、その時代に行われていた歴史編纂について、右のように記している。[27] 過去の支配者の行動が「故-事」となるという点で、歴史家は重い責任を背負ったのである。事実をただ集めればよいのではなく、それがもたらす結果を心に留めなくてはならなかった。「筆削」は、時に得策ではなかった。その適例が綱吉である。百年ほど経ってから編纂された幕府の公式の歴史書である『徳川実紀』の中で、綱吉の政権は強い口調で批判され、そしてきっぱりと、「後世の人主。決して仰慕し給ふべき事にはあらずといへども」と警告されている。これを受けて現代の歴史家は、「筆削」の原則に従ったはずの者たちですら、そのような否定的な評価をしたのであるから、綱吉の政権は特別に悪いものであったに違いない、と結論づけるのである。[28]

『徳川実紀』は信憑性が高いと見なされ、歴史家たちがその時代について下す評価も、主としてこの記録に基づいていることから、綱吉についてのいかなる研究も、編纂者たちが綱吉に対して発した批判であることを考慮に入れなくてはならない。『徳川実紀』の大半を占める、初代家康（『東照宮御実紀』）から第十代家治（『浚明院殿御実紀』）を対象とする部分の編纂は、儒学者で幕府の役人でもあった成島司直（一七七八～一八六二）によるものと考えられている。『徳川実紀』の編纂は、昌平坂学問所（昌平黌）の幕府直轄化に手腕を振るった林述斎（一七六八～一八四一）の監督下に行われた。文化六年（一八〇九）に編纂が始まり、述斎の死から二年後の天保十四年（一八四三）に完成した。同じ年に司直は、判然としない理由によって処罰されている。その六年後の嘉永二年（一八四九）、出典表記を加えた副本が第十二代将軍家慶に献上された。初代家康から第十代家治までの将軍の治世の記録四百四十七巻と「御附録」六十八巻、合わせて五百十五巻は『御実紀』と称され、明治以降は『徳川実紀』として知られるようになった。[29]

『御実紀』の大半は日々の記録により構成されている。題材は様々な史料から集められている。ある特定の日にどのような出来事が起きたのかを一目で確認できるので、歴史家にとって便利なのは明らかである。特に便利な点は、『柳営日次記』などの幕府の公式日誌を参照していることである。本書も、『徳川実紀』を頻繁に参照している。しかし、『徳川実紀』の編纂者らは『柳営日次記』の史料を選択的に引用している点に留意しなければならない。

『徳川実紀』が便利であるがゆえに、この記録が、どのような事柄に触れる必要があるのかだけでなく、どの著作の、どの部分から引用し、どのような方針の下に編纂されているのかということを、容易に見落としてしまう。したがって『武野燭談』は、綱吉の初期教育の特質に関することでは幅広く引用されているが、この著作が、生類憐みの令の発端を農民たちを大いに苦しめることになった鷹狩の廃止に見ているという事実については、全く述べられていない。信憑性の高いとされる『徳川実紀』はまた、注意書きや条件を加えることなく、信憑性の非常に低い『三王外記』が、大名は綱吉を非常に恐れ、その御前で目を上げることは畏れ多くてできなかったと述べる箇所を引用している。大名が将軍を恐れたことは、ほかにも記録が存在するが、彼らが一度も将軍を見なかったというのは、将軍が能に出演したり大名に講義を行ったりしたことからも、考えにくい。ただ『徳川実紀』は綱吉について、一貫して否定的なイメージを描いたのではない。思いがけないところで、大いに称賛する記述も含んでいる。『徳川実紀』の描く綱吉の肖像を理解するには、『徳川実紀』の編纂方針にある程度の考慮がなされなくてはならない。

松平定信が歴史を操る

『徳川実紀』が編纂されたのは、第十一代将軍家斉（一七七三～一八四一）の、異例にも長い治世においてであった。家斉の治世は未成年であった十三歳の時に、第八代将軍吉宗の孫にあたる、松平定信（一七五八～一八二九）の厳格な主導の下に始まった。定信は、いわゆる寛政の改革を行ったことでよく知られている。綱吉が湯島に設けた孔子廟と学問所を復興させたのも、この改革の一環であった。

湯島聖堂がいかにその重要性を低下させていたかについては、定信が老中に就任する前に起きたとされる、ある出来事から明らかである。それによると、倹約政策として、作事奉行は湯島の役に立たない建物の取り壊しを提案したのであった。将軍への請願書を練り上げる中で、役人は本来の目的を定めようと、神道の神々を据えるのか、あるいは仏教かと思いを巡らしていた。最終的に誰かが次のような警告を発したという。孔子という名前の、たくさんの本の著者である中国人に関わるものでなくてはならないのであり、また建物を破壊するならば、中国との関係を気まずくするかもしれないと。定信とも親しかった松浦静山の著作に出てくるこの話は、定信の改革の利点を示そうと、幾分誇張されているかもしれない。[30] それでも定信が湯島で行った変革は、施設を直接幕府の支配下に置いたり、学問と教育の場としての権限を回復させたり、広範囲に及んだことは否定できない。学者の俸給に充てる予算は増やされたが、それらを支払うのは幕府となり、もはや林家の管轄ではなくなった。相当数の学者が外部から林家に加わるよう任命され、そして寛政五年（一七九三）に林家の当主が世嗣を遺さずに死去した時、箕の岩村藩主松平乗薀の息子であった松平熊蔵が定信に擁立され、林述斎という名で八代目を継承した。寛政九年に施設全体が幕府の支配下に入り、昌平坂学問所となった。幕府直轄の教育機関として、徳川時代が終わるまで、幕府の役人を訓練・審査した。寛政二年には、正統でない儒教の教えを禁じられ、政治的に正しい形態である朱子学がここで教えられることが保証された。[31]『徳川実紀』が編纂されたのは、このような状況においてであった。

定信が儒学を正学として確立することに成功したことについて、綱吉に恩義を感じていることは『徳川実紀』によく表れている。将軍の葬儀の記録に続けて、綱吉の治政と人物の評価が別途記されている。この記述が、従来の評価とあまりに異なるので、ここに掲げる。

公よく儒学を尊崇し給ひ。しば〳〵孔廟に謁せられ。手づから祭奠したまひ。またみづから経書を講じ。諸大名以下の群臣に拝聴せしめられしかば。此ころは朝参の諸侯も経史を懐にし。宿衛の番士も講習を務とせしとぞ。四海風にむかひ学をしたひ。戦国の余習改り。今も其御徳に浴せざるものなし。有徳院殿［吉宗］は　当家中興の主にまし〳〵き。しかもこの御時の法制をば多く遵奉し給ひ。この　御代擢用の人材をば。ことごとくすてさせ給はず。今其大経大法過半のこりとゞまりしを見ても。御徳のなみ〳〵ならざる事いちじるし。[32]

一般的な歴史書ではほとんど言及されていないが、吉宗がいかに綱吉を参考にしたかについては、辻達也が、吉宗の行った享保の改革についての著作の中で、その継続性を示すため、綱吉の治世に一節をあてている。『徳川実紀』で述べられたように、多くの法が継承されたのであり、その最も有名な例が武家諸法度である。武家諸法度は綱吉の下で書き直されたが、家宣の下で、新井白石に吹き込まれて変えられた。吉宗は本文を綱吉の時のものに戻し、この版がそれ以降、徳川時代が終わるまで使用された。吉宗の下で継承されたのは、綱吉の政策だけでなく、『徳川実紀』に記されているように、綱吉の政権下で訓練され登用された役人も、多くがかつての役職に呼び戻されたのである。

中でも最も有名なのが、柳沢吉保の補佐役で娘婿であった、側用人松平輝貞（一六六六～一七四七）であろう。吉保の業務負担が増して健康状態が悪化すると、輝貞が代わってその任務の多くを引き受けるようになった。元禄三年（一六九〇）に湯島の孔子廟建設を担当することになったのは、綱吉が輝貞の能力を買っていたことの表れである。[33] その五年後に綱吉が輝貞の屋敷を訪れるようになり、また宝永二年（一七〇五）までに輝貞は、幕府の公文書すべてに、吉保に代わって署名することのできる地位に昇り詰めていた。[34] 綱吉が死去すると免職され、高崎に有した所領は家宣の側用人間部詮房の手に渡った。しかし吉宗が将軍に就任して間もなく、輝貞は復職し、老中と同等の職務と権限が与えられた。さらに高崎の所領も返還された。[35]

吉宗の政権については、その官僚的な効率の良さが称えられる時、その新たな規範の発端となったのが綱吉であることを念頭に置かなくてはならない。吉宗が、綱吉に仕えていた多くの者を呼び戻したということは、このことが当時よく認識されていたことを示す。また、このことは荻生徂徠の著述からも裏づけられる。そこでは、綱吉の規律ある官僚制が称賛され、それに続く時代にその規範の乱れたことが批判されている。[36] 徂徠は、柳沢邸の家臣として綱吉の称賛を得たのであったが、その徂徠に政治の指南役が求められたという事実もまた、綱吉の政権運営を吉宗が重んじていたことを示している。

邪悪な綱吉の治世

綱吉を大いに称える『徳川実紀』中の文言は、途中で終わっている。続いて「たゞし御英邁のあまり」と記されている。晩年には綱吉が、ひいきにしている仏教僧の憶測にますます惑わされるようになったとの不満が表明され、儒学者である編纂者の反仏教感情が露わになっている。歴史家のほとんどは、生類憐みの令を綱吉の治世における最大の欠陥とみるが、それに対する批判は、「遂に屠殺の禁を厳にし。人をもて鳥獣にかふるにいたり」との短い一文で終わっている。それ以上に編纂者をうんざりさせ注目させたのは、綱吉が能を好み、能役者を登用したことであった。すなわち、「その楽工等すこぶる擢用せられ士林をけがしたり」と。

編纂者の抱いた能役者に対する嫌悪感は、新井白石も共有していた。松平定信が新井白石の著作を大いに称賛し、白石の子孫に、白石の書いたものを何部か幕府に献上するよう要請したほどであったというのは、単なる偶然ではないであろう。[37] しかし依然として、白石やほかの儒学者たちがなぜこれほどまでに、将軍が能を好んだことに反発したのかという疑問は残る。能は厳粛で多くのことが求められる芸能であり、家康によっても研究され演じられている。その疑問に対する回答は、能役者は好事家でいる余裕がないということに求められる。能役者に研究するよう求められる原文は、ほとんどが三百年ほど前に、有名な世阿弥とその弟子たちによって書かれたものであり、当時すでに古語となっていた。したがって能役者は、しっかりとした教育を受けた者であった。それが問題であった。荻生徂徠が指摘したように、多くが老中以上に教育され聡明であった。白石が猛烈に能を嫌った理由は、かつて能役者であった間部詮房との競合関係に求められる。詮房は側用人として、白石の後援者である家宣との謁見をすべて意のままに牛耳った。[38] 能役者は、地位は低いが教育を受けた者として、能力を舞台上で発揮するだけでなく、マックス・ウェーバーが、支配者の「もっとも重要な権力と政治的収用のための戦いの道具」と称した役割を演じることにおいても、非常に適していた。

「非常の君主。ややもすればかゝる過失ある習なり」と、『徳川実紀』の編纂者は、綱吉が役者を登用したことへの非難を締めくくっている。そしてきっぱりと、「後世の人主。決して仰慕し給ふべき事にはあらずといへども」と警告する。[39]

綱吉の治世に対する評価は、惜しみない称賛と強烈な非難とが極端に混ざり合っている。そのような称賛がしきたりとなっていたのではないことを、ここで記しておかなくてはならない。例えば家綱の場合、全く普通の人物とだけ記されている。編纂者も、綱吉の評価におけるこの矛盾に気づいていたようである。将軍の過失については「その御英資雄才の一端」と説明し、そしてこの記述を、後世への教訓として、この支配者の利点と欠点についての論議をしようとしただけであるという、弁解でもって終わらせている。

この文章には、松平定信とその影響下にあった者たちの個人的感情がよく表れている。湯島の儒教界では、定信が政界を退いたあとも、定信の任命した長の下で正統派的慣行が支配したが、政治の展開は、定信以前の時代へと戻るような兆候を見せていた。

定信は、第十代将軍家治の下に君臨したいわゆる悪徳の独裁者、田沼意次（一七一九〜八八）の政策を覆したことでよく知られている。綱吉の側用人柳沢吉保のように、田沼意次もまた、将軍の権力を強奪し、その過程で大名の特権を侵害した成り上がり者と批判されている。意次は、定信の伯父である第九代将軍家重の下で昇進を遂げた。家重は病弱な上に言語が不明瞭であり、政権運営にはまた別の「成り上がり者」、大岡忠光（一七〇九〜六〇）に頼った。ハロルト・ボリトは、「最も期待がもてなかった二人の支配者」、家重と家治の治世が、「大名の特権に対する新たな猛攻撃」によって特徴づけられることを、巧みに描き出している。[40]『徳川実紀』の編纂者がこの二人の将軍に対して下した評価も、間違いなく低かった。特に家重については、異例なほど短い補遺の中で、病身のことと、花や庭を愛したことが触れられているだけである。[41]

松平定信にとっての理想の政治は、祖父である吉宗のそれであった。吉宗は、家継が早世し、徳川宗家に後継者候補がいなくなったのを受けて、御三家の中から選出された将軍であった。三十二歳の大名であった吉宗が、国の支配者となるよう要請されると、吉宗が、かつて同格であった者に向けてとった政策は、権威主義的な綱吉によるものとも、また家宣によるものとも、大きく異なるものとなった。家宣は、わずか三年の治世の間に、叔父綱吉によって回復された将軍の権威の恩恵に、依然として与ることができた。吉宗の政権運営が、庶民の間に先例のない不安が広まった時期や大飢饉を含んでいるにもかかわらず、理想的な政治として詳細に描かれてきたのは、驚くことではない。

吉宗の行使した権力が限定的であったことは、定信の目に美徳と映り、定信はその時代の状況を復活させようとしたのである。行政を担う指導者として、定信は、同僚の役人と協議しながら統治し、そして家重と家治の下に君臨した二人の悪名高い独裁者によって失われてしまった大名の自立性をある程度回復させようと腐心した。特に幕府の財政政策にこの方針が適用された。定信は、政権の規模を縮小することで支出を抑えようとし、資金が必要の際には、それらを幕府直轄領の商人や農民に要求し、大名からは徴収しなかった。幕府が大名に負担することにはいかなる場合も反対し、逆に大名を支援しようと幕府の資金を提供した。中央への権力集中を嫌う定信は、将軍の地位を完全に無視し、天皇は民を治めさせるのに大名を任命されたと主張するまでになった。寛政五年（一七九三）に定信は政界から退いたが、国の政治は、定信の同僚の松平信明の下、依然としてこの精神のまま運営された[42]。

しかし家斉が成年に達しつつあった時、新たに家斉のお気に入りが登場した。その者の登場により、大名に何でも気前よく与え、自由放任を認めるような幕府の政策が脅かされるようになった。それは水野忠成（一七六二～一八三四）である。忠成は家斉より十一歳年上で、激しく中傷されることの多いほかのお気に入りと同じように、幼少期より小姓として家斉に仕えてきた。養子縁組を通して大名の地位に昇ったが、忠成が優先した事柄は、同じ地位にあるほかの者の場合とは明らかに異なっていた。文化十四年（一八一七）に松平信明が病に倒れ死去すると、将軍は水野忠成を老中の地位に就け、こうして、将軍のお気に入りが政治を行う新たな時代が正式に幕を開けた。当時広まった風刺では、水野忠成の支配する体制が、田沼意次や柳沢吉保による政治と結びつけられていた。このことは、同時代の人々が綱吉の治世を忘れていなかったことを示している。(43)

定信が、成り上がり者だけでなく、大名の犠牲の上に権力を中央集権化しようとする政治家すべてを嫌悪したことは、『徳川実紀』の中の、綱吉の治世が史料や政治上の具体的な出来事をもとに総括された箇所に、はっきりと表現されている。

国を治めるのに賞罰を同程度に用いたような支配者が、これまで日本にも外国にもいたためしがないという記述のあとに、読者は思いがけず、平安時代の文徳天皇（在位八五〇～八五八）の頃の日本史を概観することになる。(44)文徳は清和天皇の父親であり、家康はその清和天皇から分かれた天皇家の氏族、清和源氏の血統であることを主張した。それ故、家康の治世を総括した『徳川実紀』の記述は清和天皇から始まる。新井白石の歴史書『読史余論』も同様であり、徳川の血統の始まる基点として認められていたことを示している。天皇家の血統を主張する家康の場合はそのような説明が必要であったが、家康を除いた残りの九人の下で起きた出来事の編纂の際には、そのような平安時代の史的概観が記述に付されるようなことにはなっていない。それではなぜ、綱吉の場合にのみ付されているのであろうか。

『徳川実紀』の編纂者は、これら初期の出来事と綱吉の治世との間に、教示しようとする政治の教訓を、より一層強烈に印象づけるのに十分な共通点を見出していたと思われる。文徳天皇は、上の三人の息子を無視し、藤原良房の娘が産んだ、のちに清和天皇となる四男を皇太子に任命した。このことは、よそ者の良房による天皇からの権力強奪が可能となり、このことでもって、新井白石も主張しているように、良き政治が衰え始めたのである。[45] 家康の伝記を記述した箇所では、藤原氏への権力の移行は短い一文で記されただけで、早々に十二世紀の鳥羽天皇へと話が移っているが、逆に綱吉についての記述ではこの点が詳細に論じられている。いくつかの文章が加筆され、それらを通して、いかにすべての事柄が藤原氏によって処理され、その一方で清和天皇は、御所の奥深くに閉じこもり、何事もなさなかったかが詳しく伝えられる。この文章は明らかに、綱吉も四男に過ぎなかったことを読者に想起させ、そしてその政権下でも、支配層に属さないよそ者の母親という不吉な存在が災いして、事態が悪い方向へ進んでいたことを示唆するためのものであった。また、そこには第二の主題もあった。それは、綱吉の治世に入る前の前史的記述の箇所が、最後に第四代将軍家綱の時代に達した時にはっきりと表れる。そこで綱吉は、家綱の下に君臨した独裁者で、「貴となく賤となくその塵を拝して」と言われていた酒井忠清を退けたことが称賛されている。忠清は成り上がり者ではなく、純粋な大名の血筋であったので、編纂者の忠清への批判と、彼を免職した綱吉への称賛は驚くべきものである。編纂者は明らかに、中央で権力を振るうために、正統な支配者の権力を強奪するようなよそ者に対して、その者がいかなる地位にあろうと、警告を発しようとしているのである。

酒井忠清を即座に除外したことに表れた、綱吉の政治的洞察力と才能は称賛されたが、コインは素早く裏返された。例えば松平光長の家など、数々の輝かしい家系を没落させたのは綱吉であり、それゆえ彼には敬意を払うべきではないという。法の厳格な適用により、多くの所領が没収ないしは減らされた。編纂者が最も批判するのは、綱吉が先例のないやり方で特定の者たちに、成し遂げた任務あるいは昔馴染みであるといういずれかの理由によって恩賞を与えたことである。例えば、旗本の中の約十名は、一万石を超える所領を持つ大名の地位を与えられている。地位の低い人々にすら沢山の手当や贈り物が与えられた。この極端な賞罰政策を通して、綱吉は三十年にわたって国を統治したのであり、その間、六十ヵ国に散らばった大名は何もできずに見ているしかなかった。さらに将軍は晩年を迎えると、政治への関心を失い、すべてを側用人の柳沢吉保に委ねた。このことが、荻原重秀のような邪悪な家臣の台頭を招いたのである。重秀は、貨幣の価値を切り下げ、また新たな税制や嫌悪感を抱かせるような政策を通して、国を苦しい状況に追い込んだ。この一連の話から導き出されるべき教訓に関して、疑わしいことはすべて一掃するかのように、この文章は「後世のよろしく監戒とせらるべき事ならずや」という的を射た文言で終わっている。[46] この記述は、歴史的な記録としてよりも、国をどのように治めるべきかの指示書として書かれたのであり、その事実を隠そうとした形跡は見られない。

綱吉の治世に対する評価において、『徳川実紀』がその批判の矛先を集中的に向けるのは、マックス・ウェーバーが、軍事的・半封建的支配から官僚制的な中央集権支配へというパラダイムの移行に不可欠とする要素であり、それらは近代国家の誕生に求められる根本的な変化である。

聡明で堅固な意志を持った、家格の低い者たちが、将軍の名の下に政治権力を行使することに、大名が不安を持ったのは根拠のないことではなかった。明治維新を経験し、誰が国を運営管理すべきかの問題をめぐっては、『徳川実紀』が批判する者を利するような決定が下された。すなわち、血統によってではなく、献身的な働きと聡明さでもって、頂上への道を切り開いた者である。ウェーバーのモデルと寸分違わず、国およびその財産は、その所有権を主張する者によってではなく、今や近代国家と呼ばれる、より高い権力に奉仕する用意のある専門の役人によって、運営管理されるようになった。政治的教訓を示すのに綱吉の政権を例に用いることで、編纂者らは、支配者層にとってきわめて苦痛であった。パラダイムの移行を促進するために、綱吉の三十年間の治世の果たした重要な役割を認めたのである。

歴史家たちは多くの場合、『徳川実紀』が明々白々と述べていること、つまり、これは政治的な出来事を単にそのまま記録したものではなく、政治的メッセージを伴った文書であるということを見逃してきた。このことにもう少し注意を向けるならば、ほかの将軍の時代についても、新たな光の下に映し出されるのかもしれない。

（1）井原西鶴『好色一代男』（麻生磯次、板坂元、堤精二校注『西鶴集』上、『日本古典文学大系』第四十七巻、岩波書店、一九五七年）八三頁より。

（2）鈴木敏夫『江戸の本屋』上巻（中央公論社、一九九三年再版）一一四頁。

（3）Daniel Chirot, *How Societies Change*, Thousand Oaks, Calif.: Pine Forge Press, 1994, p.68.

（4）鈴木前掲書（注2）一一九〜一二四頁。Peter Kornicki, *The Book in Japan: A Cultural History from the Beginnings to the Nineteenth Century*, Honolulu: University of Hawai‘i Press, 2001, p.52によると、一六九七年の版木が続く九十年もの間増刷に使用されたという。このことは、『農業全書』が価値あるものとみなされた証拠となる。佐藤常雄ほか編『日本農書全集』（全六十六巻、農山漁村文化協会、一九九四年）に、本文中に挙げた三点が収録されている。『才蔵記』（第二十八巻）、『百姓伝記』（第十六・十七巻）、『農業全書』（第十二・十三巻）。関孝和と渋川春海については『世界大百科事典』（CD-ROM、日立デジタル平凡社）のそれぞれの箇所を参照。

（5）鈴木前掲書（注2）一二四頁、今田洋三の引用。

（6）大久保彦左衛門『三河物語』（小野信二編『家康史料集』、『戦国史料叢書』第六巻、人物往来社、一九六五年）四二六〜四二七頁。

（7）黒板勝美・国史大系編修会編『徳川実紀』第四篇（吉川弘文館、一九七六年）寛文五年七月十三日条（五四一頁）。林亮勝『徳川氏と江戸幕府』（人間舎、二〇〇三年）一六一〜一六二頁に「三大美事」と記されている。「美事」は文字通りに解釈すると「美しい事柄」であるが、ここでは「賞賛に値するような成果」という意味で用いられている。日本国語大辞典刊行会編『日本国語大辞典』第八巻（小学館、一九八〇年再版）一三九一頁、「美事」。

（8）栗田元次『江戸時代史』第一巻（近藤出版社、一九七六年）四一九〜四二〇、六一六〜六一七頁。

（9）不満については、児玉幸多『元禄時代』（『日本の歴史』第十六巻、中央公論社、一九九〇年再版）二一〜三六頁において詳細に扱われている。『徳川実紀』（注7）慶安四年七月十日条（一五〜一六頁）は、大名松平定政の不満を伝えている。定政は所領を返還し息子とともに仏門に入った。

（10）『葉隠』聞書第一、三六。山本常朝『葉隠』（和辻哲郎、古川哲史編、岩波書店、二〇〇三年）上巻、三六〜三七頁。

（11）Engelbert Kaempfer, *Kaempfer's Japan: Tokugawa Culture Observed*, edited, translated and annotated by B. M. Bodart-Bailey, Honolulu: University of Hawai'i Press, 1999, pp.52.

（12）『葉隠』（注10）聞書第二、一一六（和辻・古川編、上巻、一三〇頁、Wilson訳、八四頁）。

（13）正宗敦夫編『増訂　蕃山全集』第六巻（名著出版、一九七九年）一六六頁。

（14）Helmut Neuhaus ed., *Deutsche Geschichte in Quellen und Darstellung*. vol. 5: *Zeitalter des Absolutismus 1648-1789*, Stuttgart: Reclam, 1997, pp.211-212.

（15）Nicolò Machiavelli, *The Prince*, translated by George Bull, Harmondsworth: Penguin, 1961, pp.124-125.

（16）Harold Bolitho, *Treasures among Men*, New Haven: Yale University Press, 1974, p.150.

（17）Max Weber, *Wirtschaft und Gesellschaft*, Tübingen.: J.C.B.Mohr, 1976, pp.823-824, 827. この箇所は標準となる英訳書の中に含まれていない。

（18）同右、八二六～八二七頁。［訳注…邦訳は、マックス・ウェーバー著、石尾芳久訳『国家社会学』（法律文化社、一九六〇年）二九頁］

（19）Max Weber, *Economy and Society*, Edited by Guenther Roth and Claus Wittich, Berkeley, University of California Press, 1978, 2:1106-1107. Weber, *Wirtschaft und Gesellschaft*, pp.651-652. ［訳注…邦訳は、マックス・ウェーバー著、世良晃志郎訳『支配の社会学2』創文社、二〇〇二年（一九六二年初版）三九一頁］ウェーバーは「封建制のあらゆる形態（der Feudalismus in allen seinen Formen）」と記しているが、この箇所の英訳は原文に忠実ではない。このことにより、日本が厳密な意味で封建的であったのかという、何かにつけ論じられてきた問題を無視することができるように筆者は感じている。

（20）『正宝事録』第一巻（近世史料研究会編、日本学術振興会、一九六五年）三三七頁。請願については第十一章を参照。

（21）見出しの引用は *The Prince*（注15）九五頁より。［訳注…マキアヴェッリ著、河島英昭訳『君主論』（岩波書店、一九九八年）一二五頁から引用］

（22）同右、九五～九六頁。［訳注…同右、一二六頁］

（23）詳細は、B. M. Bodart-Bailey, "Urbanisation and the Nature of the Tokugawa Hegemony", in: Nicolas Fiévé and Paul Waley eds., *Japanese Capitals in Historical Perspective: Place, Power and Memory in Kyoto, Edo and Tokyo*, London: Routledge Curzon, 2003, pp.120-124を参照。

（24）McMullen前掲書（注13）四二三頁。後藤陽一「熊沢蕃山の生涯と思想の形成」（『熊沢蕃山』、『日本思想大系』

第三十巻、一九七一年）四九三頁。
（25）Bolitho前掲書（注16）一七一頁。
（26）Reiner H. Hesselink, *Prisoners from Nambu: Reality and Make-Believe in 17th-Century Japanese Diplomacy*, Honolulu: University of Hawai‘i Press, 2002は例外である。例えば六二～六三頁。
（27）Kate Wildman Nakai, "Apologia pro Vita Sua", *Monumenta Nipponica*, 36:2 (Summer 1981), p.182.［訳注…日本語の原文は、新井白石『折たく柴の記』（『日本古典文学大系』第九十五巻、岩波書店、一九六四年）二五一頁］
（28）『徳川実紀』第六篇（吉川弘文館、一九七六年）七二五頁。Tsuji Tatsuya, "Politics in the Eighteenth Century", translated by Horold Bolitho, in: John Whitney Hall ed., *The Cambridge History of Japan*, vol.4: *Early Modern Japan*, Cambridge: Cambridge University Press, 1991, pp.435–436.
（29）藤野保『徳川政権論』（吉川弘文館、一九九一年）一四五頁。『世界大百科事典』（CD-ROM、日立デジタル平凡社）の「成島司直」と「徳川実紀」。
（30）松浦静山『甲子夜話』第一巻（東洋文庫三〇六、平凡社、一九七七年）七四頁。
（31）橋本昭彦「江戸時代の教育」（内山知也、本田哲夫編『湯島聖堂と江戸時代』斯文会、一九九〇年）頁番号は付されていない。R. Tsunoda et al. comps. *Sources of Japanese Tradition*, New York: Columbia University Press, reprint 1968, 1:493–494.
（32）『徳川実紀』（注28）七二四～七二五頁。
（33）『徳川実紀』（注28）元禄三年七月九日条（七九頁）。
（34）正親町町子『松蔭日記』（甲斐叢書刊行会編『甲斐叢書』第三巻、第一書房、一九七四年）一四六、二五一～二五二頁。
（35）『徳川実紀』第八篇（吉川弘文館、一九七六年）享保二年九月二十五日条（八八頁）。高崎の所領については、『世界大百科事典』（CD-ROM、日立デジタル平凡社）の「高崎藩」の項。

(36) 例えば、Ogyū Sorai, *Ogyū Sorai's Discourse on Government* (*Seidan*), annotated and translated by Olof Lidin, Wiesbaden: Harrassowitz Verlag, 1999, pp.197-198を参照。第十六章も参照。

(37) 栗田元次『新井白石の文治政治』(石崎書店、一九五二年)一五頁。

(38) Kate Wildman Nakai, *Shogunal Politics: Arai Hakuseki and the Premises of Tokugawa Rule*, Harvard East Asian Monographs 134, Cambridge, Mass., 1988, pp.15, 57. 第十六章。

(39)『徳川実紀』第六篇(注28)七二五頁。Tsuji前掲論文(注28)四三五~四三六頁では、「過失」を誤って「excesses」としている。

(40) Bolitho前掲書(注16)一九一~一九四頁。

(41)『徳川実紀』第九篇(吉川弘文館、一九七六年)七六六、七六九~七七一頁。

(42) Bolitho前掲書(注16)一九八~二〇五頁に、定信の政策が見事に描き出されている。ここに記述したことは一九九頁より。

(43) 同右、二〇五~二〇八頁。

(44)『徳川実紀』第六篇(注28)七二三頁。

(45)『徳川実紀』第一篇(吉川弘文館、一九七六年)一三一頁。Nakai前掲書(注38)一八四頁。

(46)『徳川実紀』第六篇(注28)七二四頁。

亮賢　397, 399, 401
林家　33, 99, 104, 108, 109, 124, 220, 221, 320, 401-403, 407, 408, 410, 412, 415-417, 438, 439, 445, 543
ルイ14世　180, 193, 349
ルヴロワ，ルイ・ド　195
老中　76, 77, 80, 141, 142, 155, 156, 160-163, 170-173, 186, 187, 194-200, 214, 215, 223, 220, 228, 230, 320, 356-358, 460
——と犬　282-287
浪人　53, 116, 142, 248, 261
ローレンツ，コンラート　87, 330

【わ行】

若年寄　135, 152, 155, 182, 183, 186, 193-200, 202, 221, 307, 383, 460, 499

【ま行】

前田綱紀　349-380, 419, 420
牧野成貞　7, 53, 54, 78, 79, 144, 195-197, 201-203, 222, 272, 283, 487
——の登用　155
牧野成儀　58
マキャベリ，ニッコロ　525, 531
町子　6, 206, 209, 212-215, 221-226, 228, 231, 434, 472, 475, 479, 489, 502, 504, 505
松尾芭蕉　252, 253, 260, 516
『松蔭日記』　8, 201, 206, 207, 209, 211-213, 221, 231, 434, 487
松平定信　536-543
松平忠周　195, 203
松平忠輝　156, 157
松平忠直　157, 158
松平綱賢　158
松平綱国　158, 160
松平綱長　320
松平輝貞　203, 223, 286, 416, 538, 539
松平直矩　143, 145, 159, 160, 163
松平信明　542
松平信綱　114, 117, 123
松平信庸　203
松平信康　24
松平正綱　357
松平光長　156-160, 161, 164, 545
松浦静山　8, 537
間部詮房　197, 498, 534, 539, 540
丸山眞男　290, 437, 449, 453, 461, 502
オペレッタ「ミカド」　272
三島由紀夫　333
水野忠成　542, 543
宮崎英華　9, 13, 242
宮本武蔵　244, 318
明王朝　122, 123
——の滅亡　16, 523
室賀正俊　58, 77
室鳩巣　184, 214, 313, 420, 439, 485
——と鷹狩　275, 289
明暦の大火　76, 90, 182, 350-352, 354, 372, 391, 481
目付　155, 156, 160, 171, 173, 183, 357
乳母　27, 46-48, 182, 254, 522
本居宣長　302
本木良意　106
紅葉山　194, 226, 228

【や行】

『柳澤家秘蔵実記』　322
柳沢邸　6, 224, 228, 231, 421, 475, 486, 505, 539
——で行われた裁判　221, 222
——の学者と講義　212, 218-221, 429, 430, 433, 445-449
——への御成り　55, 207, 208, 215-219, 379, 399
柳沢吉里　206-209, 215, 502
柳沢吉保　203-232, 272, 290, 322-326, 393, 390, 395, 445-448, 450, 459, 484, 489, 503, 504, 528, 534, 538, 541, 543, 545
——と中国人　445-448
——と儒教　204-206, 399, 412
——と道入　430-434
——と天皇　224-226
——と贈り物　213-215, 224-226
——と生類憐みの令　286, 287
——と和歌　223-226, 486
——への批判　11-13, 203, 217, 218, 228-234
藪田重守　230, 231, 432, 433
山鹿素行　106, 108, 308, 405
山県周南　434
山崎闇斎　102, 106, 112, 314, 403
山本常朝　244, 326, 327
由井正雪　115
結城秀康　157, 159
祐天　255-260
湯島聖堂　→聖堂を見よ
『颺言録』　175-182
嬰児殺し　252, 253, 256, 257, 260, 261
淀君　25-28

【ら行】

『楽只堂年録』　204, 206, 231, 447
六義園　214, 446
リディン，オロフ　445, 447
『柳営日次記』　80, 535
『柳営婦女伝双』　48
『柳営補任』　199, 202, 203, 206
隆慶　63
隆光　232, 243-245, 320, 397, 400-403, 491, 494, 497, 498

434, 439, 449, 453, 489, 491-496, 499-501, 517, 518, 523, 529, 530, 536, 542
——の管理（農政） 155, 156, 170-175, 278, 356, 358, 361, 413
——の解放要求 492-496, 530, 531
——の苦痛 277-280, 432, 433, 536
能役者 7, 534, 539, 540
野中兼山 115

【は行】

『葉隠』 188, 244, 246, 257, 327-329, 331-333, 394, 521, 522
幕府財政 342-362
幕領（幕府直轄領） 111, 165, 170-172, 356-359, 361, 377, 392, 395, 491, 502, 542
麻疹 9, 207, 502-505
畠山基玄 203, 210
旗本 151, 155, 204, 209, 317, 348, 350, 351, 354, 355, 357, 376, 378, 413, 439, 458, 460, 481, 491, 544
服部南郭 212, 446
花畠教場 114
母 →桂昌院を見よ
——と子のつながり →桂昌院を見よ
林述斎 535, 537
林春斎（鵞峯） 401-404, 406, 408, 410, 443, 444,
林信篤（鳳岡） 320, 321, 325, 401-403, 411, 415-417, 433, 437-439
林春信 400, 408
林羅山 33, 34, 99-102, 107, 109, 118, 405
ビスカイノ，セバスティアン 26
人見玄徳 401
人見懋斎（伝） 412
人見友元 401-411, 417
ビベロ・イ・ベラスコ，ロドリゴ 22
評定所 159-163, 222, 290, 320, 322, 324, 499
平石直昭 219, 448, 450
フーコー，ミシェル 81-83
風刺 7, 8, 17, 272, 463, 464, 484, 543
武家諸法度 83, 100, 353, 403, 413, 538
武士（武士層） 15-18, 439, 460-466, 501, 502, 519-546
——の名誉 245, 327-333
——の殺人 244-246, 249-252, 272, 528
——の特権 286, 297, 530, 531
——の仇討ち 300-333
富士山（噴火） 116, 464, 487-491, 496, 497, 499-503, 530
藤原惺窩 98, 99, 106, 107, 174
譜代大名 75, 151, 199, 227, 348, 353, 355, 357
——の処罰 155, 163
武断主義／軍国主義
——から文治主義へ 13, 518-521, 545
戦前の—— 329, 330
仏教 87, 220, 243, 246, 256-260, 326, 389, 390, 393-421, 523, 529, 537, 545, 546
仏教宗派 102, 111, 394-400
仏教僧 7, 98-100, 106-108, 112, 119, 217, 243, 398, 412, 417, 539
——と儒教の対立 98-108, 111-113, 119, 402-404
武野燭談 32-34, 37, 38, 47, 144-146, 151, 159, 277, 536
ブラッカー，カルメン 257, 258
武力（武） 449-451
——と文芸 32-34, 105, 106, 118, 411, 416, 437, 441
——軍事的価値観 36-39
——が正当化される社会 249-252, 449, 450
ブルデュー，ピエール 59, 88, 89, 440
ブレフィンク，アルベルト 64, 85
『弁道』 448, 452, 463
保科正之 27, 28, 75, 112, 117-120
細井広沢 212, 224
細川家 323, 325, 326
堀田正俊 12, 53, 54, 58, 64, 77, 135, 144, 145, 154-156, 161, 162, 165, 170-188, 194, 226, 251, 272, 278-280, 307, 309, 343, 358, 359, 432, 462, 528, 530
——と農政 155, 170-175, 358
——の暗殺 175, 177, 182-187, 194, 279, 309, 311, 343, 358, 462, 528
堀田正信 106, 174, 185, 186
堀田正盛 181, 182, 197, 231, 232, 247
堀杏庵 106, 108
ボリト，ハロルト 13, 525, 532, 541
『本佐録』 102, 106, 174
『本佐録考』 102
本庄道芳 58, 77
本多正純 345
本多正信 106, 174, 185, 186

大正——　225
——と鷹狩　86, 87, 275
——陵　224
明正——　135, 140, 142
東海道　28, 153, 246, 476, 491
『答問書』　451
『土芥寇讎記』　153, 308, 310, 316, 533
徳川家綱　30, 37, 62, 63, 72-75, 134, 137, 152, 157-160, 163, 164, 180, 182, 183, 194, 197-199, 251, 309, 311, 321, 372, 377, 379, 382, 383, 391, 392, 395, 396, 401-403, 410, 415, 420, 460, 461, 483, 517, 519, 520, 531, 540, 544
——と財政悪化　352-357, 361
——と狩り　87, 88, 251, 277
——の病と死　140-147, 154, 155, 185
徳川家斉　536, 542
徳川家宣　6, 7, 73, 74, 104, 139, 208, 209, 228-230, 260, 286, 288, 355, 359, 398, 419, 472, 473, 483, 485, 498, 499, 501-504
——と改鋳　370, 373-376, 382, 455
徳川家光　27-39, 46-49, 51, 75, 76, 79, 109, 152, 157, 176, 177, 180-183, 185, 197, 219, 220, 224, 226, 231, 232, 370, 379, 380, 391, 396, 397, 401, 402, 415, 436, 439, 506, 522, 532
——の教育　34, 35, 61-66
——の死　72-75, 114, 115
——の支出　101, 346-357, 373, 382, 383, 395, 399, 533
——と狩り　86, 87, 249, 251, 253, 295, 379
徳川家康　22-29, 36, 37, 46, 78, 79, 82-86, 90, 108, 120, 125, 158, 176, 182, 187, 208, 249, 277, 346-349, 352, 353, 357, 359, 361, 372, 384, 390, 393, 394, 396, 397, 463, 487, 489, 519, 522, 535, 540, 543, 544
——と儒教　97-101
——と荻生徂徠　454-457
徳川亀松　30, 31, 49
『徳川実紀』　9, 27, 32, 49, 63, 80, 81, 85, 88, 97, 98, 135, 140, 157, 173, 199, 203, 206, 227, 259, 293, 314, 348, 351, 353, 446, 447, 534-546
徳川忠長　27-30, 35, 38, 61, 78, 204
徳川綱條（水戸）　419, 420, 482
徳川綱重　30, 31, 35, 37, 62, 72-75, 81, 154, 210, 279, 406, 488
——の経済的問題、病と自殺　135-139
——と鷹狩　87, 88
徳川綱誠（尾張）　419
徳川綱教（紀伊）　229, 312, 419, 483, 485
徳川徳松　34, 53-55, 73, 74, 279, 483
徳川秀忠　23-30, 76, 79, 84, 204, 345-350, 356, 397, 522
徳川光圀（水戸）　110-113, 120, 124, 146, 184, 246, 404, 406, 408-410, 415, 417, 419, 420
——と犬の毛皮　276
徳川光貞（紀伊）　419, 420
徳川光友（尾張）　75, 159, 160, 419
徳川慶勝（尾張）　108
徳川義直（尾張）　99, 110, 111, 124, 416, 420
——と林家　107-110, 416
徳川吉宗　13, 194, 275, 286, 287, 356, 376, 396, 447, 453, 454, 447-459, 461, 462, 498, 536-541
——と儒教　438-442
——と鷹狩　275, 289, 440
徳川頼宣（紀伊）　114, 420
徳川頼房（水戸）　29, 109
徳富猪一郎（蘇峰）　12, 29, 34, 175, 312, 354, 398
外様大名　157
戸田茂睡　34, 53, 54, 140, 143, 153, 159-161, 176, 183, 186, 194, 198, 200, 211, 214, 216, 227, 273, 307, 360, 488
——と犬　273, 289-293
豊臣秀吉　23-26, 82, 98, 157, 225, 344, 392
豊臣秀頼　25, 26, 30, 74, 83, 522

【な行】

内藤忠勝　155
永井直勝　84
中江藤樹　33, 113, 114
名古屋　108, 109, 294, 306, 488
名主　492-496
那波活所　420
鍋島光茂　244
成島司直　535
南部直政　203, 211
日光　54, 58, 78, 79, 101, 346-348, 370, 390, 393, 402, 487
——社参行列　348
能　7, 142, 143, 217, 418, 438, 486, 489, 533, 536, 539
農民　24, 44, 116, 141, 165, 171, 172, 174, 180, 252, 275-280, 324, 327, 376, 401, 411, 431, 433,

仁政　57, 116, 123, 124, 171, 449, 451, 452, 462
神道　101, 108, 112, 113, 119, 300, 537
崇源院　25, 27
崇伝　83, 100, 397
杉山和一　138
鈴木尚　50
捨て子　252, 253, 260, 292, 432
スミス，ヘンリー・D　302, 328, 332
駿河　23, 78, 101, 229, 344-346, 350-352, 354, 482, 495, 499, 502
駿府　22, 27, 28, 346, 381, 489
『政談』　261, 433, 437-439, 440, 441, 453, 459, 460
聖堂（先聖殿）　108, 122, 133, 415-417, 536
　湯島——　57, 134, 222, 420-424, 480, 420, 475, 486
　——昌平坂学問所　417, 439, 474, 535, 537
清和源氏　82, 204, 311, 543
関ヶ原　83, 349
釈奠　108, 122, 415, 417
切腹　24, 134, 136, 138, 155, 160, 290, 300, 305, 315, 317, 321-326, 500
泉岳寺　303, 305, 318, 326
戦国時代　23, 253, 392, 417, 449, 519
奏者番　199
増上寺　56, 255, 259-260, 309, 393, 429, 488
　——の霊廟　35, 49, 139, 155, 194, 402, 433, 493
側衆　8, 155, 183, 186, 194, 197-200, 202, 210, 211, 416
側用人　7, 11, 13, 53, 78, 155, 187, 194-203, 209-211, 216, 220, 222, 226, 228, 230, 231, 243, 272, 283, 286, 320, 322, 343, 378, 379, 390, 395, 399, 484, 498, 502, 505, 534, 538-541, 545
染子　207, 208

【た行】

代官　170-175, 279, 356-360, 392, 413, 431, 432, 492, 499
『大日本史』　111
『太平策』　442, 451
大名手伝普請　76, 354, 383, 392, 393
大老　→酒井忠清，堀田政俊を見よ
鷹　86-88, 247, 275-278, 293
　——が農民に与える損害　275-278
　——場　275, 280, 293
　——狩　80, 85-91, 249, 275-280, 289, 293, 379, 440, 530, 536
高田城　156
高田姫　159
鷹司信房　48
武田信玄　100
太宰春台　8, 135, 314, 317, 325, 462-465
堕胎　253-261
館林　73, 77, 78, 146
ダニエル6世　85
田沼意次　541-543
田原嗣郎　314, 325
近松門左衛門　8, 516
治水事業　184, 282, 383, 384, 503-505
忠孝　65, 66, 100, 102, 122, 323, 327, 412
　——札　65, 413-416
中国皇帝　8, 98, 116, 434, 444
　——堯・舜　65, 66, 108, 180, 183, 252, 287, 405, 463, 523, 529
忠臣蔵　61, 300, 303
朝鮮通信使　403, 498, 499
朝廷
　——勅使　142, 305-307
　——天皇家への手当て　485
　——制　101, 109, 111
　——御所　47, 110, 506, 550
千代姫　75, 401
チンギス・カン　98
陳元贇　108, 420
塚本学　13, 14, 34, 54, 75, 137, 241, 247, 253, 279
辻達也　13, 173, 197, 345, 413, 538
津波　5, 464, 473, 474, 489
鶴姫　74, 231, 475, 483, 485
天海　100, 101, 107, 396-397
天樹院　25, 30, 31, 72, 74, 113, 116, 118
天皇　22-23, 82, 86, 107, 109, 110, 111, 118, 275, 312, 332, 390, 401, 434, 485, 542-543
　後醍醐——　110
　後水尾——　47, 346
　後西——　142, 164
　後土御門——　223
　東山——　223, 224, 306
　文徳——　543
　仁徳——　86
　霊元——　73, 311
　清和——　543, 544

——と綱吉のつながり　7, 8, 14-16, 44-66, 252, 522
『源公実録』　210-211, 230, 325, 432, 433
検地　24, 164, 360-362
『憲廟実録』　31, 145, 446, 447, 450
ケンペル，エンゲルベルト　10, 11, 26, 63, 83, 146, 151, 153, 162, 186, 195, 201, 217, 220, 222, 244, 245, 261, 269-273, 289, 291, 372, 392, 410, 411, 418, 475, 487, 532
——と儒学　98, 105, 106, 118-120, 122, 133, 134
——と犬　269-275
——と綱重の死　133-139
元禄時代　10, 11, 214, 260, 342, 343, 371, 384, 459, 464, 515-518
高家　210, 311
鉱山　343-345, 350, 351, 373, 455, 516
甲府　29, 73, 219, 484
『護国女太平記』　207, 209
御三家　26, 75, 77, 108, 109, 116, 140, 144, 146, 157, 159, 160, 162, 229, 230, 242, 345, 398, 484, 485, 541
『御当家令条』　173
『御当代記』　216
近衛基熙　6, 7
『五輪書』　244, 318

【さ行】

斎藤飛驒守　210
酒井忠勝　76, 115, 117, 124, 181, 219
酒井忠清　76-77, 119-124, 134-139, 154, 182, 227, 528, 544
——と越後騒動　159-165
——と池田光政　118-125, 520
——と将軍職継承　139-147, 185
『桜田記』　74, 80, 138, 402
佐藤直方　309, 313-317, 319, 327
参勤交代　84, 280, 352, 516, 517
『三王外記』　7-9, 12, 78, 135, 136, 207, 209, 215-217, 241-243, 272, 279, 370, 462, 484, 505, 531, 536
（綱吉の）死　5-7, 499, 504, 505, 539
死刑（死罪）　9, 272, 276, 270, 287, 291, 292, 327
寺社　346-350, 381, 390-394, 481, 482
寺社奉行　156, 200, 221, 320, 360, 396, 416
地震　5, 158, 347, 373, 419, 464, 472-474, 476-480, 487-489, 491, 492
閑谷学校　121
渋川春海　212, 480, 518
島津光久　33, 36, 249
島原の乱　348
宗門改めの制　101-107, 111, 119, 520
儒学（中国）の古典　16, 33, 55, 65, 66, 98-100, 106, 110, 124, 133, 178, 217-219, 241, 242, 389, 398, 401, 403, 404, 412, 418, 419, 431, 432, 442, 444, 448, 522, 523, 529
——『易経』　101, 419, 436, 461
——『論語』　54
——『中庸』　112, 419, 420, 448
——『大学』　399, 407, 412, 417, 419, 420, 461
儒教　55-57, 65, 66, 97-125, 133, 180, 183, 186, 210, 218-220, 222, 320, 326, 353, 385, 389, 390, 398-401, 403-405, 410-415, 417-421, 429, 433-437, 440, 444, 445, 448, 449, 463, 521-523, 529, 533, 537, 541
——孔子像　122, 417
——への支援不足　97-107
——の実践　108-125
——の理想的な政治　107
朱子　400, 412, 430, 431
朱子学　99, 117, 430, 431, 537
儒者　7, 16, 33, 55, 98-117, 124, 161, 175, 183, 184, 218, 221, 224, 243, 308, 314, 322, 324, 326, 399-403, 405, 410, 411, 417, 419, 429, 434, 437, 439, 440, 444, 498, 533-535, 539
——ものよみ坊主　33, 38, 117, 118, 457
——法衣を脱いだ儒者　111, 133, 417
朱舜水　110, 112, 252, 404-411, 417, 420
儒葬　115, 121
出版　414, 517
狩猟　32, 46, 86, 87, 247
殉死　76, 164, 180-182, 185, 197, 519, 520
将軍職の継承　25, 26, 30-35
生類憐みの令　10, 13, 17, 174, 188, 208, 232, 240-264, 269-295, 331, 398, 415, 451, 452, 463, 519, 520, 523, 530, 536, 539
——子供や妊婦に対する法令　260, 261
——犬に対する法令　269-295
——と家臣　249-263, 294-295
——と罰　288-292
——旅人と受刑者に対する法令　261-263
仁　405, 451

大野瑞男　347, 380, 393
オーム，ス，ヘルマン　98, 349, 390
大目付　155, 156, 160, 198, 320
荻田主馬　158
荻生徂徠　18, 55, 80, 124, 178, 193, 201, 212, 215-219, 222, 261, 262, 272, 314, 322-329, 393, 399, 401, 403, 421, 429-465, 502, 518, 529, 533, 539, 540
——と中国の学者たち　429-465
——と道入　430-437, 449, 452, 453
——と四十七士　322-329, 438, 449, 452, 453, 463
——と桂昌院　55, 434, 456
荻生方庵　80, 429
荻原重秀　228, 359, 360, 362, 370-378, 384, 385, 454, 455, 482, 495, 497-502, 528, 545
奥詰　199-203
小栗正矩　151-161
贈り物の授受　10, 11, 214, 260, 342, 343, 371, 384, 459, 464, 515-518
織田信長　23-25
小田原　473-477, 482, 492-497
お伝　74, 177
『御触書寛保集成』　173
小宅生順　112, 406
オランダ　10, 45, 85, 107, 136, 141, 143, 152, 177, 195, 214, 247, 291, 312, 344, 372, 410, 418, 455-456, 474-479
——東インド会社　10, 136
——人の報告・記録　7, 45, 85, 136, 141, 143, 476, 477
——王家　45
『折りたく柴の記』　288, 289

【か行】

甲斐　28, 229, 378
春日局　27, 46, 48, 182, 183, 522
『甲子夜話』　8, 164
歌舞伎　255, 301, 515
貨幣　333, 344-350, 413
——改鋳　333, 362, 370-385, 453, 454, 479, 545
鎌倉　488
鎌倉時代　8, 33, 46, 249
鎌倉幕府　109
川越　213, 219, 430, 433
河村瑞賢　184, 383
カン・ハン（姜沆）　174
寛永寺　5, 63, 102, 187, 194, 223, 226, 228, 346, 393, 396, 415
勘定頭　156, 170, 171, 204, 356-327, 359, 360
勘定吟味役　358-360, 371, 378
勘定組頭　358-359
勘定奉行　198, 221, 228, 320, 360, 384, 495, 497, 498
『寛政重修諸家譜』　199, 203
『神田記』　74, 81, 313, 402
関東郡代　278
関白　82
飢饉　5, 116, 141, 170, 349, 431, 433, 464, 482, 487, 488, 495, 499, 500, 542
喜多見重政　195, 203, 210
北村季吟　224, 441, 444, 448, 485, 486, 516
木下順庵　403, 410, 420
京都　6, 23, 28, 44, 47-49, 51, 58, 60, 73, 77, 79, 82, 83, 86, 99, 109, 110, 119, 140, 206, 224-226, 254, 281, 304, 317, 344, 348, 349, 392, 395, 396, 401, 419, 441, 446, 461, 476, 477, 485, 501
——の宗門人別改帳　102
京都所司代　113, 114, 198
京都町奉行　171
享保の改革　13, 528
吉良義央　305-333
キリスト教　87, 102-105, 291, 352, 411
禁教令　102
近習　353, 496
近習出頭人　197
楠木正成　110
久世広之　163
熊沢蕃山　108, 109, 113-118, 123-125, 411, 521, 524, 529, 532
鞍岡蘇山　447
栗田元次　13, 216, 241, 351, 519
桂昌院　15, 32, 230-231, 252, 259, 261, 479, 486-487
——の野心　51-57
——と仏教　244, 259-261, 395-400
——の幼少時代　59-61
——と儒教　53-57, 399, 434
——の官位　225, 480, 487
——の出自　48, 49, 225, 436, 437, 461
——の外見　49-51

■索引

索引項目は原著に従ったが、一部加筆し、削除したものもある。

【あ行】

悪霊祓い　255-261
赤穂城　303, 306, 308, 309, 318, 328
赤穂義士（四十七士）　295, 300-333, 398, 449, 453, 528
浅井了意　277, 279
浅野長矩　305-308, 313, 316-319, 323-326, 378
浅野長広　308, 316, 317
朝日重章　246, 273, 289, 291, 294, 474, 488, 504
足利学校　99
足利将軍　83, 344, 397
足利尊氏　110
足利義昭　84
安宅丸　176, 219, 280
新井白石　33, 184, 197, 214, 215, 245, 246, 260, 273, 275, 286-289, 307, 400, 403, 472, 490, 501, 533, 534, 538, 540, 543, 544
　——と儒教　102-107, 112, 124, 533
　——と荻原重秀　373-376, 455, 498, 499
有栖川宮幸仁　142, 164
井伊直該　227, 228
イエズス会士　23, 253, 345
池田綱政　121-123
池田光政　113-125, 411, 520
井関玄悦　138
板倉重宗　113, 114, 116
伊藤仁斎　102, 183, 184, 405, 448, 463
稲垣重富　489
伊奈忠常　402, 496
伊奈忠順　496-502
稲葉正則　134, 136, 143, 182, 183
稲葉正休　182-184, 186, 307, 309, 383
稲葉正往　263
犬　247-253, 269-294
　——戌年の生まれ　7, 9, 14, 204, 241, 242, 269, 272
　人々を襲ったり殺したりする——　247-253, 281-283, 285, 290-292
　——の飼育　247, 248
　——の肉　275, 276
　——の収容施設（犬小屋）　269, 278, 293, 294, 530
　——と狩り　247-249
井原西鶴　10, 253, 259, 342, 515, 516, 533
ヴァリニャーノ，アレッサンドロ　23
ウェーバー，マックス　396, 414, 526-531, 540, 545, 546
上杉綱憲　312
浮世絵　301, 515
馬　37, 65, 79, 97, 117, 269, 272-274, 280, 285
永代橋　497
越後騒動　156-165
江戸城　5, 23, 48, 50, 51, 55, 58, 59, 72, 73, 76, 77, 81, 85, 138, 142, 143, 145, 155, 160, 165, 180, 205, 208, 210, 219, 220, 251, 259, 273, 280, 304, 307, 326, 346, 351, 353, 354, 390, 397-398, 403, 412, 415-417, 419, 446, 473, 474, 479, 482, 487, 503, 532
『江戸幕府日記』　80, 135, 144-146, 348
江戸町奉行　156, 171, 177, 181, 221, 280, 284, 320, 360
黄檗宗　445, 446
お梅　48-49
大石内蔵助　302, 304, 310, 316, 317, 326, 332, 333
大石慎三郎　17, 194
大奥　50-52, 222, 350, 398
正親町実豊　6, 206
正親町町子　→町子を見よ
大久保忠朝　143, 370
大久保忠増　482, 492, 495, 500, 501, 530
大久保長安　344, 356, 454
大久保正朝　79-80
大坂　301, 347, 348, 351, 352, 354, 381, 461, 482
　——の陣　26, 83, 156, 157, 204, 207, 231, 534

THE DOG SHOGUN
The Personality and Policies of Tokugawa Tsunayoshi
By Beatrice M. Bodart-Bailey

【著者略歴】
ベアトリス・M・ボダルト=ベイリー Beatrice M. Bodart-Bailey
ドイツ・シュヴェーリン市に生まれる。
オーストラリア国立大学MA（修士）、PhD（博士）。オタワ大学客員教授、オーストラリア国立大学Research Fellow、東京大学社会科学研究所客員研究員、国際日本文化研究センター客員助教授、トロント大学客員教授、神戸大学経済学部教授を経て、現在、大妻女子大学比較文化部教授。
【著書（日本語）】
『ケンペルと徳川綱吉—ドイツ人医師と将軍との交流』（中直一訳、中公新書、1994年）
『遥かなる目的地—ケンペルトと徳川日本の出会い』（共著、中直一・小林早百合訳、大阪大学出版会、1999年）
『ケンペル—礼節の国に来たりて』（中直一訳、ミネルヴァ書房、2009年）

【訳者略歴】
早川朝子（はやかわ あさこ）
国際基督教大学大学院比較文化研究科博士課程修了。博士（学術）。
現在、東都医療大学非常勤講師。
【主要論文・翻訳】
「再洗礼による『ゲマインデ』形成——南ドイツの中帝国都市カウフボイレンの場合」（森田安一編『ヨーロッパ宗教改革の連携と断絶』教文館、2009年）
「アウクスブルクにおける再洗礼派の秘密集会——租税台帳を手がかりに」（高澤紀恵、吉田伸之、フランソワ・ジョセフ・ルッジウ、ギョーム・カレ編『別冊都市史研究　伝統都市を比較する　飯田とシャルルヴィル』山川出版社、2011年）
コンスタンチン・ヴァポリス『日本人と参勤交代』（共訳、柏書房、2010年）

犬将軍（いぬしょうぐん）——綱吉（つなよし）は名君（めいくん）か暴君（ぼうくん）か

2015年2月15日　第1刷発行

著　者　ベアトリス・M・ボダルト=ベイリー
訳　者　早川朝子
発行者　富澤凡子
発行所　柏書房株式会社
東京都文京区本郷2-15-13（〒113-0033）
電話（03）3830-1891［営業］
（03）3830-1894［編集］

装　丁　臼井新太郎
組　版　有限会社一企画
印　刷　壮光舎印刷株式会社
製　本　株式会社ブックアート

ISBN978-4-7601-4492-1